Arrey von Dommer

Die ältesten Drucke aus Marburg in Hessen

1527-1566

Arrey von Dommer

Die ältesten Drucke aus Marburg in Hessen
1527-1566

ISBN/EAN: 9783743301979

Hergestellt in Europa, USA, Kanada, Australien, Japan

Cover: Foto ©Thomas Meinert / pixelio.de

Manufactured and distributed by brebook publishing software
(www.brebook.com)

Arrey von Dommer

Die ältesten Drucke aus Marburg in Hessen

DIE AELTESTEN DRUCKE

AUS

MARBURG IN HESSEN

1527—1566

VON

Dr. A v. DOMMER

———∞◦C≈◦◦———

MARBURG

N. G. ELWERTSCHE VERLAGSBUCHHANDLUNG

1892

Veranlasst worden ist die vorliegende Arbeit durch die Marburger Abtheilung des Hessischen Geschichts-Vereins, bei Gelegenheit einer Ausstellung Hessischer Drucke, die der Verein im Sommer 1890, zur Erinnerung an die Erfindung der Buchdruckerkunst vor 450 Jahren, in Marburg veranstaltet hatte.

Sie umfasst die Geschichte und Bibliographie der ersten 39 Jahre des Hessischen Buchdrucks, von Errichtung der ersten Hessischen Druckerei in Marburg bei Gründung der Universität 1527, bis zur Veröffentlichung der Hessischen Kirchenordnung von 1566. Alle in diesem Zeitraume gemachten Hessischen Drucke sind Marburgische, denn die übrigen Druckorte des Hessenlandes haben erst später zu arbeiten angefangen.

Die Zahl der hier in chronologischer Ordnung angezeigten Drucke beträgt 377, wovon ich aber 52, deren Titel in Hakenparenthesen eingeschlossen sind, nicht selbst gesehen sondern nur citirt gefunden habe. Die übrigen 325 sind nach Exemplaren beschrieben, die folgenden 28 deutschen Bibliotheken angehören:

Berlin: Königliche Bibliothek, 2 15 23a 37 52 54 59 70 72 98 105 143 144 146 147 156 168 196 212 219 223 224 230 233 239 246 251 267 268 300a

Bremen: Stadt-Bibliothek, 178 228

Breslau: Königliche Universitäts-Bibliothek, 77 96

Cassel: Ständische Landes-Bibliothek, 4 10 18 27 28 42 51 67 73 78 99 115 131 165 174 176 186 206 221 226 229 232 238 240 243 244 245 248 253 255 256 257 260 261 263 269 272 276 277 282 283 285 287 287a 288 289 290 291 293 294 296 297 299 300 301 302 305 306 309 314 323 327

Danzig: Stadt-Bibliothek, 107 140a

Darmstadt: Grossherzogliche Hof-Bibliothek, 46 57 68 75 170 203 208 210a 234 266 274 280 281 313 317 328

Dresden: Königliche Bibliothek, 34 87 117 211

Erfurt: Königliche Bibliothek, 325 326

Frankfurt a. M.: Stadt-Bibliothek, 19a 83 200

Fulda: Ständische Landes-Bibliothek, 184 185

Giessen: Grossherzogliche Universitäts-Bibliothek, 1 23 32 69 97 100 172
    188 191 198 204 210 284 286 322

Göttingen: Königliche Universitäts-Bibliothek, 308 315

Gotha: Herzogliche Bibliothek, 64

Königsberg: Königliche und Universitäts-Bibliothek, 74 101 104 122 123
    133 140 142 194 217 218 275

Leipzig: Stadt-Bibliothek, 179

Mainz: Stadt-Bibliothek, 319

Marburg, Bibl.: Königliche Universitäts-Bibliothek, 12 13 22 31 39 40a 44
    47 50 76 80 81 83 85 86 92 111 114 116 120 124 125 126 129 135
    137 138 138a 139 141 145 153a 158 161 163 167 169 175 177 180 181
    192 193 195 197 207 209 209a 222 227 231 237 241 247 258 278 279
    293b 304 307 320 382

Marburg, Arch.: Bibliothek des Staats-Archivs, 8 11 18 19 21 36 38 40 48
    56 56a 58 60 62 65 66 74a 76a 84 89 91 93 103 106 108 109 110 112
    113a 126a 127 134 136 143a 148 148a 148b 149 151 154 155 162 166
    171 173 187 190 201 214 220 225 254 254a 259 262 264 270 271 273
    287b 292 295 298a 303 315a 324

München: Königliche Hof- und Staats-Bibliothek, 20 30 35 41 43 49 55
    55a 121 130 153 157 285 265 329

München, Universitäts-Bibliothek, 8

Schleusingen: Bibliothek des Königl. Hennebergischen Gymnasiums, 107 199

Strassburg: Kaiserliche Universitäts- und Landes-Bibliothek, 205

Stuttgart: Königliche Bibliothek, 14 16 312

Weilburg: Bibliothek des Königlichen Gymnasiums, 152

Weimar: Grossherzogliche Bibliothek, 26

Wernigerode: Fürstlich Stolbergische Bibliothek, 3 5 6 7 9 24 82 164

Wolfenbüttel: Herzoglich Braunschweigische Bibliothek, 17 29 88 90 113
    150 213 242

Worms: Alterthums-Verein, 79 128 252.

Anfragen an weitere 24 deutsche Bibliotheken ergaben entweder nur Dubletten, oder überhaupt keine Marburger Drucke. Da auch zwei ausgeschickte Circulare nur geringen Erfolg hatten, schien es an der Zeit, die Sammlung vorläufig abzuschliessen. An gutem Willen zur Herstellung einer möglichst vollständigen Bibliographie habe ich es nicht fehlen lassen; doch wird noch so manche Lücke auszufüllen und so mancher Druck nachzutragen sein. Denn diese ältesten Marburger Drucke, als solche bisher nur wenig beachtet, sind sehr in Bibliotheken zerstreut und grösserntheils Seltenheiten, von manchen kennt man nur ein einziges Exemplar. Cataloge nach Druckorten haben unsre Bibliotheken nicht, oder wenigstens nicht solche, die bis in die hier in Betracht kommende spätere Druckzeit

hineinreichen. Also konnten die Drucke meist nur nach meinen
Titelangaben aufgesucht werden, deren Zusammentragung aus
Bücherverzeichnissen und Litteraturwerken, wenn sie wirklich er-
schöpfend hätte werden sollen, noch eine weit längere Sammelzeit
erfordert haben würde als die, die nach obwaltenden Umständen
dieser Arbeit zugestanden werden konnte.

Aber auch der Grad von Vollständigkeit der Bibliographie,
von dem sich hier überhaupt nur reden lässt, wäre mir unerreich-
bar geblieben ohne die Mithülfe derjenigen Herren Bibliothekare,
die sich nicht nur der umständlichen Durchsicht meiner Bücherzettel
bereitwillig unterzogen, sondern sich auch um die Vermehrung
meines Vorrathes durch eigne Nachsuchungen bemüht haben. Allen
diesen Herren, und insbesondre dem Oberbibliothekar der Marburger
Universitäts-Bibliothek Herrn Dr. Rödiger, spreche ich hiemit meinen
schuldigen Dank aus. Einige Auszüge und Mittheilungen aus Papieren
des Marburger Staatsarchivs, die sich bei den Nachrichten von den
Druckern mit Nutzen verwenden liessen, verdanke ich der Gefälligkeit des Staatsarchivars Herrn Dr. Könnecke.

Form und Einrichtung des Buches sind dieselben wie in meinen
Lutherdrucken, gegen die, soviel ich weiss, niemand Einwendungen
gemacht hat; nur der Druck ist insofern vereinfacht, als weniger
Schriftsorten in Anwendung gebracht wurden. Diplomatisch genau
wiedergegeben sind — natürlich nur bei den 325 Drucken, die ich
selbst in Händen gehabt habe — immer der Titel, das Impressum,
und die an den Zeilenabtheilungen leicht erkennbaren wörtlichen
Auszüge aus den Originalen. Hingegen ist bei gelegentlichen In-
haltsangaben, Adressen, Ueberschriften und Datirungen von Vorreden
und Widmungen &c., die Schreibung der Originale nur da einge-
halten, wo sie genaue Citate sind.

Die Titel der hier gebrauchten Hülfsbücher sind zum Theil in
folgenden Abkürzungen angeführt:

Baring: Leben M. Antonii Corvini ... von Dan. Eberh. Baring, Hannover
   1749 8°. Enthält auf S 89—109 ein Verzeichniss der meist seltnen
   Schriften Corvins, 51 Nummern.

Bibl. Vaticana, ll. stamp.: Bibliotheca Apostolica Vaticana. Inventario dei
   libri stampati Palatino-Vaticani ed. da Enrico Stevenson giun., Tom. I
   latini; II tedeschi. Roma 1886—91 4°.

Erl. Ausg.: die sogenannte Erlanger Ausgabe von Luthers Werken, Erlangen
   und Frankfurt seit 1826, 8°, 2. Aufl. soweit sie vorliegt.

Feuerlein: Jac. Guil. Feverlini Bibliotheca symbolica evangelica lutherana pars I. II. Omnia aucta et locupletata ed. Jo. Barthol. Riederer. Noribergae 1768 8°.

Fortges. Samml.: Fortgesetzte Sammlung von alten und neuen theol. Sachen. 1720—1750. Leips. 8°.

Freytag, Adpar. litt.: Adparatus litterarius ubi libri partim antiqui partim rari recensentur, coll. a Frid. Gotth. Freytag. Tom. I—III. Lipsiae 1752—55 8°.

Freytag, Anal. litt.: Analecta litteraria de libris rarioribus ed. Frid. Gotth. Freytag. Lipsiae 1750 8°.

Gesner: Bibliotheca universalis ... autore Conrado Gesnero. Tiguri ap. Ch. Froschouerum mense Sptbri 1545 fol.

Gesner-Simmler: Bibliotheca instit. et coll. primum a Conr. Gesnero, deinde in Epitomen redacta et ... aucta per Iosiam Simlerum. Tiguri ap. Ch. Froschoverum mense Martio 1574 fol.

Harboe b. Schütze: Luthers ungedr. Briefe mitgeth. von Gottfried Schütze, Bd III, Leips. 1781, S 261—371: Verzeich. einer Samml. von Autographis Lutheri, vom Bischof Harboe in Copenhagen.

v. d. Hardt: Antiqua litterar. monumenta, Autographa Lutheri aliorumque celebr. viror. 1517—1546. Tom. I—III. Brunsvig. 1690—93 8°.

Hirsch, Mill.: Librorum ab anno I. usque ad annum L. sec. XVI typis exscriptorum Millenarius I—IV ed. a Carolo Chstno Hirschio. Noribergae 1746—49 4°.

Hortleder: Handlungen und Ausschreiben &c. von den Ursachen ... und von Rechtmässigkeit des deutschen Krieges Carls V wider die Schmalkaldischen Bundesobersten &c. [I] 1546/47 [II] 1546—58 ... zum andernmal an Tag gegeben durch Friedr. Hortleder. Gotha 1645 Fol.

Kleinschmid: Samml. Fürstl. Hessischer Landes-Ordnungen und Ausschreiben ... [hrsgg von C. L. Kleinschmid]. Cassel I 1767 II 1770 fol.

Krause, Cordus: Euricius Cordus, eine biogr. Skizze a. d. Reformationszeit von Carl Krause. Marb. (Hanau) 1863 8°.

Krause, Hessus: Helius Eobanus Hessus, Sein Leben und seine Werke ... von Carl Krause. Bd I II, Gotha 1879 8°.

Lauze: Leben und Thaten Philippi Magnanimi beschrieben durch Wigand Lauze. Bd I II. In Zeitschr. d. Ver. f. hessische Geschichte u. Landeskunde, Suppl. II, Kassel 1841/47 8°.

Lindenius renov.: Lindenius renovatus sive Io. Ant. van der Linden de Scriptis medicis II II, contin. a Geo. Abr. Mercklino. Noribergae 1686 4°.

Lucius: Catalogus bibliothecae publicae Moeno-Francofurtensis, ed. Ioh. Iac. Lucius. Francof. a M. 1728 4°.

Lutherdrr: Lutherdrucke auf der Hamburger Stadtbibliothek 1516—1523 von A. v. Dommer. Leipzig 1888 8°.

Richter, Kirchenordngg: Die evangel. Kirchenordnungen des 16. Jhs, hrsg. von Aemil. Ludw. Richter. Bd I (II), Weimar 1846 4°.

Riederer, Nachrr: Nachrichten zur Kirchen- Gelehrten und Bücher-Geschichte; aus gedr. und ungedr. Schriften gesammelt von Jo. Barthol. Riederer. Bd I—IV, Altdorf 1764—68 8°.

Schletter, Handb.: Handbuch der jurist. und staatsw. Litteratur, von H. Th. Schletter. I, Jurisprud., Grimma 1843 4°.

Stintzing: Geschichte der Deutschen Rechtswissensch. von R. Stintzing Abth. I (II), Münch. & Leipz. 1880—84 (in Gesch. der Wissenschaften in Deutschl. Bd. XVIII).

Strieder: Grundlage zu einer Hessischen Gelehrten und Schriftsteller Geschichte von Friedr. Wilh. Strieder, Bd. I—XVIII (XVI von L. Wachler; XVII XVIII mit Register, von K. W. Justi), Götting., Kassel, Marb., 1781—1819 8°.

Strieder b. Justi: Fortsetzung der kurzgef. Grundlage zu einer Hessischen Buchdrucker-Geschichte, von Strieder, in den Hessischen Denkwürdigkeiten hrsg. von K. W. Justi Th. IV, Marburg 1805, Abth. 1 S 142—160.

Strobel, N. Beitrr: Neue Beiträge zur Litteratur besonders des 16. Jhs, von Geo. Theod. Strobel. Bd I—V, Nürnb. u. Altdorf 1790—94.

Strobel, Misc.: Miscellaneen literar. Inhalts ... von Geo. Theod. Strobel. Samml. I—VI Nürnb. 1778—82 8°.

Thesaur. Weigel.: Thesaurus libellorum hist. Reformationis illustrantium. Verzeichn. einer Samml. von nahezu 3000 Flugschriften Luthers und seiner Zeitgenossen ... bearb. von Arnold Kuczinski. Leipz., T. O. Weigel 1870 8°; Supplement ebd. 1874 8°.

Tilemann: Io. Tilemanni dicti Schenck vitae proff. Theologiae qui in Acad. Marpurgensi docuerunt. Marb. 1727 4°.

Wackernagel, Bibliogr.: Bibliographie z. Gesch. des deutschen Kirchenliedes im 16. Jh. von Phil. Wackernagel. Frankf. 1855 8°.

Wackernagel, Kirchenl.: Das deutsche Kirchenlied von der ältesten Zeit bis zum Anfang des 17. Jhs von Phil. Wackernagel. Bd I—V, Leipz. 1864—77 8°.

Walch: Io. Georgii Walchii Bibliotheca theologica selecta litterariis annotationibus instructa. Tom. I—IV, Jenae 1757—65 8°.

Walther: Literar. Handbuch f. Gesch. u. Landesk. von Hessen, von Ph. A. F. Walther. Mit 3 Suppll. Darmst. 1841—69 8°.

Die übrigen Handbücher sind entweder allgemein bekannt, wie Maittaire, Panzer, Weller, de Wette, Corpus Reformatorum u. a., oder immer erkennbar angezeigt.

Für einige technische Ausdrücke sind folgende Abkürzungen gebraucht:

Bl, Bll = Blatt, Blätter	Mrgg = Marginalien
Clmtt = Columnentitel	S = Seite
Cptz = Capitelzeichen	Schwab. = Schwabacher
Cust. = Custos	Sign. = Signatur
Dr., Drr = Druck, Drucke	Z = Zeile
Fract. = Fractur	

Bei den Beschreibungen von bildlichen Darstellungen, also von Titelborduren, Bildern und Bilderinitialen, sind, wie in den Lutherdrucken, *rechts* und *links* immer vom Bilde aus zu verstehen. Mithin ist die als linke bezeichnete Bildseite vom Beschauer aus die rechte.

Auf die Correctur, bei der es mir nicht an dankenswerther Unterstützung gefehlt hat, ist alle mögliche Sorgfalt verwandt worden. Sollte ich dennoch Fehler übersehen haben, so hoffe ich doch, sie werden nicht von solcher Art sein, dass die Brauchburkeit des Buches durch sie beeinträchtigt werden könnte. Die Druckerei hat sich mit löblichem Eifer bestrebt ihrer keineswegs leichten Aufgabe gerecht zu werden.

Marburg, im October 1892.

Inhalt.

IOHANN LOERSFELD
1527/28

Es ist bekannt dass Johann Loersfeld[1]), der der erste Marburgische und Hessische Buchdrucker war, aus Erfurt kam, wo sich seine Officin 1525 im Hause zur Sonne bei S. Michael (Weller 3385 3399) und 1526/27 auf dem wenigen Markt zum halben Rade (Weller 3776) oder zum halben Rade in der Meymergasse (Panzer 2977; Weller 3825; Scheller, Bücherkunde 710) befunden hatte. Von seinem frühern Leben weiss man nichts; weil er sich aber auf einigen seiner Erfurter Drucke Loersfeld oder Pariser nennt[2]), darf angenommen werden, dass er vor seiner Erfurter Zeit in Paris gewesen sei und dort gearbeitet habe.

Im Jahre 1525, wo die ersten Drucke mit seinem Impressum erschienen, übernahm er wahrscheinlich die bekannte Erfurter Druckerei in der Permentergasse zum Farbefasse, die Ludwig Trutebul 1520 in Halberstadt gegründet und 1523 nach Erfurt verlegt hatte (Lutherdrr Nr. 160 396 &c.), wo sie indess schon 1524 ihre Arbeit eingestellt zu haben scheint. Sicher ist, dass sich ein namhafter und characteristischer Theil von Trutebuls Druckmaterial bei Loersfeld wiederfindet, und noch in seinen Marburger Drucken leicht nachgewiesen werden kann. Dazu gehören einige Sorten grosser Titelschwabacher und guter Textantiqua, darunter die grosse magre in Nr. 1; besonders aber die an ihren festen und charactervollen Formen leicht wiedererkennbare Textschwabacher aus der Halberstädter Bibel von 1522 (Lutherdrr Nr. 160), womit u. a. in Nr. 4 der ganze Text gesetzt ist. Ferner kommen die grössern und

---

1) Auf seinen Drucken schrieb er sich, ausser Loersfeld und Lörsfeld, auch *Loersfelt* und *Loersfeldt*. Die in bibliographischen Werken vorkommende Schreibung *Loerffeld* ist falsch und nur durch Verwechslung des am Ende der ersten Silbe manchmal von ihm gebrauchten langen ſ (*Loerſfeld*) mit f entstanden. So bei Feuerlein I 360 Nr. 13, 361 Nr. 22; Panzer 2885 2960 2977; Weller überall; Scheller 605. Richtig bei Panzer 2963 2960, VII 370 Nr. 1; Scheller 710.

2) Panzer 2909, wo aber das Impressum nicht vollständig wiedergegeben ist; Weller 3924.

1

kleinern Initialen mit den fratzenhaften Menschen- und Thierfiguren, die Trutebul in seiner niederdeutschen Ausgabe von Taulers Predigten 1523 und in andern Drucken viel gebraucht hat, auch noch in den meisten Marburger Arbeiten von Loersfeld vor. Und zwar sind es nicht Nachschnitte, die Loersfeld hätte machen lassen, sondern Trutebuls alte und zum Theil abgenutzte Originaltypen selbst. [3])

Loersfelds Wirken in Erfurt war zwar insofern nicht von der löblichsten Art, als es fast ganz auf den Nachdruck beschränkt blieb; doch war es immerhin nicht nutzlos, weil es meist Lutherische und andre gute Reformationsschriften waren, die er (zum Theil in niederdeutscher Sprache) nachdruckte, wodurch er doch zu ihrer Verbreitung mit beitrug. Die Zahl seiner Erfurter Drucke vermag ich nicht genau festzustellen; denn weil sie meist selten und sehr in den Bibliotheken zerstreut sind, auch einige nach den darüber vorhandenen und manchmal falschen oder ungenauen bibliographischen Anzeigen nicht aufzufinden waren, habe ich nur einen Theil davon selbst gesehen. Doch wird es ungefähr vierundzwanzig geben.

In Hinsicht auf Loersfelds Uebersiedelung nach Marburg hat der folgende Druck, abgesehen davon dass er ein wirklicher und vielleicht sein einziger Erfurter Originaldruck ist, besondre Wichtigkeit [4]): ❧ QVE ❧ | FRAN. LAMBER | tus Auenionenſis. apud | ſanctā Heſſorü Eŋnobü | Hombergi congregata, | pro Ecclesiarum refor- | matione. Dei verbo diſ- | putanda et deſeruien- | da propoſuit. | * EIVSDEM EPI- | ſtola ad Colonienſes De ipſa | venerabili Eŋnodo: aduerſum | Nicolaü Herborn ... In 8°, 56 Bll, Titelbordure Nr. 24, Zuschrift an den Rath des Landgrafen Philipp, Balthasar Schrantenbach; 55 v Excuſſum Erphordie: per Johannem Loers- | felt. Anno ſalutifere incarnationis. 1527. || Bl 56 leer [5]). Da Lamberts Zuschrift Marpurgi

---

3) Im Jahre 1529 gebrauchte Conrad Treffer in Erfurt dieselben Initialen in seinen Nachdrucken von Luthers Kleinem und Grossem Katechismus.

4) Vgl. hier und zu Loersfeld überhaupt *Th. Brieger, Die angebliche Marburger Kirchenordnung von 1527*, Gotha 1881, S 13 ff (auch in der Zeitschr. für Kirchengesch. IV 549—603).

5) In Marburg, Bibl. VIII C 948. — Vgl. Freytag, Anal. litt. 500; Baum, Lambert 117 und 176 Nr. 17 18, wo aber S 177 bemerkt ist, dass die Paradoxa dem Landgrafen Philipp selbst gewidmet seien, weshalb man den von Baum gemeinten Druck für einen andern als den oben angeführten halten muss. Ein von Hassencamp, Lambert 40 Anm. angezeigter Druck, gleichfalls Erfurt bei Loersfeld 1527 8°, soll auch wirklich von dem bei Baum beschriebnen verschieden sein, ist also wahrscheinlich der unsrige. Es giebt auch noch eine dritte Erfurter Ausgabe von 1527 (Theses theol. in Synodo Homberg. disp.), s. Schelhorns Amoen. litt. ed. alt. III 388 Nr. 14, aber in 4° und ohne den Namen des Druckers.

.15. Februarij. datirt und Erfurt der Druckort ist, hat Loersfeld zu dieser Zeit noch dort gearbeitet, wo die beiden Ausgaben dieser Schrift auch wahrscheinlich seine letzten Drucke waren, wenigstens kennt man keinen nachweisbar spätern [6]. Ferner ist zu vermuthen, Lambert habe schon bei der Ertheilung seines Druckauftrages an Loersfeld die Absicht gehabt, ihn für den Dienst der Marburger Universität zu gewinnen. Dass man bei deren Gründung auf Anstellung eines Buchdruckers wirklich bedacht war, ergiebt sich aus einer in Heppes Kirchengeschichte beider Hessen I 196 ff. (leider ohne Fundort des Originals) abgedruckten Ordnung der Universität, worin es am Schlusse heisst: »Einen Buchdrucker soll Hermanus Buschius bestellen«. Ob nun Lambert oder Hermann von dem Busche den Vermittler gemacht hat, kann uns ziemlich gleichgültig sein; soviel darf angenommen werden, dass Loersfeld von Seiten der Universität zur Verlegung seiner Druckerei nach Marburg veranlasst worden ist. Zwar steht sein Name nicht in der Universitäts-Matrikel [7]), aber man hat es entweder in der ersten Zeit mit der Eintragung von Universitäts-Verwandten nicht so genau genommen, oder man hat mit seiner festen Anstellung noch warten wollen; sein Nachfolger Rhode ist erst immatriculirt worden, nachdem er schon zwei Jahre hier gedruckt hatte. Weil aber die Drucke von Lamberts Paradoxa höchst wahrscheinlich Loersfelds letzte Erfurter waren, und sein Druck Nr. 1 ohne Zweifel in Beziehung zur Gründung der hiesigen Universität am 30. Mai gestanden hat und der erste Marburger gewesen ist, muss Loersfelds Uebersiedelung hierher zwischen Mitte Februar und Anfang Mai vor sich gegangen sein. Jedenfalls hat er vor dem 22. Juni hier gearbeitet, was durch das Impressum von Nr. 2 bewiesen wird.

Seine Thätigkeit in Marburg war von zu kurzer Dauer, als dass sie einen grössern Umfang hätte erreichen und der Litteratur

---

6) Ein Druck, den Loersfeld noch 1527 in Erfurt gemacht hat, ist kein niederdeutscher Nachdruck der Laien-Bibel. Da er selten ist und mir gerade vorliegt, möge er hier kurz beschrieben werden: Der Ley | en Biblia | De teyn Babe Gabet. | De loue mit eyner vtpleg= | gunge. | ... In 8°, 24 Bll, der Titel in Bordure mit seitl. r. Paulus l. Petrus, in den Ecken die Embleme der Evangelisten, 23 v : Gedrudt tho Erfforde, börch Johan= | nem Loersfelt, tho dem baluen Ra= | be, yan ber Meyner gaffen. | M. D. XXvij. || Textschr. die mittelgr. Schwab. mit den langen Commastrichen wie in den letzten 13 Lagen der hier unter Nr. 8 beschriebnen Postille, Bl 24 leer. — Scheller 710. In Wolfenbüttel 817. 44. Th.

7) Catalogi studiosor. scholae Marpurgens. antiquissimi partt. I—XV, ed. Carol. Jul. Caesar 1874—88 (Universitätsprogrr). Originalhs. im Marburger Staatsarchiv.

nützlich werden können. Wenn aber Strieder b. Justi 144 nur zwei Marburger Drucke von ihm gekannt und nur einen von diesen beiden selbst gesehen hat, so haben mir doch bereits neun vorgelegen, wovon drei zwar ohne Drucker, aber gewiss von Loersfeld sind. Von diesen neun ist wiederum nur einer, Nr. 4, ein Originaldruck, denn auch Nr. 1 ist nichts weiter als eine etwas neu zugerichtete Ausgabe einer schon veröffentlicht gewesenen Dichtung; fünf sind Nachdrucke, worunter die Postille Nr. 8 wahrscheinlich nicht einmal von Loersfeld allein gemacht ist, Nr. 3 ist eine Compilation, Nr. 9 ein Neudruck. An solcher Geringfügigkeit der Ergebnisse des ersten Marburger Druckjahres trug aber nicht Loersfeld die Schuld, sondern sie war eine Folge der kleinen Verhältnisse einer erst im Werden begriffenen Universität, wo sich eine selbständige litterarische Production noch nicht herausgebildet haben konnte. Auswärtige Aufträge bekam er natürlich nicht, also blieb ihm nichts andres übrig als der Nachdruck, wenn er seine Presse nicht stillstehen lassen wollte. Die typographische Herstellung und Ausstattung auch seiner Marburger Drucke ist gut und anständig, auch haben nur Nr. 4 und 5 keine Titelbordure; doch hat Nr. 4 wenigstens ein Wappen auf dem Titel, und Nr. 5 hat Bilder im Text, die freilich nur geringe Nachschnitte sind. Ausser den schon erwähnten Typen hatte Loersfeld in Marburg noch zwei Sorten Textschwabacher: eine gewöhnliche kleine; und eine mittelgrosse mit langen Commastrichen, s. Nr. 8, die er und sein Nachfolger Rhode in ihren meisten deutschen Drucken gebraucht haben. Zu seinen Initialen vgl. ebenfalls die Beschreibung von Nr. 8.

Das Druckjahr 1528 hat nur einer der mir bekannten Loersfeldischen Drucke, der vermutlich noch in die 1. Hälfte dieses Jahres hineingehörende Neudruck Nr. 9; doch ist auch die Postille Nr. 8 wahrscheinlich erst 1528 fertig geworden, und Nr. 7 kann eben so gut erst 1528 wie 1527 gemacht sein. Nachher ist nichts mehr von Loersfeld zu hören, weder in Marburg noch anderswo, und es ist unbekannt ob er schon damals starb, oder nur seine Druckerei aufgab. Jedenfalls hörte er um Mitte 1528 auf zu drucken; denn es finden sich Theile seines Druckmaterials bei seinem unmittelbaren Marburger Nachfolger Franciscus Rhode wieder, und sind von diesem schon in der 2. Hälfte des genannten Jahres gebraucht worden.

Das Marburger Haus, worin die Wiege des Hessischen Buchdrucks stand, lässt sich nicht mehr nachweisen. Vielleicht bezieht sich der Leuchter in Loersfelds Vignette oder Druckerzeichen Nr. 64 A, falls er nicht bloss eine sinnbildliche Bedeutung hat, auf eine seitdem verschwundne Hausmarke.

FRANCISCVS RHODE
1528—1534

Von der Herkunft und den frühern Erlebnissen des zweiten Marburger Buchdruckers, Franciscus Rhode (Rhodus), hat man weiter keine Nachricht, als dass er aus einem Orte Stegern in Flandern gewesen sein soll [1]). Von einer Druckerei, die er vor seiner Marburger Periode irgendwo gehabt hätte, ist nichts bekannt; vielleicht arbeitete er hier bei Loersfeld, von dem auch, wie vorhin schon bemerkt, einiges Druckmaterial auf ihn übergegangen ist.

In der Universitäts-Matrikel erscheint *Franciscus Rhodus typographus* zwar erst unter dem ersten Rectorat des Euricius Cordus 1530, und ziemlich spät im 2. Semester, da sein Name unter den 22 in diesem Jahre inscribirten an der 19. Stelle steht. Aber durch die Immatriculation ist nur die Zeit seiner Aufnahme unter die Universitätsverwandten festgestellt, nicht auch der Anfang seiner hiesigen Thätigkeit als selbständiger Buchdrucker, die schon 1528 begonnen haben muss. Denn sein erster Druck mit vollem Impressum, die 1. Marburger Ausgabe von Luthers Neuem Testament, Nr. 18, war am 23. Januar 1529 fertig, muss also schon 1528 in Arbeit gewesen sein; die vielleicht noch von Loersfeld, wahrscheinlich aber schon von Rhode gemachten Vorbereitungen dazu begannen gewiss nicht lange nach der Verordnung, die Landgraf Philipp am 17. Mai 1528 für diesen Druck erlassen hatte. Ferner ist der in Marburg am 10. September 1528 vollendete Druck Nr. 13 zweifellos von Rhode; zwar fehlt sein Name im Impressum, aber am Ende der Schrift stehen zwei lateinische Epigramme, deren Verfasser sich *F. R. typographus* nennt. Darunter kann kein andrer zu verstehen sein als unser Drucker Franciscus Rhode, von dem es noch mehr lateinische und deutsche Gedichte geben soll, und dessen sichern Presserzeugnissen dieser Druck typographisch vollkommen ähnlich ist. Ebenso stimmen die übrigen ihm hier zugeschriebnen sechs unbenannten Drucke von 1528, in Hinsicht auf ihre Typen und ganze Druckmanier, so völlig mit seinen benannten Arbeiten überein, dass sie eben so gewiss für sein Eigenthum gelten können, als wenn sie sein Impressum hätten. Sind also die Drucke Nr. 10—16 wirklich von Rhode, was gar keinem Zweifel unterliegt [2]), so hat er

---

1) Vgl. *Mich. Chph Hanow, Denkmal der Danziger Buchdruckereien und Buchdrucker 1539—1740*, enthalten in den Erstlingen der Jubelfeier in Danzig wegen der vor 300 Jahren erfundenen Buchdruckerei ... durch Thom. Joh. Schreiber ... Danzig 1740 4°.

2) Denn wollte man von ihrer typographischen Gleichförmigkeit auch ganz absehen, so haben doch Nr. 10 und 12—16 den unzweifelhaften Druckort

schon 1528, wahrscheinlich um Mitte des Jahres, selbständig hier
zu drucken angefangen. Seine erste Arbeit war vielleicht der Nachdruck der deutschen Chursächsischen Visitationsordnung, Nr. 10;
denn der Wittenberger Urdruck war gegen Ostern erschienen, und
der wahrscheinlich auf Befehl des Landgrafen Philipp gemachte
Marburger Nachdruck dürfte, bei der grossen Wichtigkeit dieser
Schrift auch für das protestantische Hessen, wohl nicht gar zu lange
auf sich haben warten lassen.

Weniger sicher, als der Anfang von Rhodes Marburger Druck-
periode, lässt sich vorläufig ihr Ende bestimmen. Sein letzter mit
einem Tage der Vollendung versehener hiesiger Druck, Nr. 59, ist
vom 25. Juli 1534, und die Rede von Asclepius, Nr. 60, hat er wohl
nicht viel später gedruckt, wahrscheinlich im 3. Viertel, jedenfalls
vor Ablauf des Jahres, vgl. die Beschreibung. Auch die unter
Nr. 61 citirte Ausgabe des Botanologicum von Cordus, die in Marburg 1535 erschienen sein soll, könnte wohl von Rhode sein, und
vielleicht noch eher von ihm als von Cervicornus, weil es unwahrscheinlich ist, dass dieser seinem Cölner Collegen Gymnicus ein Buch,
wenn auch ausserhalb Cölns, nachgedruckt haben sollte. Aber die
Existenz dieses Druckes kommt mir zweifelhaft vor, weil unter allen
Bibliographen, bei denen ich nachzusehen Gelegenheit hatte, nur
allein Strieder von ihm spricht, auch alle an Bibliotheken gerichtete
Anfragen danach erfolglos geblieben sind. Erweisbar spätere Drucke
von Rhode als Nr. 59 und 60, wonach er also in der 2. Hälfte von
1534 noch hier arbeitete, habe ich weder gesehen noch angezeigt
gefunden. Im August 1536 war er in Hamburg, von seinem Thun
und Verbleiben in der dazwischen liegenden Zeit ist mir nichts bekannt. Auch vermag ich nicht die Lücke auszufüllen, die zwischen
Rhodes letzten Drucken von 1534 und der Immatriculation des
Cervicornus, November 1535, im Marburger Buchdrucke vorhanden
ist. Also fehlen mir entweder Drucke die innerhalb dieses Zeitraums
hier gemacht worden sind, oder es ist hier ungefähr ein Jahr lang
gar nicht gedruckt worden. Die zweite dieser beiden Möglichkeiten
halte ich fast für wahrscheinlicher. Wenigstens ist auffallend, dass
der 1535 erschienene etwas vermehrte Neudruck von Nr. 59 (im

Marburg, wo es damals keinen andern Drucker als Rhode gab; nur in Nr. 11
ist Marburg nicht ausdrücklich als Druckort bezeichnet, ist es aber ganz gewiss.
Rhodes Namen tragen überhaupt nur wenige seiner Marburger Arbeiten, nur
19 von den 51 die ich selbst gesehen habe. Aber 24 andre haben den Druckort, und nur 8 sind ganz ohne Ort und Namen, aber sicher von Rhode.

Zusatze dazu genauer angezeigt) nicht in Marburg, sondern bei Melchior Sachs in Erfurt gemacht wurde, obgleich er augenscheinlich kein Nachdruck, sondern eine amtliche oder berechtigte, mit Impressum von Sachs und Verlagsfirma von Engel in Cassel versehene Ausgabe ist. Vgl. auch Nr. 62.

Für einen so kleinen Druckort wie Marburg war Rhodes Thätigkeit, sowohl ihrem Umfange nach als auch in Hinsicht auf den litterarischen Werth mancher von ihm veröffentlichter Schriften, nicht ganz unbedeutend. Ausser den einundfunfzig Drucken, die mir vorgelegen haben, gehören auch noch sieben oder acht andre (Nr. 19 b 25 33 a 35 a 35 b 45 50 a 53), die ich nicht selbst zu sehen bekommen konnte, sicher ihm an, vorausgesetzt, dass sie alle wirklich existiren. Unter seinen Originaldrucken befinden sich Schriften von hervorragenden Männern: Lambert, Corvin, Euricius Cordus, Ferrarius, Nouzenus. Freilich reichte die eigne litterarische Production der Marburger Professoren auch zu Rhodes Zeit noch nicht aus, um eine wenn auch nur kleine Druckerei hinlänglich zu beschäftigen; auch wurde manches anderswo gedruckt, während Aufträge von auswärtigen Gelehrten eben so wenig an Rhode kamen, wie sie an Loersfeld gekommen waren. Also hätte auch er kaum ohne den Nachdruck bestehen können, doch machte er einen bescheidneren Gebrauch davon als mancher grössere Drucker. Denn nur etwa zum dritten Theil sind seine Arbeiten Nachdrucke, überdies dürften wohl die meisten darunter auf Verordnung des Landgrafen gemacht worden sein, weil es wichtige Reformationsschriften waren, zu deren möglichst weiter Verbreitung in Hessen der Landgraf schwerlich Anstand nahm sich des Nachdrucks zu bedienen, der ja damals, wenigstens solchen gemeinnützigen Schriften gegenüber, ohnehin noch nicht für so unerlaubt galt wie jetzt. Zu diesen vermuthlich auf Philipps Befehl gemachten Nachdrucken gehören, neben Luthers Neuem Testament und der chursächsischen Visitationsordnung, die sehr frühen deutschen und lateinischen Ausgaben beider lutherischen Katechismen, worunter besonders der deutsche Nachdruck des kleinen (Nr. 29) auch jetzt noch grossen Werth hat, weil er eine der allerersten Ausgaben und wahrscheinlich unmittelbar nach dem bekanntlich verlornen Wittenberger Urdrucke gemacht ist. Ferner dürften dazu wohl noch die Nachdrucke der Brandenburg-Nürnbergischen Kirchenordnung mit den Kinderpredigten (Nr. 55/55 a), einiger andrer Schriften Luthers, einiger von Melanchton, Huberin und Odenbach zu zählen sein. Werthvoll ist auch Rhodes Ausgabe von Ickelsamers rechter Weise lesen zu lernen (Nr. 54), schon darum, weil auch von dieser Schrift der erste Druck nicht mehr vorhanden ist.

In Hinsicht auf ihre technische Ausführung dürfen die Rhod-ischen Drucke durchschnittlich zu den mittelguten, einige auch zu den bessern ihrer Zeit gerechnet werden. Fast alle sind mit Initialen geschmückt und etwa die Hälfte hat Titelborduren, die doch zeigen, auch wenn sie zum grössern Theil weder Originale noch von den ersten Meistern sind, dass Rhode auf eine etwas reichere Aus-stattung seiner Arbeiten bedacht war. Namentlich der Druck des Neuen Testaments mit seinem reichen Titelschmucke, seinen Bildern, Initialen und grossen gut geschnittenen Typen, ist ein recht statt-liches Werk. Dass Rhode ungeschickt gewesen sei, darf man ihm nicht nachsagen; wenn also der Kanzler Feige in seinen wahrschein-lich 1532 gemachten (im Marburger Staatsarchiv befindlichen) Auf-zeichnungen über die Zustände der Universität Marburg bemerkt, der Buchdrucker sei der Universität nichts nutz, denn er sei nicht geschickt mit den Lettern, so gilt das wohl mehr nur von der Correctur, obgleich diese bei Rhode kaum schlechter war als in andern kleinen Druckereien damaliger Zeit. Vielleicht war es der allerdings sehr fehlerhafte Druck der im März 1532 fertig gewordnen 1. Ausgabe von Eisermanns Adnotationes (Nr. 43), wodurch sich der Kanzler zu seinem harten Urtheile über Rhode veranlasst ge-sehen hatte.

Rhodes deutsche Typen waren eine sehr grosse Titelfractur und eine mittelgrosse Textschwabacher mit langen Commastrichen, beide von Loersfeld herstammend. Ferner eine grosse wohlgeformte Fractur von dem Ductus den man früher Theuerdank nannte, die Rhode gewöhnlich als Titelschrift, in Nr. 18 und in einigen andern Drucken aber auch als Textschrift gebraucht hat. Dazu kamen noch eine mittelgrosse schmale Textfractur, nebst einer kleinen und einer sehr kleinen Schwabacher. Seine lateinischen Lettern be-standen aus zwei Sorten Antiqua, einer gut geschnittnen mittel-grossen und einer kleinen, und aus einer hübschen kleinen Cursiv. Dass er auch griechisch und hebraeisch drucken konnte, ist aus Nr. 22 42 zu ersehen. Initialen enthalten fast alle seine Drucke, meist die in Nr. 18 beschriebnen grossen und kleinen mit Figuren; ausserdem noch einige sehr grosse mit Bildern (in Nr. 43 58 59 60), wovon er aber wohl keine ganzen Alphabete sondern nur einzelne Buchstaben hatte. Von seinen unbenannten Drucken sind die latei-nischen immer ganz leicht erkennbar, etwas weniger leicht manch-mal die deutschen. Mit Loersfeldischen lassen sich zwar auch diese kaum verwechseln; denn wenn auch einige der in beiden gebrauchten Schriftsorten dieselben sind, so kommen doch wiederum andre nur in Loersfeldischen oder nur in Rhodischen Drucken vor. So hat Loersfeld weder die Theuerdank noch die Bilderinitialen aus Nr. 18 gehabt oder in Marburg gebraucht, hingegen findet sich von allen seinen Initialen nur ein I mit einem Meermanne noch bei Rhode vor und hat sich sogar noch auf Kolbe vererbt. Ganz fehlen bei Rhode die von Trutebul herstammende grosse Text- und Titelschwabacher, und von den Titelborduren seines Vorgängers hat er nur eine (Nr. 23) wieder angewandt, aber auch diese nur in einem andern Nachschnitte (Nr. 23 B). Leichter als mit Loersfeldischen kann man aber Rhodische deutsche Drucke mit Erfurtern von Melchior Sachs verwechseln; denn beide enthalten nicht bloss gleichartige Schriftsorten, sondern Rhode hat auch sowohl seine Titelborduren Nr. 27 und 30, als auch die Theuerdank sammt den Bilderinitialen in Nr. 18, höchst wahrscheinlich von Sachs in Erfurt bezogen, der alles das in sichern Drucken schon früher als Rhode und gleichzeitig mit ihm gebrauchte. Doch sind auch hier unterscheidende Merkmale vorhanden, durch die man sich veranlasst sieht, diesen oder jenen Druck dem einen und nicht dem andern zuzuschreiben.

Ein Druckerzeichen ist mir in Marburger Drucken von Rhode nicht vorgekommen. Die Vignette Nr. 3a kann kaum eins sein, denn ich fand sie nur einmal, im Drucke Nr. 19a, als Druckerzeichen hätte sie sich doch wohl öfter wiederholt. Das was der kleine Schild in der Titelbordure Nr. 34 enthält, ist wohl nur eine Marke des Hauses, worin sich Rhodes Druckerei befand. Es hiess *zum Paradies, in Campo elysio*, und war »ein gross Eck-Hauss vffm Mark wen man in die Wettergass gehn will«, wie eine Erklärung lautet, die eine alte Hand in dem Berliner Exemplar von Nr. 52 zum Impressum hinzugeschrieben hat. Auch noch jetzt steht an der Stelle ein grosses Haus, woran aber aus Rhodes Zeit wohl nicht mehr viel übrig sein dürfte, als ein eingemauerter Stein mit der Jahreszahl 1495.

In Hamburg blieb Rhode nicht lange, denn schon 1538 arbeitete er in Danzig. Als er 1559 starb, ging die Druckerei auf seine Erben über und hat noch lange im Besitze seiner Familie fortbestanden; Jacobus Rhode, der Drucker des Danziger Gesangbuchs von 1587 (Wackernagels Bibliogr. S 417 Nr. 1000) war wohl sein Sohn; auch ein Martinus, und ein andrer Jacobus Rhode, auf den die Druckerei 1615 überging, werden Nachkommen von ihm gewesen sein. Im Jahre 1619 kam sie in andre Hände und wechselte zwar oft den Eigenthümer, bestand aber noch 1840, vgl. Gotth. Löschin, Gesch. der Danziger Buchdruckereien, Danzig 1840 4°, S 5.

Dass Franciscus Rhode in weiterm Umfange, als seine beiden Epigramme in Nr. 13 zeigen, litterarisch thätig gewesen sei, berichtet Hanow in seinem Anm. 1 angeführten Denkmale der Danziger Buchdruckereien. Hanow nennt ihn darin einen guten lateinischen Poeten und sagt von ihm, er habe ein Epigramm ad Henr. Mollerum Hessum, und ein zweites ad lectorem epigrammatum Io. Codicii gemacht, ferner 1553 den 103. Psalm in Verse gebracht und gedruckt, versificirte Uebersetzungen der Propheten Joel, Micha, Jonas, Nahum, Zephania, Malachia &c. geliefert, auch das Evangelium Nicodemi übersetzt. Dann soll er aber auch, wie Hanow (Bl E 3 r) weiter berichtet, »nicht wenige Lieder gemacht haben, die in einem Danziger Gesangbuche in 12°, so nicht lange nach seinem Tode gedruckt worden, angehängt sind. Es heisst daselbst: Folgen etliche Psalmen und geistliche Lieder des Fr. Rhodi, weil. Buchdruckers zu Danzig. Und über dem ersten steht: Ein Lied der Bekenntniss des Francisci Rhodi etc., welches aus vierzehn Strophen besteht, so anhebt: Ach Gott wem soll ichs klagen &c., und in der Krankheit von ihm gemacht ist, wie die andre Strophe gleich zeigt ...«. Das Lied: Ach Gott, wem soll ichs klagen, ist bekannt genug, und sowohl in ältern Gesangbüchern, als auch bei Wackernagel III 860 Nr. 1013 und Mützell II 750 Nr. 410 unter Rhodes Namen wieder abgedruckt; aber ohne Nachricht von seiner Person und ihrer Einheit mit der des Danziger und Marburger Buchdruckers. Eine nähere Untersuchung des Sachverhaltes kann hier nicht angestellt werden, auch ist mir das von Hanow gemeinte Danziger Gesangbuch mit dem Anhange Rhodischer Lieder nicht bekannt. Weil es nicht lange nach Rhodes Tode gedruckt sein soll, kann es nicht das mir vorliegende von 1587 sein, worin auch kein solcher Anhang Rhodischer Lieder enthalten ist, sondern nur das eine Lied: Ach Gott, wem soll ichs klagen, und auch dies ohne Rhodes Namen. Es steht darin auf Bl 184 r—186 r und ist das vorletzte.

Zum Jahre 1531 möge hier noch ein nicht uninteressantes Schreiben mitgetheilt werden, worin der Hessische Agent Peter Baidel dem Landgrafen Philipp berichtet, dass Kaiser Karl vom Dasein einer Universität in Marburg gar nichts zu wissen vorgegeben habe, auch über einen ihm zugegangenen Marburger Druck aufgebracht gewesen sei. Dieser im Marburger Staatsarchiv aufbewahrte Bericht ist aus Antwerpen vom Donnerstage nach visitat. Mariae (6. Juli) 1531 und lautet: Durchleuchtiger ... Ewern F. gnaden gebe ich vndertenigklichen zuuernehmen, Was mir den Sibetzehenden tag des Brach monden von wegen kaiserlicher Mät. vff die Supplication so ich jn namen vnd von wegen der Vniuerstet zu Marpurgk vbergeben, In antwort begegenet ist. Nemlich die Meinunge vnd aigentlichen mit denen wortten, Kai. Mät. haben meine vbergobene Supplicationes ires Inhalts vernommen &c vnd wissen sich gar nit zuerinnern das des orts ein Vniuerstet angefangen vnd vffgericht sein soll &c., vnd obschon ein Vniuerstet In der art vnd sonderlich zu Marpurg vffgericht solt werden, So solt es doch auf andere weise vnd Form, wie sich dan sollichs gepuret angefangen werden. Dartzu, so sei kaiserlicher Mät. kurtzuerscheinender weile, vngeuerlich bei funff ader sechs wochen, ein schandbuchlen zugeschickt worden, welchs zu Martpurg ausgangen vnd gedrugkt worden, darinnen Habstliche heiligkeit, Kai. Mät. auch alle andere hochlobliche Churfursten Fursten vnd Stende des Reichs lesterlich geschmehet vnd geschendet werden. Das dan des Reichs ordenunge, auch allen Naturlichen vnd beschribenen rechten nit gemess sei &c. Derohalben Käy. Mäy. sollich vermeint studium, noch zurtzeit zu Confirmiren nit geparen wolle. Aber nichts desto minder So wollen sich ire Mät. eigentlichen erkhündigen, was vor person diesem studio vnderworffen sein. Demgleichen was sie Profitiren ader lesen. &c. Alsdan nach gehapter erkundigunge vnd zu gelegener zeit, sich ferner gepurlichs beschaidts vernehmen lassen. Doch sei mir an noth sollichs beschaits am kaiserlichen hoff zuerwarthen, sondern moge meiner gelegenheit nach verreitten. Vnd dan meinen abscheidt erlangt.

Die von Kaiser Karl mit dem Schandböchlein gemeinte Schrift kann, wenn mir der Druck nicht etwa fehlen sollte, kaum eine andre als Luthers Warnung an seine lieben Deutschen (Nr. 36) gewesen sein. Der 5. Mai, wo Rhodes Nachdruck fertig wurde, passt auch ganz gut zum 17. Juni, wo der Kaiser zu Baidel sagte, dass er den Marburger Druck vor 5 bis 6 Wochen bekommen hätte; der Wittenberger Urdruck war nicht lange vor dem 5. Mai erschienen, also konnte Karl die Schrift sehr leicht erst durch den Murburger Nachdruck kennen gelernt haben. Luthers Glosse auf das kaiserl. Edict (Nr. 38) konnte Karl nicht kennen, denn der Marburger Nachdruck trägt das Druckdatum 1. Juli; Corvins Ermahnung (Nr. 37) hatte erst am 1. Juni, also nur 17 Tage vor Baidels Unterredung mit dem Kaiser die Presse verlassen, auch ist ihr Inhalt ziemlich unschuldig. Zwar könnte der Druck, von dem der Kaiser spricht, auch älter sein, denn er sagt nur, dass er ihm vor 5 bis 6 Wochen zugegangen wäre; aber auch aus der früheren Zeit des Marburgischen Buchdrucks wüste ich keine Schrift, die den Zorn des Kaisers in höherem oder gleichem Grade hätte erregen können, als Luthers Warnung.

Gegen Ende des 2. Semesters 1531, unter dem Rectorat des Nouzenus, wurde noch ein *Martinus Ruheck Wormacien. typographus* bei der Universität immatriculirt. Ich weiss sonst nichts von ihm, auch sind mir aus dieser Zeit keine Marburger Drucke vorgekommen, die ein andrer als Rhode gemacht haben könnte. Also ist anzunehmen, dass er nur bei Rhode in Arbeit gestanden habe.

EVCHARIVS CERVICORNVS
1535—1538

Dieser berühmte Cölner Buchdrucker, dessen deutscher Name
Hirtzhorn (Hirschhorn) war, und der sich auch manchmal *Eucharius
Agrippinas* oder bloss *Eucharius* nannte, arbeitete von Ende November 1535 bis September 1538 auch in Marburg. In Cöln druckte
er schon seit Januar 1517, Panzer VI 378 Nr. 274, seit 1520 auch
in Gemeinschaft mit Hero Fuchs oder Alopecius. Von 1521 an war
er der Hauptdrucker und wahrscheinlich auch Geschäftstheilhaber des
grossen Cölnischen Verlegers Gottfried Hittorp, vgl. dazu Kirchhoffs
Beitrr zur Gesch. des dtsch. Buchhandels I 50 ff, und aus seinen
Cölner Pressen ist eine ganze Reihe wichtiger und durch typographische Schönheit ausgezeichneter Werke hervorgegangen [1]).

Nach der Meinung Strieders b. Justi 150 153 hätte es Cervicornus, wegen seiner Hinneigung zum Protestantismus, für rathsam
gehalten, im Jahre 1536 mit seiner Officin nach Marburg zu kommen,
wäre dann aber 1538 oder 1539, wo er von Erzbischof Hermanns
evangelischer Gesinnung nichts mehr zu fürchten gehabt hätte, wieder
in seine Vaterstadt zurückgekehrt. Das verhält sich jedoch etwas
anders. Der neuen Lehre zugethan war Cervicornus allerdings,
wenigstens hat er Lutherische Schriften nachgedruckt, und zwar
schon ziemlich früh, schon in den ersten zwanziger Jahren [2]), auch

---

1) Die dürftigen und falschen Notizen über ihn in Gessners Buchdruckerkunst III 318, wonach er um 1527 in Marburg gedruckt haben soll, sind schon
von Strieder b. Justi 148 ff berichtigt und mit bessern vermehrt worden. Aber
trotzdem dass Strieder das Jahr 1527 in Beziehung auf Cervicornus in Marburg
nicht einmal einer Widerlegung für werth hält, sondern einige seiner Marburger
Drucke aus den Jahren 1536—38 richtig anführt, lässt ihn Grässe, Litterärgesch.
III/1 S 158 doch wieder 1527 in Marburg drucken, aber 1527 und 1536, also
zu zwei verschiednen Zeiten. Das hat sich dann in den acht Zeilen, die die
Allgem. dtsche Biographie IV 92 über Cervicornus enthält, in 1527 bis 1536
verwandelt, worauf es getreulich mit Gessners Worten weiter heisst: »Sein
Buchdruckerzeichen war ein Kraut, vermuthlich Hirschkraut ...«, vgl. dazu
Strieder a. O. und hier Nr. 65 im Verzeichniss der Ornamente.

2) Sicher die Tesseradecas consolatoria von 1520, Fortges. Samml. 1744
S 167 Nr. 3; Erl. Ausg. Opp. v. a. IV 86, die übrigens auch Luthers Gegner
gelten liessen. Aber höchst wahrscheinlich ist auch der in Lutherdrr Nr. 132
angezeigte Nachdruck der Confitendi ratio nicht bloss in Cöln von Hittorp
verlegt und in Basel gemacht, wie ich damals glaubte, sondern auch in Cöln
selbst von Cervicornus gedruckt. Man weiss dass Hittorp auch Baseler Pressen
beschäftigte, woraus sich die Gemeinsamkeit mancher typographischer Merkmale Cervicornscher und besonders Adam Petrischer Drucke erklären lässt.
Namentlich ist eine von Petri viel gebrauchte Gattung grosser Initialen in

waren er und Hittorp Freunde des Humanismus. Aber das hätte ihm auch schon 1536 kaum so gefährlich werden oder so störend in seinen Geschäftsbetrieb eingreiffen können, dass er sich dadurch sollte veranlasst gesehen haben, seine rühmliche Cölner Thätigkeit und seine Verbindung mit einem angesehenen Verleger aufzugeben. Das ist aber auch nicht geschehen, Cervicornus hat niemals Cöln verlassen, sondern auch während seiner Marburger Periode nicht aufgehört dort zu drucken, was dadurch bewiesen wird, dass ebensogut in Cöln wie in Marburg von ihm gemachte Drucke aus diesen Jahren vorhanden sind. Will man, wenn man diese Drucke einander gegenüberstellt, auch vom Jahre 1535 absehen, weil Cervicornus seine Marburger Pressen erst gegen Ende dieses Jahres in Betrieb setzte, so genügen für 1536 doch schon die bei Panzer VI 435 Nr. 804—808 angezeigten fünf Cölner Drucke gegenüber unsern sieben Marburgern. Auf einem seiner Drucke aus diesem Jahre nennt er sich einen Marburger Buchdrucker, aber der Druck ist in Cöln gemacht[8]. Aus dem Jahre 1537, wo er in Marburg besonders viel druckte und seine Cölner Arbeit eingeschränkt zu haben scheint, fand ich doch wenigstens einen Druck mit seinem Cölner Impressum, Homiliarum pars aestivalis, bei Maittaire Ind. I 472, obgleich es wahrscheinlich noch andre giebt. Und aus seinem letzten Marburger Druckjahre, 1538, haben mir zwei Cölner Drucke vorgelegen: Rod. Agricolae Phrysii de inventione dialectica ll. III, und Jac. Omphalii de suscipienda christ. reipubl. propugnatione, beide von ihm unter seinem vollen Cölner Impressum für Hittorp gemacht, und zwar jener im Februar, dieser im März, während seine Marburger Pressen noch bis in den Herbst dieses Jahres hinein thätig waren. Jedenfalls genügen diese Drucke als Beweis dafür, dass Cervicornus während der genannten Jahre in Marburg und in Cöln zugleich gearbeitet hat. Und wenn die von Hirsch und Gesner angezeigten Cölner Drucke der beiden Schriften Nr. 85 und 88 wirklich Cervicornische

---

schwarzem Viereck häufig auch bei Cervicornus zu finden, hier z. B. in Nr. 89. Auch sind alle in Lutherdrr Nr. 182 verwandten Typen sammt den Capitelzeichen bei Cervicornus nachweisbar.

3) Es ist der ziemlich häufige schöne Foliodruck: ❧ RADVLPHI FLA ❧ | VIACENSIS, ... | ... | ... | in ... Moyfi | Leuiticum libri | XX. ‖ Ihm auf dem Titel unter dem Druckerzeichen stehende Impressum lautet: ‖ Eucharius Ceruicornus Agrippinas | chalcographus Marpurgenfis | excudebat. | Anno Christi nati | M.D.XXXVI. ‖, aber seine Zuschrift an Gobelinus Laridius auf Bl 1 v ist datirt: ... Coloniæ ex officina mea | XVI. Calend. April. Anno Christi nati M.CCCCC.XXXVI. ‖

sind, so sind auch Drucke von ihm unter seinem Marburger und unter seinem Cölner Impressum zugleich herausgekommen.

Also hat er in Marburg nur eine Filiale seiner Cölner Druckerei errichtet, wie es sein Nachfolger Egenolff aus Frankfurt auch gemacht hat. Kapp, Gesch. des dtsch. Buchhandels I 106, sagt: »Cervicornus liess sich in Marburg immatriculiren, offenbar um des Schutzes der Universität theilhaftig zu werden; denn er errichtete dort eine Druckerei, in welcher er die Schriften druckte, für welche er bei der damaligen strengen Kölner Censur die Druckerlaubniss nicht erhalten konnte«. Nun hat zwar Cervicornus nicht viel in Marburg gedruckt, was nicht allenfalls auch die Cölnische Censur hätte passiren können; doch mag, neben der Aussicht auf Erweiterung seines Geschäftsbetriebes, auch wirklich die Erwartung grösserer Censurfreiheit an der protestantischen Universität ihn veranlasst haben, um so bereitwilliger auf Anträge einzugehen, die ihm ohne Zweifel von der Hessischen Regierung oder von der Universität gemacht worden waren. Von den Verhandlungen selbst, die zwischen ihm und der Behörde über die Errichtung einer Druckerei in Marburg stattgefunden haben werden, ist nichts weiter bekannt, wohl aber, dass sie mit einer ihm gemachten Zusage von 200 Gulden, als Vorschuss auf die Kosten seiner Uebersiedelung und Einrichtung, zum Abschlusse kamen. Dies ergiebt sich aus einem jedenfalls vor Pfingsten 1536 und wahrscheinlich vom Universitäts-Oeconomen für den Kanzler aufgesetzten Summarium der Gebrechen der Universität Marburg (im Staatsarchiv), worin es heisst: »Typographus Coloniensis hat all sein Werkzeug gegen Marburg bracht, wartet auf die 200 Gulden, will Caution genugsam thun, ... doch ist sein Werkzeug nicht gerings schatz worden, unser G. F. und Herr ist mit einem überaus guten Drucker versehen, ut illum habet Germania. Derhalben hat Doctor Rudel ihm 100 Gulden vorgestreckt, und unser Fiscus 10 fl. Bitten mein Herr Canzler wolle der trostlichen Schrift nach verhelfen, dass die 200 Gulden geliefert werden«.

In die Universitäts-Matrikel wurde er unter dem Vicerectorat des Asclepius Barbatus am 25. November 1535 eingetragen: *Eucharius Cervicornus Coloniensis typographus insignis, et vir molestiae singularis*. Nicht lange nachher, zwischen dem 6. und 28. Mai 1536, wurde aber auch ein *Godefridus Cervicornus Colonien.* immatriculirt, und es liegt nahe anzunehmen, dass dieser Gottfried ein Sohn oder Verwandter von Eucharius gewesen sei, was durch die Seltenheit ihres Familiennamens noch an Wahrscheinlichkeit gewinnt; und dass Eucharius ihn als Factor oder Verwalter seiner hiesigen Druckerei hergeschickt habe. Als Buchdrucker ist Gottfried in der Matrikel zwar nicht bezeichnet, aber dass es einen Buchdrucker Gottfried Cervicornus in Cöln gegeben hat ist gewiss, und wahrscheinlich ist er die hier in Frage stehende Person. Zwei Drucke von ihm, die ich angezeigt gefunden habe, sind zwar erst von 1563[4]); aber wenn es auch keine frühern geben sollte, so könnte er darum doch 1536 schon bei der Druckerei gewesen sein.

Eröffnet hat Cervicornus die Marburger Officin wahrscheinlich gleichzeitig mit seiner Immatriculation, also Ende November oder Anfang December 1535. Mehr als der eine kleine Druck Nr. 63 scheint bis Ende des Jahres nicht daraus hervorgegangen zu sein, und auch diesen kenne ich nur aus bibliographischen Anzeigen bei v. d. Linden und Scheuchzer, die aber ausdrücklich Cervicornus in Marburg als Drucker nennen. Auffällig ist freilich die Lücke zwischen diesem Drucke und dem erst im Mai 1536 herausgekommenen zweiten Nr. 64; denn in dem dazwischen liegenden ziemlich langen Zeitraume von mehr als einem Vierteljahre sollte Cervicornus doch mehr als dies kleine Werkchen von nur zwei Octavbogen geliefert haben. Entweder fehlen hier also zwischen Nr. 63 und 64 hineingehörende Drucke, oder es sind geschäftliche Störungen vorgekommen; vielleicht steht Gottfrieds Herkunft im Mai 1536, von wo an der Druckbetrieb seinen zusammenhängenden Verlauf hatte, damit in Verbindung. An der Existenz des Druckes Nr. 63 ist kaum zu zweifeln, denn wenigstens v. d. Linden oder sein Fortsetzer Mercklin dürfte ihn doch wohl selbst gesehen, und kann nicht den Druckernamen aus der Luft gegriffen haben; auch war kein andrer Drucker in Marburg als Cervicornus, den man wiederum nicht vor Einrichtung seiner hiesigen Filiale immatriculirt haben wird. Sonst könnte man glauben, dass er erst 1536 hier zu arbeiten angefangen habe.

' Die Zahl der mir bekannt gewordenen Marburger Drucke von Cervicornus ist für die kurze Dauer seiner hiesigen Thätigkeit ziemlich gross, besonders im Jahre 1537, wo sie auf 26 sich beläuft; im ganzen beträgt sie 43 oder 44 Nummern, wovon ich 5 oder 6 nicht selbst gesehen habe. Darunter haben einige auch jetzt noch litterarischen Werth, andere hatten ihn wenigstens zu ihrer Zeit; zum grössern Theile sind es Originaldrucke von Schriften von Cordus, Corvinus,

---

4) Georg Cassander de baptismo infantium ... Coloniae apud haeredes Arnoldi Birckmanni 1563 ... (Kol.) Typis Godefridi Ceruicorni ... 8°. — Joh. Hessels, Probatio corporalis praesentiae corporis & sanguinis Dominici in Eucharistia ... Coloniae ex officina Godefridi Ceruicorni 1563 8°. Beide in Bibl. Vaticana II. stamp. 1 (lat.) Nr. 2168 2614.

Draconites, Dryander, Eoban, Reinh. Lorich, Sarcerius. An typographischer Schönheit stehen seine Marburger Drucke durchschnittlich hinter seinen Cölnern zurück, sein bestes Druckmaterial hat er
nicht nach Marburg geschickt, sondern in seiner Cölner Hauptwerk-
statt zurückbehalten; das, was er hier gebrauchte, ist weder reich-
haltig noch neu. Seine deutschen Typen sind eine gewöhnliche
mittelgrosse Titelfractur, die in No. 77 beschriebne Textschwabacher,
und eine kleine alte Schwabacher; die lateinischen bestehen aus
einigen Sorten Antiqua, und aus einer kleinen Cursiv. Titelborduren
hat kaum der vierte Theil seiner hiesigen Drucke; darunter sind
Nr. 35 und 37 gut, aber eben so wenig Marburger Originale wie
Nr. 36 oder das Bildniss Eobans Nr. 6. Nicht unwichtig waren für
ihre Zeit die anatomischen Abbildungen in Schriften Dryanders,
vgl. Nr. 81; gut ist das Hessische Wappen mit dem Ritter, Nr. 44.
Von Initialen gebrauchte er die in Nr. 89 beschriebnen grossen,
auch noch einige andre grosse, darunter das Q in Nr. 66, das P in
Nr. 76; ausserdem verschiedne kleine mit Figuren, wovon ein C mit
einer von zwei Vögeln geneckten Eule (vgl. Lutherdrr, Bord. Nr. 97)
in Nr. 68 und ändern Drucken vorkommt. Dass Nicol. Asclepius
Barbatus ihn in Marburg bei der Correctur unterstützte, geht aus
der Zuschrift von Nr. 74 a an Joh. Baner hervor, worin Cervicornus
sagt ... Nicolaus Asclepius, qui mihi in corrigendis libris operam
dat fidelissimam.

Im letzten Drittel oder Viertel des Jahres 1538 gab Cervicornus
seine Marburger Druckerei wieder auf, nachdem sie kaum drei Jahre
bestanden hatte; sein letzter sicher datirter hiesiger Druck, der mir
vorgelegen hat, Nr. 101, ist vom Herbstmonat (September) des genannten Jahres. Was ihn veranlasst haben mag sein hiesiges Geschäft
so bald wieder eingehen zu lassen, ist nicht bekannt; aber wahrscheinlich hatten sich Erwartungen, die er von Marburg gehegt
hatte, nicht erfüllt, und er und seine Behörde waren mit einander
unzufrieden geworden. Von Seiten seiner Vorgesetzten ist das gewiss,
und die Folge davon war, dass man sich nach einem andern Drucker
umsah, und schon zu der Zeit, als seine hiesige Druckerei noch bestand, Verhandlungen mit Egenolff in Frankfurt am Main anknüpfte.
Denn in einem an den Kanzler Feige gerichteten Schreiben des Landgrafen, datirt Zapfenburg Mittwoch nach Egidii (4. Spthr) 1538, heisst
es: »Dieweil der jetzige Buchdrucker zu Marburg [womit nur Cervicornus gemeint sein kann] so ungerathen und unfleissig sein soll,
so mögen wir leiden, dass der Eisermann, inhalt deines Schreibens,
mit dem Egenolphen zu Frankfurt, dieselbig unsere Druckerei anzu-

nehmen, handle« &c. Belege für die dem Cervicornus gemachten Vorwürfe der Ungerathenheit und des Unfleisses enthält dieser (im Marburger Staatsarchiv befindliche) Brief nicht; leider ist auch das darin erwähnte Schreiben des Kanzlers an den Landgrafen, woraus man vielleicht mehr hätte erfahren können, nicht mehr vorhanden. Da man ihm aber wenigstens nicht Unfleiss in seinem Marburger Druckbetriebe überhaupt nachsagen kann, muss man glauben, dass er sich Ungehörigkeiten in seiner amtlichen Stellung, woran ihm wahrscheinlich nichts mehr lag, habe zu Schulden kommen lassen. Nach seinem Abzuge von Marburg beschränkte er sich wieder auf Cöln allein, wo er noch im Januar 1542 (Hirsch, Mill. II 815) gearbeitet hat. Das Marburger Haus, worin seine Druckerei war, ist nicht bekannt; seine Druckerzeichen, soweit sie auf hiesigen Drucken vorkommen, sind im Verzeichniss der Ornamente unter Nr. 65 66 beschrieben.

CHRISTIAN EGENOLFF
und
ANDREAS KOLBE
1538—1566

Diese beiden Drucker gehören zusammen, denn offenbar war es dieselbe Officin, aus der ihre Marburger Presserzeugnisse hervorgingen: Egenolff richtete die Druckerei mit Kolbes Hülfe ein, und Kolbe leitete sie bis 1543 als Egenolffs Factor, führte sie aber von da an unter eigner Firma fort, wenngleich er noch 1552 mit Egenolff in Geschäftsverbindung gestanden hat.

Christian Egenolff, auf lateinischen Drucken *Egenolphus* (auch *Aegenolphus*), der wohlbekannte Frankfurter Buchdrucker, Verleger, Formschneider und Schriftgiesser, war am 26. Juli 1502 zu Hadamar im Nassauischen geboren, wovon er sich auch manchmal *Hadamarius* nannte. Schon 1516 bezog er zum Zwecke humanistischer Studien die Universität Mainz, arbeitete 1529 und 1530 als selbständiger Buchdrucker in Strassburg, wurde aber noch gegen Ende 1530 Buchdrucker und Bürger zu Frankfurt am Main[1]. Acht Jahre später errichtete er auf Veranlassung des Landgrafen Philipp (s. oben) in Marburg eine Filiale seiner Frankfurter Druckerei. In die Matrikel der hiesigen Universität wurde er zwar erst zu Anfang des 2. Semesters 1539, unter Reinh. Lorichs Rectorat, als *Christianus Ege-*

---

1) Vgl. *Gwinner, Kunst und Künstler zu Frankf. a. M. S 48 ff*; *Grotefend, Christian Egenolff, Frankf. a. M. 1881.*

*nolphus Hadamarius insignis Francofurdianorum et Academiae
Marpurgensis typographus* eingetragen, und da seine Inscription
die erste im Semester ist, muss sie Anfang Juli erfolgt sein. Aber
er hat schon etwas früher hier zu arbeiten angefangen. Denn die
Drucke Nr. 108a—112 haben das Druckdatum Januar 1539 und den
Druckort Marburg, Nr. 108a soll ausserdem Egenolffs Namen an
sich tragen, doch können auch die vier andern nur von ihm sein,
obgleich kein Drucker genannt ist; die undatirte, aber mit seiner
Firma versehene 3. Ausg. von Eobans Psalterium, Nr. 106, gehört
wahrscheinlich auch noch ins Jahr 1538. Die Verhandlungen
zwischen der Hessischen Regierung und Egenolff wegen Errichtung
der Marburger Druckerei werden noch im September stattgefunden
und gewiss nicht lange gedauert haben; denn der Universität konnte
die Gewinnung eines so ausgezeichneten Buchdruckers, und diesem
eine solche Gelegenheit zur Vergrösserung seines Geschäfts, nur
erwünscht sein. Also eröffnete Egenolff seine Marburger Werkstatt
wahrscheinlich schon im letzten Viertel oder doch jedenfalls vor
Ablauf des Jahres 1538, die Immatriculation zeigt nur an, wann er
unter die Universitätsverwandten aufgenommen worden ist.

Dass Egenolffs Pressen in Frankfurt und Marburg zugleich
arbeiteten, ist durch eine hinlängliche Anzahl von Drucken, die
gleichzeitig an beiden Orten daraus hervorgingen, bewiesen. Selbst
geleitet hat er natürlich nur sein Frankfurter Hauptgeschäft, die
Marburger Commandite hat er nur eingerichtet und dann einem
Factor übergeben; Lonicerus nennt ihn in seiner an ihn gerichteten
Zuschrift von Nr. 174 Typographum Francofordiensem, ungeachtet
dieser Druck unter Egenolffs Marburger Impressum herausgekommen
ist. Ebenso selbstverständlich blieb er immer Frankfurter Bürger,
wie ihn auch Landgraf Philipp in einem Schreiben an den Schult-
heissen zu Nordeck vom 6. März 1541 als »unsern Buchdrucker bei
unserer Universität allhie zu Marpurg und Bürger zu Frankfurt«
bezeichnet [2]). Egenolffs Frankfurter und Marburger Druckerei werden
sich auch in die Hände gearbeitet und manchmal gegenseitig aus-
geholfen haben, und es können wohl manche Drucke in Frankfurt
gemacht worden sein, auch wenn Marburg als Druckort genannt
ist; oder Egenolff hat Aufträge, die an sein Frankfurter Geschäft

---

2) Concept im Marburger Staatsarchiv. — Städtischer Bürger scheint der
Marburger Universitäts-Buchdrucker nicht gewesen zu sein, sondern nur aka-
demischer oder Universitäts-Verwandter. Er zahlte auch keine städtischen
Abgaben, wenigstens kommt keiner der ältesten Marburger Buchdrucker in den
Stadtrechnungen vor.

kamen, in Marburg ausführen lassen, wenn er dort gerade zu viel und hier nicht genug zu thun hatte. So schreibt Landgraf Philipp aus Schmalkalden am 10. April 1540 an den Landschreiber zu Catzenelnbogen [3]): »Wir haben Heinrich Lerssner und Johann Kreuttern gen Frankfurt abgefertigt, uns daselbst ein Ausschreiben drucken und verfertigen zu lassen«, und der Landschreiber solle ihnen nöthigenfalls 200 Gulden Münze oder Thaler dazu schicken. Dass Philipp dabei an einen andern Frankfurter Drucker als an Egenolff gedacht haben sollte, ist kaum anzunehmen, und das Ausschreiben kann wohl Philipps Verantwortung gegen Heinrich von Braunschweig (Nr. 124) gewesen sein, die im Mai desselben Jahres mit dem Druckorte Marburg herauskam. Es giebt auch Egenolffische Drucke, die unter seinem Frankfurter und unter seinem Marburger Impressum zugleich erschienen sind.

Bei der Frage, wer der Factor gewesen sein könne, durch den Egenolff seine hiesige Druckerei verwalten liess, denkt man zuerst an einen Sohn oder Verwandten von ihm; aber es ist keiner bekannt, von dem anzunehmen wäre, dass er diese Stellung bekleidet haben könnte. Allerdings hatte Egenolff einen Bruder Namens Lorenz, der auch Buchdrucker und Corrector gewesen sein soll, Grotefend Beil. I; doch lässt sich nirgend finden, dass er an der Marburger Officin zur Zeit ihrer Entstehung betheiligt gewesen wäre. Erst im 2. Semester 1543 erscheint in der Universitätsmatrikel ein Laurentius Aegenolphus Hadamarius, der wahrscheinlich der Bruder Christians war und vielleicht von diesem, zur Wahrung seiner Interessen während der Zeit des Uebergangs der Officin an Kolbe, nach Marburg geschickt worden ist. Der im 1. Semester 1540 unter Adam Krafts Rectorat inscribirte Christianus Egenolff war gewiss Christians gleichnamiger Sohn, der Theologe und von 1553 bis zu seinem 1566 erfolgten Tode evangelischer Prediger war, auch im Stillen seines Vaters Geschäfte als Buchhändler fortgesetzt haben soll (Gwinner 52). Aber auch an diesen darf kaum gedacht werden, denn er kann 1540 wohl schon alt genug zum Studenten, worunter es damals noch sehr junge Leute gab, gewesen sein, nicht aber zum Factor oder Geschäftsführer einer Druckerei.

Es war also niemand da, der die Wahrscheinlichkeit, Egenolffs Marburger Factor gewesen zu sein, in höherem oder gleichem Grade für sich haben könnte, als der vorhin genannte *Andreas Kolbe* oder *Kolb*, auf lateinischen Drucken *Colbius* und *Colibius*,

---

3) Originalausfertigung mit Philipps eigenhändiger Unterschrift, im Marburger Staatsarchiv.

2*

auf Nr. 269 auch *Typhaeus*. Von seiner Vorgeschichte kennt man
nur seine Herkunft aus einem Orte Heyda, wonach er sich auf
einigen Drucken *Kolbe von Heyd*, *Colbius Heydensis* genannt
hat. Strieder b. Justi 157 vermuthet unter diesem Heyda einen
Ort im Hessischen Amte Spangenberg, hingegen steht in der
Universitätsmatrikel *Andreas Kolb ab Heyda ppe Bamberg.* Inscribirt worden ist er kurz vor Egenolff, gegen Ende von Dryanders
Rectorat im 1. Semester 1539, wo sein Name die 42. (drittletzte) Stelle
einnimmt; doch war auch er wahrscheinlich schon früher hier und
bei der Einrichtung der Druckerei thätig. Und zwar ist ihm, eben
so gut wie Egenolff selbst, das Prädicat eines Universitäts-Buchdruckers (*Academiae huius typographi*) in der Matrikel beigelegt,
woraus hervorgeht, dass er mehr gewesen sein muss als bloss ein
Setzer oder Druckergehülfe. Dennoch ist vor 1543 von einer Kolbischen Druckerei in Marburg nichts zu hören, erst in diesem Jahre,
im Mai und Anfang Juni, erschienen die ersten Drucke mit Kolbes
Impressum, Nr. 167 169 170; bis dahin kann er also kaum etwas
andres als Egenolffs Factor gewesen sein. Als aber Egenolff 1543
sein Frankfurter Geschäft vergrösserte und dort ein neues Haus bezog,
Grotefend 19; Strieder b. Justi 155, übernahm Kolbe die Marburger
Filiale und führte sie für eigne Rechnung unter seiner Firma fort.
Ganz gelöst hat aber Egenolff seine Verbindung mit der Marburger
Druckerei damals noch nicht; denn es gingen nicht nur 1543/44
noch mehrere Drucke und 1545 noch zwei (Nr. 194 196) unter
Egenolffs Impressum daraus hervor, sondern es giebt aus den Jahren
1551/52 sogar noch Drucke (Nr. 234 239) mit der Firma *Egenolff
& Kolbe in Marburg.* Vielleicht ist die Druckerei erst nach und
nach in Kolbes Alleinbesitz übergegangen, und Egenolff hat seine
noch fortbestehenden Rechte daran in dieser Uebergangszeit sich
durch sein Impressum wahren wollen; die Drucke Nr. 234 239
waren wohl nur vereinzelte gemeinsame Unternehmungen, wozu
sich Egenolff gelegentlich mit Kolbe verband, möglicherweise in der
guten Absicht, seinem frühern Genossen, dessen geschäftliche Lage
manchmal unsicher genug gewesen sein mag, durch seinen guten
Namen etwas aufzuhelfen. Dass Kolbe auch noch von Egenolffs
Erben einen Druckauftrag erhielt, zeigt Nr. 260: impensis haeredum
Egenolphi; auch ist Nr. 258, obgleich in Frankfurt herausgegeben,
doch allem Anscheine nach von Kolbe in Marburg gedruckt, wie
er auch Nr. 227 für Brubach in Frankfurt gedruckt hatte.

Die frühern Marburger Drucke von Egenolff und Kolbe sind
typographisch einander so ähnlich, wie es fast nur Erzeugnisse

derselben Officin sein können; erst in den fünfziger Jahren fing Kolbe an, neben alten Typen von Egenolff, auch ein paar andre in ihren ältern Drucken nicht vorkommende Schriftsorten zu gebrauchen. Sonst aber sind die Typen und verschiednen Sorten Initialen, mehrere Wappen, der Kranz mit dem Spruche Verbum Domini &c., immer dieselben. Für sich allein würde das zwar noch nicht die Einheit der Egenolff- und Kolbischen Pressen beweisen, denn auch Egenolffs Schriftgiesserei stand in grossem Rufe und seine Typen und Ornamente waren weit verbreitet; also hätte auch Kolbe, wenn er sich eine eigne Werkstatt hätte einrichten wollen, nichts besseres und näherliegendes thun können, als sein Druckmaterial von Egenolff zu beziehen. Aber in Verbindung mit den andern dafür sprechenden Umständen ist die typographische Gleichförmigkeit der Egenolff-Kolbischen Drucke doch ein Grund mehr für die Annahme, dass es die Filiale Egenolffs gewesen sei, die Kolbe, nachdem er darin gearbeitet hatte, übernahm und fortsetzte.

Auf höhere typographische Schönheit können die daraus hervorgegangnen Drucke keinen Anspruch machen; sie zeichnen sich weder durch Form und Mannigfaltigkeit der Typen, noch durch künstlerischen Schmuck aus, sondern sind, fast mit alleiniger Ausnahme der etwas reicher ausgestatteten Epistolae familiares von Eoban. Nr. 163, einförmig und nüchtern, und verfolgen lediglich den practischen Zweck der Vervielfältigung. Die deutschen Drucke sind immer mit denselben Titelfracturen und mit der in Nr. 114 beschriebnen Textschwabacher gesetzt, eine andre Textschwabacher, vgl. Nr. 241, gebrauchte Kolbe erst seit Anfang 1553. Die lateinischen enthalten ein paar gewöhnliche Sorten Antiqua und kleiner Cursiv, später hatte Kolbe noch eine grosse magere Titelantiqua. Titelborduren giebt es auf allen hier beschriebnen Egenolff-Kolbischen Drucken nur zwei, wovon Nr. 38 recht hübsch, Nr. 39 aber kaum der Erwähnung werth ist; sonst nur Wappen und einige unbedeutende Bildchen, die Illustrationen Nr. 17 zu Stadens Reise waren, obschon schlecht geschnitten, ein ganz ungewöhnlicher Luxus. Etwas reicher ist, wenigstens in den frühern Drucken, der Initialenschmuck. Dazu gehören mehrere grosse Sorten mit Bildern, wie die in Nr. 163 und die Strassburger in Nr. 105, dann noch andre mit wenig schraffirten Figuren in weissem Viereck, das grosse I mit dem Hessischen Löwen (Nr. 145), grosse und kleinere Antiqua-Buchstaben mit Kindern in schraffirtem Quadrat; unter den kleinern ist eine Art mit feinem weissem Ornament in schwarzem Viereck als recht zierlich hervorzuheben.

Zu den wichtigeren Veröffentlichungen der Egenolff-Kolbischen Officin gehören Schriften von Draconites (darunter die Uebersetzung des Psalters mit Commentar), Dryander (Anatomia Mundini), Eoban (Epistolae familiares), Ferrarius, Hyperius (zwei Ausgaben seiner Homiletik), Jacob Lersener, Petrus Lo (vom Nachtmal), Jo. Lonicerus, Jo. Lorich (Comoedie Hiob), Jo. Oldendorp, Sarcerius, die Originalausgaben von Jo. Stadens Reise nach Brasilien; ferner das Marburger Gesangbuch von 1549, die Hessische Kirchenordnung von 1566, Schriften zum Schmalkaldischen Kriege, Streitschriften gegen Heinrich von Braunschweig &c. Die werthvollern unter diesen Schriften sind aber meist aus der Zeit vor 1550, die wenigen noch nachher erschienenen, wie einige von Hyperius und Oldendorp, Stadens Reise, die Hessische Kirchenordnung und ein paar andre, verschwinden fast unter den kleinen unbedeutenden Gelegenheitsarbeiten, Gratulationen, Hochzeitsgedichten, Verordnungen, Thesen u. a. Schon mit Ausgang der vierziger Jahre begann die Druckerei, die nun in Kolbes Händen allein war, in Verfall zu gerathen, der Druck wurde schlechter und war manchmal recht unsauber, was auch der Landgraf übel vermerkte. Denn in einem Schreiben des Statthalters aus Cassel vom 24. Mai 1548 (im Staatsarchiv) liess er dem Vicecanzler Ferrarius und dem Universitäts-Oeconomen Jacob Geil befehlen, sie sollten zusammen mit dem Rector dem Typographen ansagen, »dass er hinfurter seine Officin mit guten Littern, Papier, Firniss und andern, so zu einer Druckerei gehörig, besser dann bisher, versehe«. Aber das half nichts, die Arbeiten wurden darum nicht besser, und die Folge davon war, dass sich grössere Aufträge immer seltner einstellten. Im Jahre 1546 hatte Kolbe doch noch 15 Drucke geliefert, und wenn auch nachher noch ein paar Jahre mit 11 und 12 Drucken vorkommen, so stieg ihre Zahl doch nur selten über 7 oder 8, und sank in einigen Jahren sogar bis auf 4 und 3 herunter, aus dem Jahre 1548 haben mir nur 2 vorgelegen. Muss man dabei auch in Anschlag bringen, dass mir gewiss manche Drucke unbekannt geblieben und manche Gelegenheitsarbeiten verloren sind, so ist doch anzunehmen, die Kolbische Druckerei habe zu Zeiten ein recht kümmerliches und für die Litteratur nutzloses Dasein geführt.

Ueber die Besoldung und sonstige amtliche Stellung der ersten academischen Buchdrucker in Marburg geben die Universitätsacten, so weit sie noch vorhanden sind und jetzt im Staatsarchiv aufbewahrt werden, leider keine Auskunft. Erst von 1542 an sind Rechnungen der Universitäts-Verwaltung da, woraus man aber auch nichts weiter erfährt, als dass der damalige Buchdrucker, also Egenolff und dann Kolbe⁴), jährlich 50 Gulden bekam, vorausgesetzt, dass alle vier Quartale ausbezahlt wurden. Wahrscheinlich waren damit, nach damaligem Gebrauche, noch Lieferungen von Naturalien verbunden, die aber nicht in den Rechnungen stehen.

Einige Verordnungen für den Typographen enthält das vorhin angeführte Schreiben des Statthalters aus Cassel vom 24. Mai 1548, worin es heisst: »er solle nichts drucken, es sei denn zuvor durch den Vicecanzler sammt dem Rector und einem Gelehrten der Facultät, zu der solch Scriptum gehörig, übersehen und zugelassen. Da auch etwas von unsers g. F. und Herrn wegen zu drucken wäre, dass er dasselbige vergeblich [ohne besondre Bezahlung] thue, es wäre denn nach, dass sich solcher Druck über einen Bogen erstrecke. Auf diesen Fall solle ihm das Papier bezahlt, und dem Gesellen eine Verehrung gereicht werden. Mit dieser Commentio, wo er dem allen wie obgemeldet nicht nachkommen, werde man verursacht, ihn gänzlich zu beurlauben.« ⁵) Sehr einträglich kann nach alledem die Stellung des Universitäts-Buchdruckers, soweit er darauf angewiesen war, nicht gewesen sein.

Egenolff starb am 9. Februar 1555 ⁶), Kolbe überlebte ihn noch ziemlich lange. Der letzte Druck, woran Kolbe noch betheiligt war, dessen Vollendung aber schon seinen Erben zufiel, ist die Hessische Kirchenordnung von 1566, Nr. 332. Er starb aber erst in der zweiten Hälfte des Jahres 1568, wo zwischen dem 12. September und 4. November in der Universitäts-Matrikel steht: Sub hoc ipsum tempus Andreas Colbius Scholae typographus pestilente febre moritur. Die im Impressum von Nr. 332 genannten Erben waren seine Söhne Zacharias und Augustin, die sich aber bald trennten; Zacharias scheint 1568 ganz mit drucken aufgehört zu haben, Augustins Firma bestand noch 1585.

Von 1547 bis 1564 befand sich Andreas Kolbes Druckerei in einem Hause *sum Kleeblatt (apud Trifolium) unter der Schule*, ob

---

4) Egenolff ist von 1542 bis zum 3. Quartal von 1544 immer bei Namen genannt, dann fehlen die Jahre 1545—47, von 1548—66 (1556/57'65 fehlen) ist immer nur von einem Drucker (Drocker, Trocker, Thrücker) die Rede, mit Namen aufgeführt ist weder Kolbe noch ein andrer.

5) Auch eines Formschneiders wird in diesem Schreiben gedacht, und zwar soll mit ihm dahin verhandelt werden, »dass er sich noch ein Jahr lang mit dem halben Theil seines Stipendii leiden wolle; was er dann bei unserm gnädigen F. und Herrn etwas weiter erhalten, da lassen wir es auch bei bleiben. Wenn er aber hierzu nicht zu persuadiren, sondern würde sich dess beschweren, so mag er sein bestes denken.« Dieser Formschneider, der Jörg Thomas hiess, steht 1544—1550 in den Rechnungen, so weit sie vorhanden sind, seit 1549 mit 10 Gulden jährlich, vorher hatte er 20 bekommen.

6) Der nachmalige Marburger Buchdrucker Paul Egenolff, geb. 1553 gest. 1625, war ein Sohn von Christians Bruder Lorenz. In Marburg druckte Paul sicher 1584—1619, Strieder b. Justi 165.

auch früher und später, ist aus den Drucken nicht zu ersehen. Manchmal setzte er nur die Hausmarke ins Impressum, ohne seinen Namen, vgl. das Verzeichniss der Drucker. Sein Druckerzeichen, das er aber nur selten gebrauchte, ist bei den Ornamenten unter Nr. 68 beschrieben.

Gleichzeitig mit Egenolff und Kolbe sind noch vier andre Buchdrucker bei der Universität inscribirt worden, nämlich: 1539 im 1. Semester an 43. Stelle, also dicht hinter Kolbe, *Hans Schwartz von Hagenow typogr.*, im 2. Semester desselben Jahres an 53. Stelle *Zacharias Kolbius typographus*, und als letzte im Jahre an 55. und 56. Stelle *Joannes Faber Coloniensis typographus* und *Jacobus Kremerius Marpurgensis bellus typographus*. Zacharias Kolbe ist der schon erwähnte Sohn und Geschäftsnachfolger des Andreas, von den andern ist, wenigstens in Marburg, keiner zur Selbständigkeit gelangt; sie waren also, wie damals auch Zacharias Kolbe, wohl nur Gehülfen der Egenolff-Kolbischen Officin.

HERMANN BASTIAN
1543

Mit dieser Firma kenne auch ich nur den einen, schon von Strieder b. Justi 157 angezeigten Druck Nr. 165 aus dem Jahre 1543: *Gedruckt zu Marburg bei Hermann Bastian*. Die Untersuchung dieses Druckes ergab alsbald eine auffällige Uebereinstimmung des dazu verwandten Typenmaterials mit gleichartigen Theilen desjenigen, dessen der bekannte Bonner Buchdrucker Laurentius von der Mülen in einigen die Cölnische Reformation betreffenden Drucken sich bedient hat. So ist die Textschwabacher völlig conform mit der, womit Butzers zweite Vertheidigung (Baum, Capito und Butzer Nr. 66) gesetzt ist, auch Titelfracturen und eine kleine Schwabacher von gleichem Schnitte lassen sich bei von der Mülen nachweisen, das grosse 𝕭 auf 2 r des Bastianschen Druckes ist dieselbe Type mit allen kleinen Fehlern und Brüchen wie auf dem 1. Textblatte des Urdrucks von Erzbischof Hermanns Cölnischer Reformation, vgl. Nr. 195. Der Neudruck von Nr. 165, s. den Zusatz zur Beschreibung dieser Nummer, den von der Mülen 1544 unter seinem vollen Impressum gemacht hat, ist dem Drucke Nr. 165, den Bastian gemacht haben soll, typographisch sehr ähnlich: er ist mit derselben Textschwabacher gesetzt, enthält ausser dem grossen 𝕭 auch noch auf 35 r das gleichartige 𝕯, die ganze Einrichtung ist ebenso. Hierdurch wurde der Verdacht erweckt, dass nicht Hermann Bastian sondern

Laurentius von der Mülen auch den Druck Nr. 165 gemacht habe, und wenigstens in Hinsicht auf einen Theil des Druckes fand dieser Verdacht eine Bestätigung durch den Brief Butzers vom Sonntage Quasimodogeniti 1543, den er einem an den Rath zu Cöln gesandten Druckexemplar von Nr. 165 beigelegt hatte[1]). Am Schlusse dieses Schreibens bittet Butzer: »E. F. C. W. wolle den ehrsamen Laur. von der Mülen des Druckens halben an meinem Büchlein gnädiglich ausser Sorgen lassen«, nachdem er weiter vorne geschrieben hatte: »da aber vermerkt worden, dass E. F. C. W. vielleicht nicht wollte gefallen, dass diese meine Schrift in E. F. C. W. Stadt ausginge, habe ich das Werk anderswo lassen vollenden«. Also der Druck soll zum Theil wirklich von Laur. von der Mülen gemacht, dann aber anderswo vollendet worden sein, was nach seinem Impressum durch keinen andern als durch Hermann Bastian in Marburg geschehen sein kann.

Wer Hermann Bastian war, ist bekannt genug aus der Geschichte der Hessischen Wiedertäufer, vgl. Krohn, Wiedertäufer 338 342 ff, und Hochhuth, Protestant. Secten in der Hessischen Kirche, in der Zeitschr. für histor. Theol. 1858/59, wo Jahrg. 1858 S 642 ff auch Bastians Zurückführung von wiedertäuferischen Irrthümern durch Butzer (1538) erzählt wird. Um 1545 war er Marburger Bürger und in wohlangesehener Lebensstellung, der Gladenbacher Pfarrer Justus Alberti nennt ihn in seiner an ihn gerichteten Zuschrift von Nr. 201 einen »ehrbaren und fürnehmen, Diaken und Bürger zu Marburg«. Ohne Zweifel ist dieser Hermann Bastian derselbe wie der im Impressum von Nr. 165 genannte; dass er jedoch wirklich Buchdrucker gewesen sei, halte ich für ganz unwahrscheinlich, weil bis jetzt auch nicht ein einziger sicher von ihm gemachter Druck zum Vorschein gekommen, seine Mitarbeiterschaft an Nr. 165 aber sehr zweifelhaft ist. Denn es ist doch kaum glaublich, dass er, wenn er Buchdrucker gewesen wäre, nicht einmal einen einzigen ganzen Druck fertig gebracht, sondern seine Thätigkeit lediglich auf die Vollendung einer von einem andern Drucker und an einem andern Orte angefangenen Arbeit, von überdiess sehr mässigem Umfange, beschränkt haben sollte. Abgesehen davon, dass dazu doch eben so gut eine Druckerei gehört wie zu mehreren und grössern Arbeiten, so ist auch dem Drucke Nr. 165

---

1) mitgetheilt von C. Krafft in den Theol. Arbeiten aus dem rheinischen Predigerverein II 56—58. Zu Bastian vgl. auch *Varrentrapp, Hermann von Wied 153 Anm.*

eine solche Arbeitstheilung gar nicht anzusehen: er ist von Anfang
bis Ende typographisch gleichförmig und durchweg mit derselben
Sorte Textschwabacher gesetzt, und zwar mit einer Sorte, die in
gleichzeitigen Marburger Drucken nicht vorkommt. Auffallen könnte
höchstens, dass der zweite Theil des Druckes nach einem Ternio
und einer leeren Seite mit neuer Signatur anfängt. Aber das
braucht noch nicht einmal Absicht gewesen zu sein, etwa um den
Schein zu verstärken, als ob der zweite Theil wirklich in einer
andern Druckerei gemacht worden sei; denn so etwas passirte bei
Vertheilung des Manuscripts an mehrere Setzer sehr leicht, und
sowohl leere Seiten oder Blätter, als auch Anfänge neuer Signatur-
Alphabete bevor das vorhergehende zu Ende ist, sind auch noch in
Drucken aus der Reformationszeit bekanntlich nichts seltnes. Ueber-
diess ist auch der Neudruck von Nr. 165, bei dem von zwei Druckern
gar keine Rede ist sondern nur von Laur. von der Mülen allein,
gerade so eingerichtet wie Nr. 165 selbst: ḥ ist ein Ternio, 34 v ist
leer, mit 35 fängt die neue Signatur 𝔄 an.

So lange ich also über Bastian als Drucker nicht besser unter-
richtet werde, glaube ich nicht, dass er jemals etwas gedruckt oder
mit dem Buchdrucken zu thun gehabt habe. Also kann auch der
Druck Nr. 165 nicht zum Theil, sondern er muss ganz von Laurentius von der Mülen gemacht worden sein, und Bastian hat nur
seinen Namen zum Impressum hergegeben. Und zwar, aller Wahrscheinlichkeit nach, auf Veranlassung Butzers, der alle Gefahr von
Laur. von der Mülen abzuwenden wünschte, während die Sache für
Bastian, der Butzern ohnehin Dank für guten Unterricht schuldete,
ganz unbedenklich war. Denn der Rath von Cöln dürfte sich wohl
um so weniger darum bekümmert haben, ob es in Marburg einen
Drucker Bastian gäbe, als er ihn in einem andern und protestantischen Staate doch nicht hätte zur Rechenschaft ziehen können.
Uebrigens kann auch für Laur. von der Mülen die ganze Sache
kaum gefährlich gewesen sein; denn Butzers zweite Vertheidigung,
die er noch in demselben Jahre druckte wie die erste, trägt sein
volles Impressum.

ANTONIVS TIROLT
1544/45

Von den Lebensverhältnissen dieses Druckers, den Strieder b.
Justi überhaupt nicht kannte, weiss ich nichts. Was seine Arbeiten
anbelangt, so sind mir nur die beiden Auflagen eines Nachdrucks
der Cölnischen Reformation, Nr. 193a und 195, bekannt geworden.

Doch habe ich nur die zweite, Nr. 195, selbst gesehen, und gefunden, dass sie Egenolff-Kolbischen Drucken ähnlich ist, so dass sie fast für ein Erzeugniss dieser Officin würde gehalten werden können, wenn sie nicht doch manches abweichende hätte, und nicht durch ihr Impressum eine selbständige Entstehung für sich in Anspruch nähme. Zwar kann man sich schwer entschliessen an ein Impressum zu glauben, unter dem nichts weiter zum Vorschein gekommen ist als zwei Nachdrucke von einer einzigen Schrift; aber es fehlt doch jede Veranlassung, es für fingirt zu halten. Denn die Schrift war unter der Autorität des Erzbischofs Hermann verfasst, und der Originaldruck war deutsch und lateinisch ganz offen in Bonn bei Laurentius von der Mülen herausgekommen; also konnte von Gefahr beim Nachdrucken keine Rede sein. In der Marburger Universitäts-Matrikel ist Tirolt eben so wenig zu finden wie in den städtischen Steuerbüchern, demnach kann er weder im Dienste der Universität gestanden haben, noch Bürger der Stadt gewesen sein.

IOHANNES RHENANVS
1553

Von diesem Buchdrucker kennt man keine andern sichern Arbeiten als die beiden kleinen Drucke Nr. 243 248 aus dem Jahre 1553, die schon Strieder b. Justi 160 angezeigt hat. Dass er aus Melsungen war, erfährt man aus dem Impressum von Nr. 248, wo er sich Melosungius nennt. Sonst weiss man nichts von ihm, nur ergiebt sich aus der typographischen Beschaffenheit seiner beiden Drucke, dass er in Marburg mit Kolbe in Verbindung gestanden haben muss. Denn seine Titel- und Textschriften sind Kolbische, die Initiale P in Nr. 243 (kleine weisse Ranken und Blättchen in schwarzem weiss punctirtem Viereck) gehört in ein schon von Egenolff und dann von Kolbe viel gebrauchtes Alphabet, das O in Nr. 248 ist dieselbe schadhafte Type wie in Kolbe Nr. 246, der Hessische Wappenschild im Lorbeerkranze (Nr. 51) auf Nr. 248 ist von demselben Holzstocke gedruckt wie auf Kolbe Nr. 208. Das Bild Nr. 13 auf dem Titel von Rhenanus Nr. 243 ist mir vor 1553 zwar nicht unter Kolbes Firma begegnet, wohl aber zwei Jahre nachher auf Nr. 261, dann auch auf spätern Drucken bis 1562, die zwar kein Impressum haben, doch nach ihrem ganzen typographischen Material und Habitus zweifellos der Kolbischen Officin zugeschrieben werden dürfen. Allerdings könnte von diesen Drucken noch der eine oder andre von Rhenanus sein, was indess sehr unwahrscheinlich ist; auch würden sie sich nicht herausfinden lassen, weil seine beiden sichern Drucke von Kolbischen nicht zu unterscheiden sind.

Von welcher Art die Beziehungen des Rhenanus zu Kolbe gewesen sein mögen, kann man nicht wissen; aber wahrscheinlich hat er, ohne gelernter Buchdrucker zu sein, Versuche mit dem Drucken gemacht und sich eine kleine Privatdruckerei eingerichtet, wozu ihm Kolbe ein paar alte Schriften und einiges andre Druckmaterial überliess. Geschäftliche Benachtheiligung hatte Kolbe von einem Unternehmen, das ein halbes Jahr nicht überlebt zu haben scheint, schwerlich zu fürchten, und auf seinem Druckmaterial wird er schon die Hand gehalten haben, so dass er es zurückbekam, als Rhenanus seine Druckversuche aufgab. Das vorhin erwähnte, von Kolbe erst später als von Rhenanus gebrauchte Bild Nr. 13 hat dieser vermuthlich von anderswoher bekommen und dann an Kolbe mit abgegeben.

Die Frage nach der Person des Rhenanus lässt sich nur durch eine Vermuthung beantworten, zu deren Unterstützung mir zwar alle Belege fehlen, die aber doch nicht der Wahrscheinlichkeit entbehrt. Ich glaube nämlich, dass unser Drucker Rhenanus kein andrer gewesen ist, als der nachmalige Allendorfer Pfarrer und Salzgräve gleiches Namens, von dem U. F. Kopp, Beitr. zur Gesch. des Salzwerks in den Soden bei Allendorf, Marb. 1788, ausführliche Nachricht giebt. Dieser Rhenanus, der mit Vornamen auch Johannes hiess und gleichfalls aus Melsungen war, hatte in Marburg Theologie studirt; denn nur an ihn kann bei dem Joannes Reinanus Melsongensis, der sich am Frohnleichnamstage 1548 an der Universität hatte immatriculiren lassen, gedacht werden. Nachdem Rhenanus, wie Kopp berichtet, anfangs Prediger in Marburg gewesen war, wurde er 1555 Pfarrer und bald darauf auch Salzgräve oder Vorsteher des Salzwerkes in Allendorf an der Werra, wo er sich durch Kenntniss und Geschicklichkeit auszeichnete, aber auch durch zügellosen Lebenswandel gerechten Tadel zuzog. Die Zeit, wo er als Prediger in Marburg stand, hat Kopp nicht näher bestimmt; aber nach einem unter den Handschriften der Marburger Universitäts-Bibliothek (Nr. 262, C. W. List Collect. fasc. 2 Nr. 13a) befindlichen Verzeichnisse von Marburger Pastoren nebst Auszug aus Kastenrechnungen der Pfarrkirche, ist ein Pastor M. Joannes Reinandus am 2. post. convers. Pauli 1554 abgegangen. Ist dieser Name Reinandus, wie auch Reinanus in der Matrikel, nur eine ungenaue Schreibung von Rhenanus, was doch sehr wahrscheinlich ist, so war die damit gemeinte Person der nachmalige Allendorfer Pfarrer und Salzgräve[1]). Verhält sich das wirklich so, so fällt sein Aufenthalt als Prediger in Marburg der Zeit nach mit den beiden Arbeiten unsers Druckers Rhenanus zusammen. Dass sich zwei Melsunger mit demselben Vor- und Zunamen, von denen überdiess jener sehr häufig und dieser nur ein Ländername war, zugleich in Marburg aufgehalten haben sollten, ist ja freilich nicht unmöglich, wäre aber doch immer ein seltner Zufall; hingegen steht der Vermuthung, dass der Pastor auch der Buchdrucker gewesen sei, nicht das geringste entgegen. Denn warum sollte in einer Zeit, wo unter den Buchdruckern und Correctoren allerhand Gelehrte waren, nicht auch ein Geistlicher mit der Druckerei sich befasst haben. Zwar ist sonst nicht bekannt, dass protestantische Pastoren neben ihrem Amte noch bürgerliche Gewerbe öffentlich betrieben hätten; aber Rhenanus war, mit seiner Anlage und Neigung zu technischen Sachen und mit seinem zerfahrenen Wesen, überhaupt in allem eine Ausnahme unter den Pastoren. Auch war seine kleine Druckerei gewiss nicht öffentlich, seine beiden Drucke sind nur Hochzeitsgedichte, woran er wahrscheinlich nur unter der Hand seine Versuche gemacht hat. Uebrigens ist die Buchdruckerei doch nichts schlimmeres für einen Pastor als die Salzindustrie, die Rhenanus in Allendorf, unbeschadet seines Pastorats, sogar als landgräflicher Beamter betrieb.

Wenn also Kopp S 4 erzählt, Rhenanus habe Marburg mit einem Schaden von 200 Gulden verlassen, so wird man dadurch unwillkürlich auf den Gedanken gebracht, dass er diesen Schaden wohl bei erfolglosen Versuchen mit dem Bücherdrucken gemacht haben könnte.

HANS LVFFT IN MARBURG

Den Bibliographen ist bekannt, dass es aus den Jahren 1527 bis 1535 eine Anzahl Drucke in englischer Sprache giebt, die unter dem Impressum *Emprented at Marlborow (Malborow) in the lande of Hesse by me Hans Luft* und ähnlich, erschienen sind. Es sind Schriften von William Tyndale, die man am vollständigsten bei Lowndes verzeichnet findet, vgl. auch den Catalog der Bodleiana,

---

1) Deutsch müsste sein Name wohl Rheinländer sein, in seinen im Staatsarchiv aufbewahrten Originalbriefen kommt Rheinlandt vor, aber die allermeisten sind Rhenanus unterschrieben, und so soll er sich auch in seinem Sulzbuche genannt haben, Kopp 14.

und Maittaire, Ind. I 253, II 38; ferner die hier unter Nr. 20 beschriebne von John Frith und Luther. Ausserdem gehört dazu die bis jetzt anscheinend unbekannt gewesene Ausgabe der Marburger Artikel von 1529 in holländischer Uebersetzung, Nr. 27.

Dass Marlborow oder Malborow, gleichviel welcher Ort dahinter versteckt sein möge, wirklich eine Anglisirung des deutschen Ortsnamens Marburg sein soll, unterliegt keinem Zweifel und ergibt sich schon aus dem Zusatze: in Hessen. Ausserdem hat aber auch ein Druck von Tyndales Practyse of Prelates 1530, nach den Anzeigen im Catalog der Bodleiana und bei Lowndes, nicht Marlborow sondern Marborch, obgleich Hans Luffts Name fehlt. Unser Druck Nr. 27, der mit den englischen augenscheinlich von gleicher Herkunft ist, hat Marburg in Hessen bi Hans Luft.

Mit der Frage, ob Hans Lufft — also der bekannte Reformationsdrucker, einen andern giebt es nicht — wirklich in Marburg eine Officin gehabt und die erwähnten Schriften gedruckt habe, hat sich zuerst der Rev. *J. I. Mombert* eingehender beschäftigt und seine Ansicht davon erst in der Zeitschrift *The Churchman* 1881 am 10. December, und dann in seinem Buche *English versions of the Bible*, London 1883, ausgesprochen. In dem Buche sagt er S 107 f: ›In my judgment Marlborow is a pseudonyme, deliberately chosen by Tyndale to mislead his pursuers, and designates no other place than Wittenberg, where Luther lived. In this matter I take, of course, issue with all the writers who affirm, on what grounds I cannot tell, that Marlborow is Marburg, and that Luft had a printing-press there. Now, Hans Luft was the most celebrated printer of the 16. century, ... and is perhaps better known than any other German, not an author, of that period. ... I mean to uphold the view that Wittenberg is the enigmatical Marlborow.‹ Noch bestimmter lautet das Urtheil des ehemaligen Marburger Universitäts-Bibliothekars *Carl Jul. Caesar*, womit er eine Anfrage Momberts, ob Hans Lufft eine Buchdruckerei in Marburg gehabt hätte, am 26. November 1881 beantwortete (bei Mombert 113): ›Es hat nie einen Buchdrucker Hans Luft in Marburg gegeben. Allerdings existiren verschiedene Drucke mit seinem Namen und dem Druckort Marburg ..., aber es ist nicht zu bezweifeln, dass sowohl der Druckort als der Name des Druckers fingirt ist, vielleicht um den wahren Druckort in England zu verbergen. Man hat sich dabei der in der Geschichte der Reformation berühmten Namen der Universität Marburg und des Wittenberger Druckers bedient, und diese in eine durch nichts gerechtfertigte Verbindung gebracht‹.

Das ist offenbar der richtige Sachverhalt. Eben so wenig wie Caesar bin auch ich im Stande gewesen irgend eine Spur davon, dass Hans Lufft jemals in Marburg gedruckt haben könnte, aufzufinden. Es ist auch von vorne herein gar kein vernünftiger Grund denkbar, warum er an einem andern Orte eine Druckerei hätte errichten sollen, bloss um einige Schriften zu drucken, die er weit bequemer und völlig unangefochten in Wittenberg selbst hätte drucken können; weder Luther noch sonst jemand würde ihn verhindert haben, das ganz offen unter seinem Wittenberger Impressum zu thun. Sonach kann ich auch der Meinung Momberts, dass unter Marlborow wahrscheinlich Wittenberg zu verstehen sei, nicht beipflichten. Denn wären die Drucke wirklich in Wittenberg gemacht worden, so hätte doch weder Hans Lufft noch ein andrer Wittenberger irgend eine Veranlassung zur Verheimlichung oder Fälschung des Druckorts gehabt. Was aber gegen Wittenberg und Lufft sicher entscheidet, das ist die typographische Beschaffenheit dieser Drucke, die auch Caesar als Bibliothekar ohne Zweifel geltend gemacht haben würde, wenn er etwas davon zu sehen bekommen hätte; aber er hat keinen gekannt. Leider haben auch mir nicht mehr als zwei vorgelegen, es waren die einzigen, die sich in den von mir benutzten deutschen Bibliotheken vorfanden. Obgleich der eine dieser beiden Drucke in englischer und der andre in holländischer Sprache ist, lässt doch ihre grosse typographische Aehnlichkeit auf einen gemeinsamen Ursprung schliessen, und da wahrscheinlich alle unter dem Impressum Hans Lufft in Marburg herausgekommenen Drucke aus derselben Presse herstammen, werden auch die übrigen typographisch mit diesen beiden übereinstimmen, oder doch gleichartiges mit ihnen gemein haben. Doch darf ich hier natürlich nur nach den beiden mir bekannten urtheilen. Dass aber diese weder von Hans Lufft, noch in Marburg oder in Wittenberg gemacht sind, muss jedem, der sich mit Untersuchung von Drucken aus der Reformationszeit beschäftigt hat, gleich beim ersten Anblicke ins Auge fallen; auch glaube ich nicht, dass sie aus einer deutschen Druckerei überhaupt herstammen. Auf die an sich nicht uninteressante Frage nach ihrem wirklichen Druckorte und Drucker braucht hier, weil von Marburg und Hans Lufft eben keine Rede sein kann, nicht näher eingegangen zu werden, auch fehlt mir das zur Vergleichung nöthige Material von gleichzeitigen englischen und niederländischen Drucken. Denn die am nächsten liegende Vermuthung, die ja auch Caesar hatte, ist die, dass der Druckort und Drucker in England selbst zu suchen seien. Aber ich glaube, dass auch die Niederlande

nicht bloss mit in Frage kommen, sondern kaum weniger Wahrscheinlichkeit für sich haben als England. Die Typen, die in unsern
beiden Drucken dieselben oder einander sehr ähnlich sind, haben
einen Schnitt und Ductus von englischer Art; aber man hatte sehr
ähnliche auch in Holland und Belgien, wobei man zuerst an Antwerpen denkt, wo Tyndale auch gewesen war. Gegen eine englische Herkunft des Druckes Nr. 27 erweckt seine Sprache Zweifel,
denn nach einer holländischen Uebersetzung der Marburger Artikel
dürfte in England kaum Nachfrage gewesen sein. Die Titelbordure
Nr. 31, womit der Druck Nr. 20 geschmückt ist, ist cölnischen Ur-
sprungs, für einen Nachschnitt würden also die Niederlande näher
liegen als England; obgleich die Möglichkeit, dass man sie in England nachgeschnitten habe, darum noch nicht ausgeschlossen ist.
Denn falls auch Marlborow wirklich etwas andres als Marburg hätte
bedeuten sollen, woran nicht zu denken ist, so bleibt doch immer
noch Hans Luffts Druckername übrig, der allein schon hinreicht,
die Absicht einer Täuschung, als ob diese Drucke in Deutschland
gemacht worden seien, genügend kenntlich zu machen. Da lag es
denn auch nahe, zur Verstärkung der Täuschung eine bekannte
deutsche Titelbordure nachzuschneiden.

1.   AD INVICTISSI | mum Impatorē Carolū | quintū Cœſarem Augu⸱ | ſtū : reliquofꝗ Germaniœ | ⸱pceres pro agnofcēda ue | ra religiōe Parœneticon | per Euricium Cordum | Medicum. | Adiecto auctario de ıſtau | rādis & cōferuādis literis | & nouo Marpurgen⸱ | ſi Gymnaſio. ‖ Marpurgi. | M͞.D͞.XXVII͞. ‖

In 4°, 50 Bll, Sign. aij—av (Tern.) A—Lij, in C und D auch Bl 4 ſign., K 3 und L3 ohne Sign., 2 v 3 r 4 r·v 5 r;v haben Cuſtt, ſonſt keine. *Titelbordure Nr. 22.* Typen durchweg, im Titel und Text, eine groſse ſchmale magere Textantiqua, nur die Errata am Schluſse und ſonſt einige Zeilen von 48 v an gewöhnliche mittelgroſse. Im Bogen a ſind 28, ſonſt 24 Zz. Auf 1 v 2 v 7 r drei Initialen mit den barocken Menschen- und Thierbildern aus Trutebulſchen Drucken. — Bl 1 v ‖ PHILIPPVS MELANCHTHON | LECTORI. S. ‖ ..., 2 v ‖ ILLVSTRISSIMO PRINCIPI PHI⸗ | LIPPO HESSORVM DOMINO. | EVRICIVS CORDVS | Medicinœ Doctor. S. D. ‖ ..., dat. 6 v 12 ‖ Brunſuici. XXII . Iulij. Anno domini .M.D.XXV. ‖ , darunter das Hessische *Wappen Nr. 40* und ‖ Ad eundem Principem Philippum: | ... 2 Diſtichen. Bl 7 r beginnt (mit Kopſtitel 8 Zz) das Paraeneticon, in Hexametern, der erste ‖ INſanus ne furor: petulante ne di⸗ | gna cachinno | ..., 48 v 7 ‖ FINIS. ‖ Dann noch Nachträge und drei Epigrr an Kaiser Karl, 49 v 10 21 Correcturen, wovon die letzten 7 Zz auf 50 r stehen. Darunter *Druckerzeichen Nr. 64 A* und

Cudebat IOAHNNES [so] LOERS⸱ | FELT. in inclita MAR-PVRGEN | SI Academia. Anno. XXVII. ‖

v leer. — In Giessen, E 10,760.

v. d. Hardt II 140; Panzer VII 376 Nr. 1; in die Opp. poet. Francof. 1564 nicht aufgenommen, Inhalt bei *C. Krauſe, Cordus 92 ff.* War schon Wittenb. bei Jos. Klug 1525 8° erschienen, Hirsch Mill. III 324, vgl. Strobel Misc. VI (Bibl. Melanth.) Nr. 106; im vorliegenden Neudruck durch den Excurs über die gelehrten Schulen und den Werth der Wissenschaften erweitert, Melanchthons Vorw. ist dasselbe wie in der 1. Ausg., Corp. Ref. I 771 Nr. 357.

Höchst wahrscheinlich ist dieser Druck das erste Erzeugnis der Marburger Presse. Denn aus seinem Titel geht hervor, dass Cordus die Hinweisung auf die Wichtigkeit der Studien seinem Gedichte in Beziehung auf die neue Marburger Universität hinzugefügt hat, und so ist der Druck vermuthlich als eine Festschrift zu deren Gründung am 30. Mai ausgegeben worden. Auch ist anzunehmen, dass Loersfelds erste hiesige Arbeit nicht der kleine Nachdruck von Luthers Taufbüchlein (Nr. 2), sondern ein von der Universität ihm aufgetragenes Werk gewesen sei.

2.   Das | Tauffbůch | ſin verdeudtſcht, | auffs new zu ge- | richt durch | Marti. Luther. | Wittemberg. ||

In 8°, 8 Bll. Sign. aij aiij, 2 r 3 r/v 4 r 5 v 6 r/v 7 r haben Custt. Drucker [*Johann Loersfeld*, vgl. Nr. 3], *Titelbordure Nr. 23 A*, Titeltypen Z 1 sehr grosse Fract., 2 grosse starke Titelschwab., 3—7 mittelgr. Textschwab. mit langen Commastrichen. Vorrede kleine Schwab., 2 r hat 33 Zz, die Taufformel selbst immer mit der grossen Titelschwab. wie Titelz. 2, 16 Zz, die Anweisungen für den Täufer &c. wie die Vorrede, auf 1 v 3 r 6 r je eine Initiale. — Bl 1 v | Martinus Luther al- | len Chriſtlichen leſern ... | ... | ... || WEil ich teglich | ſehe vnd höre, wie gar mit vn- | fleis vnnd wenigem ernſt, ... Schluss 2 v 27; dann 3 r | Das Tauffbüchlin auffs | new zu gericht. | Mar. Luth. || ... Ende 8 r 6 und (Titel-schwab.)

Gedꝛuckt ynn der ne- | wen löblichen Vni- | uerſitet Marpurg | ym M . D . xxvij . | iar. am . xxij . tag | Junij. ||

v leer. — In Berlin, Sammelbd. Luth. 9505 Nr. 5.

Nachdruck von Luthers Taufbüchlein in der zweiten Bearbeitung von 1526. Angezeigt ist dieser sehr seltne Druck in *Erl. Ausg. 22 (1833) S 290* nach einem Ex., das damals noch in der Schwarzischen Samml. zu Nürnberg sich befunden haben soll; das mir vorliegende Berliner Ex. stammt aus Meusebachs Biblioth. her und ist vielleicht das Schwarzische. Für uns hat dieser Dr. besondern Werth, wenngleich nicht als erster Marburger, so doch durch seine genaue Druckdatirung, woraus hervorgeht, dass am 22. Juni 1527 ein Product der neuen Marburger Presse ans Licht getreten ist, das sonach in der Prioritätsfrage immerhin einen sichern Geburtstag vor Nr. 1 voraus hat. — Vgl. Nr. 3.

3.   Chriſtli- | che oꝛdenung | wie es zu Marpurg yn | Heſſen, mit Teuffen, | Sacramēt reichen, | vñ mit Bete nach | der pꝛedigt ge- | halten wird. || 1527. ||

In 8°, 16 Bll. Drucker [*Johann Loersfeld*]. Der Titel steht in der *Bordure Nr. 24*; Titelschrr: Z 1 sehr grosse Fract., 2 grosse starke Titelschwab., 3—8 mittelgr. Textschwab. mit langen Commastrichen. Der Inhalt zerfällt in 2 Theile. Der 1. Theil besteht aus Luthers Taufbüchlein mit der Vorrede und ist von Bl 1 v an bis 8 r sammt dem Impr., also nur den Titel ausgenommen, von demselben Satze gedruckt wie Nr. 2. Man hat, nachdem Nr. 2 für sich gedruckt worden war, den ganzen Schriftsatz bis auf den Titel stehen lassen und, mit entsprechender Veränderung des letztern, für die vorliegende Christl. Ordnung wieder benutzt.

Der 2. Theil beginnt auf 9 r mit folgendem eignem Blatttitel:

Was dem ge- | meynen vold nach der | pꝛedig für zu leſen. || Eynſetzung | des Sacraments des | leibs vnd bluts Chriſti. | Auch wie man es den kranden ynn den | heuſern oberreichen ſoll. || Ein ſchön vn- | terricht . auff Frage vnd | Antwort geſtellet, vom Sacra- | ment des Altars. || Marpurg. | 1527. ||

Sign. aij Aiij Av, 10 r/v 11 r 15 r haben Custt. Keine Titelbordure; Titelz. 1 4 9 18 (auch einige Lemm.) die sehr grosse Fract., 2 5 10 die grosse Titel-

schwab., die übrigen die mittelgr. Textschwab. wie in Nr. 2. Auf 9 v 11 v
Initialen. — Bl 9 v ‖ Vermanunge | vnd kurtze deutung | des Vater vnsers. ‖ ...
(mittelgr. Textschwab.); 11 r 3 ‖ Das Vater vn | ser fur die kinder. ‖ ..., 11 v 4
‖ Der Chriſtliche Glaub. ‖ ..., 12 v 3 ‖ Die zehen gebot. ‖ ..., 13 v 9 ‖ Die eynſetzung
des Sa= | craments der Tauff, Mar. xvj. ‖ ..., 14 r ‖ Einſetzung des | Sacraments
des leibs | vnd bluts Chriſti, ... (alle dieſe Texte von 11 r 5 bis 14 v 10 mit der
groſſen Titelſchwab.). Dann noch 15 r die 5 Fragen ‖ Vo dem Sacra | ment des
Altars Fra | ge vnd antwort zu geben. ‖ ... (die mittelgr. Textſchwab., nur 15 v 5
6 8—13 und 16 r 10 groſſe Textſchwab.), 16 r 11 (groſſe Titelſchwab.)

Gedruckt zu Marpurg | yn Heſſen. M . D . XXvij ‖

Reſt der S und v leer. — In Wernigerode, Hc 974.

Dieſes kleine Büchlein, das man für eine Marburger Kirchenordnung
gehalten hat, ist in dem hier beschriebenen bis jetzt einzig bekannten Ex.
1878 auf der Wernigeroder Bibliothek aufgefunden worden. *C. W. H. Hoch-*
huth, Marb. KO. von 1527, hat es noch in demselben Jahre herausgegeben,
und dann 1879, *Die Bedeutung der Marb. KO. von 1527,* deſſen besondere
Wichtigkeit als solche darzulegen gesucht. Aber *Th. Brieger, Die angebl.*
Marb. KO. von 1527, hat nachgewiesen, daſs das Büchlein nicht einmal
eine Ordnung des Gottesdienstes, also noch viel weniger eine Kirchenordnung
ist. Denn sein Inhalt besteht nur aus Luthers Taufbüchlein in der 2. Form
und aus einer andern Wittenberger Schrift, mit Anhang aus einer dritten
(Brieger 80). Es ist also nichts als eine aller litterariſchen Selbſtändigkeit
ermangelnde Compilation, die, ohne Veranlaſſung oder Mitwirkung der geiſt-
lichen Behörde, wahrſcheinlich nur vom Drucker selbst gemacht worden iſt.
Daſs man den in dieser Chriſtl. Ordnung enthaltenen Dr. des Taufbüchleins
zuerſt unter eignem Titel allein ausgegeben hat, ist durch Nr. 2 auſſer
Frage gestellt; auch Brieger (16 Anm. 2), der dieſen Einzeldruck zwar
nicht selbst gesehen, sondern nur durch die Erl. Ausg. Kenntniſs von seiner
Existenz erhalten hatte, hat doch den Sachverhalt richtig erkannt. Den
zweiten Theil hat man wahrſcheinlich niemals einzeln ausgegeben, sondern
nur unter dem neuen Titel der *Chriſtl. Ordnung* an das Taufbüchlein angedruckt, um wohl oder übel eine Art von Agende daraus zu machen. Sein
Titel, ganz schmucklos und ohne Bordure oder Bild, die Loersfelds Drucken
sonst nur zu fehlen pflegen, sieht auch nur wie ein Theiltitel aus.

Den ungenannten Marburger Drucker hat schon Hochhuth in *Johann Loers-*
feld vermuthet und Brieger 13 ff nachgewiesen; und wenn sich unbenannte
Drucke überhaupt durch typograph. Unterſuchung sicher bestimmen laſſen, was
doch ziemlich häufig möglich ist, so bleiben im vorliegenden Falle wirklich
keine Zweifel gegen Loersfeld übrig, auch ganz davon abgesehen, daſs er 1527
der einzige Marburger Buchdrucker war. Denn er hat das ganze im Taufbüchlein und in der Chriſtl. Ordnung enthaltene und meist leicht wiedererkennbare typograph. Material nachweisbar aus Erfurt mitgebracht, und in seinen
andern Marburger Drucken wieder gebraucht. So hat er die beiden Titelborduren Nr. 23 A und 24 in Erfurt und Marburg mehrfach benutzt. Ebenso
alle fünf in den beiden Drucken enthaltenen Initialen, oder doch die Alphabete,
in die sie hineingehören: solche wie die drei mit den barocken Menschen- und
Thierbildern auf 3 r 9 v 11 v, kommen in seinen meiſten Drr vor, das aus

1*

Blattwerk gebildete W auf 1 v steht auch in der Postille hier Nr. 8 auf cxlx r, das V mit dem Brustbilde eines Mannes im Barett auf 6 r steht ebd auf cxxij r und in Nr. 6 auf lxxiiij v, überall die nämlichen Typen von demselben Schnitt. Nicht weniger leicht sind die grosse Titelfractur, die grosse Titelschwab., und die 3 Sorten Textschwab. in sichern Erfurter und Marburger Drr Loersfelds nachzuweisen.

Die Wichtigkeit als Kirchenordnung, die unserm Büchlein beigelegt worden ist, hat es durch Briegers Untersuchung nun freilich verloren. Aber auch die von Hochhuth, Die Bedeutung &c. 35 ihm zuerkannte Ehre, der erste Hessische Druck zu sein, muss ihm wieder entzogen werden, schon weil das Druckdatum 22. Juni auf 8 r nur dem Einzeldrucke des Taufbüchleins gilt, und die Hinzufügung der andern Stücke sammt dem neuen Titel, wodurch das Büchlein erst zu der sogen. Kirchenordnung geworden ist, doch erst später erfolgt sein kann. Dass aber auch dem Einzeldruck des Taufbüchleins der Druck Nr. 1 voraufgegangen sei, darf wenigstens als sehr wahrscheinlich angenommen werden. Indess verbleibt den beiden Drucken Nr. 2 und 3 doch immerhin ein höherer bibliogr. und typogr. Werth, weil sie zu den frühesten Hessischen und zu den seltensten Presserzeugnissen überhaupt gehören; und weil sie die Beweise dafür, dass Trutebulsches Material auf Loersfeld übergegangen und von diesem noch hier in Marburg gebraucht worden ist, vermehren. So stammen die Initialen mit den Menschen- und Thierbildern sammt dem oben erwähnten V (Taulers Predigten 1523), die grosse Titelschwab., und die grosse kräftige Textschwab. in den Einsetzungsworten auf 15 v und in 16 r 10 (Halberst. Bibel), sämmtlich von Trutebul her.

4. Was der Durchleuchti- | ge Hochgeborne Furst | vnd Herr: Herr Philips Lantgraue | zu Hessen: Graue zu Katzenelnbogen. | zu Dietz: zu Ziegenhain: vnd zu Nid | da: als ein Christlicher Furst mit den | Closter personen, Pfarherrn, vnd abgöttischen bild- | nussen, ynn seyner gnaden Furstenthumbe | auß Göttlicher geschrifft, vor- | genomen hot. || [*Wappen Nr. 40*] || Marpurg. | M.D.XXVII. ||

In 4°, 14 Bll, Sign. Aij—Dij (C nur 2 Bll) und Seitencustt. Titelz. 1/2 und der Ort Z 11, ferner 2 r 1 und Z 1 des Schlussimpr. sehr grosse Fract.; Titelz. 3—6, 2 r 2/3, 5 r 1—4 und Z 2—4 des Impr. grosse starke Titelschwab.; Titelz. 7—10 die mittelgr. Textschwab. mit den langen Commata aus der 2. Hälfte von Nr. 8; Vorwort und Text die grosse kräftige wohlgeformte Textschwab. aus der Halberstädter Bibel von Trutebul, von dem auch die grosse Titelschwab. herstammt, 28 Zs und Mrgg mit Antiqua. Die Init. D auf 2 r (ein nackter Junge oder Gnome reitet verkehrt auf einem einhörnigen Thiere) ist aus Trutebuls Taulerschen Predigten, auf 5 r ein N aus Blattarabesken in horizont. schraff. Viereck. — Bl 1 v leer; 2 r || Rector vnd vorwaltere | der vniuersitet zu Marpurg | dem Christlichen leser. || DJeweil ein yder Christgleubiger mensch | … 5 r || Gnad vnd fried von Gott dem | vatter vnd vnserm Hey- | land Jhesu Christo. | Amen. || NAch dem bißanher viel iar lang der al- | mechtige ewige Gott … Schluss 14 r 16 und

Gedruckt zu Marpurg | durch Hans Loersfelt: am | tage Nicolai:
Anno: | MDXXVij. ||

v leer. — In Cassel, Hass. Hist. Eccl. 4° 8.

Hochhuth, Die Bedeutg. der Marb. KO. 35 (nicht ganz genau). Nach
diesem Urdruck vom 6. Dcbr. 1527 abgedr. in *Analecta Hassiaca VIII*
322—342; den Neudruck von 1528 nebst einigen Nachdrr s. hier Nr. 9.

5.   Beschwerung | der alten Teüffelischen | Schlangen mit dem | Göt-
lichen wort. || [*Holzschnitt*] || 1527. ||

Verfasser *Johann von Schwarzenberg.* — In 8°, 192 Bll, Sign. °tj—°v A—Zv,
Seitencustt, und von Bl 8—187 Foliirung j.j.ij.iij. &c. — clrrir, die 5 letzten
Bll nicht foliirt. Auf dem Titel und im Text die *Bilder Nr. 1.* Typen die
bei Loersfeld gewöhnlichen: Titelz. 1 sehr grosse Fract., 2—4 grosse Schwab.,
beide auch inwendig gebraucht; Text kleine Schwab., 33 Zz und Clmtt mit der
gleichfalls in den Lemm. gebrauchten mittelgr. aus Nr. 3 7 &c.; mehrere aus
Flechtwerk gebildete Initialen wie in Nr. 7. — Bl 1 v Verse aus Psalm 57,
darunter Z 7 (mit den beiden Titelschrr) || Hoch verurfa- | chte schuldige vnbter- |
richtung vnd ermanüg | so etyn vater setynem son: | Euangelischer leer halb: | aus
grundt Göttlicher | schrifft thut. || ..., 2 r Inhaltsübersicht, 3 v Vorrede, 8 r beginnt
der in 9 Artikel getheilte Text, Schluss clrrigr, ebd. v Register und 191 v 6

Gedruckt durch Iohannem Loersfelt. Am Newe Iars abent.
Im .M.D.XXVII. Iar. ||

Rest der 8 leer; Bl 192 fehlt, enthält aber wohl nur die Wiederh. des Titel-
bildes wie im Originaldr., falls es nicht gleichfalls leer ist. Der Druckort ist
nirgend genannt, kann aber nur Marburg sein, weil unter dem Druckdatum
nach damaliger Ausdrucksweise der 31. December 1527 zu verstehen ist. — In
Wernigerode, Hc 388 n.

Nachdruck, die Originalausg. war Nürnberg bei Hans Hergott 1525 4°
150 Bll (Panzer 2895 ungenau 142 Bll) erschienen. Ueber den Inhalt dieser
bekannten Schrift und ihren Verfasser vgl. *Strobels Verm. Beitrr 1—32*, wo
S 30 auch dieser Dr. von Loersfeld erwähnt ist.

6.   Ausle- | gunge der | Epist. S. Pauli zu | den Colossern, durch |
Philips Melanch. || Marpurg. | M.D.XXVII. ||

In 8°, 80 Bll, Sign. aij—bv Cij cttj Ciitj cv D—Zv, Seitencustt. (fehlen 22 r
39 v) und Foliirung iij—lrrviij. *Titelbordure Nr. 23 A.* Typen: Titelz. 1, 1 v 1
und 2 v 2 Loersfelds sehr grosse Fract.; Titelz. 2, 1 v 2, 79 r 1 und 80 r 22 seine
grosse Titelschwab.; Episteltext und Impr. die mittelgr. Textschwab. mit langen
Commata; Melanchthons Zuschr., die Auslegung, Mrgg und Errata am Ende
kleine Schwab., 33 Zz und Clmtt mit der grössern. Auf 2 v grosses P mit
Halbfigur des Apostels Paulus, sonst noch 8 Initialen mit den Menschen- und
Thierfratzen aus Trutebuls Taulerschen Predigten, auf lrrittj v das V mit dem
Brustbilde eines Mannes im Barett wie in Nr. 2 und 3 auf 6 r. — Bl 1 v || Phi-
lippus Me | lanchtho sagt Alexa- | bro Drachstadt seinen grus. || ... 2 v—vitj v 11
der ganze Episteltext, dann Einleitung und 3 r Anfang der Auslegung; Schluss
lrrvttj v 12 und

Enbe der außlegungen Phlippi [so] Me= | lanchthonis, vber die
Epiſtel S. Pau | li, zun Coloſſern, ynns deutſch bracht, | Vnd gedrückt
zu Marpurg | bey Johan Loersfelt, | Anno . 1527 ||

Dann noch 79 r — 80 r 21 || Correctur. || …, 80 r 22 || Allein Gott die ehr. || v leer.
— In Wernigerode, Hc 259 c.

Thesaur. Weigel. 3433; Hochhuth, Die Bedeutg. der Marb. KO. 35
(ungenau). — Wahrscheinlich nur ein Nachdruck der Ueberſ. von Melanchthons *Scholia in Epist. Pauli ad Coloss.* durch Joh. Agricola, Wittenb.
1527 8°, vgl. Corp. Ref. XV 1221. Doch hat mir ein Dr. von Agricolas
Verdeutschung nicht zur Vergleichung vorgelegen, im Corp. Ref. iſt unsre
Marb. Ausg. nicht aufgeführt.

7.   Ob man | fur dem ſter= | ben fliehen | müge. || Mar. Luther. |
Wittemberg. || M. D. XXvij. ||

In 8°, 24 Bll, Sign. Alj—Cv und Seitencustt (fehlt 9 v). Gewöhnlicher
Loersfeldscher Dr: *Titelbordure Nr. 24*, Titelz. 1 und 1 v 1 die sehr grosse
Fract., Titelz. 2—7, 1 v 2 7 und das Schlussimpr. die grosse Titelschwab., Text
die mittelgr. Textschwab., 26 Zz., alles wie in Nr. 3. Nur andre Init. auf 1 v,
ein aus Flechtwerk gebildetes G von der auch von Maler und Buchführer in
Erfurt und Jena, von Hans Barth in Wittenberg, aber auch sonst von Loers-
feld (Nr. 5) gebrauchten Art. — Bl 1 v || Dem wirdigen | Herrn Doctor Johan= |
ni Heß, pfarherr zu Breſlaw, sampt | seynen mitdienern ym Euan= | gelio Chriſti. |
Martinus Luther. || … Schluss 23 v 23 und

Gedruckt zu Marpurg | durch Johan Loersfelt. ||

Bl 24, gewiss leer, fehlt dem mir vorliegenden Ex. — In Wernigerode, Hc 974.
    Nachdruck. Luther verfasste dies Sendschreiben in der Zeit vom August
bis October 1527, de Wette III 205, der Urdruck, Wittenb. bei Hans Lufft
4° 14 Bll, erschien gewiss gleich darauf. Also mag unser Nachdr. in den
November oder December zu setzen sein, falls er nicht erst 1528 gemacht
worden ist, das Jahr auf dem Titel ist nicht nothwendig auch das Druckjahr. Vgl. auch Erl. Ausg. 22 S 817, wo indess unser Marb. Dr. fehlt.

8.   Auslegüg der | Euangelien | an den furnemiſten | Feſten ym
ganz= | en Jar, gepre= | digt durch | Marti : Luther. || Wittemberg : ||

In Fol., 146 Bll, und zwar: Titel und Vorstoss 8 Bll, Sign. 2—5; Text
138 Bll, Sign. A—Zittj Aa—Bbittj, Custt, Foliirung i.—cxxxvij.. Die Lagen GR
PQRY sind Duernen, alle übrigen Ternionen. In der Foliirung fehlt, bei
sonst richtiger Zählung, dem 17. Textbl. die Blattzahl, und für 128 ist verdruckt
cxxxiij. *Titelbordure Nr. 25*. Titelz. 1 2 7 8, Hauptklemm., Clmtt, Foliirung
und Schlussimpr. sehr grosse Fractur; Titelz. 3—6 und Lemm. grosse Schwab.;
Vorworte, Register der Evangelien, Vermahnung des Vater unsers, und die
ganzen Predigten mittelgr. Textschwab., 51/52 Zz.; der alphabet. Realindex
(Vorstoss Bl 4—7), die Summarien und die Mrgg kleine Schwab., 67 Zz. Viele
verschiedenartige Initialen. Der ganze Satz in Vorstoss und Text ist zweispaltig.

Bl 1 v leer; 2 r ‖ Vorrede Martin Luther: | … und 87 Za der 1. Sp, darunter der Hrsgbr. ‖ Stephanus | Robt dem Leser. ‖ …; Sp 2 Z 36 Register über die Festevangelien, 8 v Sp 1 Z 11 ‖ Vermanunge | vnd kurße deutung | des vater vnſers. ‖ …, Sp 2 Z 40 — 7 v Sp 2 Z 40 Realindex, am Schluſſe *Vignette Nr. 64 B*, Bl 8 ganz leer.   Anfang der Predigten Textfol. i. r ‖ Am tag Andree des heyligen | Apoſtels. Euangelion Matthei. iiij. ‖ …, cxxxij. v Sp 2 Z 44 Ende der Feſtpredigten, dann ‖ Eyn vnterrich= | tung wie ſich die Chriſten ynn Moſen | ſchicken ſollen, … [von 1526, Erl. Ausg. 83,3], cxxxvi. v Sp 2 Z 31 ‖ Ein kurßer vn= | terricht fur die ſchwach | gleubigen, wie ma ſich yn der Creußwou[ſo]= | chß mit der proceſſion haltß ſolle, | … [1519, vgl. Luth. Ww. v. Knaake II 177—179]. Schluſs cxxxvij. v Sp 2 Z 7 | … vnnd ſeynen | ßorn mie [so] rechtem glaubenn | abe bitten. Amen. | ▚ ‖ Es ſind noch viel ander predigten | auſſerhalb den Sontagen vnd Fe | ſten gethan, die wöllen wir ynn ein | ſonderlich Büchlin bringen, wills | anders vnſer Gott haben. ‖ Dieſe letzten 5 Zz nach dem Blättchen ſind mit der nicht zu verkennenden groſsen Textſchwab. aus Trutebuls Halberſtädter Bibel geſetzt.   Darunter noch (ſehr groſse Titelfract.) über die ganze Columnenbreite

Gedrückt ynn der Newen Vni- | uerſitet Marpurg durch | Johan Loersfelt. ‖

Reſt der 8 und das letzte Bl (146) leer.

Dieſer ſeltne Nachdruck der zuerst in Wittenberg bei Michael Lotter 1527 in Fol. 180 Bll herausgekommenen Feſtpoſtille Luthers hat in ſeiner typogr. Erſcheinung manches Auffällige. Dazu gehört noch nicht, daſs ſeine Titelbordure aus Wittenberg herstammt, vgl. deren Beschreibung, denn Loersfeld kann ſich einen Abguſs davon besorgt haben. Aber die unter dem Realindex ſtehende *Vignette Nr. 64 B* iſt nichts andres als das *Druckerzeichen des Gabriel Kantz*, und zwar in demſelben Schnitte wie u. a. in deſſen Dr. in 8°: Das blſt | wort Chriſti | (*Das iſt meyn leyb &c.*) noch | feſt ſtehen … | … ‖ Mart. Luther | M.D.XXVII. ‖ …, auf L 8 r dieſes Druckerzeichen und darunter: Gedruckt dur= | ch Gabriel | Kanß. ‖ (in Altenburg oder schon in Zwickau). Nun giebt es zwar Fälle, worin ſelbst Druckerzeichen von andern Officinen nachgeschnitten worden ſind; aber kein einziger iſt mir bekannt, in dem der Originalstock eines noch dazu mit den Namenbuchstaben des Eigenthümers verſehenen Signetos von einer andern Druckerei benutzt worden wäre. Man kann alſo kaum umhin anzunehmen daſs Kantz, wenn nicht mehr, ſo doch den Realindex der Poſtille gedruckt habe; denn Loersfelds Druckerei kann nur klein, und er daher ſehr wohl genöthigt geweſen ſein die Mithülfe andrer in Anspruch zu nehmen, um das immerhin ziemlich umfangreiche Werk schneller fertig zu machen. Unterſtützt wird dieſe Vermuthung dadurch, daſs auch der Text typogr. in zwei Theile zerfällt, indem mit der 13. Textlage (R, Fol. lrjr) manche bis zum Schluſse andauernde Satzänderungen eintreten. So haben, um nur die wichtigſten Verschiedenheiten zu erwähnen, die erſten 12 Textlagen nur Seitencuſtt, die Textſchwab. hat kurze Commata; in den übrigen hat jede Spalte ihren eignen Custos, die Commaſtriche der ſonst ähnlichen Textſchwab. ſind lang. Ferner iſt die in den Lemm. verwandte groſse Titelſchwab. bis M magerer und gerundeter als die auf dem Titel, ähnlich der gewöhnlich von Lufft gebrauchten; von R an iſt ſie durchweg aus einem andern Alphabet von

stärkeren gedrängteren und steiferen Formen, wie die Titelzz. 3—6, wiewohl
manchmal einzelne Typen von stärkerem Ductus auch schon unter die
runderen in den früheren Lemm. gemischt sind. Die augenfälligste Veränderung aber ist mit den Initialen vorgegangen. Bis ℜ sind sie theils
grosse Antiqua mit Blattornament oder Figuren in diagon. schraff. Viereck,
wie häufig bei Schirlentz, Lufft u. a., denen einige auch wirklich nachgeschnitten sind; theils kleine Antiqua mit Blattornament in weiss punct.
Quadrat, vgl. Nr. 18 Anm. 2; auf 𝔥 4 kommt auch ein' schwarzes gebrochenes
Fractur-𝔇 (oder umgekehrtes 𝔔) vor. Von ℜ bis zum Ende sind diese 3 Sorten
Initialen nicht wieder gebraucht, sondern nur 2 andre: erstens die schon
mehrfach erwähnte mit den barocken Menschen- und Thierbildern in horizont. schraff. Viereck, aus Drr Trutebuls und besonders aus dessen niederd.
Dr. von Taulers Predigten, wo auch das in der Postille auf 𝔅ij r stehende 𝕍
mit der männl. Halbfigur im Barett schon vorkommt; zweitens eine grosse
Sorte, deren Buchstaben aus Blattwerk gebildet sind, in horizont. schraff.
Quadrat, ganz ähnlich einer von Klug, Gabr. Kantz u. a. gebrauchten Gattung, von dem D auf 𝔅iij v (und öfter) hatte Kantz sogar dieselbe Type.

Ausser diesen Verschiedenheiten zeigen die beiden Drucktheile noch
manche andre Ungleichmässigkeiten in der typogr. Form und Manier, deren
Beschreibung hier um so mehr zu weit führen würde, als ihr Ergebniss für
die Entstehungsart des Druckes doch ganz ungewiss bleiben muss. Die
2. Hälfte von ℜ bis zum Ende hat Loersfeld wohl sicher gedruckt, sowohl
die beiden Sorten Initialen, als auch die Textschwab. mit den langen Commastrichen und die grosse Trutebulsche Textschwab. der letzten 5 Halbzeilen
auf cᴦᴦᴦvij v, hat er auch in andern Drr gebraucht. Hingegen lassen sich
aus dem Druckmaterial der ersten Druckhälfte nur die (übrigens auch bei
andern Druckern häufig vorkommende) sehr grosse Titelfractur, und die
grosse Schwab. der 3.—6. Titelz., mit der auch die Lemm. von ℜ an gesetzt
sind, bei ihm nachweisen; sonst weder die grossen Initialen von Wittenberger Art, noch die runde magere Titelschwab. der Lemm. Eine gleichartige Textschwab. mit kürzeren Commata besass er zwar auch, aber diese
sind doch länger als die in der 1. Hälfte und stehen ganz schräg. Indessen
habe ich von Loersfelds früheren Drucken doch nur einen Theil selbst
gesehen, und die Meinung, dass ausser dem Vorstoss auch die ersten 12
Textlagen nicht von ihm sondern in einer andern Druckerei gemacht worden
seien, hat keinen höheren Werth als den einer wohl nicht unbegründeten,
aber doch schwer zu beweisenden Vermuthung. Zu bemerken ist noch, dass
auf 𝔅 5 v der Satz mit dem 2. Drittel der Seite abbricht, während die
folgende richtig anschliesst. Aber das ist in alten Drucken bekanntlich
nichts seltenes und leicht dadurch erklärt, dass mehrere Setzer und Pressen
zugleich an dem Werke gearbeitet haben, und das Manuscript für die dem
neuen Anfange vorhergehende Seite nicht ganz ausgereicht hat.

Vorgelegen haben mir von diesem Dr. zwei durchweg übereinstimmende
vollständige Exx: Marburg, Arch. V A 337 c Nr. 3; und München, Univers.-Bibl.
M. Luther Nr. 57. Mit *Erl. Ausg. Bd.* 7 *p. XXXI Nr. 3* ist dieser Dr. gemeint,
obgleich das Schlussimpr. nicht mit aufgeführt ist.

9. Was b' Durch | leuchtige hochgebor | ne Furst vnd Herr: | Herr Philips Landgraff zu Hessen | Graue zu Katzenelnbogen, zu Dietz | zu Ziegenhain, vnd zu Nidda, als | ein Christlicher Furst mit den Clo- | ster personen, Pfarherrn, vnd ab- | göttischen bildnussen, ynn seiner | gnaden Furstenthumbe auß | Göttlicher geschrifft | vorgenomen | hat. || Marpurg. ||

Neudruck von Nr. 4. — In 4°, 10 Bll, Sign. Alj.—Ctj. (B hat 2 Bll) und Seitencustt. Drucker [*Johann Loersfeld*]. Der Titel hat die *Bordure Nr. 26*; Typen die sehr grosse Titelfract., starke Titelschwab. und mittelgr. Textschwab. mit langen Commata, 35 Zz, auf 2 r 4 r zwei Initialen aus Blattwerk in horizont. schraff. Viereck, alles aus Nr. 8; Schriftstellen in marg. mit Antiqua. — Bl 1 v leer; 2 r das Vorwort des Rectors, Textanfang 4 r, Schluss 10 r 9 und (Z 1 Titelfract., 2/3 Titelschwab.)

Gedruckt zu Marpurg | Anno. Tausent. Funffhun- | dert vnd. XXViij. ||

Darunter das Hess. *Wappen Nr. 40*, in demselben Schnitt wie in Nr. 1 4, v leer. — In Wernigerode, I o 47.

Ausserdem liegen mir noch zwei Nachdrucke vor: 1) Was der Durch- leuchtig hoch | geporn Fürst vnnd Herr, Herr Philips | Landtgraffe zů Hessen, ... | ... | mit den Closterpersonen, Pfarrherrn, vnd Abgöt | tischen bildnussen, ... | ... | fürgenummen hat. || M.CCCCC.XXVIII. || In 4°, 8 Bll, 1 v und Bl 8 leer. Feuerlein I 274 Nr. 48. Ohne Impr., aber Nürnberg bei Kunig. Hergott oder Georg Wachter. (In Marburg, Bibl. VIII B 860d). — 2) Was der Durch- leuchtige Hochgebor | ne Furst vn Herr: Herr Philips Landtgraue zu Hessen: ... | ... | ... mit den Closter personen, Pfar- | herrn, vn abgöttischen bildnussen, ... | ... | vorgenommen hat. || (grosses Hess. Wappen). In 4°, 8 Bll, 1 v bedruckt, 8 fehlt, wahrscheinlich leer. Ohne Ort und Jahr, falls Bl 8 nicht ein Impr. enthält, aber Erfurt, mit Typen die Matthes Maler gebraucht hat. (In Wernigerode I o 47). Noch ein dritter Nachdruck, von 1528, in Theuaur. Weigel. 2149.

10. Vnterricht der Bi- | sitatorn: an die | Pfarhern ym Kur- | furstenthum zu | Sachssen. | ❦ || Marpurg. | ❦ ||

In 4°, 32 Bll, Sign. Alj—Htij. und Seitencustt. Drucker [*Franciscus Rhode*]. Typen in Titels. 1 2 6 die Loersfeldsche sehr grosse Titelfract., Titels. 3—5 die Theuerdank aus Nr. 18, beide Sorten auch inwendig gebraucht; Text die mittelgr. Textschwab. mit langen Commata aus Loersfeld Nr. 3 6 8, 34 Zz, keine Initialen. — Bl 1 v Luthers || Vorrebe. | Wie ein Göttlch heylsam werd es sey, | ... 4 r 11 || Register des vnterrichts || ... 4 v 9 Anfang || Von der Lere. | Nu befinden wir an der Lere vnter an- | dern fürnemlich blesen seyl, ... Schluss 31 v 18 und (sehr grosse Titelfract.)

Gedruckt zu Marpurg | ym Jare tausent funff | hundert: vnd acht vnd | zwentzig. | ❦ ||

Bl 32 leer. — In Cassel, Hass. H. Eccl. 4° 1.

Nachdruck der von Melanchthon unter Mitwirkung Luthers ausgearbeiteten deutschen Kursächsischen Visitationsordnung, *v. d Hardt I 249*; *Strobel, Chursächs. Visitationsart. 25.* Der in Wittenberg bei Schirlentz 1528 4° 48 Bll gemachte Urdruck war am 5. Februar in der Presse, aber am 2. März noch nicht fertig, und sollte um Laetare (22. März) erscheinen, *de Wette III 279 287.* Vgl. auch Feuerlein Bibl. symb. I 273; Corp. Ref. XXVI 31; Erl. Ausg. 23 1.

11. Bunbnus | vnb Pradtida etlicher | Furſten vnb Hohenprieſter, widder | das vnuberwintlich wort | Gottes, vnb des an- | hengere. ‖ Des Durch- | leuchtigen, Hochgepor- | nen Furſten vnb Herrn, Herrn Phi- | lipſen Lanbgrauen zu Heſſen, Gra- | uen zu Catzenelnbogen, zu Dietz. ꝛc. | darbneben auſſchreiben vn | entſchulbigung. ‖

In 4°, 12 Bll, Sign. Alj—Clj und Seitencustt. Drucker [*Franciscus Rhode*]. Der Titel in dessen *Bordure Nr. 27*, Typen aus Nr. 10, die beiden Titelschrr auch inwendig viel gebraucht, Text 34 Zz; die auf 2 r 9 r verkehrt als V eingesetzte grosse Bilderinit. A ist aus Rhodes grossem Alphab. in Nr. 18. — Bl 1 v Spruch aus dem 83. Psalm, mit der grössten Titelfract. 12 Zz, die die ganze Seite ausfüllen; 2 r ‖ ❧ Bunbnus vn prac- ❧ | tida etlicher Furſten ..., dat. 6 v Breslau Mittw. n. Jubil. 1527, auf 8 v steht nur (grösste Fract.) ‖ ❧ Berbum Domi- ❧ | ni manet in ae- | ternum. ‖ Bl 9 r das Ausschreiben Philipps von Hessen, dat. 11 v Freitag n. voc. Iocund. 1528, darunter (grösste Fract.) ‖ ❧ Das wort Gottes ❧ | bleibt ynn ewig- | keyt. ‖ ❧ ‖ Bl 12 r leer, v Spruch aus dem 2. Psalm, 9 Zz, und ‖ Marpurg ‖, Z 1—3 und der Ort grösste Fract., 4—9 Theuerd. aus Nr. 18. — In Marburg, Arch. IX B 3999.

Hortleder I 2, 1. Vgl. Lenze I 156 ff; Rommel, Philipp d. Grossm. I 211 ff; Schomburgk, die Packischen Händel, im Histor. Taschenb. 1882 S 184 ff; Ehses, Gesch. d. Packschen Händel 1881 S 12 ff, und Landgraf Philipp und Otto v. Pack 1886 S 23 ff.

12. ❧ Reformation Ge- ❧ | ſetze vnb ordnung | vnſer von Gotts gnaben Phi- | lipſen Lanbtgrauen zů | Heſſen, Graue | zů Catzen- | einbo- | gen. | ꝛc. | ❧ ‖ Marpurg ‖

In 4°, 20 Bll, Sign. Alj.—Etij und Seitencustt. Drucker [*Franciscus Rhode*], Typen wie in Nr. 10, Text 36 Zz, keine Initialen, nur auf 1 v einfache goth. Unc. N. — Bl 1 v ‖ Abtuua nos beus ſalu- | taris noſter. ‖, dann Titelwiederholung und kurzes Vorwort; 2 r ‖ Gebot bieſe ordnung zů halten. ‖, 11 r 22 (grösste Fract.) ‖ Berbum Domini ma- | net in eternum. ‖ 11 v ... ordnung, von allerley gebrechlicheit, ..., 18 v ... ordnůg | des fleiſch, brots, ...; Schluss 20 v 9 dat. 18. Juli 1527 und Z 11 (grösste Fract.)

Gebrucht zu Marpurg | Anno: Tauſent Funff | hunbert vnb acht | vnb zwentzig. ‖

In Marburg, Bibl. VIII B 742.

Kleinschmid I 40—47. — Vgl. hier Nr. 59 292.

13. EXEGESEOS, | FRANCISCI LAM= | berti Auenionenſis, in | ſanctam Diui Ioan= | nis Apocaly= | pſim, Libri | .VII. || In Aca-
demia Marpurgen= | ſi prælecti. || 1528 ||

In 8°, 336 Bll, Sign. A2 — Z5 *e — t5*, Seitencustt, und von Bl 10—333
Foliirung 2—325. Der Drucker *Franciscus Rhode* hat sich im Lemma des
ersten seiner beiden Schlussepigramme mit F. R. bezeichnet. Seine *Titelbordure
Nr. 30*; Vorreden, Commentar und Mrgg kleine zierliche Cursiv, 26 Zs und
Clmtt; die ihrer Auslegung immer einzeln vorgedruckten Schriftsätze etwas über
mittelgr. Antiqua; Initialen aus Rhodes Alphabeten in Nr. 18, im Vorstoss 3
grosse. — Bl 1 v Epigr. Hermanns von dem Busche, 2 r Zuschr. Lamberts und
4 v 15 Epigr. von Asclepius Barbatus, beide an Philipp von Hessen; 5 r Lamberts Praefatio und 7 v Argumentum zur Offenbarung, 8 v das *Bild Nr. 2*,
9 r Anfang des Commentars, Schluss fol. 325 (Bl 333) v 10, und

APVD INCLYTVM IIES | SIAE MARPVRGVM, | ANNO
M.D.XXVIII | QVARTO IDVS | SEPTEMBRES. ||

Dann noch Bl 334 Errata, 335 r die beiden Epigre Rhodes, v und 336 leer. —
In Marburg, Bibl. XIX b C 531 t.

Originaldruck, *Panzer VII 376 Nr. 2*; *Schelhorn, Amoen. IV 388
Nr. 15*; *Feuerlein II S 60 Nr. 739*; *Walch IV 760*; *Baum, Lambert 178
Nr. 20*; *Hassencamp, Lambert 55 ff.* Eine Ausg. Basel bei Brylinger 1539
8° in Freytags Anal. litt. 508.

14. ✺ Das | Tauffbüch= | lin vffs new | zugericht | durch | Mar. Luth ||

In 8°, 16 Bll, Sign. Alj — Av B — Bijli [so] und Seitencustt (fehlt 8 r).
Drucker [*Franciscus Rhode*], dessen *Titelbordure Nr. 23 B*, Typen durchweg
nur seine beiden grossen Fracturaorten: mit der sehr grossen, ausser Titelz. 1
&c., auch inwendig (9 Zs auf der S) die Worte des Täufers 7 r/v, das Gebet
7 v 9 — 9 v, das Evangel. 12 r — 13 r, und Z 1 des Impr.; mit der Theuerdank
aus Nr. 18 alles Uebrige, 15 Zs. Auf 1 v ein D aus dem grossen Alphab. in
Nr. 18, sonst noch ein paar kleine Initialen. — Bl 1 v Luthers Vorw., 7 r 3 || Das
Tauffbü= | chlin, auffs new zugericht | durch Mar. Lu. || ... Schluss 16 r 2 und
✺ Gebruckt zu | Marpurg, ym iar Tau= | ſent, Funffhundert, |
vnd acht vñ zwen= | ßig, am .ρρiiij. | tage Sep= | bris. [so] ||
v leer. — In Stuttgart, Theol. 853.

Seltner Nachdruck von Luthers Taufbüchlein in der zweiten Form von
1526, erwähnt von *Brieger, Marb. KO. von 1527 S 17 Anm.*

15. LITERARII | SODALITII A= | pud Marpurgum aliquot |
cachinni ſuper quo | dam duorū Ly= | pſenſiū Po= | etarum |
in Lutherum | ſcripto Libello, | effuſi. || M.D.XXVIII. ||

Hauptverfasser *Euricius Cordus.* — In 8°, 8 Bll, Sign. A2 — A5 und
Seitencustt (fehlen 8 v 7 v). Drucker [*Franciscus Rhode*]. Die *Titelbordure
Nr. 23* hat zwar auch Loersfeld gebraucht, hier aber erscheint sie in demselben
andern Schnitt *Nr. 23 B* wie auf dem sichern Rhodischen Dr. Nr. 81; das
grosse C auf 1 v und das gleichartige kleinere O auf 2 r sind aus gewöhnlichen

Alphabeten Rhodes in Nr. 18. Text kleine Cursiv, 27 Zz. — Bl 1 v ‖ TYPO-
GRAPHVS | LECTORI. ‖ ..., dann 27 Epigrr von 8 pseud. Verff, das erste 2 r
überschrieben ‖ EVSTATHIVS CORNELIVS | AD SODALES SVOS ‖ ..., das letzte
8 v ‖ FAVSTVLVS CANENS | *Myriciano & Hafenbergio.* ‖ ... 12 Zz, und

Excufum Marpurgi, Anno, | M, D, XXVIII. fepti- | mo Calōdas
Octo | bres. ‖

In Berlin, Dg 2286.

     Panzer VII 376 Nr. 3.   Ausführliche Nachricht von dieser seltnen
Epigrammensamml. und ihrer Veranlassung bei *Freytag, Adpar. II 974—978,*
über Euricius Cordus als Verf. der meisten von diesen Epigrr s. *Krause,
Cordus 105 f.* Gerichtet sind sie gegen die beiden Leipziger Magister Joach.
von der Heyden gen. Myricianus, und Joh. Hasenberg, die 1528 Schmäh-
schriften gegen Luther und seine Gattin veröffentlicht hatten, Köstlin, Luther
2. Aufl. II 151. Ein mir vorliegender Dr. des elenden Pasquills von Joach.
v. d. Heyden: Ein Senbt | brieff Kethen bō Bho | re Luthers vormern | them
ehewerbe ... 4° 16 Bll, Walch, Kath. v. Bora 2. Aufl. 1 169, ist nach seiner
ganzen typogr. Beschaffenheit zu urtheilen von Valentin Schumann in Leipzig.

16. ❧ Vnberricht Philips ❧ | Melanchthon wibber bie leere | ber
Wibberteuffer. ‖ Ob ein weltliche ōberleit | mit Gōtlichem vnd billichem
Rech | ten, mōg bie Wibberteuffer bu- | rch ferver, obber fchwerb, |
vom leben jum tobe | richten laffen. ‖ Johannes Brenz. ‖ Marpurg. ‖

   In 4°, 24 Bll, Sign. Alj—Aiiij B—Biiij &c. bis Fiij (alle Bll sign.) und
Seitencustt. Drucker [*Franciscus Rhode*]. Typen seine beiden Titelfracturen
(auch in Lemm. und im Schlussimpr.), und die Textschwab. mit den langen
Commata, 36 Zz, alle aus No. 10; 8 Initialen (davon 7 in Melanchthons Schrift)
aus den beiden in Nr. 18 beschriebenen kleineren Alphabeten. — Bl 1 v leer;
2 r Anfang der Schrift Melanchthons (Kopftitel 3 Zz), 14 v 18 Anfang der Schrift
von Brents (Lemma 4 Zz), Schluss 23 v 7 | ŋhnen empfahen. | ❧ ‖ und

    ❧ Gebrudt ju Mar- ❧ | purg: ŋm iare nach Chri- | fti geputt,
Taufent, Funffhundert, vnd | acht vnd jwenßig, des ein vnd |
jwenßigßen tages | Octobris. ‖

Rest der S leer, und so wohl auch das dem mir vorliegenden Ex. feblende letzte
Blatt. — In Stuttgart, Theol.

     Melanchthons Schrift steht latein. im Corp. ref. I 955—978; deutsch
von Justus Jonas zuerst Wittenberg 1528 4°, v. d. Hardt I 250, noch andre
Ausgg im Thesaur. Weigel. 1928/29. — *Brents* über die Wiedertäufer s. in
Hartmann & Jäger I 290 ff. Vgl. auch Hasencamp Hess. KG. I 114.
Marburger Einzeldrucke dieser beiden Schriften scheint es nicht zu geben.

17.   Catechifmus, Das ift | Vnterricht jum Chriftli | chen glauben,
wie man | bie Jugent leren vnb jie- | hen fol, ŋn frag vnb ant |
wort gestelt. | Item. | Ettliche Chriftliche | Collecten ober gebet für |
gemeŋnes anliegen ber | Chriftenheŋt. ‖

   In 8°, 32 Bll, Sign. Aij—Dv und Seitencustt. Drucker [*Franciscus Rhode*].
Der Titel steht in dessen *Bordure Nr. 30*; Typen durchweg, in Titel, Text

und Lemm., die mittelgr. Schwab. mit den langen Commastrichen aus Nr. 10,
26 Zs; auf 2r Init. G aus dem kleinen Alphab. in Nr. 18. — Bl 1 v leer;
2 r ‖ Allen frummen getrewē, Pfarrhern, Di- | aconen, Catechisten, vnd sindtsueltern, | ynn dem Fürstenthumb ... | ... | ... | ... ¿u Brandenburg | ... | ... ‖ ..., dat. 6 r 21 | Geben ¿u Cnolßbach ynn Wintermonat | ym M.D.29 Iar. | Johan Rürer. Andreas Althamer. ‖ Gleich darunter ‖ Das Catechismus sey. | ..., Anfang 7 v 2 ‖ Catechismus. | Frag vnd Antwort der Kinder ‖ ... Schlum 32 r 15 und
       Gedruckt ¿u Marpurg ym | Iar tausent funffhun | dert, new [so]
vnd | zwenßig. ‖
v leer. — In Wolfenbüttel, Sammelbd 1164. 60. Theol.

     Nachdruck des vorlutherischen evang. Katechismus von *Rürer* und *Alt-
hamer*, zuerst Nürnberg bei Friedr. Peypus 1528 8°; das ursprüngliche Jahr
des Vorworts 1528 ist im obigen Nachdr. nach dem Druckjahr in 1529 verändert worden, was man damals bei Nachdrr ziemlich häufig that. Ausführliche Besprechung nach dem Urdruck mit Inhaltsangabe und Auszügen
bei Veesenmeyer, Catechet. Catechet. Schrr 26—38, der jedoch unsern seltnen Marb.
Dr. nicht gekannt hat. Dieser scheint auch unbekannt geblieben zu sein
bis zur Auffindung des Marb. Nachdr. von Luthers kl. Katechism. (Nr. 29)
auf der Wolfenbüttler Biblioth., mit dem er in demselben vorhin bezeichneten Sammelbande sich befindet, worauf er dann von *Th. Harnack, der
kl. Kat. Luthers XVII* und *Brieger, Die Marb. KO. von 1527 S 32*
erwähnt worden ist. Feuerlein I 864 Nr. 31 kennt nur den Nachdr. von
Georg Wachter in Nürnberg 1529 8°.

18.   Das Neue Testament
      gedruckt bei Franciscus Rhode 1529 in Fol.

     Von diesem auf Verordnung Landgr. Philipps gemachten Nachdruck von
Luthers Uebersetzung des N. T. haben mir 5 Exx vorgelegen[1]). Obgleich auch
aus den bessern dieser Exx eine sichere Einsicht in die ursprüngliche Zusammengehörigkeit aller Theile nicht zu gewinnen war, ergab sich doch daraus, dass
der Dr. in 2 Ausgg erschienen ist. Und zwar mit folgenden 2 Titeln:

     1. ❧ Das Newe ❧ | Teſtament. | ❦ ‖
Mit *Bordure Nr. 28,* v leer. — Diesen Titel haben A und C (in C aufgezogen).

     2. ❧ Das Newe Teſtament ❧ | Deutſch. ‖
Darunter das Hessische *Wappen Nr. 42* in Kupferstich. Keine Titelbordure,
v leer. Diesen Titel hat B (aufgezogen).
Ferner mit 2 Druckdatirungen auf dem letzten bedruckten Blatte:

     1. ❧ Gedruckt ¿u Marpurg: durch | Franciscum Rhobum: ym
Iar | tausent funffhundert newn | vnd zwenßig. am xriij. | Januarij. |
❧ ‖

---

1) A. Antiquariat von Jos. Baer & Co. in Frankf. a. M., und B. Marburger
Arch., beide mit Januar-Impr; C. Ständ. Landes-Bibl. in Cassel, April-Impr;
D. Pfarrei Schrecksbach, Titel u. Impr. fehlen; E. Marburger Arch., Titel und
Schlum fehlen, April-Impr. lose dabei liegend, auch sonst defect.

Ueber dem Impr. ‖ Orbnung des Alphabets. ‖ und sieben Zz, unter dem Impr. ‖ ⚘ Das wort Gottes bleibet ⚘ | ynn ewidelt. | ⚘ ‖ So in A und B (in B aufgezogen).

2. ⚘ Gebrudt zu Marpurg: burch ⚘ | Franciscum Rhobum: ym Jar | tausent funffhundert newn | vnd zwentzig. am ziiij. | Aprilis. | ❧ ‖

Ueber dem Impr. ‖ ⚘ Ordnung des Alphabets. ⚘ ‖ und acht Zz, unter dem Impr. ‖ ⚘ Das wort Gottes bleibet ⚘ | ynn ewidelt. | ❧ ‖ So in C (und bei E liegend).

Dann enthalten B und C gleich nach dem Titel ein Pericopenverzeichniss, 3 Bll mit Sign. j, und darauf, oder unmittelbar auf den Titel wie in A, folgt ein Blatt mit r der Verordnung Philipps für diesen Druck, und v einem Verzeichn. der neutestamentl. Bücher.

Titel und Impr. sind nicht bloss an demselben Satze geändert, sondern es liegen hier zwei, sicher wenigstens zum Theil, typogr. verschiedene Ausgg vor. Das Bl mit der Druckverordn. und dem Bücherindex ist zweimal gesetzt; der Textsatz ist in den ersten 35 Lagen unsrer 5 Exx derselbe, aber in den letzten 17 Lagen von C (Gg—Zz) und in der (vom Ende gezählt) 18. von E (Yf) verschieden. Wie viel jedoch zweimal gesetzt worden ist, muss ich unentschieden lassen, das ganze Buch schwerlich; vielleicht nur die letzten 18 Lagen, oder, was ich für das Wahrscheinlichste halte, die zweite Hälfte, vom Römerbriefe an, also die Lagen Aa—Zz. Der zweimalige Satz des Blattes mit der Druckverordn. und dem Bücherindex ist durch die Titeländerung oder die Hinzufügung des Pericopenverzeichn. nöthig geworden.

Die beiden Titel haben schon ältere Bibliographen. *Reimann, Catal. Bibl. theol. 212* und *Masch, Beitr 336* geben den zweiten, also mit *Deutsch*, was *Hirsching, Schenswürd. Biblioth. IV 27* für unrichtig erklärt, weil er nur den ersten mit der Bordure, also ohne *Deutsch*, gekannt hat. *Hagemann, Uebers. d. H. S. 156* giebt keinen bestimmten Titel. *Panzer, Bibelübers. 114* hat den zweiten, aber nur nach Reimann und Masch, selbst gesehen hat er den Druck weder damals noch später; denn er hat ihn auch in den Zusätzen von 1791 nicht nachgetragen, und im Catalog seiner Bibliothek fehlt er gleichfalls.

Philipps Druckverordn. hat in dem einen Satze (A C E) 28 Zz und die 6 letzten sind so umgebrochen: ... Se= | ... Caffel, | ... Ym | ... Junff= | ... Acht vnd | Zwentzig. | ❧ ‖; im andern (B D) nur 27 Zz und die 6 letzten endigen: ... Ynn | ... Secret | ... am sie= | ... Jare | ... Funffhundert, | Acht vnd zwentzig. | ⚘ ‖ Im Bücherindex sind die 4 letzten Titel in A C E eingerückt, in B D nicht.

Die Einheit des Schriftsatzes in den ersten 35 Lagen der obigen fünf Exx wird bewiesen durch die gewöhnlichen typogr. Kennzeichen, und durch dieselben Druckfehler, wie z. B: S 5r 12: auch bas reich (anstatt *auch auf das Reich*), elj r 18 Barnaba (*Sila*), Cc 6 r 17 Porpheten. Einige Aenderungen sind an demselben Schriftsatze nur in der Presse gemacht; so ist Clj v 20 Jch hab ein wolgefallen geändert in Jch hab wolgefallen, der falsche Cust. Rv v die erben ist berichtigt auff bie. — Die Satzverschiedenheit in den 18 letzten

Lagen macht sich durch andre Schreibungen und, wiewohl alle Columnen sich decken, durch andre Zeilenumbrechungen und Schlüsse von Zeilenabsätzen bemerklich; in den 16 letzten ist sie am leichtesten an den Initialen von der kleineren Sorte erkennbar: während in den übrigen Exx auch diese zu den nachher zu beschreibenden Bilderalphabeten gehören, hat der andre Satz in C an ihrer Stelle meist nur einfache schwarze goth. Uncialen (die grossen sind dieselben wie in den übrigen Exx). In A und den gleichen Exx heissen in der Offenbarung der 2. und 3. Clmt. Die Epistel, in C richtig Die offenbarung. Die letzte Textseite hat in dem einen Satze 25 Zz, die 3 letzten | unsers herrn Jesu Chri= | sti sey mit euch | all. Amē. | ¶ ||, im andern 26 Zz, die 3 letzten | Christ sey mit | euch all. | AMEN. | ⚹ ||

Indem der ganze erste Druck am 23. Januar 1529 fertig war, Philipps Druckverordn. aber 17. Mai 1528 datirt ist, muss beiweitem der grösste Theil schon 1528 gemacht worden sein. Nicht unwahrscheinlich ist, dass man die erste Hälfte zuerst allein ausgegeben habe, wofür auch ein Umstand in der innern Einrichtung spricht. Die 30. Lage g nämlich, mit deren vorletztem Blatte die Apostelgeschichte schliesst, ist ein Quaternio, während die übrigen Lagen (mit Ausnahme des kurz vor dem Ende des ganzen Druckes befindlichen Duern. Tt) Ternionen sind, und ihr letztes Blatt ist leer; dann folgt der Römerbrief als neuer Ternio mit neuer Sign., ohne dass das vorige Alphabet zu Ende ist. Sollte man die erste Hälfte wirklich einzeln publicirt haben, so dürfte das schon ziemlich lange vor Ende 1528 geschehen sein.

Freilich kann man auch die Setzarbeit an dem Werke vertheilt haben, um mit zwei Pressen zugleich daran drucken zu können. Doch muss es Exx von der ersten Hälfte allein gegeben haben, denn Hirsching a. O. fand ein solches, mit der Apostelgeschichte endigendes, in einer Augsburger Bibliothek; die Fortsetzung hatte der Besitzer nicht auftreiben können, wahrscheinlich weil es keine gab, da die übrigen Bücher gleich nach ihrer Vollendung mit den voraufgehenden vereinigt worden waren. Das Ex. hatte den ersten Titel mit der Bordure. Bei einem andern Ex., das Panzer a. O. in einem Frankf. Bücherverz. fand, war das Druckjahr nicht bestimmt, sondern 1528 oder 1529 angegeben. Es kann also kein Impr. gehabt haben, und hat ihm nicht etwa bloss das Schlussblatt gefehlt, so dürfte es wohl die erste Hälfte bis Ende der Apostelgeschichte gewesen sein. Anscheinend hatte es den zweiten Titel, denn Panzer sagt nicht, dass er von dem bei Reimann und Maseh verschieden gewesen wäre. Leider hat Reimann sein Ex. nicht näher beschrieben.

Wie die Titel zu den beiden Ausgg stehen, dürfte kaum festzustellen sein. Die Bordure ist 1528 geschnitten, vgl. deren Beschreibung, und der damit geschmückte erste Titel kommt sowohl mit dem ersten als auch mit dem zweiten Impr. vor. Den zweiten Titel hat nur das Ex. mit Januar-Impr. B (aufgezogen); er ist auch vielleicht nur anfangs gebraucht, dann aber bald, als zu dürftig und kahl für den sonst splendiden Druck, auch weil das Eindrucken der Kupferplatte zu umständlich war, verworfen und durch den ersten mit seinem des Werkes würdigern Bilderschmuck ersetzt worden. Das Pericopenverzeichn. wird wohl erst in der 2. Ausg. hinzugekommen sein; zwar ist es auch in B enthalten, aber nur eingeklebt.

Die ursprüngliche Zusammengehörigkeit der Bogen und andrer Theile zweier schnell nacheinander gemachten Ausgg aus der damaligen Druckzeit ist, wenn sie nicht veränderte Auflagen waren, manchmal ganz unbestimmbar. Denn man warf die Bogen der noch übrigen Exx des Urdrucks mit denen des Neudrucks zusammen, was man auch ohne Schädigung des Inhaltes durfte, weil die Bogen oder Lagen beider Drucke sich immer decken, gewöhnlich auch die Seiten und häufig sogar die Zeilen. So gehören im Ex. E nur die Lagen ℨf Đþ und ℨ৳ zu dem Satze von C, alle übrigen zu dem andern. Auch bessere Correctur ist kein sicheres Merkmal zweiter Drucke, denn diese sind manchmal fehlerhafter als die ersten. An den obigen Exx des N. T. ließ sich vollends nicht entscheiden, wie die Titel und Druckdaten oder das Pericopenverz. zu einander und zu andern Drucktheilen gehören, weil sie meist aufgezogen oder eingeklebt waren. Das von *Justi, Vorzeit 1838 S 370* beschriebene Ex. mit dem April-Impr. enthielt den Bordurentitel Nr. 1, darauf folgte das Pericopenverzeichn., dann das Bl mit Philipps Druckverordng und dem Index. Ebenso beschaffen war das Ex. bei *Hassencamp, Hess. KO. II 309*, falls es nicht dasselbe gewesen ist.

Der Text, also vom Anfange des Evang. Matthaei an, enthält 318 Bll mit Sign. ℨ—ℨlllj a—gþ ℜa—ℜ৳lllj und Seitencustt, ohne Foliürung. Die 26 *Bilder Nr. 2* schmücken die Anfänge aller Bücher, mit Ausnahme des Ebräerbriefes. Die Typen sind zwei grosse Sorten Fractur: eine schon von Loersfeld gebrauchte sehr grosse, mit der die beiden Titel, und inwendig die Anfänge. der Druckverordn., die Lemm., Clmtt, und das Schlussimpr. mit dem Spruche gesetzt sind; und eine weniger grosse gut geschnittene und in den Formen ziemlich reiche, von der Art die man nach ihrem ersten Vorbilde *Theuerdank* nannte, woraus der ganze Textsatz besteht. Als Textschrift ist sie sehr gross, hier im Folioformat nur 30 Zz. Rhode hat sie als solche auch nur noch einige Male (Nr. 14 19a 35 37 40) gebraucht, sonst immer als Titelschrift[1]). Vermuthlich hat er sie besonders für dieses N. T., das Landgr. Philipp ynn *gutter grober litter* zu drucken befahl, angeschafft und gewiss aus Erfurt bezogen, wo sie in früheren und gleichzeitigen Drr von Melchior Sachs vorkommt. Die Initialen, abgesehen von den goth. Uncialen in den letzten 16 Lagen des Ex. C, sind aus zwei gleichartigen, wiewohl an Grösse verschiedenen Alphabeten mit Bildern in diag. schraff. Vierecken, die grossen h. 33—40, die kleineren h. 18—20 mm. Die Buchstaben selbst sind in den grossen, immer an den Bücheranfängen stehenden, aus Säulen, Stäben und Blattwerk mit Vogel- oder Drachenköpfen gebildet, und enthalten Darstellungen der Evangelisten oder ihrer Attribute, der Mutter Maria, von Aposteln, oder auch nur von nackten Knaben. Die kleinen sind in der Buchstabenbildung den grossen ganz ähnlich, doch kommen, wenn überhaupt Figuren und nicht bloss Blattwerk, so nur nackte Kinder darin vor. Typen aus dem grossen Alphab. sieht man in den meisten Drucken Rhodes (Nr. 13 15 21 22 28 &c.), häufig auch die kleinen[2]). Aber auch diese

---

1) In den Beschreibungen Rhodischer Drucke ist unter *Theuerdank* immer diese hier im N. T. als Textschrift gebrauchte grosse Fractur zu verstehen.

2) Eine andre noch etwas kleinere Sorte Initialen, wovon der vorliegende Dr. ein I auf Ğc5r enthält, hat Rhode gleichfalls oft gebraucht, wie z. B. in

Initialen, grosse und kleine, hatte Rhode aus Erfurt, wo ich wenigstens einen Theil davon bei Melchior Sachs vorfand, und zwar, soweit ich zu vergleichen Gelegenheit hatte, in ganz demselben Schnitt. In der Manier erinnern sie an die gleichfalls von Sachs herstammende Titelbordure Nr. 30 und können von demselben Erfurter Formschneider sein. Auch Michael Lotter hatte ähnliche, manche mit denselben Figuren, nur auf weissem Grunde. An einigen Stellen des N. T. (z. B. blij v) befindet sich ein I mit einem Meermanne (Nr. 84), das ursprünglich von Trutebul herstammt, dann durch Loersfeld an Rhode gelangt sein muss, und noch sogar bei Andr. Kolbe (Nr. 284 314) sich vorfindet. Im Pericopenverz. sind die Sonn- und Festtage mit der Theuerdank, die Schriftstellen selbst mit kleiner Schwab. gesetzt; die im Text am Rande stehenden Schrifthinweise sind theils mittelgr. theils kleine Cursiv.

Landgr. Philipps von landesväterlicher und evangelischer Gesinnung zeugende Verordnung für diesen Druck des N. T. ist abgedruckt bei *Hassencamp a. O. II 309.* Der Text des N. T. beginnt mit Sign. A ‖ Euangelion Sanct ‖ Matthei. ‖ ..., die Apostelgeschichte schliesst g 7 v 21 ‖ ⲙ⸗ Ende der Apostel Ge⸗ ⲙ⸗ ‖ schichte. ‖, dann das erwähnte leere Bl und Aa ‖ ⲙ⸗ Die Epiftel Sanct Pauli ⲙ⸗ ‖ An die Römer. ‖ Das Bl mit dem Impr. 85 ist v leer, das letzte Bl (318) fehlte allen 5 Exx, ist aber gewiss gleichfalls leer. Die ganze typogr. Erscheinung dieses Druckes ist würdig und stattlich; seine grossen schönen Typen und sein reicher Bilderschmuck, auch wenn er nicht auf der höchsten Kunsthöhe steht, reihen ihn den besseren Presserzeugnissen seiner Entstehungszeit an

---

19. ⲙ⸗ 𝕭on 𝕮ottes gnaben: 𝕻hilipps: 𝕷anbgra⸗ ⲙ⸗ | ue ju 𝕳effen, 𝕮raue ju 𝕮a𝔱enelnpogen, etc. ‖ 𝕷jeben getrewen. 𝕹ach bem wir bes vorbern 𝕵ars, jur e𝔥re 𝕮ottes, gemeinem 𝕮𝔥ri𝔰tlichen glauben vnb | nu𝔱e ju gutt, ... | ... vnn vn𝔰er 𝕾tatt 𝕸arpurg, ein löblich | 𝕭ni⸗ uer𝔰itet, von ben 𝕮lo𝔰ter güttern, we𝔰ennlich ju vnber𝔥alten, vffrichten la𝔰𝔰en. 𝕭nnb aber ... ...

... 𝕯atum, | 𝕯onner𝔰tags nach bem 𝕾ontag 𝕷etare, 𝕬nno. etc̄. 𝕽ewnvnnb𝕵wen𝔱ig. ‖

Erste Stipendiaten-Ordnung der Universität Marburg vom 11. März 1529. Placat in hoch Fol., 2 und 83 Zz. Drucker [*Franciscus Rhode in Marburg*]; Typen wie in Nr. 10: Z 1 die sehr grosse Fract., Z 2 die Theuerdank aus Nr. 18, das übrige die mittelgr. Textschwab. mit den langen Commata; kleine Init. L aus einem sichern Rhodeschen Alphabet. — In Marburg, Arch. XIII A 156.

Marb. Beitrr z. Gelehrsamk. I 193; Kleinschmid I 56. Vgl. Mich. Conr. Curtius, Gesch. des Stipendiatenwesens zu Marburg, ebd. 1781 4°.

Nr. 42 43 47 49 &c. Es sind einfache weisse Antiqua-Buchstaben von Blattgebilden umgeben, in diagon. schraff. Linienviereck b. 16 mm. Man findet sie auch in Drr aus Wittenberg, Magdeburg, Erfurt. Aehnliche, nur mit schwarzem weiss punct. Grunde und ohne äussere Randlinie, kommen auch in den 12 ersten Textlagen von Loersfeld Nr. 8 vor.

19a. ✠ Lantgreuiſch ge= ✠ | mein auffchreiben, Proteſtation, vnnd | vrſach, das ſein F. G. neben ettlichen | des Reichs Churfurſten, Furſten, vnd | Stetten, ynn iungſten des Reichs zu | Speir beſchehnen Abſcheib, Chriſtli= | chen Glauben belangend, nit ha= | ben gehellen noch be= willigen | wollen: M. D. xxix. || [*Heſſiſches Wappen Nr. 43 a A*]

In 4°, 8 Bll, Sign. Aij B Blj und Seitencuſtt. Drucker [*Franciscus Rhode*]; Titelz. 1, 2 r l, das ganze Impr. auf 7 r und der Spruch auf 7 v, ſehr groſſe Fract.; alles übrige, also auch der ganze Text (20 Zz), die Theuerdank aus Nr. 18; auf 2 r Initiale W mit zwei nackten Knaben aus dem ebd. beſchriebenen groſſen Bilderalphabet. — Bl 1 v leer; 2 r ‖ W Jr Philipps: | von Gottes Gnaben, | Lantgraue zu Heſſen, | Graue ..., dat. 6 v: 5. Mai 1529; dann 7 r

✠ Gedruckt zu Mar= | purg: ym Jare nach | Chriſti geputt: Tau= | ſent: Funffhunbert: | vnb neun vnnd zwen= | zig: am ſieben= den | tage May. ||

darunter *Vignette Nr. 3 a*; 7 v der Spruch ‖ Das wort Gottes | bleibt ynn e= | wideit. ‖ und Wiederholung des Titelwappens, Bl 8 leer. — In Frankfurt, iur. A viii 18.

Lucius II 146; andrer Dr. bei v. d. Hardt III 178; abgedr. bei *Hortleder I 1,5.* — Vier Tage ſpäter erſchien folgende vermehrte Ausgabe:

19b.   [Lantgreuiſch ge= ✠ | mein außchreiben, Proteſtation, vnd | vrſach, das ſein. F. G. neben ettlichen des Reichs Chur= | furſten, Furſten vnd Stetten, ynn iungſten des Reichs | zu Speyr be= ſchehnen abſcheid, Chriſtlichen | glauben belanngend, nit haben gehellen | noch bewilligen wollen. | Sampt einer Chri= | ſtlichen ermanung Philippi Me= | lanchthonis an Ferdinandum, yenn einer fur= | rede der außlegung vber den Prophe= | ten Danielem iungſt zu Speyr | geſchrieben, Auß dem Latin | ynns Teutſch abgeſatzt. | ✠ | Das wort Gottes | bleibet ynn ewickeit. ||
(*Am Ende Heſſiſches Wappen und*) Gedruckt zu Marpurg ym Iar. M.D. | XXIX. dem eylfften tag May. || 4° 8 Bll]
So in *Bibl. Vaticana, U. ſtamp. II (tedeſchi) Nr. 2139.*

20.   ꝗ A piſtle to | the Chziſten reader ‖ ꝗ The Reuelation of Anti= chziſt. ‖ ꝗ Antitheſis, wherin are compa | red to gether Chziſtes actes | and oure holye father | the Popes. ||

In 8°, 102 Bll, Sign. A.lj. B.j.—R.lj. (6 Bll), keine Cuſtt, aber Foliirung Fo. lj. — Fo.clj (kein Punkt). *Titelbordure Nr. 31.* Die Typen ſind im Text eine ziemlich kleine und magre, in ihrem ganzen Habitus noch an die alte ſogenannte Baſtarde erinnernde Schwab., 31 Zz, Mrgg noch etwas kleiner. Ferner 2 Sorten Gothiſch von engliſch-niederländ. Ductus: eine ſehr groſſe derhe mit eben ſolchen Cptzz in Titelz. 1 und dem Lemm. der Antitheſis 88 r; und eine mäſſig groſſe mit kleinern Cptzz im ganzen Text von Dan. 8 auf 13 r und in ſeinen einzeln in den Comment. eingedruckten Sätzen. Initialen

sind auf 2 r ein kleines G mit Kopf und Schulter eines Mannes im Barett, in
horizont. schraff. Viereck h. 15 mm; auf 13 r ein A worin ein Knabe mit Fahne,
in weissem Viereck h. 24 mm; auf 88 r ein W mit Blattarabeske in horizont.
schraff. Quadrat h. 17 mm. — Bl 1 v leer; 2 r ꝺ Richarde Brightwell vnto y chriſti
reab' | ꝼRace, mercye t the peace of gob | paſſinge ..., Schluss 12 v 9 : ‖ AMER. |
∴ ‖ Dann folgt 13 r ꝺ Danielis. viij. ‖, der ganze Text, und 13 v—87 v der
Comment., der aber nichts andres ist als eine Uebersetzung von *Luthers Auslegung der Visio Danielis VIII. de Antichristo* aus seiner *Responsio ad librum
Ambrosii Catharini defensoris Silv. Prieriatis ... Wittemb. 1521 prima Aprilis*;
doch ist Luthers Name nicht genannt. Bl 88 r folgt noch die ꝺ Antitheſis. ‖ ...,
worin, nach Art von Luthers Passional Christi und Antichristi, die Eigenschaften,
Ansprüche und Handlungen Christi und des Papstes in 78 Vergleichungen
einander entgegengesetzt werden. Schluss 102 v 2 und

ꝺ At Malborow in the lande of Hef | ſe, The .rij. day of Julye, An |
no . M. ꝻꝻꝻꝻꝻ.rrir. | by me Hans | luſt. ‖

Rest der S leer. — Das in München, Polem. 395 8° aufbewahrte Ex. dürfte
wohl das einzige auf deutschen Bibliotheken vorhandene sein.

Das Impr. ist fingirt, der Dr. weder ein Marburger noch von Hans Lufft,
vgl. vorne Hans Lufft in Marburg. *Richarde Brightwell* ist pseud. für *John
Frith*. Vgl. *Lowndes II 841*, wo fautes of printinge angezeigt sind, die
unser Ex. nicht hat; *Dict. of Nat. Biogr. ed. Stephen* unter Frith Nr. 2;
an beiden Stellen ist nicht erwähnt, dass The revelation of Antichrist aus
Luther übersetzt ist. Wahrscheinlich derselbe Dr. ist *Panzer VII 376 Nr. 7*.

21. DE SINGV· | LARI AVCTORI· | *tate Veteris & Noui
Inſtru·* | *menti, Sacrorū, Eccleſiaſti·* | *corumq̄ teſtimoniorum,
Li·* | *bri .II. Rapſodo Her·* | *manno Buſchio, ad* | *nobiliſſimum* |
Equitem Heſſum, | *Hermannū Doringberyum.* ‖ *Marpurgi.* 1529 ‖

In 8°, 40 Bll, Sign. A 2—E 5 und Seitencustt. Der Drucker [*Franciscus
Rhode*] ist nicht genannt. *Titelbordure Nr. 29*, Textschr. kleine Cursiv, 27 Za,
auf 2 r 8 v 17 r drei Initialen aus Rhodes grossem Alphab., vgl. Nr. 18. —
Bl 1 v leer; 2 r Kopftitel und Zuschrift, dat. 3 r 12 Marp. 4. Id. Aprilis. Textanfang 3 v (das Lemm. des 1. Buches hat *Teſtamenti*, das des 2. auf 17 r wie
der Titel *Inſtrumenti*), Schluss 39 r 3, dann bis 39 v 12 noch 17 Distichen, 4 Za
Errata, und

Excuſum Marpurgi, Anno Domini | M.D.XXIX. XIIII |
Kaleñ. Auguſti. ‖

Bl 40 leer. — In Marburg, Arch. XI B 370.

Gessner 314 v; *Panzer VII 376 Nr. 4*; *Hamelmann, Opp. geneal.-hist.
310*; *Erhard, Wiederaufblühen d. wissensch. Bildung III 105 Nr. 33*.

22. LVTHERI | CATECHISMVS, | *Latina donatus ci·* | *uitate,
per Io·* | *annem Loni* | *cerum.* ‖ *Marpurgi. Anno.* | 1529. ‖

In 8°, 112 Bll, Sign. A 2—O 5, Seitencustt, und von Bl 3—110 Foliirung
1.—108. Drucker [*Franciscus Rhode*], wofür sowohl die *Titelbordure Nr. 29*,
als auch die Typen (wie in Nr. 13 31) zeugen. Der Index auf 1 v. die Texte

2*

der Hauptſtücke, und das Schlussimpr., ſind ſeine etwas über mittelgr. Antiqua,
die Scholien ſeine hübſche kleine Curſiv, 25 Zz und Clmtt. Initialen aus den
3 Rhodiſchen Alphabeten in No. 18, darunter 6 von den groſſen auf Bl 2 r
fol. 1 r 2 v 58 r 81 v 87 r. — Bl 1 v ‖ ELENCHVS EORVM | que continentur in
hoc | Catechiſmo. ‖ ... 2 r Vorwort des Ueberſ. ‖ LVTIO PAVLO ROSEL= | LO
PATAVINO, AMICO SVO | Iohannes Lonicerus εὖ πράττειν. ‖ ..., dat. fol. 1 r 8
| Marpurgi. M.D.XXIX. | Idibus Maij. ‖ Darunter Z 10 : ‖ MARTINI LVTHERI |
... (8 Zz) ... | PRAEFATIO. ‖ ... 5 r ‖ SCHOLIA IN PRIMVM | Præceptum. ‖ ...
57 r 8 ‖ DE SYMBOLO ... Pars Secunda. ‖ ... 68 r ‖ TERTIA PARS, DE | DO-
MINICA PRE= | CATIONE. ‖ ... 86 v 20 ‖ QVARTA PARS DE | BAPTISMO. ‖ ...
98 r ‖ DE EVCHARISTIAE | SACRAMENTO, | Pars Quinta. ‖ Schluss 108 v 27
| ΤΕΛΟΣ. ‖, dann noch auf dem folgenden Bl 111 ein griech. Gedicht des
Lonicerus, 112 r Mendae 7 Zz und

Ex Typographia Marpurgenſi, An= | no Milleſimo, Quingen-
teſimo, | XXIX. IIII. Nonas | Septembres. ‖

Rest der 8 und v leer. — In Marburg, Bibl. XIX e C 1960.

Erste latein. Ueberſetzung des Groſſen Katechismus nach der 1. Ausg.,
Wittenberg b. Geo. Rhaw 1529 4° (vgl. den deutſchen Nachdr. Nr. 28), Har-
bos b. Schütze Nr. 3; Feuerlein Nr. 914; Panzer VII 376 Nr. 5; Veesenmeyer, Catechet. Schrr 55 b 1; Hassencamp, Hess. KG. I 114 Anm. 2. Die
zweite, von Vinc. Obsopoeus, aus demselben Jahre aber Widm. Kal. Julii,
erschien in Hagenau, Veesenmeyer 58 b 2.

23. ✳ Ein Regiment : ✳ | Wie man ſich vor ber Newen Pla= | ge,
Der Engliſch ſchweis genant, be= | waren, Vnd ſo man bamit er=
grieffen | wirb, barynn halten ſall, Durch | Euritium [so] Corbum,
Der | Arßney Doctorem | vnb Profeſſo= | rem ʒů | Marpurg. ‖ ✳ ‖

In 4°, 8 Bll, Sign. Alj—Blij und Seitencustt. Drucker [Franciscus Rhode];
Typen die beiden Titelfracturen (Titelz. 1 10 und 2 r 1 mit der ſehr groſſen,
die übrigen des Titels und des Kopftitels auf 2 r mit der Theuerbank aus
Nr. 18) und die Textschwab. (35 Zz) aus Nr. 10; auf 2 r Init. E aus dem groſſen
Alphab. in Nr. 18. — Bl 1 v leer; 2 r ‖ Den Erſamen weiſen | Herrn Burgermeiſter
vnb gantʒem | Rab ber Statt Marpurg. ...; 3 v 6—8 hat dieſer Dr. ... es wiIl |
aber bie furt bIeß tractatlins nIt bülben, Der bruder ey= | ſet ynn bie meß. ...
Schluss 8 r 15 | Geben ʒu Marpurg auff | Donnerſtag nach Egiblj, Ym Jar | vnb
Herrn M.D.Vnb XXIX. ‖, barunter (Textschwab.)

Gebruckt ʒu Marpurg am Samſtag | nach Egibij, M.D. | XXIX. ‖

Rest der 8 und v leer. — In Giessen, X 53,725 (Sammelbd.)

Nach Vollendung der Schrift am 2. Sptbr. hat dieſer Dr. am 4. die
Presse verlassen, iſt alſo zweifellos der Urdruck.

23a. ✳ Ein Regiment ✳ | Wie man ſich vor ber Newen Plage, | Der
Engliſche Schweis genant, be= | waren, Vnb ſo man bamit ergrieffen |
wirb, barynn halten ſall, Durch | Euricium Corbum, Der | Arßtney
Doctorem | vnb Profeſſo= | rem ʒu ‖ Marburg. ‖ Gecorrigirt vnb
gebeſſert. ‖

Neue Original-Auflage von Nr. 23 aus derselben Officin [von *Franciscus Rhode*]; Format, Umfang, Sign., Typen ebenso, zu Anfang dieselbe Init. **E**. Aber durchweg andrer Satz, die Zuschr. an den Marb. Rath fängt schon 1 v an, Schluss 7 v 35: ... Geben zu Marpurg auff Donners- | stag nach Egidij, ym iar vnd Herrn .M.D.ͬͬIͬ. ‖ Dann aber folgt noch 8 r eine kurze Zuschr. von Cordus: Dem Erbarn vnd wolgeachten Jo- | anni Raw von Norbeck, Hessischem Camerse- | cretario, ... (kleine Init. aus Nr. 18), darunter Z 21 (Theuerdank aus Nr. 18)

Gedruckt zu Marpurg, ym Jar nach | Christi des Herrn gepurt tau- | sent funffhundert, vnd | Neunvndzwein | tzig. ‖

v leer. — In Berlin, Kp 1017.

Auch dieser zweite Dr. hat (8 r 5) noch die Worte ... es wll | aber die turtz dies tractatlins mit buiden, Der Drucker ey | let ynn die metz., die hier keine Bedeutung mehr haben können, sondern bloss nach der Ed. princ. wieder mit abgedruckt sind. Sonst giebt es noch verschiedene gleichzeitige Nachdrr, auch ist die Schrift aufgenommen in *Scriptores de sudore anglico, coll. Ch. G. Gruner, ed. Henr. Haeser, Jenae 1847 p. 73—92.* wo aber der Text nicht nach einem der obigen Originaldrr, sondern nach einem anscheinend süddeutschen Nachdr. gegeben, und die Bibliographie ganz unklar ist. Auch ist ein Dr., dessen Impr. nur *gedruckt zu Marburg 1529* lauten, und der in der Biblioth. zu Trier sich befinden soll, dort vergeblich gesucht worden. Die von Strieder II 293 citirte lateinische Ausgabe ist nirgend aufzufinden gewesen.

Zwei mir gerade vorliegende Nachdrr ohne Impr. sind: 1) Eyn Regi- | ment, Wie mä sich | vor der Newen Plage, Der | Englisch schweiss genant, be | waren, Bß so man damit er- | griffen wirt, dariñ halten sol, | Durch Euricium Cordum, | ... in 4°, 8 Bll, Druckort gewiss Nürnberg, der Titel in einer hübschen Bord. (eine das Schriftfeld umrankende Kletterrose mit Kindern), die dort Hergott und Geo. Wachter gebraucht haben. Bl 1 v bedruckt, Schluss 8 r 23 ... Donerstag nach Egibij, im iar vnsers Her | ren M.D.ͬͬIͬ. ‖ v leer, ohne den Brief an Nordeck. (In Berlin, M 8265). — 2) Ein Regiment: wie man sich | vor der newen Plage, Der Englische Schwaiß genant, bewaren, ... | ... soll, | ... in 4°, 8 Bll, Druckort wohl Augsburg, unter den 8 Titeln ein kleines schwarzes Blattornament, 1 v bedruckt, Schluss 7 v 33 ... auff Dom- | stag nach Egibij. Anno .M.D.XXIX. ‖, 8 r die Zuschr. an Nordeck, v leer (in Marburg, Bibl. XI d B 352 k). Diesen Nachdr. meint wohl Krause, Cordus 109 Anm. 3.

24. Ablenung der vnchri- | stlichen straff, so die prediger Mönch | zu Collen, vnerfintlych aus yhrem So- | phistischen geschwetz, ou [so], vnd auch [so] wort, wider Gottes | vnd Christliche lere, legen dem wolgeborn meinen | Gnedigen Herrn von Eysenburg Teutsch [so] Or- | dens, vnter Doctor Cocleus titell gethan. | Vnd wie sein Gnad mir das zugesch- | idt, hab ich es mit fleiß von wort | zu wort ge- drudt. ‖ [*Wappen Nr. 43*]

Verfasser der Deutsch-Ordensherr *Wilhelm Graf von Isenburg.* — In 4°, 32 Bll, Sign. Aij—Hij und Seitencustt. Drucker [*Franciscus Rhode*], Typen

die beiden Titelfracturen und die Textschwab. (35 Zn) aus Nr. 10, auf 2 r
grosses A (von Rhode auch verkehrt als V gebraucht, z. B. in Nr. 11), 5 v
kleines N, beide aus den Alphabeten in Nr. 18. — Bl 1 v leer; 2 r Vorrede,
5 v Anfang der Schrift, Schluss 82 r 24 und

C Getruckt ƶu Marpurg ym Jar Tauſent, | Funff hundert, vnd Neun
vnd | Zwehnƶig. am Sieben | den tag Sep- | tember. ||

v leer. — In Wernigerode, H c 487.

      v. d. Hardt III 176 (falsch Auslegung). Die corrumpirte Titelz. 4 soll
heissen: ... gefchweƶ, on, vnd auch wlber Gottes wort, |. Ein Verzeichn. der
meist seltnen Schriften des Verfassers findet man bei *K. u. W. Krafft, Briefe
und Documente S 202 f*, die vorliegende unter Nr. X, wo indess ihr Titel
und Impr. (von der vielleicht in der Presse berichtigten 4. Titelz. abgesehen)
nicht genau copirt sind, falls nicht etwa ein andrer Dr. gemeint sein sollte,
was aber wegen des gleichen Drucktages, 7. Septbr, und andrer Ueberein-
stimmungen, unwahrscheinlich ist. Unter den andern Drr Isenburgischer
Schriften, wovon mir wohl die meisten vorgelegen haben, habe ich weiter
keinen Marburger gefunden.

25.   [Dieſer hernach geſchriebenen Artickeln haben ſich die
hierunter beſchriebene zu Marpurg verglichen, Tertia Octobris,
Anno &c. XXIX. In Fol. pat. obl., ohne Impr.]

    So in *Fortges. Sammlg 1743 S 165*, wo dieser Dr. von dem ungenannten
Verf. des Beitrags, der ihn selbst besass, gewiss mit Recht als der »ohne Zweifel
allererste Abdruck der Marburger Artikel« bezeichnet wird. Dafür spricht
schon seine Form; es war Sitte der Zeit, solche Veröffentlichungen zuerst, nach
Art von Disputationsthesen, als Placate oder Anschlagzettel auf einem offenen
Bogen herauszugeben, bevor sie als Broschüre erschienen. Am 4. Octbr 1529,
de Wette III 511, schreibt Luther aus Marburg an Gerbel in Strassburg:
Quantum profecimus in concordia dogmatum hic Marpurgi, intelliges tum ex
ore, tum ex *scheda* vestrorum legatorum, wo mit der *scheda* kaum etwas
andres als ein Placatdruck der Marb. Artikel gemeint sein kann. Und noch
in seinem kurzen Bekenntniss vom Sacrament 1544 sagt Luther, Erl. Ausg. 32
S 398, dass er vor 15 Jahren zu Marburg mit Zwingli und Oecolampadius
sich vertragen habe in vielen Artikeln die ganz christlich seien, wie der *gedruckte Zettel* zeuget. Dass die Artikel gleich nachdem Luther Montag 4. Octbr
sie niedergeschrieben hatte, zu Marburg in den Druck gegeben wurden, ist
bekannt aus Osianders Brief an Spengler bei Hausdorff, Lebensbeschreib.
Spenglers 274, worin er sagt: »Was ausgericht ist schriftlich verzeichnet, und
mit aller Berufenen Handschrift unterschrieben zu Marburg in Druck kommen.
Wir aber sein bei zwei Stunden zu früh, ehe dann es ausging, weggzogen.«
Der Druck der Artikel ist also gleich nach Vollziehung der Unterschrift vor-
genommen worden, und zwar in Marburg, und da Osiander mit Luther am
Dienstage dem 5. Octbr nachmittags von dort abreiste, Riederer, Nachrr II 121;
Möller, Osiander 124, wissen wir auch ziemlich genau, dass er noch am 5. abende
oder allenfalls am 6. früh ausgegangen sein muss. Und dass endlich *Franciscus
Rhode* ihn gemacht hat, kann schon deswegen, weil dieser der einzige Drucker

in Marburg war, keinem Zweifel unterliegen. Zwar wird in Fortges. Sammlg
1744 S 189 Nr. 17 vermuthet, dass das obige ebd. 1743 a. O. beschriebene
Placat von Hans Weiss in Wittenberg gedruckt sein könne, und auch Riederer
Nachrr IV 417 f. hält für nicht unmöglich, dass es in Wittenberg erschienen
sei. Aber wenn man auch wirklich die Artikel noch einmal in Wittenberg als
Placat zum Aushängen und Anschlagen gedruckt haben sollte, was immerhin
geschehen sein kann obgleich nichts davon bekannt ist, so wäre das doch nur
ein zweiter Druck, der erste ist zweifellos ein Marburger.

Nach einem Ex. davon habe ich mich auf deutschen Bibliotheken vergeblich erkundigt; auch das Britische Museum besitzt keins, wie Hr R. Garnett
mir auf meine Anfrage mitzutheilen die Gefälligkeit hatte.

26. ☛ wes sich D. Martin [so] | Luther. ꝛc. mit Huldrichen Zwing- |
lin. ꝛc. der Strittigen Articul | halb, vereint vnd vergli- | chen, auff |
der Conuo- | cat zu Marpurg, | den britten tag | Octob. | M. D. |
ꝛriꝛ. ||

In 4°, 4 Bll, Sign. Aij und Custt auf 1 v 2 r/v 3 r. Ohne Impr., aber von
Franciscus Rhode in Marburg. Typen seine gewöhnlichen aus Nr. 10: Titelz. 1,
1 v 1 und von den Unterschrr auf 4 r die 1. und 7. (letztere soweit sie die 7. Z
bildet) die sehr grosse Fractur; die übrigen Titelzz und 1 v 2—5 sammt den
übrigen Lemm. und Unterschrr, die Theuerdank aus Nr. 18; Text die Schwab.
mit den langen Commata, 2 r hat 30 Zs und 3 Spatien. Zu Anfang des 1. Art.
Init. B mit einem nackten Knaben aus dem grossen Bilderalphab. in Nr. 18.
— Bl 1 v ☛ Dieser hernach ge= | schrieben Artickell haben sich die hier | vnden ge-
schrieben, zu Mar- | purg vergliechenn. || Tertia Octob. Anno. ꝛc. ꝛriꝛ. || ERstlich, Das
wir beiderseyts Ein- | trechtidlich Gleuben vnd halten, | ... Von den folgenden
Artikeln haben nur, wie in der Marburger Hs., der 8. bis 12. und der 15. be-
sondre Lemm., die andern nicht; Schluss 3 v 28 | er vns durch seinen Geist, den
rechten verstandt bestell= | gen woll. [Spatium] Amen. || Auf 4 r nur die Unterschrr:
Marttnus Luther. sbt. | Justus Jonas. | Philippus Melanchthon. || [Spat.] || Andreas
Osiander | Stephanus Agricola, | Joannes Brentius. || [grösseres Spat.] | Joannes
Oecolampa | Huldrichus Zwinglius (bius. sst | Marttnus Bucerus, | Caspar Hedio. ||
Rest der S und v leer. — In Weimar, 1529 Nr. 10.

Diesen seltnen Dr. hat schon *Riederer, Nachrr IV 418* gekannt und
angezeigt, und zwar mit der Bemerkung, dass er möglicherweise ein Wittenberger sein könne, vgl. auch Corp. Ref. XXVI 115 Anm. 3. Doch hat man
zur Zeit Riederers bei Bestimmung des Ortes und Druckers von Reforma-
tionsdrr, die ohne solche erschienen sind, noch zu wenig Gebrauch von dem
Hülfsmittel der typograph. Untersuchung und Vergleichung gemacht, um
auf diesem Wege zu sichreren Ergebnissen gelangen zu können. Beim vorliegenden Dr. ist es aber gerade und allein die Vergleichung mit gleichzeitigen Drr aus Rhodes Officin und aus Wittenberg, woraus fast so gewiss
als ob er ein Impr. hätte sich ergiebt, dass er kein Wittenberger sondern
von Rhode in Marburg ist. Wahrscheinlich ist er der zweite Marburger
Originaldruck, den Rhode in Broschürenform für den Verkauf und Vertrieb
im Buchhandel gleich nach dem Placatdruck gemacht haben wird.

27. ꝏ Hoe hē. D. M. | met den finen (aengaende die articu- | len
da erinne die geleerde buſſlange twiſtlich ghe- | weeſt ſijn) vereenicht
eñ veraccoꝛdeert heeft met Bl | richo ȝwinglio, eñ met den finen, in
der | conuocatie te Marburg geſciet | den derden dach Octobꝛis |
Anno .ȝȝiȝ. ‖

In 8°, 4 Bll ohne Sign. oder Custt. Die Typen sind dieselben wie in
Nr. 20 oder wenigstens sehr ähnliche: in Z 1 des Titels und des Hauptlemma
auf 2 r die sehr grosse, Z 2 an denselben Stellen die mittelgr. Gothisch, alles
Uebrige die kleine Textschwab., 31 Zz. Titelz. 1 und 2 r 1 haben sehr grosse,
die Anfänge der Artikel &c. und das Impr. haben kleinere Cptzz. — Bl 1 v
leer; 2 r ꝏ Deſe nauolgẽ | de articulē ſijn te Marburg in Heſſen | eendrachtelic ge-
accoꝛdeert gheoꝛd- | neert ende beſloten. ‖ Dat eerſte artikel. | ꝏ Albereerſt gelooue wi
beyde partien … Schluss des 15. Art. auf 4 v, dann ꝏ Hier na volgen die
namen vanden pꝛincipalen | Doctoꝛen … und Z 19 die Namen selbst in 2 Spalten,
links | D.M.L. | Juſtus Jonas | Philipp. Melan. ‖ [Spatium] ‖ Andreas oſiander. |
Stephanus Agricola | Joannes Brentius ‖, rechts | D. Joannes Oecolꝛpadius | Uꝛidꝯ
ȝwinglius | Martinus Bucerus | Caſpar Hedio ‖. Darunter noch Z 26

      ꝏ Ghedꝛuct te Marburg in Heſſen bi Häs luft ‖

In Cassel, Hass. h. eccl. 12° 1.

      Das Impr. dieses sehr seltnen Druckes ist fingirt, er ist weder ein Mar-
burger noch von Hans Lufft, vgl. vorne Hans Lufft in Marburg.

      Es mögen hier noch einige andre Ausgaben der Marburger Artikel, die
ich selbst gesehen oder citirt gefunden habe, angezeigt werden, obgleich keine
Marburger Drucke darunter sind:

      Diſe hirnach geſchrie- | ben Artickel haben | ſich die hirunden geſchrieben |
ȝu Marpurg| verglichen | iij. Octobꝛis Anno | ȜȜJȜ. ‖

      Harboe b. Schütze Nr. 4. — In 4°, 4 Bll, Sign. ij iij und Seitencustt,
1 v bedruckt, auf 4 r nur die Unterschrr, 4 v leer. Ohne Impr., aber wahrscheinlich von *Melchior Sachs in Erfurt.* — In Strassburg, .E h VI.

      Dieſer hernach ge= | ſchriebenen Artl= | kein, haben ſich die hir vn= | ter
beſchrieben, ȝu Mar- | purg vergliden, Ter= | tia Octobꝛis ꝛc. | MDXXIX. ‖
Bekentnis des | glaubens. | D. Mart. Luthers ‖ Wittemberg. | Rich. Schirl. ‖

      In 8°, 16 Bll, Sign. Aiij B Bv. Der Titel in schmalen Leisten mit
geflügelten Engelsköpfchen, Bl 1 v und 16 v bedruckt. — In Dresden, Theol.
evang. katech. 48 (Nr. 11).

      Wes ſich D. Martin | Luther. ꝛc. mit Huldrichen Zwing- | lin. ꝛc. der
Strittigen Articul | halb, vereint vnd vergl/- | chen, auff der Conuo- | cat
ȝu Marpurg, | den dritten tag | Octob. | M.D.ȝȝiȝ. ‖

      Harboe b. Schütze Nr. 5. — In 4°, 4 Bll, Sign. ij iij und Seitencustt,
1 v bedruckt, auf 4 r nur die Unterschrr, 4 v leer. Ohne Impr., aber wahrscheinlich andrer Dr. von *Melchior Sachs in Erfurt,* unmittelbar nach Nr. 26
gemacht. — In Gotha, Th. 4° p. 346.

ᴨ Wes ſid Doctor Martini | Lutter ꝛc. myth- Huldrichen | Swynlius
ꝛc. Der Stri- | benbé Artikels haluen, | vereiniget vnb vergil | tet, vp ber
Con- | uocaꜩ tho | Marborch, an bem | brubben bage | Octobris. | ᴨ ||
M.D.ggiꜩ. ‖ [ſchwarſes Ornament.]

In 4°, 4 Bll, Sign. Aij Aiij, Bl 1 v bedruckt, 4 r nur die Unterschrr, 4 v
leer. Ohne Impr., aber vermuthlich *Erfurt bei Wolfgang Stürmer.* Ist
wahrscheinlich der in *Fortges. Sammlg 1744 S 189 Nr. 17* gemeinte niederd.
Druck, vgl. auch *Harboe b. Schütze Nr. 6.* — In Berlin, Luth. 5432.

Ein andrer niederdeutscher Dr. bei *Riederer, Nachrr IV 427.*

[Was sich D. Mart. Luth. mit Huldrich Zwingel der streitigen
Artickel halb vereiniget vnd verglichen auf der Convocation zu Mar-
purg den 3. Tag Octobr. 1529. *Alia editio.*]
So bei *v. d. Hardt III 174.*

[Wie sich doctor Martin Luther ꝛc. und Huldrych Zwingli ꝛc. in
der summa christenlicher leer glychförmig ze syn befunden habend
uf dem gespräch jüngst zů Marburg in Hessen. Dritten tags octobers
MDXXIX. (Kol.) *Gedruckt zů Zürich durch Christoffel Froschouer.*]
So in *Zwinglis Ww. von Schuler und Schulthess, Dtsche Schrr Bd II Abth.
III S 52 f.*

ᴑ Wes | ſich D. Mart. | Lutther etc. mith | Huldrichen Zwing | lyn ꝛc.
ber streyttigen Ar | tickel halb, vereynt vnb ver- | gliechen, auff ber Con-
uoca- | tion zu Margpurg, | ben britten tag | Octobris. ‖ M.D.XXIX. ‖

In 8°, 4 Bll, Sign. Aij Aiij und Blattcustt. Ohne Impr. Der Titel in
einer aus zierlichen Rundstäben und Leisten mit mancherlei Thier- und
Pflanzengebilden zusammengesetzten Umrahmung. Bl 1 v bedruckt, 4 v leer.
Vielleicht von *Martin Flach* in Strassburg gedruckt. — In Hamburg.

Diſſe hiernach geſchꝛiben Artickel | haben ſich die hierunben geſchrieben
zu | Marpurgk vorgleichet am brit- | ten tag bes Weinmons | 1529 ‖

In 4°, 4 Bll, Sign. Aij, Bl 1 v und 4 v leer. Ohne Impr. — In Marburg,
Bibl. XIX c B 483 ak.

Was zů Marpurgk in Heſ- | ſen, vom Abenbtmal, vnb annbern stritti- |
gen Artickeln, gehanbelt vnnb ver- | gleicht ſey worben. ‖ Anbꝛeas Oſianber. ‖
Harboe b. Schütze Nr. 7; Riederer, Nachrr IV 418. — In 4°, 4 Bll,
Sign. Aij Aiij. Ohne Impr., aber *Nürnberg bei Friedrich Peypus.* Bl 1 v
Vorw. Osianders, 4 v leer. — In Darmstadt.

Was zu Marpurgk in | Heſſen, vom Abenbtmal, vnb anbern strit- |
tigen artickeln, gehanbelt vnb ver- | gleicht ſey worben. ‖ Anbꝛeas Oſianber. ‖
Corp. Ref. XXVI 115. — In 4°, 4 Bll, Sign. ij lij. Ohne Impr., aber
gewiss *Nürnberg* und wahrscheinlich bei *Georg Rotmeyer.* Bl 1 v Osianders
Vorw., 4 v die Unterschrr. — In Gotha, Th. 4 p. 238.

28.   Deutſch | Catechiſmus. || Mar. Luth. || 1529. ||

In 8°, 136 Bll mit Sign. Aij—Rv, Seitencustt, und Foliirung 1.—136., wobei Aij mit 1. und so weiter bis 127. gezählt, dann aber die Zahl 128 übersprungen und der Bg. R richtig mit 129.—136. bezeichnet ist. Drucker [*Franciscus Rhode*], dessen *Titelbordure Nr. 29* und gewöhnliche Typen aus Nr. 10: Titelz. 1 die sehr grosse Fract., 2/3 die Theuerdank aus Nr. 18, inwendig nur Textschwab., 25 Zz und Clmtt. Viele Initialen, darunter 5 und 8 Wiederholungen aus Rhodes grossem Bilderalphab. in Nr. 18; auf fol. 46 v an Stelle der nicht eingesetzten grossen Init. ein kleines n. — Bl 1 v leer; fol. 1. || Vor-rhede. || DJese predigt iſt | dazu georbnet, | ..., 5. r 10: Q Das Erſte Gepot. || ... 69 v 5 || Das anber teil. | Von bem Glauben. || ... 83 r 16 || Das Dritte teil. | Das Vater vnſer. || ... 107. r || Das Vierbe teil. | Von ber Tauffe. || ... 121 r 25 (letzte Z) Q Von bem Sacrament bes Altars. || ..., wie im Urdruck ohne Bezeichnung als 5. Theil oder Hauptstück. Schluss 136. r 19 || helffen gleuben, lieben, | beten vnb wibber | ben Tenffel [so] | fechten.

       Q Gebrudt zu Marpurg, ym Jar | M.D.XXIX. ||

v leer. — In Cassel, Catech. 8° 109.

Harboe b. Schütze Nr. 1. — Einer der frühesten Nachdrucke von Luthers Grossem Katechismus, nach dem Urdruck der ersten Ausg., Wittenberg bei Georg Rhaw 1529 4° 94 Bll. Also ohne die Vermahnung zur Beicht, die erst in der von Rhaw in demselben Jahre gedruckten zweiten Ausg. (in 8°) hinzukam; und ohne die grössere zweite Vorrede, die dem 1530 gleichfalls bei Rhaw erschienenen dritten Originaldrucke angehört. Zu Anfang der letzten Bitte heisst es *Im Ebräischen* (anstatt *Griechischen*), wie der Urdruck und alle danach gemachten Nachdrr haben, vgl. Riederer, Nachrr IV 443. Andre Nachdrr von 1529 und spätere Ausgg bei Feuerlein S 160 und Erl. Ausg. 21 S 3 ff, wo indess an beiden Orten unser seltner Marb. Dr. fehlt.

29.   Der Kleine | Catechismus, Für | bie gemeyne Pfar- | herr vnb Pre- | biger. || Mart. Luther. | Marpurg. | 1529. ||

In 8°, 24 Bll, Sign. Aij—Cv (Bl 4 nicht sign.) und Seitencustt (fehlen 6 v 19 v). Drucker [*Franciscus Rhode*], dessen *Titelbordure Nr. 23 B* und Typen aus Nr. 10: 2 r 1 die sehr grosse Fract., Titelz. 1, 2 r 2 und Lemm. die Theuerdank aus Nr. 18, alles Uebrige die Textschwab. mit den langen Commastrichen. Auf 2 r Init. D mit einem nackten Knaben, 19 r 8 mit dem Stier des Lucas (aus Nr. 18), sonst noch 2 kleine. — Bl 1 v leer; 2 r ❧ Martinus ❧ | Luther allen trewen, | frumen Pfarherrn vñ Prebigern | ... 6 v 6 || Ein Kleiner Cate-chiſmus | ober Chriſtliche zucht. ||, folgen die Zehn Gebote; 9 r || Der glaube, wie ein hauß- | vater ben ſelbigen ſeinem geſin- | be auffs einfeltigſt fur- | halten ſol. || ... 10 v 16 || Das Vater vnſer, wie ein | Haußuater ... 18 r 10 || Das Sacrament ber hel- | ligen Tauffe, ... 14 v 6 || Das Sacrament bes al | tars, ... 15 v 4 || Wie ein Haus vater ſein | geſynbe ſol leren Morgens vnb | Abenbs ſich ſegenen. || ... 16 v || Wie ein Haus vater ſein | geſynbe ſol lernen das Benebici | te vñ Gratias ſprechen || ... 17 r 11 || Die Haus taffel ellicher | ſprüche, ... 19 r 10 || Ein Trawbuchlin fur bie |

einfeltigen Pfarrherrn. ‖ ... Schluss 23 v 18 ‖ durch Jesum Christ ‖ vnsern Herrn
Amen. ‖ und

Gedruckt zu Marpurg ym ‖ Jar M.D. vnd XXIX. ‖

Bl 24 leer. — In Wolfenbüttel, Sammelbd. 1164 60 Theol. 8°.

Einer der ersten Nachdrucke von Luthers Kleinem Katechismus. Erwähnt, aber nicht aus eigner Anschauung gekannt haben ihn Mönckeberg,
die 1. Ausg. von Luthers kl. Kat. Hamb. 1851 S 61, und Schneider, Luthers
kl. Kat. Einl. S L. Bald darauf wurde das einzige bis jetzt zum Vorscheine
gekommene Ex. davon in der Wolfenbüttler Biblioth. aufgefunden, und von
Th. Harnack, der kl. Kat. Luthers, untersucht und mit dem in demselben
Jahre 1529 zu Erfurt von Conrad Treffer gemachten Nachdrucke verglichen.
Danach stimmen der Erfurter und der Marburger im Inhalt überein, und
weichen nur in Schreibung, Interpunction und einzelnen Wörtern von einander ab.

30.　　IOANNIS PICI ‖ Mirandulæ, Depre- ‖ catoria ad Deō. ‖
Monas Chrifti, per ‖ Nic. Afclepium ‖ Barbatum. ‖ Marpurgi,
1529 ‖

In 8°, 8 Bll, Sign. A 4 A 5 und Seitencustt. Titelbordure Nr. 30, Textschrift kleine Cursiv, 28 Zz, auf 2 r 3 v kleine Initialen. — Bl 1 v Epigr. von
Asclepius an Jo. Ficinus, 2 r die Deprecatoria von Picus, 3 v die Monas Christi
des Asclepius, Schluss 8 v 3 und

Marpurgi Francifcus Rhodus ‖ excudebat, Anno Do- ‖ mini,
M.D. ‖ XXIX. ‖

Rest der 8 leer. — In München, Polem. 1515 m.

Von Strieder (unter Asclepius) nicht gekannt.

31.　　EVRICII ‖ CORDI ‖ *Epigrammatum* ‖ *Libri ·IX·* ‖ Marpurgi ‖ 1529. ‖

In 8°, 146 Bll, Sign. A 2 — S 5 (A 10 Bll) und Seitencustt. Titelbordure
Nr. 23 B, Typen wie in Nr. 13 22: Textschr. kleine Cursiv, 26 Zz und Clmtt,
Initialen auf 1 v 2 v aus Rhodes grossem Alphabet in Nr. 18. — Bl 1 v Zuschr.
Georgio Sturtio, dat. 2 r 12 Erfurt 14. Kal. Octbr. 1520, darunter Corrigenda in
Bg. L—S. Anfang des 1. Buches 2 v, Schluss des IX. 145 r 27 ‖ FINIS. ‖, v Cor-
rigenda in Bg. B—K und

Marpurgi Francifcus Rhodus excu- ‖ debat, Anno Domini, ‖
M.D.XXIX. ‖

Bl 146 fehlt, ist aber gewiss leer. — In Marburg, Bibl. XVI C 852.

*Gesner-Simler 190 l. 58; v. d. Hardt II 157; Lucius IV 91; Panzer
VII 376 Nr. 6.* Die zwei ersten Bücher waren Erfurt 1517 und mit dem
dritten zusammen ebd. bei Maler 1520 erschienen, Panzer VI 499 Nr. 40,
IX 459 Nr. 47 b. Die Opp. poet. Francof. 1564 enthalten alle dreizehn.
Die drei ersten Bücher, also die Erfurter Ausg. von 1520, hat *Karl Krause*
in den Latein. Litteraturdenkm. des 15. und 16. Jhs, Heft 5 Berl. 1892, neu
herausgegeben.

32. ❧ Was der Turck ❧ | ynn Bngern, vnd fur Wien ynn | Ofterreich
diefen herbft | gehandelt hat. || M.D.xxix. || ❧ Von der Turckenn |
Art, manir, vnd ordnung, | fo fie ynn yhren Krie- | gen füren. | ❦ ||

In 4°, 8 Bll, Sign. Aij.—Biij und Seitencustt. Ohne Impr., aber, wiewohl
Drucken von Melch. Sachs in Erfurt sehr ähnlich, doch wahrscheinlich von
Franciscus Rhode in Marburg. Typen dessen beide Titelfracturen und Text-
schwab. aus Nr. 10 &c., 35 Zz, auf 2 r das I mit Jacobus d. ä. aus dem grossen
Alphab. in Nr. 18. — Bl 1 v leer; 2 r || ICh habe vorlangest ein wenig gesch- |
rieben von vnserer forcht, ... Schluss 7 v 8 | So viel hab ich biß mal glaubwirdigt-
lich von des | Turcken handlung erfaren, vnd dir auch | warhafftig mitgetheylet. ||
Rest der 8 und Bl 8 leer. — In Giessen, X 53,725.

33.   Von ehe- | fachen. | Mart. Luth. | M.D.xxx. ||

In 8°, 64 Bll, Sign. A2—H5 und Seitencustt. Drucker [*Franciscus Rhode*],
der Titel steht in der Bordure Nr. 30, Titelz. 1 2 sehr grosse Fract., 3 4 die
Theuerdank aus Nr. 18, inwendig alles die mittelgr. Textschwab. mit langen
Commastrichen, 25 Zz, auf 2 r grosses θ mit einem nackten Knaben, ausserdem
noch einige kleine Initialen, alle aus den Alphabeten in Nr. 18. — Bl 1 v leer;
Anfang 2 r G Den wirdigen herrn. R. vñ. R. Pfar- | herr vnd prediger zu R(.)
meinen | lieben brüdren [so] ynn Chrifto. || ..., Schluss 63 v 23 und

Gedruckt zu Marpurg Im | Jar M D XXX. ||

Bl 64 leer. — In Frankfurt, Ref. Luth. 255.

Seltner Nachdruck, *Lucius I 203*; *Kelchner, die Lutherdr. d. Stadtbibl.
zu Frankf. a. M. S 26*, wo aber der Hinweis auf v. d. Hardt I 266, der
nicht unsern Marb. Dr. sondern einen andern in 4° meint, irrig ist. Angefangen hat Luther die Schrift 1529, noch vor seiner Reise nach Marburg,
der Urdruck erschien Anfang 1530 in Wittenberg bei Hans Lufft 4° 40 Bll,
Luther an Hausmann 3. Janr 1530: Libellum de coniugii iuribus absolvam
hoc triduo, de Wette III 539. Vgl. Erl. Ausg. 23 S 91, wo in der Vor-
bemerkung unser Marb. Dr. erwähnt ist; Köstlin, Luther (2. Aufl.) II 165.

33a.   [Parvus Catechifmus pro pueris. Parve puer, parvum tu
ne contemne libellum. Continet hic fummi dogmata fumma Dei.
MART. LVTHER. M.D.XXX. (*In fine:*) Impreffum Marpurgi
Anno M.D.XXX. 8°]

So bei *Panzer VII 376 Nr. 8*, der den Druck selbst besass, vgl. seine
Biblioth. II Nr. 8857.

34.   Ein troftbuch- | lin fur die fterbёben, an die | hochgeborne Chrift-
liche Fürftin Frau- | we Elizabeth Pfalzgraffin bey Rhein | Hertzogin
yn Beyern, Graffin zu Vel- | denz, Landtgraffin zu Heffen, durch |
Johañ Odenbach predicanten zu Mo | scheln vnter Landßberg, aus
hei | liger Göttlicher Schrifft | auffs kurtzft vnd troft- | lichft zu
gericht. || M.D.XXX. ||

In 8°, 24 Bll, Sign. Alj—Cv und Seitencustt (fehlen 2 v 3 r 6 v 22 r). Drucker [*Franciscus Rhode*], Typen die beiden grossen Fractursorten und Textschwab. aus Nr. 10, 25—27 Zs, am Rande Schriftstellen, einige von den kleinern Initialen aus Nr. 18, auf 16 r 23 r das I mit dem Meermanne. — Bl 1 v Zuschr. an die Pfalzgräfin Elisabeth, ohne Datum, 2 v Textanfang, Schluss 23 r 20 und Getrudt zu Marpurg. | M.D.XXX. || v und Bl 24 leer. — In Dresden, Theol. evang. katech. 48 (Nr. 4).

Berichtigt wird durch den vorliegenden seltnen Druck die Angabe Becks, Erbauungslit. I 190, dass diese ziemlich verbreitet gewesene gute kleine Schrift zuerst Wittenberg 1535 8° erschienen sei. Ob aber unser Marburger Dr. der Urdruck oder ein Nachdruck ist, muss dahin gestellt bleiben; das Jahr der ersten Veröffentlichung ist unbekannt, die Vorrede nirgend datirt. Aber obgleich ich einen sicher früheren Dr. als unsern Marburger weder gesehen noch angezeigt gefunden habe, halte ich ihn doch für einen Nachdruck. Denn Odenbach stand in der Pfalz und hat sein Büchlein der Pfalzgräfin Elisabeth gewidmet, also dürfte es eher in Süddeutschland als in Marburg zuerst ans Licht getreten sein. Auch wird Odenbach es wohl schon vor 1530 verfasst haben, wobei man unwillkürlich an das Jahr 1527 denkt, wo mehrere solcher Trostbüchlein für Sterbende erschienen[1]. Gedruckt ist es noch mehrmals. So in Wittenberg [bei Georg Rhaw] zusammen mit dem Unterricht des Venatorius[2], der in diesem Dr. ein Vorwort Luthers (Erl. Ausg. 63 S 285) hat, das ins Jahr 1529 gesetzt zu werden pflegt, Walch XIV 264; Köstlin, Luther (2. Aufl.) II 163. Sonach könnte Odenbachs Trostbüchlein 1529 in Wittenberg gedruckt worden sein, aber sicher ist das nicht; denn für Luthers Vorwort zum Venatorius steht das Jahr 1529 nicht fest, und der Dr. ist ohne Druckjahr. Dann erschien es Wittenberg 1535, Hirsch, Mill. I 696; ferner Leipzig 1539 8°, mit andern Erbauungsschrr von Bugenhagen, Spalatin, Amsdorf, Paulus vom Rode zusammengedruckt, v. d. Hardt I 380. Auch Wittenberg 1542 in einer ähnlichen Sammlung, die, ausser 2 Trostschriften von Spalatin und Bugenhagen, auf Bl 80 v bis 82 v Luthers Vorw. zum Unterricht des Venatorius (nicht aber diesen selbst) enthält[3].

---

1) *Luther*, Ob man vor dem Sterben fliehen möge, hier Nr. 7; *Thomas Venatorius*, Kurzer Unterricht den sterbenden Menschen ganz tröstlich, 1527 [Nürnberg] 4°; *Paulus cum Rode*, Tröstliche Unterweisung dass man sich nicht gräme um die Gläubigen die verstorben sind, Wittenberg [Hans Barth] 1527 8°.

2) Ein Tröst- | büchlin fur die | sterbenden. || An die Hochgeborne | Fürstin, Fraw Elizabet, Pfalz- | greffin bey Rhein, ... | ... | ... | ... || Wittemberg. || In 8°, 32 Bll, der Titel ist nur der von Odenbachs Trostbüchlein, aber ohne Namen des Verf.; Titelbord. aus 4 Leisten, unten Monogr. GR [*Georg Rhaw*] darunter KK. Odenbachs Büchlein mit der Zuschr. steht voran, der Unterr. des Venatorius mit Luthers Vorw. dazu fängt auf 22 v an.

3) Ein Trost | Büchlin fur die | Sterbenden. || An die hochgebor- | ne Fürstin, Fraw Elisabet, | ... Wittemberg. | 1542 || in 8°, 52 Bll, Titel mit Bord. (unten ein liegender Löwe). Die andern Schriften sind auf dem Titel nicht genannt, auch Odenbachs Name nur inwendig.

35.   Etlich Schlußre- | be vom gnabêbunbt Chriſti. | baſ iſt, vom
Tauff vñ | vom Kynber | glauben. | ✠ || Marpurg | M.D.rrr. ||

Verfaſſer *Caspar Huberinus.* — In 8°, 12 Bll. Sign. Aij (Bl 3 keine) Aiiij
Av (Bl 7) Aiiij Bj. Blj Blij. Drucker [*Franciscus Rhode*]; Titelz. 1 und 6 ſeine
ſehr groſſe Fractur, die übrigen und alleſ Inwendige durchweg die Theuerdank
aus Nr. 18, 15 Zz; auf 1 v kleine Initiale. — Bl 1 v Kopftitel (4 Zz) und Anfang der Schluſſreden, Schluſſ 12 v 6 und

Gebruckt ʒů Marpurg | im Jar Tauſent | funffhunbert | rrr. ||
In München, Polem. 1515 m.

Nachdruck, ſchon Wittenberg 1529; auch Nürnberg bei Joh. Stuchs
o. J. 8° 8 Bll. Ueber Huberin vgl. Wagenmann in Herzogs theol. Real-
Encyklopädie 2. Aufl. VI 343 f., und Bertheau in der Allg. dtsch. Biographie
XIII 258 f.

35a.   [AVGVSTI SEBASTIANI NOVZENI Grammatica linguae
hebraicae. Marpurgi 1530. 8°]

So bei *Wolf, Biblioth. hebr. II 613; Steinschneider, Bibliograph. Handb.
Nr. 1879; Fürst, Bibl. jud. III 303 (Sebastian).* — Vgl. Nr. 42, wovon dieser
mir unbekannt gebliebene Druck, vorausgesetzt daſſ er wirklich existirt, wohl
ein Theil ſein dürfte.

35b.   [Regiment wid- | der die Peſtlilentz (ſo) ausgan- | gen
durch Moyſes Staf- | felsteiner Juden medicus | wòhafftig zu
Weymar aus | denn alten Judiſchen bů | chern ynns deutſch
ge | zogen Menni- | glich zu | nutz, | M.D.XXX. || (Kol.) Ge-
druckt zu Marpurg ym Jar | M.D.XXX. || 8°]

So in *Bibl. Vaticana, U. ſtamp. II (tedeschi) Nr. 519.*

36.   Warnunge | D. Martini | Luther. | An ſeine lie- | ben Deub- |
ſchen. | M.D.XXXJ. ||

In 8°, 48 Bll, Sign. Aij—Fiiij (Bl 3 nicht ſign.) und Seitencuſtt. Drucker
[*Franciscus Rhode*], deſſen *Titelbordure Nr. 29,* Theuerdank aus Nr. 18 und
mittelgr. Textſchwab. aus Nr. 10, 23 Zz; auf 2 r kleine Init. — Bl 1 v leer;
2 r Kopftitel (3 Zz mit der Fract.) und Textanfang, Schluſſ 47 r 21 und

Gebruckt ʒu Marpurg | Am v. tag Mai | M.D.XXXJ. ||
v und Bl 48 leer. — In Marburg, Arch. VB 261 be.

Nachdruck. Der Urdruck, Wittenberg bei Hans Lufft 4° 32 Bll, war
vor dem 16. April erschienen, de Wette IV 238 und Erl. Ausg. 25 1, wo
aber unſer ſeltner Marb. Dr. fehlt.

37.   Ermanung an ben A- | DEL ED BRIER DER | Euange-
liſchen furſten wonen. An alle | Ritterſchafft Deutſcher Natiö, Das |
ſie wibber goteſ wort vñ bie Euan- | geliſchen ʒu ſtreiten nit vor

ne= | men, dweyl sulch streyten, | wibder Gott, wibder | Christliche
lie= | M.D. be wibder xxxi. | gemeynē Land= | fried sey, vñ ewigen |
verderb Teutscher Na= | tion niit sich bringe. || Durch Anthonium
Coruinū. || Jch werd weder auff mein bogen noch | schwert mein
hoffnung setzen, Sonder | auff dem hern allein. ||

In 4°, 24 Bll, Sign. Aij—Flj ohne Custt. Drucker [*Franciscus Rhode*],
Typen durchweg die Theuerdank aus Nr. 18, 20 Za, nur Z 1 des Titels und des
Impr. mit der sehr grossen Fract.. — In Versen. Bl 1 v leer; 2 r || [kleine Init.
aus Nr. 18] Wölt got ich kund wie Tullius | Wol reden, vnd Hortesius | ... Schluss
23 r: | Hiermit mach ich des reims ein end, | O got dein antlit zu vns wend. | Amen. ||
Tisstpa gentes que bella volunt || Spes nostra Christus. || und

    Gedruckt zu Marpurg | am ersten tag des brachmonaß, | im iar
M. D .xxxi. || ✿ ||

Bl 23 v und 24 leer. — In Berlin, Yh 671. *Münster b. . .H.73.*
Baring Nr. 3; *Heyse 1506*; *Goedecke II 182 Nr. 1*; *Thesaur. Weigel. 525.*

38.   Auff das Ver= | meint Keiserlich Edict, | Ausgangē jm 1531 |
jare, nach dem | Reichs tage | des 1530 | jars. | Glosa. || Mar.
Luth. || M.D.XXXj. ||

In 8°, 28 Bll, Sign. Aij—Dv (C hat 4 Bll) und Seitencustt. Drucker
[*Franciscus Rhode*], dessen *Titelbordure Nr. 29*, beide grosse Fractursorten und
kleine Textschwab. (34 Zz) aus Nr. 41, auf 1 v Init. I mit Jacobus major aus
dem grossen Alphab. in Nr. 18. — Bl 1 v || Bedingung | Martin | Luthers. || ...,
2 r 8 || Zum Ersten || ... Schluss 28 r 26 | AMEN. | ♣ || und

    Gedruckt zu Marpurg am ersten | tage des Hewmonats, jm jar |
M.D.XXXj. || ∴ ✿ ∴ ||

v leer. — In Marburg, Arch. VB 261 bc.
    Nachdruck, v. d. *Hardt I 280*, fehlt in der Erl. Ausg. 25 S 49 f. Das
Edict war anfangs 1531 publicirt worden, Luthers obige Glosse erschien
nicht lange darauf, jedenfalls vor dem 16. April, de Wette IV 238. Urdruck Wittenb. bei Schirlentz 4° 28 Bll.

39.   Vom glauben || vnd guten werden. || Etliche sprüche vom glaubē, |
aus dem Alten vñ New= | en Testament. | Vom grossen Ablas, das
ist, | von vergebung aller sun | de durch Christum. || Von Gottes
gnad, hülffe vñ | barmhertzigkeit. ||

In 8°, 21 Bll, Sign. C—Ev (D 4 Bll) und Seitencustt. Druck von [*Franciscus
Rhode*], dessen *Titelburdure Nr. 30*, Typen nur die Theuerdank aus Nr. 18 in
Titelz. 1 und Lemm., und die kleine Textschwab., 35 Zz, aus Nr. 41. — Bl 1 v
|| Vorrede dis Buchlins. || ... 2 r || Wie man die rechten pre= | diger erkennen sol. || ...
2 v || Der glaub an Christum. | ist ein grundfest ... Schluss 21 r 33 und

    Gedruckt zu Marpurg am zehenden | tage des hewmonats, jm
jar | M.D.XXXj. ||

v leer. Der Druck muss zu einem mir nicht bekannten Sammeldrucke gehören,
die Sign. C steht auf dem 1. Textbl, das Titelbl. ist vorgesetzt. — In Marburg,
Bibl. XIX c C 875 b v.

Nachdruck. Die Schrift, deren Verf. nicht bekannt ist, war o. O. u. J.,
aber wahrscheinlich zu Wittenberg und schon 1525 erschienen, v. d. Hardt
I 218; dann in Wittenb. bei Rhaw 1530, vgl. Weller 3417.

40.   WJr Philips von Gotts Gnaden Landgraue zu | Hessen, ... |
Thun allen vnd jeden vnsern vnderthonen, ..., vnd | sunst aller-
meniglich zu wissen, Das wiewol auff gehaltenen Reichstagē von
guter | bestendiger ordnung, die Müntz belangend, ym heiligen Reich
zuuielmaln gehan | delt worden ist, ...

... Geben vnder vnserm auffgedrucktem Secret, auff Sampstag
nach S. Margrethen tag, Anno. | M.D.XXXj. ||

Münz-Edict Philipps vom 15. Juli 1531. — Placat in hoch Fol., 2 aneinander
geklebte Bogen, Drucker [*Franciscus Rhode*]. Das Edict selbst hat 33 Zz., die
1. mit der sehr grossen Fract., die übrigen mit der Theuerdank aus Nr. 18,
am Anfange übergrosses sehr derbes Fractur-W, h. 59 mm, das noch bei Kolbe
(Nr. 315 828) vorkommt. Unter dem Edict, auf dem daran geklebten zweiten
Bogen, eine Tabelle der Werthe fremder Münzen, in 3 Spalten mit kleiner
Schwab. — In Marburg, Archiv.

Kleinschmid I 57 f.

40a.   Recusacion schrifft | vnser von Gotts gnaden Phi- | lipsen Landt-
grauen zu Hessen, ... | ... | ... || Dar inn gruntlich angezeigt wer |
den, die vielfeltige beschwerung, derhalben | wir die Bischoue, Straß-
burgl, Costentz, | vnud [so] Augspurgl, alls verdechti- | ge Richter
zuuer- | werffenn ge- | ursacht. || Productum Dilling, XXVIII. Au-
gusti, | Anno M.D.XXXI. ||

In 4°, 14 Bll, Sign. Aij—Clliij und Seitencustt. Drucker [*Franciscus Rhode
in Marburg*], dessen bekannte Typen: Titelz. 1 die sehr grosse Fract., Titelz.
2 6 und 2 r 1 die Theuerdank aus Nr. 18, alles übrige seine kleine Textschwab.,
nur Titelz. 13/14 und 2 r 2 Antiqua; 2 v hat 33 Zz., aber nach allen Absätzen
Sptt, 2 r Init. E mit einem nackten Knaben aus dem grossen Alphab. in Nr. 18.
— Bl 1 v *Hessisches Wappen Nr. 43 a A*; 2 r Textanfang || Ehrwirdige Fursten |
Keyserliche Berümpte Commis- | sarien, Nach dem ... Schluss 13 v 25 ... Gesche- |
hen am Mittwochen nach Vincula Petri, Anno Domi- | ni Millesimo Quingentesimo
Tricesimo primo. || Philips vonn Gotts gnaden, Landtgra- | ue zu Hessen x. sht. ||
Bl 14 leer. — In Marburg, Bibl. VIII B 463 w (aus Ludw. Rosenthals Antiquariat
in München 250545).

41.   Von der vielfal | tigen tugent vnnd waren | bereitung, Deß
rechten eblen Theriacs, vnd | wie er lang zeit groblich verfelscht, auch
noch | nit, wie sichs geburt, gemacht wird, wider | die losen Landt-

leuffet vñ etliche vntrewe | Apoteder , Ein nutzlich buchlin | durch
Euricium Cordum d' ar- | tzeney doctorem vnd pro- | feſſorem inn
der hohẽ | ſchuell. ‖ Zu Marpurg | geſtellet. ‖ **⁕** ‖ (Querleiste.)

In 8°, 44 Bll, Sign. Aij—Liij, alle Lagen haben 4 Bll, Seitencustt. Typen
die sehr grosse Fract., Theuerd. aus Nr. 18, und kleine Textschwab., 34 Zz, auf
5 r D mit der Mutter Maria aus dem grossen Alphab. in Nr. 18. — Bl 1 v
Zuschr. an den Rath zu Marburg, dat. 4 v Marb. 2. Hornung 1532; Anfang der
Schrift 5 r, Schluss 44 r 27 und (Z 1 die Theuerd.)

    Gebrudt zu Marpurg | durch Francifcum Rhodum M. D. | im
xxxij. iar ‖

v leer. — In München, M. med. 210 8°.

    Haller Bibl. med. pract. I 521. Strieder II 292 führt diesen seltnen
Dr. an, doch ohne ihn selbst gesehen zu haben; Krause, Cordus 109 Anm.
hat ihn nur aus Strieder gekannt.

42.   Aug. Sebaſtia- | NI NOVZENI, DE LITE- | RARVM, VOCVM,
ET ACCEN- | tuum Hæbraicorum natura, Siue deprima [so]
fer | monis Hebraici lectione Libellus, Ex | optimis quibuſq̃
Rabinorum | Commentarijs, ſtudiofe | collectus, ac iam pri | mum
in lucem | æditus.‖ ACCESSIT PRAETEREA, DE SER | uientium
Literarum officijs, per eun- | dem AVG. SEB. N. | Compendium. ‖
Eme Lector & fruere. ‖

מסחח הדקרוק' ומבוא כל דרך לשין | הקורש על יד
שיבאשתיאנוש' אוגושתוש | אשר חברו' ונרפס עם רב העיין
| סה בעיר מארסורג | חהלה לאלהי | השמים ‖
Marpurgi. M.D.XXXII.

In 8°, 96 Bll, Sign. Aij—Mv und Seitencustt. Text kleine Antiqua, 29 Zz
und Clmtt; Initialen auf 2 r E mit einem nackten Knaben, auf 9 r 8 mit dem
Stier des Lucas aus dem grossen Alphab. in Nr. 18, sonst noch kleinere. —
Bl 1 v ebr. und griech. Epigrr von Lonicerus und Rodolphus, 2 r Zuschr. des
Nouzenus an Valent. Breul, dat. 3 r Ex Acad. Marp. 15. Kal. Apriles, 3 v Orat.
matutina, 6 v Consecrat. mensae, ebr. und lat.; 7 r 8 v Epigrr Reinh. Lorichs,
7 v Errata, 8 r leer. Textanfang 9 r, die Musiknoten auf Bl 79 in den Block
geschnitten, Schluss 96 r 22 und

    Francifcus Rhodus Mar- | purgi excudebat, XV | Kal.
April. An. | 1532. ‖

v leer. — In Cassel, Philol. 8° 334.

    *Drawdii Bibl. class. 1010; Panzer VII 377 Nr. 10; Wolf, Bibl. hebr.
II 613 (de lectione sermonis hebr.); Steinschneider, Bibliogr. Handb. Nr.
1880; Fürst, Bibl. jud. III 303; L. Geiger, Studium der hebr. Spr. S 117
Anm. 1.*

3

43.   Jo. Fer· | RARII, MONTA | NI, ADNOTATIO | nes in
ΠΙΙ Inſtitutio- | num Iuſtiniani | libros. || Apud Marpurgum. |
M.D.XXXII· ||

In 8°, 352 Bll, Sign. Aij Aij Aiiij Av aa aij, aaiij—aav B—Zv AA—VVv,
Seitencuſtt, Foliirung von Bij an II.—CCCXXXVI. *Titelbordure Nr. 30*;
Text kleine Antiqua, 27 Zs und Clmtt, Mrgg. Auf 1 v ſehr groſſes T (2 Knaben
mit Lanzen auf Pferden mit Schwimmflſſen, in ſchwarzem Viereck h. 56 mm),
zu Anfang des 2. 3. und 4. Buches Initialen aus dem groſſen Alphab. in Nr. 18.
— Bl 1 v Zuschr. an Philipp v. Heſſen, dat. Marp. Kal. Mart. 1582, Index,
zahlreiche Errata, Textanfang 17 r, die Schluſsbll des 1. und 3. Buches ſind v
leer, Ende fol. CCCXXXVI (Bl 852) r 26 und

Marpurgi Fran. Rhodus excudebat, xiij kal. April. Añ. xxxij. ||

v leer. — In München, J. rom. c. 126 8°.

Erſter Druck, *Panzer IX 531 Nr. 10 b*, von Strieder nicht gekannt.
Recht ſauber, aber ſehr fehlerhaft, ſo daſs im nächsten Jahre ein verbeſ-
ſerter Neudruck (Nr. 47) gemacht wurde.

44.   Gerichts Orbe | nung vnd Proceß, ieß· | lauffiger vbungen. Mit
Rechtmäſſi- | ger deren Grund vñ klarer anzeig | inn Keyſerlychen
vnd | Geiſtli | chen Rechten. | ✠ || Ein kurtzer Be | richt von den
gerichts loſten wie es damit | allenthalben ſoll gehalten werden, erſt |
mals im trud außgangen, vnd zu | ende diſſes buch | leins ge- | ſaßt. ||
✠ M.D.XXXij. ✠ || [*Zierleiste*]

In 8°, 72 Bll in halben Bogen, Sign. 2 3 A Alj Allj Aiiij B Blj—Biiij &c.
— Allj, Seitencuſtt, und von Bl 5—71 Foliirung i.—lxvij.. Typen Rhodes ſehr
groſſe Fract., Theuerd. aus Nr. 18, kleine Textschwab., 82 Zs, und kleine
Antiqua, latein. Mrgg Curſiv, auf fol. i. r groſſes S mit dem Stier des Lucas
aus dem Alphab. in Nr. 18. — Bl 1 v—3 v Regiſter, Bl 4 (wahrſcheinlich leer)
fehlt, fol. i. r Textanfang, Schluſs lxvij. v 19 und

Gebrudt zu Mar- | purg durch Franciſcum Rho- | dum Im
Iar. M.D.xxxij. ||

Letztes Bl (72) fehlt, wahrſcheinlioh leer. — In Marburg, Bibl. XVIII h C 1123 b.

Frühere Auſg. Straſsburg bei Egenolph 1530 4°, Hirſch, Mill. III 898;
Schletter, Handb. I 5091.

45.   [Pſalmi Davidis Carmine elegiaco per EOBANVM HESSVM;
accedit Eccleſiaſtes carmine elegiaco per eundem. Marpurgi
apud Chr. Egenolphum 1532 8°]

So bei *Panzer VII 377 Nr. 9*, vgl. *Bibl. Thottiana I 228 Nr. 4630*. Aber
wenn es auch wirklich einen ſolchen Marburger Dr. geben ſollte, was ich
bezweifle, ſo könnte er doch nicht von Egenolff, ſondern nur von Rhode ſein.
Eobans Eccleſiaſtes erschien zuerſt Nürnberg b. Petreius 1532 8°, Krause II 99
Anm. 2.

46. De partium ora | TIONIS ADCIDENTI• | BVS COMPEN-
DIVM | Aldi, vnà cum Verſifica• | toria Ioannis Mur• | mellij. ||
❧ ❦ || MODI VNDEVIGINTI ODA• | rum Horatianarum, ad
iu• | uentutem exercen• | dam facti. || ADIECTIS AD FINEM, |
PHALEVCIO, | ELEGIACO, | IAMBICO, | SENARIO, | MONO-
COLO. ||

In 8°, 152 Bll, Sign. Aij–Tiiij und Seitencustt. Text kleine Antiqua, 81 Zz;
auf 1 v C aus dem grossen Alphab. in Nr. 18, sonst das I mit dem Meermanne
und ein Q in roh horizont. schraff. Viereck. — Bl 1 v || Pædagogi Marpurgenſes,
per Haſſiam | pueritiæ Formatoribus S. || ..., dat. 2 r Marp. Kal. Octbr. 1531,
darunter Epigr. ad ſtudiof. iuvent. und 2 Blättchen. Bl 2 v Anfang der Gram-
matik || QVid eſt Grámatice [so]? ..., Schluss 72 r 31, v leer; 73 r || ARTIS
VERSIFICATO | RIAE RVDIMENTA IOAN= | nis Murmellij Kuremüdē | ſis, ...
|| De Hymnis Ecclefiaſticis eiuſdē Libellus. || Nicolai Perotti generum metrorum,
qui: | bus Horatius & Boetius vſi funt, annota | tiones. || ... Bl 104 r || Obarum
Hora• | TIANARVM GENERA | vndeuiginti, cum modis earun= | dem, ..., mit
mehrstimmigen Tonsätzen, 149 r noch andre als Proben der auf dem Titel
genannten Versarten. Ende 152 r und
   EXCVSVM MARPVRGI, IN | Campo Elyſio, per Fran-
cifcum | Rhodum. Anno, | XXXIII. ||
v leer. — In Darmstadt, C 549/6.
   Panzer IX 531 Nr. 12 b.

47. Jo. Fer• | RARII MONTA | NI, ADNOTATIO• | nes in
IIII Inſtitutio• | num luſtiniani | libros, reco• | gnitæ atq̦ auctæ. ||
Acceſſit libellus Pom• | ponij læti, de legi | bus Rhomanis• ||

In 8°, 360 Bll, Sign. Aij—Zv AA—YYv, Seitencustt, und von Bl 10—344
Foliirung II—CCCXXXVI, die ersten 9 und die letzten 16 Bll haben keine.
Titelbordure Nr. 32, Textschr. kleine Antiqua, 27 Zz und Cimtt, Mrgg. 6 Ini-
tialen aus dem grossen Alphab. in Nr. 18, sonst noch kleinere. — Bl 1 v Io.
F. M. Candido lectori, 3 r Zuschr. an Philipp von Hessen, dat. Marp. Kal. Mart.
o. J., 7 v 6 Inhalt, 9 r Textanfang, das letzte Bl von Lib. I und III ist v leer,
Schluss fol. CCCXXXVI v, dann die Schrift des Pompon. Laetus und Realindex,
am Ende Bl 360 r Sp 2
   Marpurgi per Franci• | fcum Rhodum, AN. | M.D.XXXIII. ||
v leer. — In Marburg, Bibl. XVIII c C 435 b.
   Zweiter, verb. und mit der Schrift des Pompon. Laetus verm. Dr. von Nr. 43,
Hirsch, Mill. III 480; Panzer VII 377 Nr. 11; Schletter, Handb. I 1905.

48. Das fünff | te, Sechſte vnnd | Siebend, Capitel S. | Matthei,
geprebigt | vnd ausgelegt | durch | D. Mart. Luther. zu | Wittemberg ||

In 8°, 242 Bll, Sign. Aij—Ziiij Aa—Hh vj (A und B haben 4, Hh hat 10
Bll) und Seitencustt. *Titelbordure Nr. 30*; Titel, zum Theil roth, Fract. in 3
Grössen, der Schrifttext die kleinste, Auslegung kleine Schwab., 34 Zz. Zu
Anfang der Vorrede und der 3 Cptt Initialen mit Jacobus minor, Maria, Paulus,

3 *

aus Rhodes grossem Alphab. in Nr. 18. — Bl 1 v leer; 2 r Luthers Vorrede, 4 v ‖ Das funfft Capitel | S. Matthei. ‖ ... 108 r 5 ‖ Das Sechste Ca= | pitel ‖ ... 173 v ‖ Das siebend Capitel. ‖ ... Schluss 242 r 25 und

Gedruckt ju Marpurg burch Fran | ciscum Rhodum, jm Jar, | M.D.XXXiij ‖

v leer. — In Marburg, Arch. XI B 1494.

Seltner Nachdruck, v. d. Hardt I 302; Erl. Ausg. 43 Nr. 2. Gehalten hat Luther die Predigten als Stellvertreter Bugenhagens, während dieser seit Ende Octbr. 1531 von Wittenberg abwesend war, Köstlin, Luther (2. Aufl.) II 250, der Urdruck erschien Wittenb. bei Jos. Klug 1532 4° 242 Bll. Lateinisch von Vinc. Obsopoeus, Hagenau bei Secer August 1533 4° (mit einigen andern Stücken) 180 Bll, v. d. Hardt II 178.

49.   COM | MENTARII IN E= | PISTOLAM PAV | LI AD ROMA= | NOS, RE= | cens scripti à | PHILIPPO MELAN. ‖ ANNO. | M.D.XXXII. ‖

In 8°, 256 Bll, Sign. Aij—Zv a—i v und Seitencustt. Titelbordure Nr. 29; der Comment. kleine Antiqua, 27 Zz und Clmtt, die Epistelstellen grösser, auf 2 r C 25 r E aus dem grossen Alphab. in Nr. 18. — Bl 1 v leer; 2 r Zuschr. Melanchthons an Albrecht von Mainz, dat. 5 r 13 Anno 1532, dann Argument, 25 r der Commentar, Schluss 255 r 21 und

EXCVDEBAT MARPVRGI IN | Campo Elysio, Franciscus Rhodus, An= | no. M.D.XXXIII. ‖

v und Bl 256 leer. — In München, Exeg. 723 a 8°.

Nachdruck der ersten Bearbeitung von 1532, Hirsch, Mill. IV 683; Panzer VII 377 Nr. 12; Strobel, Misc. VI (Bibl. Melanchth.) Nr. 162; Corp. Ref. XV 493. Urdruck Wittenberg bei Jos. Klug 1532 8°.

50.   HISTORIA BATAVI= | CA, VNA CVM REGVM, | PRIN- CIPVM, ILLVSTRI= | VM SCRIPTORVM, OPPI= | DORVM, GENTIS, NOMINI= | BVS, A BATONE PRIMO | REGE, AD CAROLVM .V. IMP. | CAES. AVG. VSQVE ET CA= | ROLVM GELDRIVM, BA= | TAVORVM PRINCIPES, | AVTORE GER- HAR= | DO GELDENIIAV= | RIO NOVIO= | MAGO. EX | ACA- DAE= [so] | MIA MAR= | PVRGICA. | ANNO. | M.D.XXXIII. ‖ EPITAPHIVM SORANI BATAVI, AELIO | Hadriano Augusto Autore. ‖ ILLe ego Pannonijs quondam notissimus oris, | ... [9 Verse] ... | Exemplo mihi sum, primus qui talia gessi. ‖

In 4°, 24 Bll, Sign. Aiij—Füj und Seitencustt. Textschr. kleine Antiqua, 37 Zz und Clmtt; auf 1 v C aus dem grossen Alphab. in Nr. 18. — Bl 1 v Zuschr. des Verf. Ioh. Ficino, dat. 2 r 29 Marp. Kal. Iulijs 1533. Textanfang 2 v, Schluss 24 r 35 und

EXCVDEBAT MARPVRGI FRANC. | Rho. Anno. M.D. XXXIII. ‖

v leer. — In Marburg, Bibl. VII k B 532 af.

Panzer VII 377 Nr. 13. — Strieders IV 358 Citat einer Ausg. dieser
Schrift Antverp. 1520, beruht auf einer Verwechselung mit demselb. Verf.
Lucubratiuncula de Batavorum insula, die Antverp. bei Hillenius 1520 4°
(Panzer VI 7 Nr. 43) herauskam. Geldenhauers Historia Batavica erschien
zuerst, mit Zuschr. an Jac. Sturm, Strassburg b. Egenolff Janr. 1530 4°
28 Bll (letztes leer), Gesner-Simler 236 l. 53; Panzer VI 118 Nr. 812; Strieder
a. O. Vgl. *H. J. L. de Geer* in *Werken uitg. d. h. histor. Genootsch. te Utrecht,
N. R. Nr. 28 1878 S 74 ff.* Im Jahre 1533 wurde sie auch in Frankf. b.
Egenolff 8° gedruckt, Panzer VII 58 Nr. 14, dann in Marburg 1538, hier
Nr. 97. Andre Ausgg und Abdrr in Geschichtswerken, bei Strieder.

50a.　　[Anfuchung H. Chriſtophs von Wirttembergk, bei den
Stendenn des Bunds im Landt zu Schwaben, darinnen er das
Fürſtenthumb zu Wirttembergk widder fordert und begert, den
letzten Tag d. M. Juli 1533. (Marburg). In Fol., 10 Bll.]

So *F. L. Heyd, Ulrich Herz. zu Württemberg II 408 Anm. 106*; *Kugler,
Christoph Herz. zu Wirtemberg I 21 Anm. 21.* — Vgl. hier Nr. 58.

51.　　Bon dem Ge- | meinen nuße, in maſſen | ſich ein ieder, er ſeџ
Regent, aber vn- | terban, darin ſchiden ſal, den | eџgen nuß hinban
ſeßen, | vnd der Gemeџn | wolfart ſu- | chen. || Marpurg. | M. D.
XXXIII. ||

Verfaſſer *Johannes Ferrarius.* — In 4°, 70 Bll, Sign. Aij.—Riiij, Seitencustt,
und von Bl 5—70 Foliirung j—lץvj. *Titelbordure Nr. 27;* Typen Fractur in
8 Größen (Nr. 48), Text die mittelgr. schmale, 30 Zz und Clmtt, Mrgg, auf
2 r 5 r Initialen aus dem grossen Alphab. in Nr. 18. — Bl 1 v Index der 13
Capitel; 2 r—4 v Zuschr. an Peter Weygeln, Burgerm. zu Wetter; Textanfang
fol. j, Schluss lץvj (Bl 70) r 23 und

　　　　Gedruckt zu Marpurg, durch Franciſcum Rhodum | Anno ץץץiij,
　　Am ſechſten tag Semptembris. [so] ||

v leer. — In Cassel, Polit. 4° 128.

Strieder XVI 543 (aber nicht 12¹/₂ Bgg). Ist der Originaldruck, nicht
Uebersetzung, dieser von Ferrarius deutsch geschriebenen Schrift, vgl. die
Zuschrift.

52.　　Wie die Hochgelerten vö | Cölln Doctores in der Gottheit vñ
Re- | ßermeiſter, den Doctor Gerhart Weſterburg des Feg- | ſewrs
halben, als einem vnglaubigen verur- | theilt, vnd verdampt haben. ||
Wie Doctor Johann Cocleus vö Wen- | delſtein wider D. Weſterburgs
buch, vom Fegſewr geſchriebẽ, | vnd darneben mancherleџ weiß ange-
zeigt, durch welche | man den armen ſelen im Fegſewr zu hilff lo- | men
ſoll. || Wie auch Doctor Gerhart Weſterburg, | von dem Vrtheil oder
ſentenß der Hochgelerten Doctoren von | Cölln, appellert, vñ auff
Reiſerliche Maieſtat ſich beruffen hat, | Vñ, was weiters daſelbſt fur

R. M. Camergericht | Regiment vnd Stathalter, in dieser fa- | chen
gehandelt ist: || Auffs lest [so], wie dem selbigen Doctor G. | Wester-
burg, sein Bätterlich erbe vnnd sarampt, am Rhein, | genomen, vnnd
entfrembt ist worden, durch krafft vnnb | macht der Brtheil der Hoch-
gelerten Doctorn | in der Gottheit, wider jnen vorzei- | ten ergangen,
alles clärlich | angezeygt. ||

In 4°, 56 Bll, Sign. Aiij—O... und Seitencustt. Typen Rhodes 8 Fractursorten: Titelz. 1 die sehr grosse, 2 6 11 17 die Theuerdank aus Nr. 18, beide
auch inwendig; Text die mittelgr. Fract. aus Nr. 51, 32 Zs, und kleine Antiqua,
Vorrede kleine Schwab., Initialen aus Nr. 18, 2 grosse auf 1 v 10 r. — Bl 1 v
Westerburgs Vorrede, 2 v Zuschr. an Bürgerm. and Rath von Cöln, 3 r seine
Schrift || Bon dem sesserwer vnb | standt der verscheiden selen. || ... Mit 10r 13 || Bor-
rhede vnb Protestation. || beginnt die Geschichte des Streites und der Handlungen
der Cölner Theologen gegen Westerburg (42 r die Schrift des Cochlaeus), Schluss
56 r 80 und

Gedruckt zu Marpurg im Parabiß, durch Frantzen Rhobiß, |
Anno. M.D.xxxiiij. ||

v leer. — In Berlin, Cu 6630 4° (Bl 54·55 fehlen).
Von Westerburg handelt ausführlich G. E. Steitz im Archiv f. Frankf.
Gesch. u. Kunst N. F. V 1872, von dieser Schrift S 106. Westerburgs Tractat
vom Fegfeuer mit Zuschr. an den Rath von Cöln war schon 1523 erschienen,
Panzer 2002·3; Thes. Weigel. 2755, alle 3 Ausgg ohne Ort. Von den mir
bekannten beiden Ausgg Panzers ist 2003 gewiss in Augsburg bei Ramminger,
2002 vielleicht in Oppenheim bei Jac. Köbel gedruckt.

53.   [HELMOLDI POPPI Ἀπόδειξις, quòd vota Benedictinorum
cum voto baptifmi pugnent, quòd praeterea Abbates animad-
vertendi jus non habeant in eos qui monafticum votum de-
ferunt; adiecta eft Epiftola ANTONII CORVINI Zithogalli de
profeffione evangelica & fumma juftificationis. Marpurgi,
Francifcus Rhodus, 1533 8°]

So in Catal. des livres impr. de la Bibl. du Roy, Theol. III (1742) S 43
Nr. 396, S 44 Nr. 400°; vgl. Baring Nr. 5.

54.   Die rechte weis | auffs kürtzist lesen zu lernen, | wie das zum
ersten erfunden, vnnd auß der | rede vermerckt worden ist, Valentin |
Jdelsamer, Gemehret mit Eilbē figurn | vnd Namen, Sampt dem
text des | kleinen Catechismi. || Als : || [Z 9—15 zweispaltig, Sp 1:] Zehen
gebot. | Der glaube | Der Tauff | Vater vnser | Benedicite | Gratias |
Anber Gratias || [Sp 2:] Magnificat. | Benedictus | Nunc dimittis. |
Verheissung Chri. | Pau. Ro. 3. | Ephe. 2 | Johan. 2. || M.D. Mar-
purg. xxxiiij. || Item ein Christlich gesprech zwey- | er kinder. ||

In 8°, 36 Bll, Sign. Aij—Clij (4 Bll) und Seitencustt, die aber manchmal
fehlen. Typen Rhodes drei Fractursorten wie in Nr. 51, Text 23 Zs, einiges

auch kleine Schwab. und Antiqua, die Titelzz 1 2 8 16 und zwei vor den
zweispalt. Zz 9—15 stehende Klammern sind roth. Auf 12v 14r zwei grosse
und sonst noch kleine Initialen aus Nr. 18, auf 14v kleines Bild mit Christus
am Oelberge aus der Rhodischen Bordure Nr. 28, s. daselbst. — Anfang Bl 1 v,
Schluss 36r 83 und

Gedrudt durch Francifcum Rhobum. ||

v leer. — In Berlin, Sammelbd. Yd 7822 8°.

Ist die zweite Ausgabe dieses Büchleins, von der nur das eine mir vorliegende Ex. der Berliner Bibliothek bekannt ist, während die erste von
1527 verloren sein soll. Diplomatisch genau abgedruckt (Titel, Initialen und
das Bildchen auf 14 v facsimilirt) in den *Vier seltenen Schriften des 16. Jhs,
mit Abhandl. über Ickelsamer von F. L. K. Weigand, hrsg. von Heinr.
Fechner, Berlin 1882 Nr. 2.*

55.　　Kirchen | Oꝛ Oꝛbnung. Oꝛ || In meiner gnebigen Her⸗ | ren, der
Marggrauen zu || Branden || burg, vnd eins erbetē Rats | der Stat
Nürnberg Ober⸗ | keyt vnd gepieten, || Wie man sich beybe mit der |
Leer vnd Ceremonien | halten solle. ||

Hauptverfasser *Andreas Osiander* und *Johann Brentz.* — In 8°, 136 Bll,
Sign. Aij—Riiij, Seitencustt. und Foliirung II.—CXXXIIII. . *Titelbordure Nr. 32,*
Typen: Titelz. 1 5 die sehr grosse Fract., Titelz. 2 die auch in den Lemm.,
zu den Einsetzungsworten, dem Vaterunser &c. gebrauchte Theuerdank aus
Nr. 18, Text die mittelgr. schmale Textfract., 23 Zz; Titelz. 1 2 5 9—11 roth.
— Bl 1 v leer; fol. II.r ¶ (kleine Init. W mit einem kriechenden geflügelten
Knaben) Borrebe. ¶. Textanfang III v 17 ¶ Bon der lere. ¶ Schluss CXXXIIII.r 6,
Rest der 8 leer, v Register, Bl 135 r 8

Gedrückt zu Marpurg, durch Franci⸗ | scum Rhobum, Im jar, |
M.D.ꞃꞃꞃiiij. ||

Rest der 8, v, und Bl 136 leer. — In München, Hom. 276 a 8° (Bl 89 fehlt).

Hierzu gehört als zweiter Theil:

55a.　　Catechif⸗ || muß obber kinderpꞃebig, | Wie die in meiner gnebigen
herrn, | Marggrauen zu || Brandenburg || vn eins Erbarn Raths der |
stat Nurmberg oberlait vn | gepieten, allenthalben⸗ [so] | gepredigt
werden. | Ten kindern vnd iungen leuten zu | sonderm nuß also in
schrifft verfasst. ||

Verfasser *Johann Brentz.* — In 8°, 172 Bll, Sign. Aij—Yv (X 4 Bll), Seitencustt, keine Foliirung. *Titelbordure Nr. 30;* Titels. 1 Rhodes sehr grosse
Fract., 5 die Theuerdank (beide auch in Lemm. und Impr.), Z 2 3 10 11 sehr
kleine Schwab., Z 1 4 5 10 11 und Nurmberg sind roth; Text dieselbe Fract.
wie in Nr. 55, 28 Zz und Clmtt, auf 2 v kleine Init. M, auf 4 v D mit einem
nackten Knaben aus dem grossen Alphab. in Nr. 18. — Bl 1 v || Borreb. ¶ (kleine
Schwab.), 2 r enthält nur die letzten 7 Zz der Vorrede und die Lemm. ¶ Cate-
chifmuß | ober kinderpꞃebig. || Bon ben zehen | gepoten: ¶ (Z 1 3 4 sehr grosse Fract.),
Anfang der Predigten 2 v, Schluss 171 r 14, Rest der 8 leer, dann auf 171 v
nichts als das Impr. (Z 1 sehr grosse Fract., 2 Theuerd.):

- 𝔊𝔢𝔟𝔯ü𝔠𝔱 𝔷𝔲 | 𝔐𝔞𝔯𝔭𝔲𝔯𝔤, 𝔍𝔪 𝔓𝔞𝔯𝔞𝔡𝔢ŷ𝔰 | 𝔇𝔲𝔯𝔠𝔥 𝔉𝔯𝔞𝔫𝔠𝔦𝔰𝔠𝔲𝔪
𝔚𝔥𝔬𝔟𝔲𝔪, | 𝔍𝔪 𝔧𝔞𝔯, 𝔐. 𝔇. | 𝔛𝔛𝔛𝔦𝔦𝔦𝔧. ||

Bl 172 leer. — In München, Hom. 276 a 8°.

Seltner Nachdruck. Ueber die Kirchenordnung und ihre Hauptverfasser
Osiander und Brentz vgl. Möller, Osiander 164—169; Hartmann & Jäger,
Brentz I 398 ff. Der Urdruck war Nürnberg b. Jo. Petreius 1533 Fol.
erschienen, die zahlreichen Ausgg und Nachdrr s. bei Feuerlein I S 276
Nr. 55 ff; Biblioth. Norica Williana II Nr. 181 ff; H. M. A. Cramer in
Henkes Neuem Magaz. I 1798 S 439 ff, wo jedoch überall unsre Marb.
Ausg. fehlt, die ich nur in den Lebensnachrichten über den Drucker Rhode
in *Hanows Denkm. der Danziger Buchdruckereien* erwähnt gefunden habe.
Abgedruckt ist die KO., und zwar nach der Ausg. von Jobst Gutknecht in
Nürnberg 8°, in *Richters Kirchenordngg I 176—211.* Die Kinderpredigten
von Brentz, Hartmann & Jäger I 401 ff, erschienen ebenfalls in Nürnberg
bei Petreius 1533 Fol., sowie in vielen bei Feuerlein &c. angezeigten Ausgaben.

56.   𝔇𝔢𝔯 𝔇𝔲𝔯𝔠𝔥𝔩𝔢ü𝔠𝔥𝔱𝔦𝔤𝔢𝔫 | 𝔥𝔬𝔠𝔥𝔤𝔢𝔟𝔬𝔯𝔫𝔢𝔫 𝔉𝔲𝔯𝔰𝔱𝔢𝔫 𝔳𝔫𝔡 | 𝔥𝔢𝔯𝔯𝔫, 𝔥𝔢𝔯𝔫
𝔘𝔩𝔯𝔦𝔠𝔥𝔰 𝔥𝔢𝔯𝔱𝔷𝔬𝔤𝔢𝔫 𝔷𝔲 𝔚𝔦𝔯- | 𝔱𝔢𝔪𝔟𝔢𝔯𝔤 𝔯𝔠. 𝔙𝔫𝔫𝔡 𝔥𝔢𝔯𝔫 𝔓𝔥𝔦𝔩𝔦𝔭𝔰𝔢𝔫 | 𝔏𝔞𝔫𝔡𝔱-
𝔤𝔯𝔞𝔲𝔢𝔫 𝔷𝔲 𝔥𝔢𝔰𝔰𝔢𝔫, 𝔊𝔯𝔞- | 𝔲𝔢𝔫 𝔷𝔲 𝔠𝔞𝔱𝔷𝔢𝔫𝔢𝔩𝔫- | 𝔭𝔬𝔤𝔢𝔫 𝔯𝔠. | 𝔄𝔫𝔣𝔲𝔠𝔥𝔲𝔫𝔤 |
𝔟𝔢ŷ 𝔎𝔢ŷ. 𝔐. 𝔳𝔫𝔡 𝔎ö𝔫𝔦𝔤. | 𝔚. 𝔖𝔞𝔪𝔭𝔱 𝔞𝔫𝔡𝔢𝔯𝔫 𝔰𝔠𝔥𝔯𝔦𝔣𝔣𝔱𝔢𝔫, | 𝔡𝔢𝔰 𝔥𝔢𝔯𝔱𝔷𝔬𝔤-
𝔱𝔥𝔲𝔪 | 𝔚𝔦𝔯𝔱𝔢𝔪𝔟𝔢𝔯𝔤𝔰 | 𝔥𝔞𝔩𝔟𝔢𝔯. ||

In 4°, 8 Bll, Sign. Aiij B—Biij und Seitencustt (fehlen 3 v 5 v). Drucker
[*Franciscus Rhode*], Typen seine drei Fractursorten aus Nr. 51, Text 33 Zz,
auf 2 v 6 r A und D aus dem grossen Alphab. in Nr. 18. — Bl 1 v Vorwort,
2 v Anfang des Briefes an den Kaiser, 5 r 10 an den König Ferdinand, dann
7 v 23 noch ein Schriftstück Ulrichs an seine Vasallen und Unterthanen, Schluss
8 r 30 und

𝔊𝔢𝔡𝔯𝔲𝔠𝔱 𝔷𝔲 𝔐𝔞𝔯𝔭𝔲𝔯𝔤!, 𝔞𝔪 ᵧᵧ. 𝔱𝔞𝔤 𝔄𝔭𝔯𝔦𝔩𝔦𝔰 𝔦𝔪 𝔧𝔞𝔯, 𝔐.𝔇.ᵧᵧᵧᵢᵢᵢⱼ. ||

v leer. — In Marburg, Arch. IX B 4030.

Hortleder I 3, 9.

56a.   𝔍𝔩𝔩𝔲𝔰𝔱𝔯𝔦𝔰. 𝔓𝔯𝔦𝔫𝔠𝔦- | PVM, VLRICHI DVCIS VVIR | TEM-
PERGENSIS, ET PHILIPPI | LANTGRAVII Hessiæ, pro Du-
catu | Vvirtempergensi, ad CAROLVM | V. Imp. & FERDI-
NANDVM | Regem, Supplices Libel | li. Aliaq̃ in ean | dem
cauſ- | ſam | ſcripta. || M.D.XXXIIII. ||

Latein. Ausgabe von Nr. 56. — In 4°, 8 Bll, Sign. Aij—Biij und Seitencustt. Drucker [*Franciscus Rhode*]. Text kleine Antiqua, 38 Zz, 3 Initialen
aus dem grossen Alphab. in Nr. 18 und 2 kleine. — Bl 1 v leer; 2 r Ad lectorem,
2 v das Schreiben an Karl V, 4 v an König Ferdinand, 6 v Ulrichs an seine
Vasallen, dann noch 7 r dessen Erklärung wegen der Acht (Nr. 58, 12 v), Schluss
7 v 23 und || MARBVRGI. | Pridie afcentionis [so] Dominicæ. || Rest der S und
Bl 8 leer. — In Marburg, Arch. III B 1311 b.

57. Anſuchůng | Herſog Ulrichs zu | Wirtemberg, vnd Land- | graue
Philipſen zu Heſſen, | bey K. W. zu Hungern ꝛc. | Des | Herſog- |
thumbs Wirtem- | berg halber. ||

In 4°, 4 Bll, Sign. Bij Aiij und Seitencustt. Enthält nur den Brief an
König Ferdinand wie in Nr. 56 Bl 5 r 10 — 7 v 22, gleichfalls bei [*Franciscus
Rhode*] mit denselben Typen gedruckt, 1 v D aus dem grossen Alphab. in
Nr. 18. Bl 4 r 25/26 die Unterschrr Ulrichs und Philipps, v leer. — In Darm-
stadt, M 6436 30.

58. ANſuchung Her- | ſog Chriſtoffs zu Wirtem- | perg bey dem
bundt zu ſchwaben. || [*zweispaltig, Sp 1:*] Herſog Ulrichs zu Wirtem |
perg. Vnd Landgraff Philip- | ſen zu Heſſen Auffſchreiben. || Der
ſelbigen Anſuchung bey | Key. M. vñ Ró. Ferdinando. || Ermanung
Herſog Ulrichs | an alle Lehen leuthen vndtherta- | nen vnnd ge-
meinden des Fur- | ſtenthumbs Wirtemperg. || [*Sp 2:*] Herſog Ulrichs
zu Wirtem- | perg verantwortung off die ver- | meinte Acht. || König
Ferdinandi Antwort | off die Anſuchung. || Herſog Ulrichs, vnd
Lant- | graff Philipſen gegenantwort. || (*Holzschnitte*)

Sammeldruck in 4°, 28 Bll, mit dreimal anfangender Sign. und mit Seitencustt, [von *Franciscus Rhode*]. Auf dem Titel die *zwei Bilder Nr. 3*, Typen
wie in Nr. 56, im Text 32/33 Zz. — Bl 1 v — 11 v, Sign. Aiij—Cllj, Christophs
von Wirtemberg Schreiben an den Schwäb. Bund, dat. 31. Juli 1533 (vgl.
Nr. 50a), 12 r leer, 12 v Schreiben Ulrichs wegen der Acht (grosses A aus
Nr. 18), 13 v — 20 r, Sign. Aiij B—Bilj, dieselben Schriftstöcke wie in Nr. 56,
zum Theil derselbe Satz mit denselben Initialen, 20 r 31 aber

Gedruckt zu Marpurg, am erſten tag May im jar, M.D.rrriiij. ||

v leer. — Dann 21 r neuer Haupttitel:

König Ferdinandi | Antwort, auff die Anſu- | chůg Herſog
Ulrichs | zu Wirtemperg, vnnd | Landgraff Philip- | ſen zu Heſſen. ||
Item. || Herſog Ul- | richs, vnd Lant- | graff Phi | lipſen | Gegen-
antwort. ||

Sign. Aiij B Bij, 21 v leer. Enthält nach einem Vorworte die Antwort König
Ferdinands vom 29. April, und die Gegenantwort Ulrichs und Philipps, dat.
27 r 32 Donnerst. n. Cantate 1534. Auf 27 v steht nur

Gedruckt zu Marpurg, am | rriij tag May, im jar, | M.D.rrriiij. ||

Bl 28 leer. Auf 22 r sehr grosse Fracturmajuskel, auf 23 r D mit der Mutter
Gottes aus dem Alphab. in Nr. 18. auf 25 v sehr grosses D mit einem Trauben
naschenden Vogel in schwarzem Linienviereck h. 48 mm. — In Marburg, Arch.
IX B 4027.

Hortleder I 3, 8—10.

59. REformation | geſeſe vnnd | Statuten, vnnſer Philipſen von |
Gots gnadē Landtgrauen zu Heſ- | ſen, Grauen zu Caſenelnpogen ꝛc.

Ꮐo wir | von allerley handthrungen vnsern Für- | stenthumben Landen
vnd Luten [so] zu | nuß gedeyen vnnd wol- | fart, geordnet | haben. ||
M.D.XXXiiij. || SOLI DEO HONOR | ET GLORIA. ||

In Fol., 8 Bll, Sign. Aij—Aiiij und Seitencustt. *Titelbordüre Nr. 34.*
Typen Rhodes 8 Fractursorten (Nr. 51), Text die mittelgr. schmale, 3 v hat 35 Zz.
Auf 2 r das übergrosse Fractur-B aus Nr. 40, auf 2 v sehr grosses Antiqua-W
(der Tod führt einen Kapuziner ab) in weissem Viereck h. 52 mm. — Bl 1 v
leer; 2 r Philipps Vorwort, 2 v Anfang der Verordnungen || Bnnd Erstlich belangend
die | Massen truken vnnd Nasse. || ... Schluss 7 v 37 und

       Gebruckt zu Marpurg durch Franciscum Rhodum am rrv tag
Julij, | Jm jar M.D.rrriiij. ||

Bl 8, gewiss leer, fehlt dem mir vorliegenden Ex. — In Berlin, Gp 18,800 a.
Kleinschmid I 61—66. — Mit Nr. 12 und einer Verordnung gegen die
Wiedertäufer zusammengedr. im nächsten Jahre zu Erfurt: REformation
gesetze vnd sta | tuten, vnser Phillipsen von Gotts gnaden | Landtgrauen zu Hessen,
... | ... Ꮐo wir von allerley handtierungen | vnsern Fürstenthumen Landen vnd |
leuten zu nuß, gebeyen vnnd | wolfart, geordnet haben. || (grosses Hess. Wappen) ||
M.D.XXXB. || Auf Bl 21 r : || Gebruckt zu Erffurdt durch | Melchior Sachssen ynn
der | Archen Noe. || Jnn verlegung Colman Engel, | Buchfürer zu Cassel. || In
Fol., 22 Bll, 1 v 21 v 22 leer. Das vortrefflich geschnittene Titelwappen in
dunkel horizont. schraff. Viereck h. 118 b. 142 mm. Die Verordn. gegen die
Wiedertäufer steht Bl 20.

---

60.   Oratio causas | expulſi & reſtituti ducis Vuirten- | bergēſis,
Reſqȝ nuper in Sueuia ab illuſtriſs. | Heſſorū Principe PHILIPPO
geſtas, tum | pacis conditiones continens mire | elegans & arti-
ficioſa. | N. A. BARBATO autore. || Petrus Nigidius, Lectori. ||
Hæc noua iam ,pſtas oratio, cãdide Lector, | Nuper erat noſtræ
ſic recitata Scholæ. | ... [zwei Distichen] ... | Poſt vbi legiſti, nõ
quemlibet eſſe magiſtrũ | Barbatum ſed enim, qui dedit iſta,
puta. ||

In 4°, 18 Bll, Sign. Aij—Aiiij B—Biiij C—Ciiij D Dij E—Eiij (D 2 Bll)
und Blattcustt (fehlt Bl 5). *Titelbordüre Nr. 33,* Text kleine Antiqua, 37—39 Zz,
auf 2 r Init. O aus Rhodes grossem Alphab. in Nr. 18, auf 3 r noch grösseres I
mit Jacobs Traum, h. 48 mm. — Bl 1 v leer; 2 r Zuschr. Joanni Seynaeo,
Comiti in Vuitgenſteyn, 3 r Anfang der Oratio, 15 r 19 zwei Oden, 16 r 31 Gratiarum actio, 17 r 29 Schreiben von Asclepius Conrado Hertuigo Paroeciano in
Kirchdorff, dat. 18 r 11 Marp. 1534. Dann noch ein Epigr. von Joh. Glandorp
und Z 35

     Excuſſum Marpurgi per Fran- | ciſcum Rhodum in Cam- |
po Elyſio. ||

Auf 18 v || AD LECTOREM. || und 2 Distichen, darunter ✿, sonst ist die S
leer. — In Marburg, Arch. IX B 4024.

Panzer VII 377 Nr. 14; die Oratio abgedr. in *Schardii rer. German. scriptt, Giess. 1673 (Schardius redivivus) II 285—295.* Asclepius hielt diese acad. Rede im 2. Sem. 1534, wo sie auch im Druck erschien, vgl. den Bericht des Rectors Jo. Rudelius im Cat. stud. Marp. ed. Caesar part. I p. 14.

61. [EVRICII CORDI Botanologicum five Colloquium de herbis. Marpurgi 1535 8°]

Diese Marburger Ausg. vom Botanologicum des Cordus, das in Cöln bei Jo. Gymnicus 1534 8° erschienen war, ist auf keiner der von mir benutzten Bibliotheken vorhanden, auch habe ich sie nur allein bei *Strieder II 293* angezeigt gefunden. Gesner; Lindenius renov. 265; Linnaei Bibl. botan.; Haller, Bibl. botan. I 265; Panzer VI 430 Nr. 760; Pritzel, Thesaur. litt. botan. Nr. 1979; Sprengel, Gesch. d. Botan. I 1817 S 256; Ernst H. F. Meyer, Gesch. d. Botan. IV 248; Krause, Cordus 109 u. a. kennen alle nur den Cölner Originaldr. (auch Paris. 1551 12°), aber keinen Marburger, der also, wenn er wirklich existirt, von grosser Seltenheit sein muss.

62. Oꞧdnung der | wollen durch das Für- | ſtenthůmb ʒů Heſſen, allen hándlern vnd | můllenwebern im landt ʒů gů- | tem auffgericht vnd | veroꞧdnet. ‖ 1535. ‖

Einzeldruck aus Nr. 59. — In 4°, 4 Bll, Sign. Aij (auf 1 v stehend) Aiij, auf 2 r/v 3 v Custt. Ohne Impr., aber nicht von Rhode oder Cervicornus, sondern vermuthlich von *Egenolff*, dann aber entweder in Frankfurt a. M., oder wenn in Marburg, so frühestens 1538 gemacht; die Jahreszahl auf dem Titel würde sich dann auf den bei Nr. 59 angeführten Erfurter Neudruck aus diesem Jahre beziehen. Textschrift Egenolffs Schwab. wie in Nr. 114, 3 r hat 31 Zs, zu Anfang 1 v Init. D mit Christus am Oelberge, Bl 4 v leer. — In Marburg, Archiv. *Kleinschmid I 62 B.*

63. [IOANNES DRYANDER de balneis Emſenſibus, Marpurgi apud Cervicornum 1535 8°]

So in *Lindenius renov. p. 573* und *Jo. Jac. Scheuchzeri Bibl. script. hist. nat. p. 28*, an beiden Orten mit dem Namen des Druckers; ohne diesen auch in *Haller, Bibl. med. pract. II 34* u. a. Mit deutschem Titel *Vom Emser Bad, Marpurg 1535* 8° und Strassburg 1541 8°, bei *Strieder III 238*; eine andre Ausg.: Vom Eymfer Bade ... Gedr. zu Meintz bey Peter Jordan 1535, bei J. A. Vogler, Gebrauch der Mineralquellen insbes. d. zu Ems, Frankf. a. M. 1840 S 290. Vgl. auch Gesner-Simler 362 l. 20.

64. ❧ DE MISE | RABILI MONASTERIENSIVM | anabaptiſtarum obſidione, excidio, memora | bilibus rebus tempore obſidionis in urbe ge | ſtis, Regis, Knipperdollingi, ac Krechtingi, | con- feſſione & exitu, Libellus | ANTONII CORVINI AD | GEORGIVM SPALATINVM | ſcriptus. ‖ [*Druckerzeichen Nr. 65 A*] ‖ Maꞧpurgi apud Eucharium Agrippinatem | Anno 1536 Menſe Maio. ‖

In 8°, 16 Bll, Sign. aij biij aiiij bv b—bv ohne Custt. Text kleine Antiqua, 29 Zz und Clmtt. — Bl 1 v Jo. Glandorpii ad Corvinum Dodekast., 2 r
Textanfang, 15 v 19 ‖ FINIS ‖, Rest der 8 und Bl 16 leer. — In Gotha, Philos.
8°. 1882 a.

Freytag, Anal. litt. 274; Baring Nr. 6. Auch Wittenberg b. Geo. Rhaw
1536 4°. vgl. Baring a. O.; v. d. Hardt I 326; Walch III 793; Zeitschr. d.
Bergischen Geschichtsvereins I 1863 S 321.

65. ⚜ LOCI IN | EVANGELIA CVM DOMINI- | calia tum de
Sanctis, ut uocant, ita adnota- | ti, ut uel commentarij uice
effe poffint, | nunc primum autore Antonio | Coruino publicati. ‖
Cum præfatione M. Adami Vegetij | Fuldenfis. ‖ [*Druckerzeichen*
Nr. 65 A] ‖ 𝔐arpurgi apub 𝔈udarium 𝔄grippinatem | 𝔄nno 1536
menfe 𝔍unio. ‖

In 8°, 80 Bll, Sign. aij—fv, ohne Custt. Text mittelgr. Antiqua, 29 Zz
und Clmtt mit Vrss, Mrgg und einiges andre kleine alte Schwab. — Bl 1 v
Epigr. von Joh. Glandorp, 2 r Adam Kraffts Vorw., 3 r Corvins Zuschr. Jo.
Ficino, dat. 4 v 19 ex Acad. Marp. mense Maio 1536. Bl 5 r ‖ DOMINICA .I.
ADVENTVS | domini, ... 59 r ein zweites Epigr. Glandorps, v ‖ SEQVVN-| TVR
LOCI IN EVAN- | gelia de Sanctis. ‖ Schluss 80 r 8 und ‖ FINIS LOCORVM
IN | EVANGELIA DE | SANCTIS. ‖, 13 Zz Errata, v leer. — In Marburg,
Arch. XI B 388.

Panzer VII 377 Nr. 16; vgl. Baring Nr. 10, ebd. auch eine Ausg.
Argent. 1537.

66. ⚜ NOVI ANNV | LI ASTRONOMICI, PER IO- | HANNEM
DRYANDRVM | MEDICVM ATQVE | MATHEMATICVM, |
nuper Anno uicefimonono, excogitati, atque hactenus, ex crebra |
eiufdem Inftrumenti, in diuerfis fcholis profeffione, mirum in mo |
dum, aucti, Canones, atque explicatio fuccincta. ‖ PRAEFATIO
eiufdem autoris, ad ... Princi | pem atq̃ D. Iohannem, Comitem
& Palatinũ Rheni &c. | qua Annulum, ex fuo folius inuento
prodijffe, cõtra quof | dam, qui falfo fefe Annuli autores, men-
titi funt, incõuin | cibilibus argumentis conuincit. ‖ INEVITABILE
FATVM. ‖ [*Abbildung des Annulus*] ‖ 𝔒mnia recens nata, 𝔐arpurgi
er officina 𝔈udarij 𝔈eruicomi | 𝔄grippinatis, 𝔄nno 1536 menfe 𝔄ug. ‖

In 4°, 24 Bll, Sign. 𝔄ij—𝔍tlj, ohne Custt. Text mittelgr. Antiqua, 34 Zz
und Clmtt; auf 5 r 17 r grosse Init. Q mit DIOGENES, am Brunnen waschend,
vor ihm steht ARISTIPPVS; auf 7 v grosses N worin ein nackter Knabe mit
Jagdspiess, beide in schwarzem Linienviereck h. 43 und 50 mm. Im Text 8
astronom. Figuren (14 v ein Zodiacus) und 5 Messungsbilder. — Bl 1 v leer;
2 r—4 v Epigrr von Caesarius, Goarinus, Asclepius, Lonicerus, Reinh. Lorichius,
Corvinus, Nigidius; 5 r Dryanders Zuschr. Iohanni Com. Pal. Rheni, dat. 7 r 12
Confluent. 3. Id. Janr. 1536. Textanfang 7 v, Schluss 21 v, 22 r Tabula latitudinis

aliquot oppidorum, 23 v 14 ‖ FINIS. ‖, Rest der 8 und 24 r leer, 24 v *Drucker-zeichen Nr. 65 A*. — In Marburg, Archiv.
Panzer VII 378 Nr. 18; Strieder X 380. — Vgl. hier Nr. 83.

67. ❧ ELEGANTISSI | MA M. T. CICERONIS ORATIO | PRO LEGE MANILIA | fiue de Imperatore deligendo, | feparatim hac forma, ut in fcholis prælegi poffit, | accuratius excufa. ‖ [*Druckerzeichen Nr. 65 A*] ‖ Marpurgi, ex officina Eucharij Ceruicorni | ANNO M.D.XXXVI. | Menfe Augufto. ‖
Herausgeber *Reinhard Lorich*. — In 4°, 16 Bll, Sign. Aii—Dlij, ohne Custt. Text mittelgr. Antiqua, nur 25 Zz, dazwischen breite Sptt zum Hinein-schreiben von Erklärungen in den Vorlesungen; Clmtt, auf 2 r das grosse Q aus Nr. 66. — Bl 1 v Epigr. des Hragbrs, ad eloquentiae ftudiof. iuvent. Marpurg., Textanf. 2 r, Schlus 16 r 11 und ein zweites Epigr. Lorichs, v das *Wappen Nr. 44*. — In Cassel, Philol. 4° 128.
Strieder VIII 97.

68. ❧ ANATOMIA | CAPITIS HVMANI, IN MAR- | PVRGENSI ACADEMIA | SVPERIORI ANNO, | PVBLICE EX- | HIBITA, | PER | Iohannem Dryandrum medicum. ‖ INEVITABILE VATVM. ‖ [*Druckerzeichen Nr. 65 A*.] ‖ Omnia recens nata, Marpurgi ex officina Eucharij Ceruicorni | Agrippinatis, Anno 1536 menſe Septemb. ‖
In 4°, 14 Bll, Sign. Bg. A hat keine, B Bij C (6 Bll) ohne Custt. Typen Antiqua, Zeilenzahl unbestimmt; auf 2v grosse Init. F mit einem nackten Knaben und weissem Ornam. in schwarzem Viereck, nach Art der von Adam Petri in Basel gebrauchten, vgl. Nr. 89; 3r kleines C mit einer von zwei Vögeln geneckten Eule, vgl. Lutherdrr Bord. Nr. 97. — Bl 1 v leer; 2 r Epigr. Reinh. Lorichs ad Lect., 2 v Zuschr. Dryanders an Ioh. Ficinus, 3 r Vorw. des Rectors der Univers. [Io. Ferrarius], wonach Landgr. Philipp bestimmt habe, dass jährlich ein- bis zweimal am Leichnam von Verbrechern Anatomie gelehrt werde, was dann am 1. Juni 1535 und 1. März 1536 durch Dryander geschehen sei. Darauf folgen von 4 r an 11 Tafeln mit 14 Abbildgg zur Anatomie des Kopfes, das auf 5 von ihnen befindliche Monogr. s. Nr. 81; daneben kurze Erklärungen. Auf Bl 14 v steht nur ‖ FINIS FIGVRARVM ANA- | TOMIAE CAPITIS | HVMANI. | Totius autem corporis humani fingulas partes, Anatomico nego | cio abfolutas, adeoqt ad uiuum expreffas, expectabis breui. ‖, s. Nr. 81. — In Darmstadt, S 3793.
Gesner-Simler 362 l. 2; Panzer VII 377 Nr. 17; Biblioth. Thomasiana II 169 Nr. 762; Bibl. Vaticana II. stamp. I (lat.) Nr. 1859. Ziemlich seltner Druck, von Strieder nicht gekannt.

69. IOHANNIS | FERRARII MONTANI, | AD TITVLVM PAN- | DECTARVM, DE | REGVLIS IV | RIS, IN- | TEGER | COM | MENTARIVS. ‖ Χάσπαροσ ὁ ῥυδόλχυ. | Βίβλον Ἰωάννησ ... [*3 Distichen*] ... ‖ CVM GRATIA ET PRIVILEGIO | ad Quadri-

ennium. || Apub Marpurgum Heſſorum, ex officina | Eucharij Cerui-
corni Agrippinatis, | Anno 1536 menſe | Septemb. ||
In 8°, 356 Bll, Sign. Aij—Aiiij (8 Bll) a—xv aa—xx v (pp 4 Bll), ohne
Custt, aber von 9 r an Paginirung 1—949 995, verdr. für 694 695. Vorwort
mittelgr. Antiqua, 28 Zs, Text kleine, 32 Zs und Clmtt, Mrgg mit kleiner
Schwab., auf 1 v das grosse Q aus Nr. 66. — Bl 1 v Zuschr. Io. Ficino, dat. 8 r
Marp. Kal. Sptbr. 1536, v Errata, Anfang des Comment. pag. 1, Schluss 695 Z 32
| fint admittendi, Philippus Decius fatis contendit. || v leer. — In Giessen, I 1257.
Panzer XI 459 Nr. 18; Gesner-Simler 365 l. 24, ebd. eine Ausg. Lugd.
ap. Gryphium 1537.

70. ANNVLI | CVM SPHAERICI TVM | mathematici uſus &
ſtructura, | opera D. Burchardi Mit- | hobij Neapolitani, | cele-
berrimæ academiæ Marpurgeñ | mathematici. || [Holzschnitt]
In 8°, 32 Bll, Sign. aii—dv, ohne Custt oder Blattzählung. Auf dem Titel
Abbildg des Annulus aus Nr. 66, inwendig noch 13 astronom. Instrumente und
Figuren. Text mittelgr. Antiqua, 29 Zz, auf 30 r das kleine C mit der Eule
aus Nr. 68. — Bl 1 v Epigr. Reinh. Lorichs, 2 r Zuschr. des Verf. Georgio à
Bommelberch, dat. 3 v Marp. ex. coll. Leonis ult. April. 1536. Textanfang 4 r,
Schluss 29 v 7, Druckerzeichen Nr. 65 A und
          Apub Marpurgum Heſſorum, ex officina | Eucharij Ceruicorni
Agrippinatis, | Anno 1536 menſe | Septemb. ||
Dann 30 r — 32 r Epigrr von Geldenhauer, Herm. v. d. Busche, Asclepius,
Mithobius, Nouzenus, 32 r 14: | Anno 1536. ||, 32 v Wiederh. des Annulus vom
Titel. — In Berlin, Oh 2768.
Panzer IX 532 Nr. 18 b; von Strieder nicht gekannt.

71. [ALBATEGNI de ſcientia ſtellarum c. Alfragano. Marpurgi
1536 4°]
So bei Panzer VII 378 Nr. 19.

72. PSALTE· | RIVM VNIVERSVM CARMINE | ELEGIACO RED-
DITVM AT- | QVE EXPLICATVM, AC | NVPER IN SCHOLA |
MARPVRGENSI | AEDITVM, | Per Helium Eobanum Heſſum, |
publicum eius Academiæ | profeſſorem. || LECTORI. | Sic etiam
uili iacuit uelatus amictu, | Dum ſua Dauides ſupra ſtet ante
deum. | ... (noch 3 Distichen) ... || Marpurgi ex officina Eucharij |
Ceruicorni Agrippinatis, | ANNO M.D.XXXVII. ||
In 8°, 160 Bll, Sign. Aaij—Aa v a—t 5, keine Custt, von Bl 9 r an Pagi-
nirung 1—301, anstatt 303, weil 222/3 zweimal vorkommen. Textschr. mittelgr.
Antiqua, 24 Zz, die Gedichte im Vorstoss kleine Cursiv. — Bl 1 v leer; 2 r poet.
Zuschr. an Philipp von Hessen, 4 v 7 || De fructu & utilitate lectio- | nis Pſal-
morum | Elegia ..., 6 v Index; Anfang des Psalters pag. 1, Schluss 301 (303) Z 14

und ¶ FINIS *Pfalterij totius cœpti Anno* 1534 | *Erphurdiœ, finiti demum Marti-*
burgi [so] | *Anno* 1536. *Die Decembris* 14. | *Vitœ meœ Anno* 47.‖ ᵥ leer. —
In Berlin, X c 8352.

Urdruck, *Krause II 204*; *Le Long-Masch II 3 S 717 Nr. XII.* — Vgl.
hier Nr. 106.

73. DIALECTI- | CA MVLTIS AC VARIIS EXEM | plis illuftrata,
una cum facilima fyl- | logifmorum, expofitoriorum, enthy |
mematum, exemplorum, inductio- | num, & foritum difpofitione, |
AVTORE M. ERASMO | *Sarcerio Annœmontano.* ‖ [*Drucker-*
zeichen Nr. 65 C] ‖ Marpurgi ex officina Eucharij | Ceruicorni
Agrippinatis, | ANNO M.D.XXXVII. ‖

In 8°, 60 Bll, Sign. a 2 — h 3 (4 Bll), keine Custt, aber Paginirung 3—119.
Text mittelgr. Antiqua, pag. 4 hat 30 Zz. — Bl 1 v leer; pag. 3 Kopfleiste und
Zuschr. des Verf. Iacobo Ottoni, Nass. com. Secretario, dat. pag. 4 Sigenae Teugror.
25 Nvbr. 1536. Textanfang pag. 5 (andre Kopfleiste), Schluss 119 Z 19 ‖ FINIS
DIALE- | cticea huius. ‖, ᵥ Druckerzign. wie auf dem Titel. — In Cassel,
Philos. 8° 8 (Hg. g fehlt).

Urdruck, *Gesner 222 v*; *Bibl. Vaticana II. stamp. I (lat.) Nr. 2441.*
Andre Ausgg *Marburg bei Egenolf s.* hier Nr. 107 194; *Marpurgi 1539* bei
v. d. *Hardt III 294*; Lipsiae 1539 bei Steubing, Biogr. Nachrr 13 Nr. 7;
Francof. ap. Egenolph. Nvbr 1548 in Hirsch, Mill. II 948. — Vgl. auch
Engelhardt in der Zeitschr. f. histor. Theol. XX 1850 S 75.

74. COMMEN- | TARIVS IN PSALMOS ALI- | quot & capitula
Genefeos de | Chrifti regno: per Ioan- | nem Draconitem. ‖
[*Druckerzeichen Nr. 65 A*] ‖ Marpurgi apud Eucharium Ceruicor-
num | ANNO M.D.XXXVII. | menfe Ianuario. ‖

In 8°, 60 Bll, Sign. Aij—Hiij (4 Bll) ohne Custt. Textschrr Antiqua, 28 Zz
und Clmtt, auf 16 r das *Bild Nr. 4.* — Bl 1 v leer; 2 r Zuschr. Herm. Schelo
Dano (Verse), 2 v Anfang der Auslegung, 59 v Psalmus 52, Ode monocolos
Davidica in Saulem seu Antichristum, 60 r Errata 11 Zz, Rest der S und ᵥ
leer. — In Königsberg, C b 70. 8°.

Hirsch, Mill. IV 751; *Strobels N. Beitrr IV 1 S 75*; *Strieder III 203.*
Bei *Gesner-Simler 361 l.* 65 ist als der Marb. Drucker irrig Egenolff genannt.

74a. DIALOGVS | D. IOANNIS CHRYSOSTO | mi de Epifcopatu
& Sacerdotio, | Germano Brixio Antiffio- | dorenfi interprete. ‖
[*Druckerzeichen Nr. 65 A*] ‖ Marpurgi apud Eucharium Ceruicor-
num | ANNO M.D.XXXVII. | menfe Ianuario. ‖

In 8°, 104 Bll, Sign. Aij—Nv, keine Custt, Paginirung 3—207. Text
mittelgr. Antiqua, 28 Zz, in marg. Schriftstellen und die Namen der sich unter-
redenden, *Chryoostomus* und *Basilius.* Auf pag. 7 grosses F in schwarzem
Viereck, vgl. Nr. 89, auf 3 das kleine C mit der Eule aus Nr. 68. — Bl 1 v

Hess. *Wappen Nr. 44*, pag. 3 Zuschr. von Cervicornus Io. Banero, Ellenf. monaft. praef., 5 Argument, 7 Textanfang, 207 Schluss und v Wiederh. des Wappens Nr. 44. — Seltner Dr., in Marburg, Archiv.

75. ❧ CLARIS- | SIMI CELEBERRIMIQVE | *olim philofophi & medici, Petri de Abano,* | DE VENENIS, | *atque eorundem commodis* | REMEDIIS, | *Liber plane aureus, per Ioan-* | *nem Dryandrum medi* | *cum, priftino fuo* | *nitori refti* | *tutus.* || [*Druckerzeichen Nr. 65 C*] || Marpurgi ex officina Eucharij | Ceruicorni Agrippinatis, | ANNO M.D.XXXVII. ||

In 8°, 48 Bll, Sign. Aaij—Aav A — Ev, keine Cuſtt, aber von Bl 9r—48r Paginirung 1—79. Text mittelgr. Antiqua, 25 Zz und Clmtt, Mrgg, auf 2r das groſſe Q aus Nr. 66, Kopfleiſten auf Bl 2r 8v und pag. 1. — Bl 1v leer; 2r || PRAEFATIO DRYANDRI IN | eundem librum qua theologus qui | dam ad futurum Concilium, Mantuæ ce | lebrandum, conceſſurus, quomodo | uenena commode præca- | ueat, monetur.‖ ..., dat. 5r Marp. 3. Id. Martij 1537. Bl 5v ‖ DE PETRO APPONIO ‖, 6r—7v Tabula capitum, 8r leer, 8v Epigr. Reinh. Lorichs. Pag. 1 ‖ PROLOGVS. || und Textanfang, Schluss 74, dann 75 ‖ SE- QVVNTVR CARMINA | *De uenenis ex Q. Sereno Samonico.* ‖, Schluss 79 Z 9 ‖ FINIS. ‖, Reſt der 8 und v leer. — In Darmſtadt, S 1186.

Gesner-Simler 552 L 7.

76. ❧ EXPOSI- | TIO DECALOGI, SYMBOLI | *Apoftolici, Sacra-* *mentorum, & Domi* | *nicæ precationis, ad captum pue* | *rilem in Dialogos reducta.* | *Autore* | ANTONIO CORVINO. || ADIECTA EST *breuis difcendæ Theo* | *logiæ ratio, autore Philip. Melanch.*|| ITEM *Iohan. Stigelij de morte Euritij* [*o*] *Cordi* | *Epicedium, cum Epitaphijs doctorum ali-* | *quot uirorum.* || H. EOBANVS HESSVS | *ad lectorem:* || *Non tantum pueris, quamuis puerilia* *poßis* | *Dicere, Coruini prodita fcripta uides.* | ... [*noch drei Diſtichen*] ... || Cmnia recens nata, Marpurgi apud Eucharium | Ceruicornum Agrippinatem, Anno 1537 ||

In 8°, 64 Bll, Sign. *a*2 uiij—hv, ohne Cuſtt oder Blattzählung. Textſchr. mittelgr. Antiqua, 26 Zz und Clmtt, auf 55v groſſes P mit einem den Buch- ſtaben umgebenden Bande in schwarzem Viereck. — Bl 1v leer; 2r Zuſchr. an einige Schüler, dat. Marp. 4. poſt Lætare 1537. Anfang der 27 Dialoge 3r, Schluss 48v; dann Schreiben Corvins an Melanchthon vom März 1537, 50v Melanchthons Brevis difcend. Theol. ratio, 55v Schreiben Corvins Georgio Curioni und Mart. Chorolitio, gleichfalls März 1537. Endlich 60r das Epiced. Stigelii und Epigrr von verschied. Verfaſſern, Schluss 64r 12 und ‖ FINIS. ‖ Reſt der 8 und v leer. — In Marburg, Bibl. XIX e C 1969 sd.

Gesner 56v; *Baring Nr. 15,* wo aber dieſe Ausg. an falſcher Stelle ſteht, unter *eod. anno* nicht das Jahr der Strassburger 1540, sondern das Jahr der Wittenberger 1537 zu verstehen iſt. Auch *Strieder II 320* führt unsern Marb. Dr. an, aber mit dem Zusatze *de novo per auctorem recognita et ... locupletata*, den indess nicht der Marburger hat, sondern nach Baring der Strassburger von 1540 haben soll. Den Dr. von Georg Rhaw in Wittenb. 1537 8° s. noch bei Langemack, Hist. cat. II 468; Feuerlein 370 Nr. 49; Walch, I 458. Melanchthons brevis disc. Theologiae ratio steht im Corp. Ref. II 456 ff.

76a. 𝕭on 𝕲obt𝔰 gnaben 𝕸𝔶𝔯 𝕵ohann𝔰 𝕱ribri𝔠𝔥 𝕳er𝔷og 𝔷𝔲̈ 𝕾a𝔠𝔥𝔰𝔰en 𝕰r𝔷 𝕸ar𝔰𝔠𝔥ald, ... 𝕵ei𝔷e bff 𝕾ontag 𝕻almarum, 𝔄nno 𝔢. 𝕯𝔯ei𝔰𝔰ig bnb 𝕾ieben. ||

Erneuerung der Einung zwischen Sachsen, Brandenburg und Hessen, zu Zeits 1537. — Placat in Fol. obl., 43 Zz, Drucker [*Eucharius Cervicornus in Marburg*]. Die drei ersten Worte des Anfangs und von Z 35 Titelfract., alles übrige die Textschwab. aus Nr. 77, am Anfange das sehr grosse Fractur-𝕭 mit Schreiberzügen aus Nr. 93. — In Marburg, Archiv.

77. 𝕬blegung bnb grunbt• | li𝔠𝔥er berftanbt, be𝔰 nü𝔷li𝔠𝔥enn | 𝕵nftru• mët𝔰 𝕰𝔶linb𝔯i bur𝔠𝔥 | 𝕵o𝔥ann 𝕰i𝔠𝔥man ge• | nät 𝕯𝔯𝔶anber 𝕸e• | bicum bnnb | 𝕸at𝔥ema | ticum | 𝔷𝔲̈ 𝕸arpurg nerli𝔠𝔥 auſ̈gang𝔢. || [*Drucker- zeichen Nr. 65 C*] || 𝕲eb𝔯u𝔠t bur𝔠𝔥 𝕰u𝔠𝔥arium | 𝕳ir𝔷𝔥o𝔯n, 𝔄nno 1537||

In 8°, 16 Bll, Sign. 𝔄ij—𝕭iiij, ohne Custt. Textschrift eine kräftige breite etwas über mittelgr. Schwab. von älterem Ductus, die in Cöln und Strassburg gebräuchlich war, 26 Zz, auf 2r Initiale; im Text 5 Abbildgg astronomischer Geräthe, die auch in andern Drr Dryandrischer Schriften ähnlichen Inhalts wiederholt sind. — Bl 1v leer; 2r Zuschr. an Peter im Hoff zu Cöln, dat. 2v Marb. 30. März 1537; 3r Anfang der Auslegung, Schluss 16r 27 | enbet 𝔥abenn. FINIS. || v leer. — In Breslau, Phys. IV Oct. 133.

Fehlt bei Strieder; ist wahrscheinlich *Cylindri astronom. instrumenti explicatio germanica, Marp. 1537 chartis 2,* bei *Gesner 412v.*

78. ✷ ELEGAN | TISSIMVS D. ERASMI ROTE | rodami libellus, de morum | puerilium Ciuilitate. || EADEM IN SVCCINCTAS, ET | *ad puerilem ætatem cum primis adpofi* | *tas Quæftiones Latinas & Ger-* | *manicas olim digefta, iam* | *recognita & locu-* | *pleta* [so], *per* | REINHARDVM | *Hadamarium.* || *In Marpurgenfis ufum pædagogij.* || Marpurgi ex officina Eucharij | Ceruicorni Agrippinatis, | ANNO M.D.XXXVII. | *menfe Maio.* ||

In 8°, 72 Bll, Sign. a2—ev A A2 𝔄iij—𝕯v, ohne Custt oder Blattzählung. Textschr. im latein. Theil mittelgr. Antiqua, 28 Zz und Clmtt; im deutschen die Textschwab. aus Nr. 77, 26 Zz, keine Clmtt; auf 2r 41r 42v Initialen. — Bl 1v *Bildniss des Erasmus Nr. 5*; 2r dessen Schrift De Civilitate, die Zuschr. dat. 18v Frib. Brisg. Martio 1530. Dann Lorichs Bearb. in Fragen und Antworten mit (19r) Zuschr. pueris Ad. Guil. Dornibergo & Ad. Rhauu ..., dat.

Marp. 6. Id. Sptbr. 1534. Bl 41 r lat. Zuschr. Sixto & Vincentio à Wolffskeel ...,
dat. Marp. Id. Sptbr. 1536, zur deutschen Bearb.; 42 v **ßöfflich** vnb **mächtig Ett**
ten ..., Schluss 71 v 14 und Hexast. in Princ. Hessor. subsequentia Insignia,
72 r das *Wappen Nr. 44*, v leer. — In Cassel, Eth. 8° 190.
Die Schrift des Erasmus (Opp. ed. Jo. Clericus I 1034) erschien zuerst
Basel bei Froben 1530, Panzer VI 276 Nr. 780. Mit der latein. Bearb.
Lorichs ist sie zusammengedruckt in De pueris recte ac liberaliter instituendis
D. Jacobi Sadoleti liber ..., Basel bei Tb. Platter März 1538 8° p. 173 ff.
Vgl. auch Samml. selten geword. paedagog. Schrr, Zschopau, XI S 197
Nr. 6. Ein früherer Dr. von Lorichs latein. Bearb., auf den man aus dem
Datum der Zuschr. 8. Sptbr. 1534 schliessen darf, ist mir nicht vorgekommen.

79. ✻ IN FVNE | RE CLARISS. ET INCOM- | parabilis eruditionis
uiri, | D. ERASMI ROTERODAMI, | Epicedion | H. EOBANI
HESSI. || [*Holzschnitt*] || Marpurgi ex officina Eucharij | Cerui-
corni Agrippinatis, | ANNO M.D.XXXVII. | *menſe Maio.* ||
In 8°, 6 Bll, Sign. a 2 c 3 c 4, ohne Custt. Auf dem Titel *Bildniss des
Erasmus Nr. 5*, Text kleine Cursiv, 20 Zz und Clmtt. — Bl 1 v leer; 2 r Kopf-
leiste und ✻ IN FVNE | RE ... | ... D. Era | ſmi Roterodami Epicedion | H. Eobani
Heſſi, | Ad Gerhardum Nouiomagum. § ... Schluss 6 r 8 und || FINIS. || Rest der
S leer, v *Bildniss Eobans Nr. 6.* — In Worms.
Hirsch, Mill. IV 757; Justi, Hess. Denkwürd. IV 2 S 491 f.; Strieder
IV 541; Krause II 209. In H. Eobani Hessi Operum farragines II Francof.
1564 p. 327—332.

80.   **Recuſation wibder das Cham | mergericht, betreffen das | Cloſter
Rauffungen | ▬ ◆◆** || [*Wappen Nr. 44*] || **Heſſen.** ||
In 4°, 16 Bll, Sign. Aij—Dllj, ohne Custt. Drucker [*Eucharius Cervicornus
in Marburg*], Titelwappen und Typen wie in Nr. 93 77, 30 Zz. — Bl 1 v leer;
Anfang 2 r (das sehr grosse Fractur-B aus Nr. 93, als B gebraucht), Schluss
16 v 14, dat. Cassel 26. Mai 1537, Rest der S leer. — In Marburg, Bibl. VIII B 442.

81. ✻ ANATO- | MIAE, HOC EST, CORPORIS | humani diſ-
fectionis pars prior, in qua ſin | gula quæ ad Caput ſpectant
recenſentur | membra, atqʒ ſingulæ partes, ſingulis ſuis | ad
uiuum commodiſſimè expreſſis figu- | ris, deliniantur. Omnia
recens nata. || PER IO. DRYANDRVM | *Medicum & Mathe-
maticum.* || ITEM || Anatomia | Porci, ex traditione Cophonis. |
Infantis, ex Gabriele de Zerbis. || **Marpurgi apud Eucharium Cerui-
cornum,** | **Anno 1537 menſe Junio.** ||
In 4°, 36 Bll, Sign. aij b bij biij—h hij hiij i, ohne Custt. *Titelbordure
Nr. 35*. Textschr. mittelgr. Antiqua, 31 Zz. Initialen auf 4 r sehr grosse
Fract.-J, h. 67 mm, auf 29 r das Q aus Nr. 66. Im Text 19 (einschliesslich

zweier Wiederholungen 21) Tafeln mit 22 anatom. Abbildgg, davon haben 9 ein Künstlerzeichen, bestehend aus einem halb offenen Zirkel mit G, auch mit G.V.B, VB, oder 1536 darüber, Brulliot, Dict. des Monogrr II 2834 2839; Passavant IV 299, vgl. auch hier Nr. 68 83 141. — Bl 1v leer; 2r Vorw. des Rectors, 2v Zuschr. Dryanders an Io. Ficinus, 3r Epigr. Reinh. Lorichs, 3v die 1. Abbildg, 4r ∥ IN PRAELECTIO- | NEM MEDICAM ORATIO, | ... | ... Marpurgi à Ioan. Dryandro ... | ... habita. | VIII Kalend. Nouemb. | ANNO | M.D.XXXVI. ∥ Bl 14r beginnen die Abbildgg zur Anat. des Kopfes mit Erklärungen, 2. Aufl. von Nr. 68; 29r die Anat. porci, 30v Anat. infantis, 36r Epigr. Reinh. Lorichs, v *Druckerzeichen Nr. 66A.* — In Marburg, Bibl. XIbB159b. *Hirsch, Mill. III 544; Lindenius renov. 573; Douglas, Bibliogr. anat. 58; Haller, Biblioth. anat. I 175; Graesse, Tresor II 437; Bibl. Vaticana, ll. stamp. I (lat.) Nr. 2413d.* — Nach *Ludw. Choulant, Gesch. u. Bibliogr. der anatom. Abbildung, Leipz. 1852 S 32,* gehört Dryander zu den frühesten Anatomen, die Abbildgg nach eignen Zergliederungen lieferten, wohin alle diejenigen Abbildgg zu rechnen sind, die er nicht aus Berengar [vgl. hier Nr. 141] und Phryesen und vielleicht zum Theil aus Vesals frühesten Tafeln genommen hat. In dem obigen Werke sind, wie Choulant weiter bemerkt, keine Copien nach Berengar enthalten, sondern Anatomie nach eignen Zergliederungen, roh, aber doch mit einiger Naturtreue dargestellt. Vgl. auch Haeser, Gesch. der Med., 3. Bearb. II (1881) 23.

82. ✿ COSMO- | GRAPHICAE ALIQVOT | defcriptiones Ioannis Stöfleri Iu | ftingen̄ Mathematici infignis. ∥ DE SPHAERA *Cofmographica, hoc eft,* | *de Globi terreftris, artificiofa ftructura.* ∥ DE DVPLICI *Terræ proiectione in pla* | *num, hoc eft, qua ratione cōmodius char* | *tæ Cofmographicæ, quas Mappas mundi* | *uocant, defignari queant.* ∥ Omnia recens data | PER IO. DRYANDRVM | *Medicum & Mathematicum.* ∥ 𝔐arpurgi apub Euchariū Ceruicornum, | 𝔄nno 1537 menfe Junio. ∥

In 4°, 20 Bll, Sign. Aij—Eij, ohne Custt. *Titelbordure Nr. 36B,* Text mittelgr. Antiqua (Nr. 81), 31 Z., auf 3r das grosse P aus Nr. 76, im Text 4 grosse zusammengefaltete Tafeln zur Projection. — Bl 1v leer; 2r Zuschr. Dryanders D. Henrico Falcomontano U.J.D., dat. Marp. Kal. Apriles 1537. Textanfang 3r, Schluss 19r4 und Nachschr. Dryanders, 19v Epigr. Reinh. Lorichs, 20r Druckfehler, v *Druckerzeichen Nr. 66D.* — In Wernigerode, Nᵒ 113 (fehlen die Tafeln).

Gesner-Simler 418 l. 50; Hirsch, Mill. III 547; Lucius V 189; Zedlers Universal-Lex. 40 S 282 Nr. 8; Bibl. Vaticana, ll. stamp. I (lat.) Nr. 1527.

83. ✿ ANNVLORVM | TRIVM DIVERSI GENERIS INSTRV-MENTO- | *rum Astronomicorum componendi ratio atq ufus, cum quibufdam alijs* | *lectu iucun — dißimis, quo* | *rum catalo — gū mox uer* | *fa pagella — indicabit.* | *Per* IOAN. — DRYAND. |

52 Nr. 84—85, Eucharius Cervicornus, 1537.

Medicum — atq; Mathe- | maticum — Marpurgen. || *Omnia*
receⁿ — natu Marpur | gi apud Eu- — charium Cer | uicor-
num — Agrippinatē | ANNO — 1537 | menſe — Iulio. ||
[*Holzschnitte*]

In 4°, 44 Bll, Sign. fehlt Bg. 1, dann A—Liij, aber Bg. 7 hat zwei Signatur-
buchstaben F G — Fiij Giij; keine Custt. Auf dem Titel, in die 11 untersten
dadurch getheilten Schriftzz hineingeschoben, Abbildg des Meteoroscopion Jo.
de Regiomonte (auch Bl 29 r) mit einem aus einem halboffenen Zirkel und
einem G gebildeten Monogr., vgl. Nr. 68 81 141; darunter der Annulus Boneti
(auch Bl 31 r). Text ziemlich kleine Antiqua, 35 Zz, der Vorstoss grössere, die
Tabula elevationum 28 v kleine alte Schwab. Auf 13 r 31 v das N und auf 24 r
das Q aus Nr. 66. — Bl 1v Abbildg des Annulus Dryandri 1537 mit Ueberschr.:
Annuli Dryandri, recentis inuenti, ſtructura, atq̣ | explicatio luculētiſſima, ...
(vgl. Nr. 95); 2 r — 4 v Epigrr, 4 v *Druckerzeichen Nr. 66 B*, 5 r Dryanders
Zuschr. Ioanni Com. Pal. Rheni, dat. 5 v 17 Marp. Kal. Decbr. 1536. Bis 29 v
ist der Druck eine 2. Aufl. von Nr. 66, dann folgen mit eignen Titeln: 29 r
› AD BESSA- | RIONEM CARDINALEM | ... | ... De compoſitione Metheo |
rofcopij, Ioannis de Regio mon | te Epiſtola. ||, 31 r **›** BONETI DE | LATIS
HEBRAEI ... | ... Annuli aſtronomici | utilitatum liber ..., 39 v || COMPOSITIO |
ALTERIVS ANNVLI | non uniuerſalis ... | ... | ... Autore | M. T. ||. Schluss
43 v, 44 r leer, v Wiederh. des Druckersignets Nr. 66 B. — In Marburg, Bibl.
XIII d B 128 o.

Bibl. Vaticana, U. ſtamp. I (lat.) Nr. 606. Vgl. Strieder III 239.

84.   Von der Concilien Ge- | walt vnd Autoritet, warin dieſelbige |
ſtehe, wie fern ſie ſich ſtrede, vnnd wie | fern man, was ſie beſchlieſſen,
zuhalten | ſchuldig ſey, gründlicher bericht, | Dem Concilio zu Man- |
tua, vnnd einem genant der | Dietenberger, | zu gefallen geſchriben,
durch | M. Anto. Coruinum, | Vnd jtzt newlich Anno ꝛc. ꝛꝛrvij. | im
Augſt außgangen. ||

Dialog zwischen *Eugenius* und *Corvinus*. — In 4°, 30 Bll, Sign. Aij Aitj
b—bltj C—Gilj (G Tern.) ohne Custt. Drucker [*Eucharius Cervicornus in Marburg*], dessen *Titelbordure Nr. 35*, Titelfract. und Textschwab. (30 Zz) mit
ihren Cptzz wie in Nr. 89, wo auch (S 334) das hier auf 2 r stehende grosse
G sich wiederholt. — Bl 1v leer; 2 r Zuschr. an Wilhelm von Nassau, dat. 4 r 18
Marb. 1537, 4 v leer. Anfang des Dialogs 5 r, Schluss 29 v 27 || Finis. |
Bl 30 fehlt den mir bekannten Exx, wird aber leer sein, oder nur ein Impr.
oder Druckersign. enthalten. — In Marburg, Arch. V B 250.

Baring Nr. 22; v. d. Hardt I 340; Thesaur. Weigel. 526.

85. **›** ABRAAM | IVDAEI DE NATIVITATIBVS, | hoc eſt, de
duodecim domiciliorum | cæli figurarum ſignificatione, | ad
ludiciariam Aſtrolo | giam, non ſolum uti | lis ſed & neceſ |
ſarius plane | liber, | priſtino ſuo nitori reſtitutus, | PER | IOAN.

DRYANDRVM | *Medicum & Mathematicum.* || 𝔐arpurgi apub
Eucharium Ceruicornum, | Anno 1537 menſe Auguſto. ||
In 4°, 30 Bll, Sign. Aij—Giiij, ohne Cuſtt. *Titelbordure Nr. 35*; Text
mittelgr. Antiqua wie in Nr. 81, 31 Zs, Mrgg kleine alte Schwab.; auf 6 r das
grosse P aus Nr. 76, sonst noch einige kleinere Initt mit Figg &c. — Bl 1v
die Abbildg des Zodiacus aus Nr. 66, darunter Epigr. von Reinh. Lorich; 2 r
Zuschr. Dryanders N. Brugknero, dat. 3 r 17 Marp. Kal. Aug. 1537, Rest der 8
leer. Bl 3 v Anfang der Schrift Abrahams, darin 14 Darstellgg der zwölf
Häuser; Schluss 29 v 23 und || INEVITABILE FATVM | 1537. ‖ 30 r *Drucker-
sign. Nr. 65 B*, darunter ‖ A. G. V. L. S. I. D. M. ‖ v leer. — In Marburg, Bibl.
XIII d B 128 o.
    Gesner-Simler 362 l. 24. Hirsch, Mill. III 549 hat nicht Marpurgi
sondern *Coloniae ap. Cervicornum*, wonach also Cervicornus, wenn Hirschs
Angabe richtig ist, auch Exx mit diesem Druckort ausgegeben hat.

86. CATE- | CHISMVS PER O- | mnes quæſtiones & cir |
cumſtantias, quæ in iu- | ſtam tractationem in- | cidere poſſunt,
in uſum | prædicatorum diligen | ter ac pie abſolutus. || AV-
TORE M. ERA | ſmo Sarcerio Annæ- | montano. || ꟼ 𝔐arpurgi
apub Eucharium | Anno 1537 menſe Aug. ||

In 8°, 88 Bll, Sign. a 2 — lv, ohne Cuſtt, aber Paginirung 3—13 und 1—160.
Titelbordure Nr. 36 A. Typen verschiedne Sorten Antiqua, die Erklärungen
kleine, 32 Zs; auf 2 r grosses C mit Wildschweinen in schwarzem Viereck. —
Bl 1v leer; 2 r Zuschr. Leonardo Vuagener, Sigens. eccles. pastori, dat. 3 r 11
Sigenae Teugror. 25. Nvbr. 1536; 3 v Epigr. Reinh. Lorichs, 4 r — 7 r Contenta,
7 v das *Bild Nr. 4*, Bl 8 leer. Anfang des Katechismus Textpag. 1 (Bl 9 r),
Schluss 160 Z 31 und ‖ FINIS. ‖. Der Drucker Eucharius ist natürlich Cervi-
cornus, vgl. Nr. 97. — In Marburg, Bibl. 1 C 10 m.
    v. d. Hardt I 348; Langemack, Hist. catechet. II 464,6; Walch I 458.
Bei Feuerlein Nr. 47/48 nur 2 spätere Ausgg Leipz. 1539 1541, ebd. 1550 auch
deutsch von Barth. Wagner.

87. RHE- | TORICA PLE | na ac referta exem | plis, quæ
ſuccin- | ctarum decla | mationa | loco | eſſe poſſunt, | AVTORE
M. ERA | ſmo Sarcerio Annæ- | montano. || ꟼ 𝔐arpurgi apub
Eucharium | Anno 1537 menſe Aug. ||

In 8°, 112 Bll, Sign. a 2 — o 5, keine Cuſtt, aber von a 2 an Paginirung
1—222. Der Drucker Eucharius ist *Cervicornus*, vgl. Nr. 97; *Titelbordure Nr.
36 A*, Textschr. mittelgr. Antiqua, 29 Zs. — Bl 1v Docast. Reinhard Lorichs,
pag. 1 Zuschr. des Verf. Guilielmo Knutellio Com. Nass. Secret., dat. Sigenae
Teugror. 17. Novbr. 1536; 2 Index exemplorum, 4 nach Z 5 Querleiste und Text-
anfang, Ende 222 Z 16 | ſuſcipiam. | ♀ ‖ FINIS. || Rest der S leer. — In
Dresden, Aesthet. 581.
    Erste Ausg., *Gesner 223 r*, spätere Marb. hier Nr. 115 156. Sonst auch
Leipzig bei Mich. Blum Janr. 1539, und Frankfurt bei Egenolff Juni 1546

in Hirsch, Mill. II 913. Vgl. auch Engelhardt in Zeitschr. f. histor. Theol.
XX 1850 S 75.

88.   Ein New Arßney vnnd | Practicir Büchlein | von allerley
Krandheity | Wie die erlent vnd geheylet | werden söllenn, | Auß
den Berůmpteſten | vnd erfarneſten, | ʒů vnſern ʒeiten | lebenden
Medicis, mit hohem | trewem fleiß, in ein kurße | ſumma ʒůſamen |
geʒogen, | durch | D. Johan Dryandern | genant Eichman, Medicum |
Marpurgs. || Omnia recens nata, Marpurgi apub Eucharium | Cerui-
cornum Agrippinatem, Anno 1537 ||

In 8°, 94 Bll, Sign. Alj (10 Bll) — Mltj (4 Bll), keine Custt, aber von B (Bl 11 r)
an Paginirung 17—176, die 4 letzten Bll nicht paginirt. Textschwab. aus Nr.
77, Cptzz deren rückwärts gebogener Schwanz mit einem Punkt endigt, 25 Zz,
Mrgg. — Bl 1v leer; 2 r Vorw. des Hess. Hofgerichtssecret. Valent. Breul,
worin er dem Rathe zu Marburg das Büchlein empfiehlt, dat. 5 r 8 Marb. Mont.
n. Assumpt. Mar. 1537, 5 v Vorw. Dryanders, Textanfang pag. 17 (Kopfleiste),
Schluss Bl 92 v, dann noch Kräuter und Medicamente, 94 r das *Druckerzeichen*
Nr. 65 B, v leer. — In Wolfenbüttel, 138. 6. Med.
  Graesse, Trésor II 437. — Ist der seltne Urdruck, den Strieder nicht
gekannt hat. Spätere Ausgg bei Strieder III 240, XII 348. Vgl. Gesner-
Simler 362 l. 30, wonach eine Vniuersalis praxis omnium morborum parti-
cularium german. 1537 Marpurgi, & Coloniae, erschienen sein soll. Wahrscheinlich hat also Cervicornus den vorliegenden Druck auch zugleich unter
seinem Cölner Impr. ausgegeben.

89.   Wie iunge fur | ſten vnd groſſer herrn | kind rechtſchaffen in- |
ſtituirt vnd vnterwi- | ſen, Auch in welchen | ſtüdē, *lant vnd leut*
zu gut, | ſy fruchtbarlich vnter | richt mögen werden, | *auß trefflichen*
Authoribus | *auffs kurtzeſt geʒogen* | nußlich vnd jderman | lüſtig
ʒů leſen, | Auth. Reinharbo Hadamario | Anno 1537 ||

In 8°, 244 Bll, Sign. aij aiij alilj ab—ʒv A—Hltj (H 4 Bll), keine Custt,
aber Paginirung 2—487, die bei sonst richtiger Zählung dem Bg b fehlt.
Titelbordure Nr. 36 A. Text die Schwab. aus Nr. 77 mit ihren Cptzz (Nr. 88),
25 Zz; Belegstellen und Mrgg mit kleiner Cursiv, aber nicht wirklich in marg.,
sondern an ausgesparten Plätzen in die Columne eingerückt, die latein. Zuschr.
pag. 2—6 Antiqua. Initialen von verschiedner Art und Größe, darunter die
grossen mit Blattarabesken und Figuren in schwarzem Linienviereck, h. 35—39 mm
(auf pag. 226 268 300 334), namentlich deswegen beachtenswerth, weil sie einer
von Adam Petri in Basel früher viel gebrauchten gleichartigen Sorte ganz
ähnlich sind. — Bl 1v Reinh. Lorichs Zuschr. Adolescentulo Hess. princ. Philippi
filio natu maiori Wilhelmo ... dat. pag. 6 Z 4 Marp. Kal. Jul. 1537, darunter
Hessisches *Wappen Nr. 44.* Textanfang pag. 7, vor der Vorrede das grosse
P mit der Banderole aus Nr. 76, Schluss 478, dann ein Epigr., Register, noch
ein Epigr., Errata, und 487 Z 18

➤ MARPVR | GI APVD EVCHA- | RIVM CERVICOR- | NVM. | ANNO M̅.D̅.XXXVII̅. | *Menſe Nouembri*. ||

ᵥ *Druckerzeichen Nr. 65 C.* — In Marburg, Archiv XII B 15.

v. d. Hardt I 345. — Neudruck nach dieser ersten Ausgabe, die Strieder nicht gekannt hat, in *Samml. selten gewordener pädagog. Schrr, Zschopau, Nr. 11 1884.* Andre Ausgg ebd. S 198 Nr. 10;11; latein., De institutione principum loci communes, Frankf. bei Egenolff Sptbr. 1538.

90. E̯hriſtlid̜ | er Fürſten | vn̅ Herrn handbüd̜lin, | darinn Lere vnd troſt al | ler Oberkeit alleyn auß | Gottes wort gezogenn, | Durd̜ D. Vrbanum | Rhegium. || Junger Fürſten | vn̅ Herrn E̯hriſtlid̜ erzi- | hung, Reyn. Hadam. ||

In 8°, der ganze Band hat 276 Bll, *Titelbordure Nr. 37.* Auf das Handbüchlein von Regius kommen 36 Bll mit Sign. A 2 — E 4 (4 Bll), Blatt- und auf den Bll ohne Sign. auch Seitencustt. Textschr. kleine Schwab., 27.28 Zz, Bl 1v leer, 2r Zuschr. von Regius an Otto, Ernst und Franciscus von Braunschw. und Lüneb., 2v 11 | Datum, zu Zell. | und Unterschr., Textanfang 3r, Schluss 36 v 23 | AMEN. || — Die übrigen 240 Bll enthalten die Schrift Reinh. Lorichs Nr. 89, ohne die Zuschr. an Wilhelm von Hessen, nur mit Kopftitel. Die 4 ersten Bll mit Sign. a — a 3 sind die 4 letzten der Lage E vom Handbüchlein und hängen damit zusammen; sie sind in Typen und Satz von den Bll gleichen Inhalts in Nr. 89 verschieden, haben Foliirung 7—10 und einige Custt, ihr Inhalt nimmt in Nr. 89 5 Bll ein, die dort in den Text eingerückten Mrgg sind ganz weggelassen, das grosse P mit der Banderole ist durch eine einfache Fracturmaj. ersetzt. Aber der ganze Rest, also von Bl 41 an bis zum Ende, einschliesslich der am Schlusse verzeichneten Errata, des Impressums und Druckerzeignets, ist von demselben Satze gedruckt wie in Nr. 89. Cervicornus muss also einem Theile seiner Auflage von Lorichs Schrift nachher das Handbüchlein des Regius vorgedruckt haben, wobei man die 5 ersten Textbll von Nr. 89 des bessern Anschlusses wegen neu gesetzt und ihren Inhalt auf die 4 letzten Bll der Lage E zusammengedrängt hat. Ein Einzeldruck von Regius Handbüchlein, den Cervicornus etwa gemacht hätte, ist mir nicht zu Gesicht gekommen. — In Wolfenbüttel, 95. Pol. 8°.

Ueber das Handbüchl. von Regius vgl. Uhlhorn, Regius 212. Erschien deutsch zuerst Wittenberg bei Hans Weiss 1535 8°, Uhlhorn 362 Nr. 4, später Frankf. 1544; auch in Urb. Regii Deutschen Büchern u. Schriften, Nürnb. b. Joh. v. Berg & Ulr. Neuber 1562 Fol., Th. I fol. 74 v — 89. Lateinisch von Jo. Spalatin Magdeb. 1538 8°, v. d. Hardt II 219, und in Regii Opp. lat. Norib. 1562 Fol., pars II fol. 64 r—73.

91. Red̜tmeſſige vrſad̜e warumb das Concilium | von Paulo dem Rom. Bapſt des namens | dem dritten zů Mantua in Wel- | ſd̜en landen zehalten, | vnd am xxiii tag Maij ſd̜yriſtlomen diß lauffendē Jars anzefahen, | vermeintlid̜ indicirt vnd verkundt, vntůglid̜ vnd der Kird̜en leyns | wegs erſpryßlid̜ zůad̜ten ſey, möge derhalb von

denen so das heplsam | EVANGELIVM durch die barmherßigkeit
gottes offenbart, | angenomen haben, auch d' Christlichen kirchen
wol= | fart vnnd gedeien gern sehen wolten, mit | gutem rechten ge=
floßen, vnd als | verbechtig recusirt werden, | allen Künigen, Fur= |
sten, vnd Po= | tentaten, | in sonderheit der frembden Nation (auch
allen gut= | herßigen vnnd ehrnliebenden) gemeiner Christenheit | zů
gutem, erßhelt, vnnd zůerwegen geben, || M. D. XXXVII. ||

Verfasser *Melanchthon.* — In Fol., 10 Bll, Sign. Alj—Blij (B ein Tern.)
ohne Custt. Drucker [*Eucharius Cervicornus in Marburg*], Typen aus Nr. 77
93: Titelz. 1—4 und 2 r 1 Titelfract., alles übrige Textschwab., 2 r hat 37 Z.
— Bl 1 v leer; 2 r || Es hat der Römisch Bapst Paulus des namts | der britte ein
Bull lassen außgehen, ... Schluss 9 r 24 | ... vnsere bienste mit aller erbietung zůer=
zeh= | gen willig sein wollen. || Rest der 8, v, und Bl 10 leer. — In Marburg,
Arch. IX A 4038.

Verdeutschung von Melanchthons Schrift *Causae quare Synodum in-
dictam a Rom. Pont. Paulo III recusarint Principes, Status et Civitates
Imperii* ... Wittenberg bei Geo. Rhaw 1537 4°, ebd. in demselb. Jahre auch
deutsch. Datirt ist sie Schmalkalden 5. März 1537 und steht lat. im Corp.
Ref. III 313, nach der Wittenb. Uebers. bei Hortleder I 1, 29.

92. ✸ DE IVRIS | PRVDENTIA AMPLE | CTENDA ORATIO
IVSTINI GO | bleri Goarini L. L. Licentiati in Tre | uirenfi
Gymnafio, cum Impe- | riales Inftitutiones au | fpicaretur, ha |
bita. || IN CVIVS COMMENDATIO- | nem, Epigramma H. Eo-
bani | Heffi, Poëtæ clariffimi, | uerfa monftrabit | pagella. ||
MARPVRGI EX OFFICI | na Eucharij Ceruicorni, iam re |
cens in lucem ædita. | An. XXXVII. ||

In 8°, 24 Bll, Sign. Aij—Cv ohne Custt. Text mittelgr. Antiqua, 25 Z.,
die Epigrr kleine Cursiv, 2 r grosses C mit Wildschweinen (Nr. 86). — Bl 1 v
Epigr. von Eoban, 2 r Zuschr. des Verf. Ioanni Ficino, Anfang der Oratio 4 r,
Schluss 20 r, noch 4 Carmina des Verf., 23 v 17 || FINIS. ||, Rest der 8 und Bl 24
leer. — In Marburg, Bibl. XIX a C 111 r.

Nachrichten von Gobler und seinen Schriften geben Spangenberg im
Neuen Archiv des Criminalrechts VII 429—458 und Stintzing I 582—586.
Eine Oratio de jurisprud. von ihm erwähnt Adami, vitae ICtor. 3. ed. 79.

93. WIRser Philipsen von Got= | tes gnaden Lantgrauen Zů | Hessen,
Graue zů Catzenelnpogt, Dietz, Ziegen= | hain vnd zů Nidda, Refor=
mation vnd gemeine | lands ordnüg, die wyr mit vnser lantschafft
ver= | ordentt vnd vnsern fürnembst Gelerten vnd Prebicanten | in
etlichen sachen vnnd Punctt zů mehrung vnd besserung | voriger ord=
nung auch Christlicher zücht, Burgerlicher Er= | barleiten, vnd gütes
wandels auffgericht haben, Auch or= | denung vnnd maß wie man

mit den Widdertauffern gebaten, dieselben | vermanen, vnterrichten, ʒů
der Chriftlichen kirchen vnd gemein, die so fich | auß gnediger verleihung
Gottes vnd güten vnterricht vnd vermanung | von ʒrem Jrfal, bekeren,
wider annemen, Vnd die halftarrigen [so], mütwil- | ligen verfůter
vnd widderChriften, verweisen vnd ftraffen soll. || [*Wappen Nr. 44*] ||
Crdenung der Bifitation, || Gedrudt ʒů Marpurg durch Eucharium
Hyrʒhorn | Anno 1537 ||

In Fol., 20 Bll, Sign. Aiij B—Biiij Cij—Diiij (B und D Ternn) ohne Cuftt.
Titelinitiale sehr grosses Fractur-B mit Schreiberzügen, Titelz. 1 2 15 und 2 r 1
mässig grosse Fract., Textschwab. aus Nr. 77, 2 r hat 41 Zs. — Bl 1v leer;
Anfang 2 r ǁ (Initiale) Wyr Phllips von Gots gnaben | ... Schluss 9 v 39 : | den
dingen oder sonft vf der Cantʒel offentlich verlesen. ǁ Bl 10 leer. Dann 11 r neuer
Haupttitel zur Visitationsordnung:

Crdenunng wilcher masse hinfür die | Bifitatores, Pfarher, vnnd
yre helffer | Diacon, vnd alle Kirchennbiener ver- | ordnet gehandt-
habt, vnd im sal, so yrer | einer aber mehr vntuglich, leffig | aber un-
geschidt | befunden, | abgesaʒt werden sollen, || [*dasselbe Wappen Nr. 44*]
Titel ganz Fract.; Rückseite ǁ (Fracturinit. h. 130 mm) JRstlich seʒen vnnd ordnen
wir in | Gottes namen sechß Superintendentʒ, | ... Schluss 20 r 7 ǁ die obrideit wie
gemelt ersůchen. ǁ Rest der S und v leer. — In Marburg, Arch. XI A 396.
Originaldruck, danach beide Ordnungen abgedr. bei *Kleinschmid I
93—105*, die Visitationsordnung auch bei *Richter, Kirchenordngg I 281—286*,
aber nach einem Einzeldruck o. O., der kein Marburger sondern ein Nürnberger (von Rotmeyer oder Stuchs), also ein Nachdruck ist, Walther 1429.

94.   [Vnfer Philipfen vonn Gottes gnaden Landtgrauen zu
Heffen ... gemeinen Bergkordnung, ... Gedruckt zu Marpurg
durch Eucharium Hirtzhorn Anno 1537 Fol.]

So *Strieder b. Jufti 152.*

95.   [IOANNIS DRYANDRI Annuli recentis inventi aftronomici
ftructura atque explicatio luculenta. Excuf. Marpurgi 1537]

So bei *Gesner 412 v*, vgl. auch *Gesner-Simler 362 l. 4.* Ist wahrscheinlich
Dryanders Schrift über seinen Annulus in Nr. 83, wo dessen Abbildg auf 1 v
eine ziemlich gleichlautende Ueberschrift hat. Vielleicht hat es von dieser
2. Aufl. auch Einzeldrucke (ohne die andern Annuli) unter obigem Titel gegeben, gesehen habe ich keinen.

96.   Eobani Hefsi Elegia, recens fcripta | de Calumnia. ||

In 4°, 6 Bll, Sign. Aij—Av und Seitencustt. Drucker [*Eucharius Cervicornus*], vorausgesetzt dass der Dr. überhaupt ein Marburger ist, was sich nicht
für gewiss sagen lässt, weil ihm alle besondern typogr. Merkmale fehlen, der
Ort am Ende aber nicht nothwendig den Druckort bedeutet. Typen in Titel

und Text dieselbe mittelgr. Antiqua, 34 Z. — Bl 1v leer; 2r ‖ Antonio Cor-
uino, iam abituro | Eobanus fcribebat. ‖ ... 6 Diſtichen, 2v ‖ Eobani Heſſi Elegia
de | Calumnia. ‖ ... Schluſs 5v 4 und ‖ Martiburgi Calendis Maij. | M D XXXVIII. ‖
Reſt der S leer, ebenſo Bl 6. — In Breslau, lat. rec. II Qu in 154.
          Strieder III 403; Krauſe II 211. — Druck von 1539 hier Nr. 113.

97. EPISTOLA | DE OFFICIO CHRI- | STIANI PRINCIPIS
AC MAGI | ſtratus, Ad illuſtriſs. Principem, D. | VVILHELMVM
Gelriæ | & Iuliæ &c. Ducem, & | Zutphaniæ Comite | deſi-
gnatum. | Autore | GERARDO GELDENHAVRIO | NOVIO-
MAGO. | ❦ ‖ HISTORIA BATA- | uorum, ex optimis autori-
bus | collecta aucta & recognita, | cum multis alijs | ante hac
nunquam excuſis. ‖ CATALOGVM VERSA | pagella indicabit. ‖
ANNO M. D. XXXVIII. ‖

In 8°, 100 Bll, Sign. Aij—Niij (N nur 4 Bll) ohne Cuſtt oder Blattzählung.
Text mittelgr. Antiqua, 24 Z. und Clmtt, einige Initialen. — Bl 1v Index, 2r
Geldenhauers Brief an den Herzog Wilhelm, dat. 11v 23 Marp. Kal. Maii 1538,
12r — 74r ſeine Hiſt. Batavica, vgl. Nr. 50 (dem Namen des Erasmus auf 72v
iſt ein Epigr. auf ihn hinzugefügt), darauf die im Index angezeigten Zuſätze,
Schluſs 100r 24 und
          Marpurgi apud Eucharium ‖
v leer. Daſs unter dieſem Eucharius kein andrer als Cervicornus zu verſtehen
iſt, unterliegt keinem Zweifel, der ganze Druck trägt völlig das Gepräge ſeiner
Arbeiten, und alle Typen ſammt den Initialen ſind ſehr leicht bei ihm nach-
zuweiſen. So iſt von letztern z. B. das auf 2r ſtehende groſſe P mit der
Banderole auch in Nr. 76 82, das kleine C mit der von Vögeln geneckten Eule
auf 77r auch in Nr. 68 wiederzufinden. — In Gieſſen, Nr. 180.

98. ☞ Ein nützlich | Büchlein, dariñ allerley | gewiſſe vnd bewerthe
ſtud vnd | artznen, vo: die grawſame | pflage, deß ſtein weerthumß |
begriffen, mit eyner | vorrebe Johannis | Dryanbri Me- | dici. ‖ ⁘ ‖
M. D. xxviiij. ‖

Verfaſſer *Euricius Cordus.* — In 8°, 18 Bll, Sign. Alj—Cv (B hat 4, C 6
Bll), Blatt- und auf 6—8 18 auch Seitencuſtt. Ohne Ort und Drucker, aber
wenn der Dr. ein Marburger iſt, was ich glaube, ſo kann er nur von *Cervi-
cornus* ſein. Die mittelgr. breite Textſchwab., 22 Z. iſt zwar der von Egenolff
gebrauchten gleichartig, doch beſaſs auch Cervicornus eine ſolche. — Bl 1v
Dryanders Vorw. an Rud. Schenck, Heſſ. Landvogt &c., dat. 3v Marburg
Pfingſtabend 1538; Anfang der Schrift 4r, Ende 18v 8, Querleiſte, und ‖ Ende
diß büchltn. ‖ — In Berlin, Kc 4010.
          Dieſe Schrift von Cordus iſt auch o. O. 1542 8° 12 Bll unter ſeinem
Namen erſchienen. — Vgl. *Haller, Bibl. med. pract. I 521, II 114,* und *Strieder
IV 539* (Zuſatz zu Dryander), der aber den Verf. nicht kannte; von Krauſe,
Cordus 109 nicht erwähnt.

99. Bericht, ob man on die | Tauff vnd empfahunge deß leibs | vnd blůts Chꝛifti, allein durch ben | glauben, konne ſelig werden, | An bie durchleuchtige | vnd hochgepoꝛne Fürftinnen vnd | fꝛawen, Fraw Eli= jabeth, gepoꝛne | Maꝛgreffinnen jů Bꝛanbenburg, | Herꜩoginnł jů Bꝛaunſchwig vñ | Leunéburg geſchꝛieben, burch | M. An. Coꝛuinum, || Gebꝛudt jů Maꝛpurg | Anno 1538 ||

In 4°, 28 Bll, Sign. AH—GHj (Bl 18 nicht, 19/20 mit GHj GHj sign.), ohne Custt. Drucker (*Eucharius Cervicornus*), seine *Titelbordure Nr. 36 B* und Textschwab. aus Nr. 77, 28 Zs, einige Initialen. — Bl 1v leer; 2 r Zuschrift (grosses D in Canzleifract.), 5 r ‖ Bon ber Tauffe, ‖ ... 21 v 24 ‖ Bom Sacrament deß leibß ‖ vnnd blůtß Chꝛifti, ‖ ... Schluss 28 r 27 ... Amen. Datq Maꝛpurgł Anno. | M. D. XXXBiij. Den XIij Juiij. ‖ v leer. — In Cassel, Theol. dogm. pol. 4° 50 Nr. 2. Originalausg., fehlt bei Baring 18 und Strieder II 322, die nur den Nachdr. von Hans Walther in Magdeburg 4° aus demselben Jahre, v. d. Hardt II 214; Hirsch, Mill. II 720, kannten.

100. ASTROLA | BII CANONES BRE | uiſſimi, in uſum ſtu- dioſorum Aſtro | nomiœ ex optimis quibuſqꜩ au- | toribus de- cerpti per | IO. DRYANDRVM | Medicum Marpur- | genſem. || Marpurgi apud Eucharium Cer | uicornum Anno 1538. ||

In 4°, 12 Bll, Sign. Aij—Aiiij B—Biiij C—Ciij ohne Custt. *Titelbordure Nr. 36 B.* Text mittelgr. Antiqua, 31 Zs, auf 10 v Figur der 12 Häuser. — Bl 1v Zuschr. Dryandre an Valent. Breul, dat. Marp. 4. Kal. Sptbr. 1538. Textanfang 2 r, Schluss 12 r 9 und eine Correctur in 3 Zs, Rest der S und v leer. — In Giessen, P 19,960.

Gesner-Simler 362 l. 35; Lucius IV 97.

101. Der vierbe Pſalm deß pꝛo | pheten Dauibß außgelegt, || Item, wie man die kranc- | ten, in ſachen, bie Beicht, Büß, | vnd empfaung des Sacra- | ments vnnterrichtenn, | vnd im gewiſſen jů | ſrieb ſtellenn | ſol, || Durch M. Antonium | Coꝛuinum. || ✦✦✦ || Gebꝛudt, jů Maꝛpurgł burch Eucha | rium hirꜩhoꝛn Anno 1538. | im herbft= manat, ||

In 8°, 60 Bll, Sign. Aij—Hiij (4 Bll) ohne Custt. Textschwab. aus Nr. 77, 24 Zs, auf 2 r Initiale. — Bl 1v leer; 2r Zuschr. Corvins an Curt vom Steinberge d. ä., dat. 3 v Witzenhausen Mittw. nach Laur. 1538; 4 r der Psalm und dann die Auslegung. 38 r (die Columnen 10 und 11 von C sind versetzt) Gespräch von der Beicht, Buss &c. zwischen einem *Pfarrer* und einem *Bürgermeister*, Schluss 60 r 24 | Amen. ‖ v leer. — In Königsberg, C b 1132 8°.

Seltner Originaldruck. Hirsch, Mill. IV 775; Baring 17; Strieder II 321; Thesaur. Weigel. 3067, haben von dieser Schr. nur Magdeburger Nachdrr 1538/39.

102. [Bericht, Buß vnd Empfang des Sacraments. Gedruckt
zu Marburg durch Eucharium Hirtzhorn. 1538. 8°]

So *Strieder b. Justi 152.* Ist vielleicht nur Corvins Gespräch von der
Beicht, Buss und dem Sacrament aus Nr. 101.

103. 𝕎𝔯ſer 𝔓hilipſen von Gottes gnaden | Lantgrauen zů Heſſen,
… | …, vndert§anen vnd lieben getreu | wen, von der Ritterſchafft,
Stetten, vnd Landſchafft, So wůr in | gemein auß vnſern Furſten-
th̊ümb vnd Graueſchafften, Freitags | nach Kiliani An. M. D. rrrij.
g§ein Homburg in Heſſen bero | hülffe §alb, ſo Röm̅. Rey. Mt vnn-
ſerm allergnedigſten §errnñ zů | Augſpurg, auff jüngſt ge§altenem
Reichstage, durch Ch̊urfürſten | Fürſten, vnmb Steube des §eiligen
Römiſchen Reichs, in demſel | ben Reiche, wibber ben Turden be-
williget, zů vns beſchrieben vnd | erforbert §aben, einer gemeiner
ſtewer vnnbert§eniglich | bewilligten anlage, verfaſſung | vnd orbnung. ||
[*Wappen Nr. 44.*]

In Fol., 8 Bll, Sign. 𝔄lj—𝔅llj, ohne Custt. Ohne Impr., aber typogr.
ganz conform mit Nr. 93: auf dem Titel dasselbe grosse 𝔅, das Wappen von
demselben Stocke, Text dieselbe Schwab., 42—46 Za, Cptm wie in Nr. 88. Also
von *Eucharius Cervicornus in Marburg*, und nicht vor Ende 1535 oder Anfang
1536. — Bl 1v leer; Anfang 2r, Schluss 8r 42 | vnb be§alen ſollen vnb wollen. ||
v leer. — In Marburg, Archiv.

Kleinschmid II 245—251.

103a. [IO. DRYANDRI de uſu inſtrumenti nocturnalis pro ca-
ptandis horis ex ſtellarum inſpectu libellus. Marp. 1538 4°]

So *Gesner-Simler 362 l. 33*, auch *Strieder III 240.* Eine kleine Schrift
Das Nocturnal | Cber | Die nachtvhr. | … (vom Oppenheimer Stadtschreiber Jacob
Köbel) hatte Dryander Frankf. a. M. bei Egenolf 1535 Christmonat, 4° 8 Bll
mit Abbildgg, drucken lassen. — Vgl. Nr. 179.

104. EXPOSITI- | ONES IN EPISTOLAS | DOMINICALES AC
FESTIVALES, | ad Methodi formam ferè abſo | lutæ, Autore
M. Era- | ſmo Sarcerio An | næmonta- | no. || [*Druckerzeichen
Nr. 67A*] || MARPVRGI, in offi. | Chrift. Egenol. ||

In 8°, 356 Bll, Sign. A 2—Z 5 a — y 2 (4 Bll), Blatt- und auf den signatur-
losen Bll auch Seitencustt, von Bl 5 an Foliirung 1—349, anstatt 351, weil die
Blattzahlen 35/36 zweimal vorkommen. Text kleine Cursiv, 26 Za und Clmtt,
mehrere Initialen. — Bl 1v leer; 2r Zuschr. des Verf. Christophoro Eschenfeldio
Teloni & Praes. in Popparden …, dat. 2v Signaae Tengror. 22. März 1538.
Bl 3r Farrago epistolar., 4v 10 Anfang der Auslegungen, Schluss Bl 355 (fol.
349) r 17 || FINIS. || Rest der S und v leer, Bl 356 fehlt. — In Königsberg.
Ce 23.

Das mir vorliegende Ex. hat kein Druckjahr; aber *Steubing*, *Biogr.*
Nachrr S 16 Nr 26 hat eine Ausg. *Marpurgi 1540 8°*, die vielleicht unsre
vorliegende ist, denn das Druckjahr kann auf dem letzten fehlenden Blatte
stehen; ein zweites Ex. habe ich leider nicht zu sehen bekommen, der Druck
ist selten. Nach v. d. Hardt I 399 giebt es auch einen Frankfurter Druck
von 1540, der bis auf den andern Druckort wohl derselbe wie der Marburger
sein wird. Das Datum der Zuschr. lässt auf eine schon frühere Ausgabe
schliessen.

105. **IN RHO | DOLPHI AGRICOLAE | DE INVENTIONE DIA-
LECTICA | libros tres, Scholia adpofitifs. [so] | M. Chafpari
Rhodolphi | Dialecticcs in Aca- | demia Mar | purgia | na
profefforis. || *Locupletata & ab authore recognita.* || ADCESSIT
INVENIENDI RA- | *tio per locos dialecticos, ad præfcriptum
Ro | dolphi, nifi quòd fingulis locis, fingu | la funt adiecta
argumenta, unà | cum Maximis. Eodem | authore.* || *Cum pri-
uilegio Cæfareo.* || MARPVRGI, *ex officina Chri- | ftiani Ege-
nolphi.* ||**

In 8°, 104 Bll, Sign. A 2—N 5, Blatt- und auf den signaturlosen Bll auch
Seitencustt. Textschrift kleine Cursiv, 26 Zz und Clmtt, auf 3 v 66 r grosse
Initialen, letztere ein O mit einem nach l. kriechenden, bis auf Hut und kurzen
Mantel nackten Manne in weissem Viereck h. 37 mm, aus einem von Strass-
burg herstammenden und dort schon viel früher von Joh. Knoblouch gebrauchten
Alphabet. — Bl 1 v Epigr. Reinhard Lorichs, 2 r Zuschr. des Verf. an Phil. und
Joh. Grafen von Waldeck, dat. 3 r Marb. 4. Id. Apr. 1538. Textanfang 3 v,
Schluss 103 r 27 | τέλος. ||, v Errata, 104 r leer, v *Druckerzeichen Nr. 67A.* —
In Berlin, N l 3942.

Freher, Theatr. erud. 1460. Ueber Agricolas Schrift de invent. dialect.
s. Meiners, Lebensbeschreib. II 357—362.

106. **PSALTE- | RIVM VNIVERSVM, | IAM TERTIVM AB
AVTHORE | fumma diligentia recognitum: atq̃ | prorfus emen-
datum.** || CVI *acceßit præter Argumenta nuper adiecta | Eccle-
fiastes | Solomonis, eodem genere Carminis, | nempe Elegiaco,
redditus.* || **AVTHORE HELIO EOBANO | HESSO** || [*Drucker-
zeichen Nr. 67A*] || MARPVRGI, *Ex officina Chr. Egenolphi.* ||

In 8°, 194 Bll, Sign. Aij—Z5 a—a6 (10 Bll), Blatt- und auf Bl 6—8 jedes
Bogens auch Seitencustt, Foliirung 2—195, die aber häufig verdruckt ist. Textschr. kleine Cursiv, 26 Zz und Clmtt, sonst mehrere Antiquasorten. Ohne Jahr
[1538]. — Bl 1 v *Wappen Nr. 49*; 2 r—6 r 12 Eobans poet. Zuschr. an Philipp
von Hessen, und Elegie *De fructu lectionis Pfalmorum* ..., dann bis 11 r drei
Briefe an Eoban von Luther, Melanchthon und Justus Jonas, alle drei dat.
1. Aug. 1537, und ein Epigr. Spalatins. Anfang des Psalters 11 v, ebd. das
Bild Nr. 8, jedem Psalm ist ein Argument von 4 Versen vorausgeschickt. Schluss

169 v, dann 170 r ☙ SALOMO | NIS ECCLESIASTES | CARMINE REDDITVS,
... mit Zuschr. an Joh. Friedr. von Sachsen, dat. Nürnb. 8. Nvbr. 1532. Ende
192 r, Index, auf 194 v nur Wiederh. des Druckerzeichens vom Titel. — In
Marburg, Arch. XVI B 357.

> Bibl. Vaticana ll. stamp. I (lat.) Nr. 174. Die Vermehrung dieser
> Ausg. gegen die erste, Nr. 72, besteht also aus den 3 Briefen der Reforma-
> toren mit dem Epigr. Spalatins, den Argumenten (zusammen 600 Verse) und
> dem Ecclesiastes. Die zweite, verbesserte und schon mit den Briefen der
> Reformatoren und den Argumenten vermehrte, den Ecclesiastes aber noch
> nicht enthaltende Ausg., war in Schwäb. Hall bei Peter Brubach März 1538
> 8° 168 Bll erschienen, (in Marb., Bibl. XIX b C 853 s; Krause II 205), und die
> vorliegende dritte wird in demselben Jahre ans Licht getreten sein. Die
> Frankfurter Ausg. Egenolffs ohne Jahr, in 8° 423 pp und Index, mit dem
> Ecclesiastes und Veit Dietrichs Annotationes und Vorwort vom 1. Febr. 1538,
> ist wahrscheinlich die vierte und die erste mit Dietrichs Anmerkungen.

107.   DIALECTI | CA MVLTIS AC VARI | is exemplis illu-
ſtrata, una cum facili | ma Syllogiſmo⅄, expoſitoriorum, |
enthymematum, exemplorum, | inductionum, & ſoritum | diſ-
poſitione. ‖ AVTORE M. ERASMO | Sarcerio Annæmontano. ‖
[Druckerzeichen Nr. 67 A] ‖ MARPVRGI ex officina Chri- | ſtiani
Egenolphi. ‖

Neudruck von Nr. 73. — In 8°, 56 Bll, Sign. A 2—G 5, Blatt- und auf den
3 letzten Bll der Bogen auch Seitencustt, Foliirung 3—55. Text kleine Cursiv,
26 Zs und Clmtt, auf 2 r grosses N mit einem gestürzten Pferde und einem
quer darüber liegenden nackten Reiter aus dem Alphab. in Nr. 105. — Bl 1 v
leer; 2 r Zuschr. wie in Nr. 73, Textanfang 3 r, Schluss 55 v 25 ‖ FINIS. ‖ Bl 56
leer. Ein Druckjahr fehlt, indem die Ausg. aber aus Egenolffs Marburger Officin
ist, kann sie nicht früher als im letzten Viertel von 1538 gemacht worden sein.
— In Danzig, XIV B. o. 32.

Die bei v. d. Hardt III 294 angeführte Ausg. mit Datum Marpurgi
1539 habe ich nicht gesehen. Existirt sie wirklich, so wird sie wohl nur
eine Titelausg. der vorliegenden sein. Ein andres mir vorliegendes Ex. ohne
Druckjahr (in Schleusingen) ist dem obigen ganz ähnlich, hat aber sowohl
im Titel (DIALECTI- | CA ... VARI- | is ... una ... | ... ... Annæmontano | —
... in officina ...) wie auch inwendig Verschiedenheiten im Satz. — Vgl.
Nr. 194.

108.   Ordenung der | Chriſtlichen Kirchenn | zucht, Für die Kirchen
im Für- | ſtenthumb Heſſen. ‖ Actorum 20. ‖ So habt nun acht
auff euch ſelbſt, vnd auff die | gantzen Herde, vnder welche
euch der heylig | geyſt geſetzt hat zu Biſchoffen, zu weyden |
die Gemeyne Gottes, welche er durch | ſein eygen blüt erworben
hat. ‖ [Wappen Nr. 45 B]

Nr. 108a—110, Egenolffs Officin, 1539. 63

In 8°, 24 Bll, Sign. Aij—Gv, Blatt- und auf den signaturlosen Bll auch
Seitencustt. Text die Schwab. aus Nr. 114, 23 Zz und Clmtt mit kleiner Cursiv.
— Bl 1 v leer, 2 r Einleitung und Textanfang, Schluss 23 r, 23 v dat. Ziegen-
hain und die Unterschrr, 24 r
Getrudt ʒů Mar | purg. ||
[in *Egenolffs Officin*], darunter das *Wappen Nr. 46 B*, v leer. Ohne Jahr. —
In Marburg, Archiv.
Bibl. *Vaticana, U. stamp II (tedeschi) Nr. 2191.* — Enthält den 1. Theil
von Nr. 108a, *Kleinschmid I 109—115*, also ohne die Ordnung der Casseler
Kirchenübung. Wahrscheinlich ist der vorliegende Druck zuerst gemacht,
und dann die Ordnung der Casseler Kirchenübung mit entsprechend ver-
ändertem Titel an ihn angedruckt worden; er kann aber auch ein späterer
Einzeldruck sein. Leider habe ich Nr. 108a nicht selbst gesehen.

108a.   [Ordnung der Chriftlichen Kirchenzucht. Für die Kirchen
im Fürftenthumb Heffen. Ordenunge der Kirchenn ůbunge
für die Kirchen zu Caffel. (*Kol.*) Gedruckt zu Marpurg, bei
Chriftian Egenolff. Im Jenner des Jahrs M. D. XXXIX. 8°]
So *Strieder b. Justi S 154*; vgl. G. C. Draut im Hess. Hebopfer St. 47 8 587 f.
Abgedr. b. *Kleinschmid I 109—120*; in *Richters Kirchenordngg I 290—306* nach
einem Dr. Erfurt b. Melch. Sachs aus Verlegung Colman Engells zu Cassel 1539 8°.

109.   ABßfchreiben, An alle Stende des | Reichs, in der Chriftlichen
Religi | on aynungs verwandten namenn ꝛc. | Die befchwerung des
Kayferlichen Ca | mergerichts, belangende. || [*Holzschnitt; darunter
neben einander zwei Wappen Nr. 45 A, zwischen diesen:*] || VERBVM |
DOMINI | MANET | IN ÆTER | NVM. || 1539. ||
In 4°, 32 Bll, Sign. Aij—Hij und Blattcustt, auf dem 4. Bl jedes Bogens
auch ein Seitencust. Unter der Titelschr. das *Bild Nr. 7A*, Textschwab. aus
Nr. 114, 29 Zz. — Bl 1 v leer; Anfang des Ausschreibens 2 r, Schluss 31 r 5,
dat. 13. Nvbr 1538. Darunter die *Wappen Nr. 46 A*, und
Getrudt ʒu Marpurg, Im | Jenner, des Jars, M. D. ꞵꞵꞵiꞵ. ||
[in *Egenolffs Officin*], 31 v und Bl 32 leer. — In Marburg, Arch. IX B 4062.
Hortleder I 7, 19 nach dem schon 1538 zu Wittenberg bei Georg Rhaw
4° 32 Bll erschienenen Originaldruck, v. d. Hardt I 355; Thesaur. Weigel.
151 (Marb. Bibl. XIX d B 1217 p). Auch in *Luthers Schrr v. Walch XVII
Nr. 1252.* Vgl. Häberlins Allg. Welthistorie XII 110.

110.   VERBVM | DOMINI MA- | NET INAET- | ERNVM. ||
ABßfchreiben, An alle Sten | de des Reichs, in der Chrift- | lichenn
Religion aynungs ver- | wandten namenn ꝛc. Die befchwe | rung des
Kayferlichen Camerge- | richts, belangende. | 1539. || [*die Wappen
Nr. 46 A*]

Derselbe Druck wie Nr. 109 mit anderm Titel. Der Spruch VERBVM |
DOMINI ... steht, in den Block geschnitten, in einem Kranze, der unten mit
einem lang flatternden Bande gebunden ist und von zwei schwebenden Engeln
getragen wird (auch in Nr. 116 und später). Die Wappen stehen dicht neben
einander. Inwendig ist alles derselbe Satz wie in Nr. 109, nur Bl 4 zeigt
typogr. Abweichungen, weil es zugleich mit dem Titel, als dessen Gegenblatt,
neu gesetzt worden ist. — In Marburg, Arch. IX B 4061.
> *Biblioth. Haeberl. 5733.*

111. ✿ DE INIVSTIS PROCESSIBVS | IVDICII CAMERÆ IMPE-
RIALIS PRO- | teſtatio & petitio Principum & cœtero- | rum
confœderatorum in caufa ue | ræ religionis & puræ doctri | næ
Chriſti. || [*Holzschnitt; darunter neben einander zwei Wappen Nr. 45A,
zwischen diesen:*] || VERBVM | DOMINI | MANET | IN ÆTER |
NVM. ||

Latein. Ausg. von Nr. 109. — In 4°, 16 Bll, Sign. A 2—D 3 und Blattcustt,
auf dem letzten Bl von A und C auch ein Seitencust. [Aus *Egenolffs Officin.*]
Der Titel ist dem von Nr. 109 ganz ähnlich, unter der Schrift dasselbe *Bild
Nr. 7A*, der Spruch VERBVM DOMINI ... ohne Jahreszahl; Textschr. kleine
Cursiv, 32 Zz. — Bl 1 v leer; Anfang 2 r, Schluss 16 r 11 und

> *Impreßum Marpurgi Anno Domini* | MDXXXIX. | *Menſe
> Ianua.* ||

Darunter die Wappen wie auf dem Titel; v leer. — In Marburg, Bibl
VIII B 459.

    Auch diese latein. Ausg. war schon Wittenberg bei Georg Rhau 1538
December 4° 26 Bll erschienen (Marb. Bibl. VIII B 443 b).

112.   DE INIVSTIS PROCESSIBVS | IVDICII CAMERÆ IMPE-
RIALIS, | *proteſtatio & petitio Principum, & cœterorum* | *con-
fœderatorum in cauſſa ueræ religionis, & puræ* | *doctrinæ
Chriſti.* || [*Holzschnitt; darunter neben einander zwei Wappen Nr. 45A,
zwischen diesen:*] || VFRBVM [so] | DOMINI | MANET IN- | ÆTER-
NVM | 1539 ||

Steht in demselben Verhältniss zu Nr. 111 wie Nr. 110 zu 109: derselbe
Druck mit anderm Titel und anders gesetztem Bl 4. Die Titelschrift ist von
einem oben mit Fischarabesken verzierten Linienrahmen umgeben, darunter
dasselbe *Bild Nr. 7* wie auf Nr. 109 111, aber verändert, *Nr. 7B*, der Spruch
VERBVM DOMINI ... steht in einer kleinen Umrahmung und ist in den Block
geschnitten. Diese ganze Einrichtung des Titels mit Bild, Wappen und Tafeln,
ist schlechte Copie nach den Titeln der bei Nr. 109 111 angeführten Wittenberger Drucke von Rhaw 1538. — In Marburg, Arch. IX B 4059.

113. ✿ HELII EO- | BANI HESSI DESCRI- | PTIO CALVMNIAE,
AD DOCTISSI- | fimum [so] uirum Philippum | Melanthonem. ||

AD OPTIMVM VIRVM | M. PHILIPPVM NIDANVM, IN | *morte*
Barbaræ uxoris confolatio, | *Eodem Authore.* || NAENIA IN
OBITVM | BARBARAE, PHILIPPI PISTORII | *Nidani, con-*
iugis. Et Epiſtola ad Helium | *Eobanum Heſſum po-* | *etam.* |
AVTORE IOANNE | *Draconite.* || MARPVRGI, *Apud Chr.*
Egen. ||
In 8°, 16 Bll, Sign. A 2—B 5, Blatt- und auf Bl 6—8 14 auch Seitencustt.
Text kleine Cursiv, 26 Zz und Clmtt, auf 2 r 9 v 13 v Initialen. — Bl 1 v leer;
2 r Anfang der Descriptio calumniae, vgl. Nr. 96, 6 r die Consolatio, 9 v der
Brief des Draconites (Prosa), dat. 13 r: 8. Kal. Mart. 1539, 13 v dessen Naenia,
Schluss 15 r 12 || FINIS. || M.D.XXXIX. ||, 15 v und Bl 16 leer. — In Wolfen-
büttel, 544. 9. Quod. 8°.
v. d. *Hardt II 224*; *Krause II 213.* Strieders III 399 Druckdat. Frankf.
1530 und Einreihung der Elegie unter die Schriften dieses Jahres, kann nur
auf einem Versehen beruhen, die obige Ausg. hat er nicht.

113a. Bon Gots gnaden unser Philipsen Landgrauen zu Heſſen,
Erauen [so] zu Gaßeneln- | pogen 2c. Ordnung und beuelch, Wie es
nun hinfürter mit den Stipendijs und Stipendiaten, ... | ... in unserer |
Bniuerſitet Marpurg ... gehalten werden ſoll. | ... ...
... Geben unnd geſchehen | zu Marpurg am Sontag Exaudi,
Anno Dñi Funffßehenhundert, Dreiſſig neünne. || Philippus L. Z.
Heſſen ſſgt. || Cancell. B. t. ||
Stipendiaten-Ordnung der Universität Marburg vom 18. Mai 1539. —
Placat in Fol., 46 und 2 Zz, [aus *Egenolffs Officin in Marburg*]. Z 1 Titel-
fract., sonst die Textschwab. aus Nr. 114; zu Anfang, vor der Columne, grosses
Fractur-B. — In Marburg, Arch.
Kleinschmid I 108.

114. SPHERAE MATERIALIS. | Siue globi cœleſtis. (Das iſt) |
Des hymels lauff gründtliche außle- | gung, ſo vil zur anleytung der
Aſtro | nomie dienet, mit vilen nützlichen regeln verfaſt, | durch
IOHAN DRYANDERN, genent | Eychman, ordinarien Medicum,
der löblichen Bni- | uerſiteten Marpurg, von newem ver- | deütſcht
unnd ann tag bracht. || [*Holzschnitte*]
In 4°, 32 Bll, Sign. Alj—Hilj mit Blatt- und Seitencustt. Typen eine
mässig grosse gewöhnliche Titelfract., und eine mittelgr. derbe etwas gespreizte
Textschwab., die Egenolff und bis 1553 auch Kolbe in allen ihren deutschen
Drr gebraucht haben, 15 v hat 28 Zz. Das Meteoroscopium auf dem Titel ist
aus Nr. 83, zu beiden Seiten aber noch zwei kleine Instrumente; im Text 13 r
ein Zodiacus aus derselben Schrift, sonst noch 3 astronom. Figuren. — Bl 1 v leer;
2 r Zuschr. (grosses Fract.-J) Antonio Paungartner zu Augsb., dat. 2 v 15 Marb.
1. Mai 1539, Textanfang 3 r, Schluss 31 v 15 || FINIS. || Ineuitabile fatum. || und
Getrudt zu Marpurg, Sub | Rectoratu Ioannis Dryandri,
Anno | M.D.XXXIX. Iunij 30. ||

5

Auf 82 r Correctur, darunter ❘ *Felix qui potuit rerum cognofcere caufas.* ❘ und *Egenolphs Druckerzeichen Nr. 67A,* v leer. — In Marburg, Bibl. XIII d B 81 t. *Gesner-Simler 362* l. 9; *v. d. Hardt III 288; Strieder III 240; Graesse, Trésor II 437; Bibl. Vaticana, ll. stamp. II (tedeschi) Nr. 349.* Die Titelnotiz *von neuem verdeutscht* läsit auf eine mir nicht bekannte frühere latein. Vorlage schliessen, eine latein. Bearbtg erschien 1543, Nr. 169.

115. ❧ RHETO- ❘ RICA PLENA AC RE- ❘ FERTA EXEMPLIS QVÆ SVC ❘ cinctarum declamationum loco effe ❘ poffunt, Iam rurfum cafti ❘ gatius ædita. ❙ AVTORE M. ERASMO SAR- ❘ cerio Annæmontano. ❙ [*Druckerzeichen Nr. 67 A.*] ❙ MAR-PVRGI *ex officina* ❘ *Chrift. Egen.* ❙

In 8°, 116 Bll, Sign. a 2 — p 5 (o nur 4 Bll), Blattcustt und auf den 8 letzten Bll aller Bogen auch Seitencustt, Foliirung 4—115. Text kleine Cursiv, 26 Zz und Clmtt. — Bl 1 v Epigr. von Reinh. Lorich, 2 r Sarcerius lectori (Init.), 3 r Zuschr. mit Dat. wie in Nr. 87 (das grosse N aus Nr. 107), 3 v Index exemplorum ... Ende der Schrift 115 v 21 ❘ FINIS. ❙ und

Marpurgi, in officina Chr. Egenolphi. ❘ *Anno* 1539. *Menfe Iulio.* ❙

Bl 116 leer. — In Cassel, Philol. 8° 431. — Vgl. hier Nr. 87 156.

116. WArhafftiger vnd grüntlicher be- ❘ richt, auch glaubwirdige abſchrifftenn ❘ aller brief, entſchuldigung vñ handlung, ſo ſich ver-zud- ❘ ter tage zwiſchen dē ... ❘ ... herrn Johans Fridriche Herhog zů Sach ❘ ſen, ... ❘ ... ❘ ... Vnnd herrn Philipſen Landgrauen zů ❘ Heſſen, ... ❘ ... an eynem. ❘ Vnnd Herhog Heinrichen von ❘ Braun-ſchwigt andern teylß. ❘ Eynes vffgehaltenen Se- ❘ cretarien halber, zů- ❘ getragen haben. ❙ [*darunter die Wappen Nr. 46 A*]

In 4°, 104 Bll, Sign. Alj—Zllj a—cij und Blattcustt, auf Bl 4 aller Bogen auch ein Seitencust. Aus [*Egenolffs Officin*], Textschwab. aus Nr. 114, 31 Zz. — Bl 1 v leer; 2 r Vorwort, 2 v (grosses Fractur-B) Textanfang, Schlussdatum 106 r: 14. Septbr. 1539, Adressen, und Z 22 Getrudt zů Marpurg. ❙

v der Kranz mit VERBVM ❘ DOMINI ... wie in Nr. 110, Bl 104 leer. — In Marburg, Bibl. VIII B 443 m Nr. 1.

Hortleder I 4, 2 3 5; vgl. Lanze I 407 und Häberlins Allg. Welthist- XII 116. Auch Wittenb. bei Geo. Rhaw 1539.

117. DE TRIBVS ❘ MONSTRIS ECCLESIAM ❘ uaftantibus poë-ma Ioannis Pollij ❘ Vefphali. ❙ CARMINA IOANNIS ❘ *Pollij, de fide, fpe, charitate. de prece & Ieiunio,* ❘ *deqȝ piorum cruce.* *Ex Epigrammatibus eiufdem, Pa* ❘ *negyrica quædam ad He-*

roas Euangelij ſtudio- | *ſos*, *Epitome rerum memorabilium no-* | *ſtro tempore geſtarum.* | ✦❀✦ ‖ AD LECTOREM. ‖ *Hæc tibi de monſtris quæ ſcripſi carmina tetris* | *Si non contemnis candide lector habe.* | *Nam meliora quidem Clariæ uetuere ſorores* | *Scribere, & ingenijs tempora iniqua bonis.* ‖ MAR-PVRGI IN OFFICINA | *Chriſtiani Egenolphi.* ‖

In 8°, 44 Bll, Sign. A 2—F 3 (4 Bll), Seitencuſtt und Foliirung 2—43. Textſchrift kleine Cursiv. 26 Zz und Clmtt; Bl 2 r grosses A mit hornblasendem Satyr aus dem Alphab. in Nr. 105, auf 8 v grosses D worin ein Knabe auf einem Drachen. — Bl 1 v Epigr. Hel. Eobani Hessi in librum Pollii de tribus monstris, 2 r Zuschr. von Pollius Conrado Comiti ab Tenckenburg, ohne Datum; 3 v Anfang des Gedichts ‖ DE TRIBVS | MONSTRIS ECCLESIAM VASTAN | tibus, Auaricia, Ambitione, Superſtitione, ..., Schluss 15 r 12. Dann folgen, mit Vorw. ad Lectorem 15 v, die andern Epigrr, die Epitome rer. memorab. ist 37 r datirt *1539. In Auguſto.* Schluss 43 v 6 und | Τῷ μόνῳ ∆όξα Θεῷ. ‖, darunter Egenolffs Druckerzeichen Nr. 67 A, Bl 44, gewies leer; fehlt. — In Dresden. Lit. Lat. rec. A 1233 m. ⸗⸗⸗⸗ ⸗⸗⸗⸗ ⸗⸗⸗⸗

Seltner Druck, *Gesner-Simler 407 l. 57*; *v. d. Hardt I 386*; *Will, Nürnb. Gel. Lex. II 108*; Inhalt bei *Spiegel, die latein. Gedichte des Joh. Pollius,* in der Zeitschr. f. wissenschaftl. Theol. IX 1866 S 816 ff.

118. [ANTONII CORVINI Dialogi de diſcernendis literis et pietate. Item breuis diſcendae Theologiae ratio auctore Phil. Melanchthone. Epiſtola Coruini ... de ſtatu praecipue Academiae Marpurgenſis. Epigr. in mortem Euricii Cordi, Hermanni Buſchii et aliorum. (*S. l.*) 1539 8°]

So bei *v. d. Hardt I 382* (discendis literis) und *Baring Nr. 25.* Möglicherweise ist dieser Dr. ein Marburger.

119. [IOANNES DRACONITES, Naenia in obitum Barbarae Phil. Piſtorii Niddani conjugis, & Epiſtola ad Eob. Heſſ. Poetam Marpurgi 1539 8°]

So bei *Strieder III 203.* Aus dieser Anführung muss man auf einen Einzeldruck der Naenia und Epistola schliessen, den es aber schwerlich giebt, beide Stücke sind an Nr. 118 angedruckt.

120. Ordenung unſer Phi | lipſen von Gottes gnaden Landtgra | ue zů Heſſen, ... | ... Wie vnd was geſtalt die | Juden nun hinfürter inn vnſern Fürſten- | thumb, Graueſchafften vnd gebie- | ten gelitten vnnd geduldet | werden ſollen. ‖ [*Wappen Nr. 46 B*] ‖ Zů Marpurg. Bei Chriſtian Egenolff. ‖

5*

68   Nr. 121—122, Egenolffs Officin, 1540.

In 4°, 4 Bll, Sign. Aij Aiij und Seitencustt. Textschwab. aus Nr. 114,
2 v hat 25 Zz. — Bl 1 v leer; Anfang 2 r (grosses Fractur-C), Schluss 4 r 14,
darunter ein an den Kanten mit Blattornament verzierter, von zwei schwebenden
Engeln getragener Schild mit Inschr. (Typen) || VERBVM | DOMINI | MANET |
IN AE- | TERNVM || (vgl. Nr. 177), unter dem Schilde || M.D.XXXIX. ||,
v leer. — In Marburg, Bibl. VIII B 670.
        Kleinschmid I 120 ff.

121.   CLARISSI | MI ATHENIENSIS | ORATORIS ISOCRATIS
        ORA | tiones recognitæ, áque men- | dis deterfœ plerifq̄, per |
        IOANNEM | Lonicerum. || Eiufdem uita, ex Plutarcho, Phi-
        loftrato, & | Dionyfio Halicarnafeo. || Elenchum rerum memo-
        rabilium | ad finem fubiunctum require. || MARPVRGI, IN OF-
        FICINA | Chriftiani Egenolphi. || Cum gratia & priuilegio |
        Cœfareo. ||
        In 8°, 836 Bll, und zwar: Titel u. Vorstoss 28 Bll, Sign. α 2 — d 3 (4 Bll);
Text 308 Bll mit Sign. a — s 5 A — Q 2 (4 Bll) und Foliirung 1—277; Seitencustt. Textschrift kleine Cursiv, 26 Zz und Clmtt, Mrgg, auf 2 r 5 r grosse
Initialen mit nackten Kindern in schwarzem, auf Textfol. 1 ein P mit Delphin
in weissem Viereck. — Bl 1 v Elenchus; 2 r Zuschr. von Lonicerus Joach. & Jac.
Schulthaßiis, dat. 4 v Marp. ex coll. pomoerii 5. Febr. 1540. Bl 5 r die Vita
des Isocrates, Schluss 28 r, v leer. Anfang der (21) Reden Textfol. 1, Schluss
277 v, dann Elenchus rerum und Bogenregister, Bl 335 r
        MARPVRGI in officina Chriftiani Ege- | nolphi. ANNO
        1540. ||
und Druckerzeichen Nr. 67 A; 335 v Interpretis annotatiunculae, 836 leer. —
In München, A. Gr. b. 2038.
        Gesner 434 v; Tilemann 91. Schon Basel b. Andr. Cratander März 1529
4°, Panzer VI 270 Nr. 734.

122. ✥ REPETI- | TIO L. VNICAE C. DE PRO- | hibita feque-
        ftratione pecuniæ, continens materiam | fequeftrorum quottidia-
        nam à Francifco Curtio ædi | ta per Chriftopherum Brech-
        terum Argentinenfem | I. V. Doct. nec non commiffarium im-
        peria- | lem nonnullis per eum adiectis com- | mentariolis
        illuftrata, reuifa, re | cognita, innumerisq̄ ui- | tijs fcatens,
        tan- | dem priftino | nitori red | dita. | ✥✥ ||
        In 8°, 52 Bll, Sign. Aij—Giij, Seitencustt, und Foliirung 3—52. Text
mittelgr. Antiqua, 24 Zz, die Epist. nuncup. Cursiv, 26 Zz, Clmtt; auf 6 v
grosses I mit zwei nackten Knaben die einen dritten schleppen, in diagon.
schraff. Viereck h. 88 mm, auf 2 r kleineres C von derselben Sorte. — Bl 1 v
leer; 2 r Epist. nuncup. Vualrabo [so] comiti à Vualdeck, dat. 6 r Marp. 3. Id.
Mart. 1540. Textanfang 6 v, Schluss 52 r 8, 8 Blättchen, und
        Chr. Ege. excudebat. | ANNO, M. D. XL. ||

darunter eine Correctur (*Vualrado*), Rest der 8 und v leer. Der Druckort wird Marburg sein. — In Königsberg, D a 13 a III 8° (2).

Brechter wurde als V. I. Doctor Ingolstadiensis an der Marburger Universität im 1. Sem. 1538, wo er an 1. Stelle steht, immatriculirt. Im nächsten Jahre gab er heraus: Processus iudiciarii totius compendium, Francof. Chr. Egenolff, ohne Druckjahr 8° 142 Bll, die Zuschr. an den Strassb. Rath dat. Ex Marpurgo Kal. Janr. 1539 (Marb. Bibl. XVIII h C 1123). Strieder II 24 hat die obige Repetitio gar nicht, vom Compendium nur 2 Ausgg von 1599 gekannt.

123.   PSALTE | RIVM, È COLLATIONE PSAL- | terij quadrupla, tralatum, ac di- | fpofitum ita, ut Chriftianus, | uel fine commentario, | percipere facilius | queat. | IOANNES DRACONITES. || [*Druckerzeichen Nr. 67 A*] || MARPVRGI, IN OFFICINA | Chriftiani Egenolphi. ||

In 8°, 152 Bll, Sign. *2 *3 A—Tiij (4 Bll) Seitencustt, von Bl 5—148 Foliirung 1—144. Text mittelgr. Antiqua, 24 Zz und Clmtt; Bl 1 v grosses E mit zwei nackten Knaben in schwarzem Viereck h. 40 mm, fol. 1 das O aus Nr. 105, 48 r das gleichbartige A und 97 v das D aus Nr. 117. — Bl 1 v Zuschr. Conr. a Dungen Episc. Erebipol., dat. 4 v Marp. die Sachar. 1540. Fol. 1 die Uebers. der Psalmen, 3 Bücher, Schluss 144 v, dann Index, 23 Correcturen, auf dem letzten Bl (152) r 28

   MARPVRGI ANNO | M. D. XL. | *Menfe Martio.* ||

v leer. — In Königsberg, C b 73. 8°.

   Vgl. Nr. 176.

124.   VERBVM DOMINI | MANET IN AETERNVM. || PSALMO CIX. | Meine widerfächer werdent mit fchmach befleydet, ... | ... || WArhafftige, Eherliche, beftendige, | Chriftliche, verantwortung, des Durchleüchtigen | ... herrn Philipfen Landtgrauen zů Heffen, | ... Aller er- | dichten, falfchen zůmeffung, feinen Fürftlichen gnaden, von hertzog Heinrich | en dem jungern von Braunichweig, in feinem letzten erdichten, böfen, vnade- | lichem außschreiben, aufftgelegt. Darneben eyn beftendige, ehrliche, recht- | meffige Affertion, erklerung vnd beweifung, aller der ding fo hochgemelter | Landtgraue Philips, von hertzoge Heinrichen, auß höchfter gemey | nes Chriftlichen nutzes, vnd feiner Fürftlichen gnaden not- | turfft, gellaget, gefchrieben vnd gefagt hat. || [*Wappen Nr. 47*] || Gedruckt zů Marpurg. || [*17 Zeilen.*]

In 4°, 136 Bll, Sign. Aiij—Zitj a—Iij, Seitencustt und Foliirung II—CXXXV. Textschwab. aus Nr. 114, 31 Zz. — Bl 1 v der 109. Psalm; Textanfang 2 r (grosses Fract.-W aus Nr. 116), auf CXXV r dat. Cassel, Mont. n. Misericord. Dom. 1540, Schluss CXXXV r 3 und

   Gedruckt zů Marpurg. | Im Meyen, Des Jars | M. D. XL. ||

[in *Egenolffs Officin*], Rest der 8 leer, v Druckfehler, Bl 186 leer. — In Marburg, Bibl. VIII B 443 m Nr. 2.

Hortleder I 4, 7. — Vgl. Lanze I 407; Häberlins Allg. Welthist. XII 213.

125. VERBVM ... MANET | IN AETERNVM. || PSALMO CIX. | Meine widerſächer ... | ... || WArhafftige, ... beſten= | bige, ... ver= antwoztung, des | ... herrn Philipſen | Landtgrauen ... | ... Aller ... zůmeſſung, | ſeinen ... jungern | von Braunſchweig, ... vnabelichem | außſchzeiben, ... ehzliche, | rechtmeſſige ... der bing ſo | hochgemelter ... auß | höchſter ... ſeiner Fürſtliche | gnaden ... geſagt hat. || [*Wappen Nr. 47*] || Getrudt zu Marpurg. || [*18 Zeilen*]

Andrer (späterer) Dr. von Nr. 124, aus derselben Officin. In 4°, 138 Bll, Sign. Aij—Zlij a—liiij, Blatt- und auf den signaturlosen Bll auch Seitencustt, keine Foliirung: sonst dieselbe typogr. Einrichtung, das B auf 2r ist kleiner. Schluss 137 v 25 und

Getrudt zů Marpurg. | Im Meyen, Des Jars | M. D. XL. ||

Bl 138 leer, kein Verzeichn. der Druckfehler, sind berichtigt. — In Marburg, Bibl. VIII B 446.

126. ILLVSTRISSI= | MI HESSORVM PRINCIPIS, DO= | mini Philippi, ... | contra Scurriles, Sycophanticas, & parum | Principe uiro dignas calumnias, Ducis | Henrici à Braunſuig, pro= ximè | œditas, Apologia Latini= | tate donata. || [*Wappen Nr. 47*] || Marpurgi excuſum menſe Maio, | Anno Dñi. M. D. XL. ||

Latein. Ausg. von Nr. 124, aus derselben Officin. In 4°, 130 Bll, Sign. Aij—Ziiij a—iiiij, Seitencustt, Foliirung 2—120, worin aber auch Bg. b mit 93—96, der Tern. i gar nicht foliirt ist. Text mittelgr. Antiqua, 82 Zs und Clmtt, auf 2r 45 r das I mit dem Hess. Löwen aus Nr. 145. — Bl 1 v der Kranz mit VERBVM | DOMINI ... wie in Nr. 110, darunter Psalm CIX. und Proverb. XXVI., Textanfang 2r, Schluss Bl 128 v 33, Bl 129 r—v 14 Errata, Rest von 129 v und Bl 130 leer. — In Marburg, Bibl. VIII B 446 o (das letzte leere Bl fehlt).

126 a. Philips von Gots gnaden Landtgraue | zů Heſſen, ... || ALlen vnd yeben, Euch vnſern Stathaltern, Landuogt, Oberampt | mannen, Amptmannen, ... Geben zů Caſſel, den Sechßzehenden tag | Junij. Anno ꝛc. Vierßig. ||

Erlass Philipps von Hessen gegen Strassenräuberei. — Placat in Fol., 2 und 30 Zs, [aus *Egenolffs Officin in Marburg*.] Z 1 8 Titelfract., alles übrige die Textschwab. aus Nr. 114, das grosse A steht vor der Columne. — In Marburg, Archiv.

Kleinschmid I 221 A. — Vgl. hier Nr. 134 143 a.

127. Philips von Gots gnaben Landtgraue | ju Heſſen, ... || Lieber
getrewer, Was geſtalt Vns Gott der Allmechtig | ſeinen vätterlichen
zorn, eyn jeit jar hero, Durch erſcheinung eblicher viler Co- | meten,
Finſternus der Sonnen vnd Monats juuor eröffnet, ...
... Datum | Fridwalt am ſieben vnd jwenbigſten tage Auguſti.
Anno ꝛc. Quabrageſimo. ||

<small>Ausschreiben Philipps von Hessen an die Pfarrer, dass sie ihre Pfarrkinder
zur Besserung ihres Lebenswandels ermahnen sollen. — Placat in hoch Fol.,
2 und 14 Zz. Druck aus [Egenolffs Marburger Officin], Textschwab. aus Nr. 114,
Z 1 3 grosse Fractur; zu Anfang, vor der Columne, sehr grosses ganz einfaches
mageres L. Kleinschmid II Vorber. § 84. — In Marburg, Archiv.</small>

128. AENIGMA | TVM LIBELLVS, RERVM | cognitione uaria,
ſimul ac feſtiuo ſale | refertus, ex optimis authoribus, cum |
ſacris, tum Ethnicis, non uulgari ſtu- | dio collectus, ornatoq;
carmine red- | ditus, per IOHANNEM Lori- | chium Hada-
marium, Mar- | purgi bonis literis in- | cumbentem. || DI COE-
PTA SECVNDENT. || CVM GRATIA ET PRI- | uilegio Cæ-
ſareo, Chriſtia- | nus Egenolphus excu- | debat. ||

<small>In 8°, 76 Bll, Sign. Aij A3—K5 (I nur 4 Bll), Seitencustt, und Foliirung
3—76. Zuschrift fol. 2r—6r mittelgr. Antiqua, sonst kleine Cursiv, 26 Zz und
Cimtt; einige Initialen, darunter auf 2r das P aus Nr. 121, 67v das A aus
Nr. 117. — Bl 1v leer; 2r Epist. dedicat. Casparo à Ruxleben, dat. 6r23
Martisb. 1540 Kal. Sptbr.; 6v drei Epigrr von Joh., Gerh. und Reinb. Lorich.
8r5 kurze Erklärung des Aenigma, 9r11 Anfang der Aenigmata, 88r10
‖ FINIS LIBRI PRIMI. ‖ Das darauf folgende Schreiben und Epigr. ad Mart.
a Beldersheim gehört zum 2. Buch, das wiederholte || Finis primi libri. || auf
41v ist falsch; das 2. Buch ist nicht als solches bezeichnet, vgl. aber die
Frankf. Ausg. von 1545 fol. 38r. Schluss des Ganzen 75v12, darunter ‖ EX-
POSITIO. ‖ und Abbildg eines Hahnes, 76r noch 12 Verse. ‖ MARPVRGI Anno
.XL. ‖ und Egenolffs Druckerzeichen Nr. 67A, v leer. — In Worms. Königsberg St. ⸗ r·⸗ i·lll 5
Gesner 434v; Maittaire III 319. — Nach Goedeke II 92 Nr. 20 1, wo
unser Marb. Dr. fehlt, soll es eine schon 3 Bücher enthaltende Ausg. Francof.
1528 geben, was ich bezweifle, weil unsre Marb. Ausg. von 1540 sowohl
durch ihre Vorrede und deren Datirung, als auch durch ihren nur aus 2
Büchern bestehenden Inhalt, als die erste und frühere bezeichnet wird.
Spätere Ausgg. (3 Bücher) Francof. ap. Egenolphum 1544 8° und 1545 8°
84 Bll, v. d. Hardt I 464 485.</small>

129. EPITAPHIA | ALIQVOT EPIGRAMMATA IN | mortem
Clariſsimi poëtæ Helij Eobani | Heſsi : pleraque in Academia
Mar- | tisburgenſi, quędam etiam ali | bi à uiris doctiſs. com- |
poſita. || Pietas ad omnia [Druckerzeichen Nr. 67 A] utilis. 1. Tim. 4. ||
MARPVRGI in officina Chriſtiani Ege | nolphi. ||

In 4°, 12 Bll, Sign. Aij—Ciij und Blattcustt, Bl 4 und 8 haben auch einen
Seitencust. Textschr. ziemlich grosse Antiqua, 8 v hat 26 Zz; auf 2 r/v 3 v
kleine Initialen mit feinem weissem Ornament in schwarzem Linienviereck. —
Bl 1 v leer; Anfang der Epitaphien 2 r, Schluss 11 v 10 und ‖ FINIS. ‖, Rest
der 8 und Bl 12 leer. — In Marburg, Bibl. IV C 337 Nr. 2.

Erschien wahrscheinlich sehr bald nach Eobans Tode 4. Octbr 1540;
Inhalt bei *Krause II 262.*

130.   𝕾Chutz der Priester, | vnd aller Christen | Ehe, | Wider das
Babstumb. ‖ Der Euangelisch Pre- | diger, Auß dem Neu- | wen
Testament. ‖ D. Ioannes Draconites. ‖ Heb. 13. | Die Ehe sol
Ehelich gehalten | werden bei allen, Die Hůrer aber | vnnd Ehebrecher,
wůrt Gott | richten. ‖ Marpurg. ‖

In 8°, 72 Bll, Sign. Aij Aiiij Aiiij Av—Jv, Blatt- und auf den nicht sign.
Bll auch Seitencustt. Der Dr. ist von [*Christian Egenolff*], sieht aber anders
aus als seine gewöhnlichen Marburger Drucke und ist vielleicht in seiner Frankfurter Officin gemacht, der Ort und der beiden Titeln ist nicht nothwendig
auch der Druckort. Die Textschr. ist eine mittelgr. zierliche Kanzleifract.
(21 Zz), die Egenolff, vielleicht weil sie etwas unbequem lesbar ist, in sichern
Marb. Drr sonst nicht gebraucht, aber besessen hat; die grosse starke Textschwab. in Titelz. 4 9—14 und Lemm. ist conform mit der in Nr. 157, das
Fractur-D auf 12 r ist dieselbe Type wie auf dem Titel des eben angeführten
Druckes. — Beide Schriften sind in katechetischer Form mit Fragen und aus
Schriftstellen bestehenden Antworten. Bl 1 v die Namen der bibl. Väter woraus
das Büchlein von der Ehe gezogen ist, 2 r Hauptartikel, 2 v Capitel, 5 v Vor-
rede, dat. 1540; 12 r ‖ Von der Priester | Ehe. ‖ ... 48 v 13 ‖ Ende. ‖ Dann mit
fortlaufender Sign. aber eignem Haupttitel auf 49 r:

        𝕯Er Euangelische | Prediger. | Auß | Dem Newen Testament. ‖
        Widder | Alle Papisten vnnd | Rotten. ‖ Marpurg. ‖

v Inhalt, 50 r Zuschr. an Elisabeth von Braunschweig, dat. Marburg 1540;
Anfang 53 v, Schluss 71 v 21 | name. Jesus | Sp. 39. ‖ Bl 72 leer. — In München,
Dogm. 389.

v. d. Hardt I 397; Strieder III 204. Auf dem Titel bei *Strobel
N. Beitrr IV 1. 75* fehlt der Evangel. Prediger; aber es wird unser vorliegender Druck gemeint sein, obgleich auch die erste Schr. zuerst allein
ausgegeben, und dann der Prediger darangedruckt worden sein kann. Ein
Druckdatum haben beide nicht.

131.   LIBRORVM | ARISTOTELIS. | De | Phyſica auſcultatione, |
Generatione & corruptione, | Longitudine & breuitate uitæ, |
Vita & morte animalium, | Anima, ‖ COMPENDIVM, PER
IOAN- | NEM LONICERVM. ‖ *Πάντα ἀνϑρώπινα πράγματα*
κύκλος. ‖ Cum gratia & priuile- | gio Cæſareo. ‖ MARPVRGI,
IN OFFICINA | *Chriſtiani Egenolphi, Anno* | M. D. XL. ‖

In 4°, 82 Bll, Sign. A 2—X (2 Bll), Blatt- und auf Bl 4 aller Bogen auch Seitencustt, Foliirung 2—82. Text mittelgr. Antiqua, 31 Zz und Clmtt, Mrgg. Mehrere grosse Bilderinitialen, darunter auf 3 r 12 r grosses 8 (nackter geflügelter Knabe mit Helm und Bogen in weissem Viereck h. 36 mm). — Bl 1 v leer; 2 r Zuschr. Casp. Rodolpho (Cursiv), dat. 3 r 13 Marp. 1539. Darunter || PHILO-SOPHIAE | NATVRALIS ENCOMIVM | AVTORE IOANNE | LONICERO. || ... Anfang der Compend. 12 r, Schluss 82 r 5 || LIBRORVM DE ANIMA | COM-PENDII FINIS. | ✱✱✱ ||, Rest der 8 und v leer. Daran schliesst sich auf demselben Bogen X mit fortlaufender Signirung und Foliirung, aber eignem Haupttitel:

ARISTOTELIS | ETHICORVM AD NICOMACHVM | Compendium, per Iohannem | Loniccrum. | ✱ || AD FINEM AD-IVNCTVM | EST GRAECVM EPITHALAMION IN | gratiam Doctoris IVSTI STVDAEI | confcriptum, una cum latina uerfio | ne HELII EOBANI | HESSI. | ✱ ||

50 Bll, die beiden ersten sind die letzten des Bogens X, dann Sign. Y—Ziij a—kiij und Foliirung 84—130. Auf 84 r grosses X mit einem geflügelten Knaben der den r. Fuss auf einer Kugel hat, auf 85 r P mit Delphin (Nr. 121). — Bl 83 v Epigr., 84 r griech. Zuschr. || ✿ ΑΝΑΡΙ ΕΥΣΕ | ΒΕΣΤΑΤΩ, ΚΥΡΙΩ ΤΩ ΝΟΒΙΟΜΑΓΩ, | θεολόγῳ ... Textanfang 85 r, Schluss 130 v, dann das Epithalam. griech. und latein., 132 r Errata und Z 21

MARPVRGI CHRISTIANVS EGE- | NOLPHVS EXCVDE-BAT. | ANNO, M. D. XL. ||

v leer. — In Cassel, Spec. Phys. 4° 41. ⟨·····⟩ Gesner 434 r; Strieder VIII 83; Rotermund b. Jöcher Nr. 21.

132. [IO. DRYANDER, Brevis & exquifita Quadrantis inftrumenti geometrici & horarii explicatio. Marpurgi 1540 8°]
So bei Strieder III 240; vgl. hier Nr. 161 231.

133. ACTIONVM | IVRIS, QVAE EX | OMNIBVS INTER VI-VOS | commercijs, ad dirimendas | lites, cenfura boni & | æqui, propo- | nuntur. || CLASSIS QVARTA, | Recens abfo-luta. || AD ILLVSTRISSIMVM HES- | forum principem. || Per D. Ioannem Oldendorpium. || Cum gratia & Priuilegio | Cæfareo. || Marpurgi excufum in officina | Chriftiani Egenolphi. ||

In 8°, 416 Bll, Sign. α 2—r 5, A—Z 5 a—y 5, Seitencustt, und von B an Paginirung 1—669, wobei die Seitenzahl der Rückseite aller Bll an der innern Columnenkante steht. Typen kleine Textcursiv, 26 Zz und Clmtt, und Antiqua; unter den Initialen das grosse 8 aus Nr. 131, das O aus Nr. 105, das D aus Nr. 117. — Bl 1 v leer; 2 r Zuschr. an Landgr. Philipp, dat. Marp. Kal. Janr. 1541; 5 r || CLASSIS | QVARTA. | ..., pag. 1 || DE ACTIONIBVS | EMPTI ET VENDITI. || Schluss 669, dann Index Actionum, Bl 416 r Errata und Z 18

Marpurgi excuſum in officina | Chriſtiani Egenolphi. | *An.* M. D. XLI. ||

v leer. — In Königsberg, Da 13 b.

Einzeldruck aus Oldendorps Practica actionum forensium nach der 1. Ausg. Colon. 1540, vgl. *Strieder X 128*; *Stintzing I 333 Nr. 8.* Eine Biographie Oldendorps von Harder in Zeitschr. f. Hamburg. Gesch. IV 436—464.

134. VOn Gotts gnaden, Wir Phillips [*so*] Landtgraue zů Heſſen, ... Geben vnſern Statthal- | tern, allen ober amptleütten, Amptman, ... Datum Marpurg, Den xxx. Januarij. An- | no ꝛc. xlj. ||

Erlass Philipps von Hessen gegen Strassenräuberei. — Placat in Fol. obl., 21 Zz. [aus *Egenolffs Officin in Marburg*]. Z 1 Titelfract., sonst Textschwab. aus Nr. 114, das grosse V steht vor der Columne. — In Marburg, Archiv.

Kleinschmid I 222 B. Vgl. hier Nr. 126a 143a.

135. VERBVM DOMI- | NI MANET IN AETERNVM. || Des Durchleuchtigen Hochgebor- | nen Fürſten, vnd herrn, herrn Philipſen Landtgrauen | zů Heſſen, ... | ... Dritte warhafftige verantwor | tung, aller der dinge, ſo ſeinen F. G. von Hertzog Hein- | richen, Der ſich nennet Den Jüngern von Braunſchwig, zůgelegt wor | den ſein, Es betreffe den auffgehaltenen Secretarien oder anders. | Daneben be- ſtendige Aſſertion vnd erweiſung der dinge, die ſein | F. G. gemeltem Hertzog Henriche widerumb fürgeworffen | hat, Auch ablehnung etlicher anderer zůfelligen | dinge, ander leut betreffend, Inn- | halt der Schrifft. || [*14 Zeilen und Wappen Nr. 47*]

In 4°, 92 Bll, Sign. Aij—Ziij und Seitencustt. Titelfract. und Textschwab. aus Nr. 114, 31 Zz. — Bl 1 v der 109. Psalm; 2 r Textanfang (sehr grosses einfaches Fractur-V), Schluss 75 v, dat. Freitag nach Estomihi 4. März 1541, Inhalt und Druckfehler, 79 r 25

Getruckt zů Marpurg, vnd vol- | endet am XII. tag Martij. | Des jars M. D. XLI. ||

[in *Egenolffs Officin*], Bl 79 v und 80 r leer, 80 v [] VERBVM DOMINI MANET IN | ÆTERNVM. || und darunter grosses *Wappen Nr. 48.* Dann noch 81 r—91 v Sign. X—Ziij ein (den Exx manchmal fehlendes) Schreiben Philipps an die Churf. von der Pfalz und von Brandenburg. Bl 92, wahrscheinlich leer, fehlt. — In Marburg, Bibl. VIII B 444 m Nr. 6.

Hortleder I 4, 19, ohne den angehängten Brief. — Vgl. Lause I 408 und Häberlins Allg. Welthist. XII 285.

136. VERBVM DOMI | NI MANET IN AETERNVM. || Des ... Hochge- | bornen ... Landgra | uen ... | ... Dritte warhaffti- | ge

verantwortung, ..., so seinen F. G. | von Herßog ... von | Braun-
schwig, ... offgehal | tenen ... Affertion | vnnd ... Herßog | Henrichen ...
abley | nung ... binge, | ander ..., Jnhalt | der Schrifft. || [15 Zeilen
und Wappen Nr. 47]

Andrer Druck von Nr. 135, aus derselben Officin. — In 4°, 76 Bll, Sign.
Aij—Tiij, Blattcustt, auf dem 4. Bl jedes Bgs auch ein Seitencust. Textschr.
kleiner und gedrängter als in Nr. 135, sonst von Egenolff in Marb. Drr nicht
gebraucht, 34 Zz; Titelfract. dieselbe. — Bl 1 v der 109. Psalm, am Textanfange
2 r kleineres Fractur-B; am Schlusse keine Druckfehler (berichtigt), sondern
nach dem Inhalt nur 76 r 29 das nach Nr. 135 nachgedruckte Druckdatum

Getruckt ʒů Marpurg, vnd | volendet am ʒij. tag Martij. | Des
jars. M. D. XLI. ||

76 v ▮ VERBVM DOMINI MANET | IN AETERNVM. ▮, darunter dasselbe
Wappen Nr. 47 wie auf dem Titel. Philipps Schreiben an die beiden Chur-
fürsten ist nicht dabei. Vielleicht hat Egenolff diesen Dr. in Frankfurt gemacht.
— In Marburg, Archiv IX B 4101.

137. TERTIA | ILLVSTRISSIMI | CATTORVM PRINCIPIS, |
Domini Philippi, ... | ..., aduerfus Ducis | Henrici fycophanti-
cum fcriptum, | de nouo æditum, | RESPONSIO. ||

Latein. Ausg. von Nr. 135. — In 4°, 68 Bll, Sign. Aij—Riij ohne Custt.
Ohne Impr., vielleicht aus Egenolffs Officin, dann aber eher ein Frankfurter als
ein Marburger Druck, Textschr. gut geschnittene Antiqua, 34 Zz. — Bl 1 v
leer; Anfang 2 r, Schluss 65 r und Index, Bl 68 fehlt, wird aber leer sein,
kann auch ein Impr. enthalten. — In Marburg, Bibl. VIII B 449 m.

138. HODOEPO | RICON, HOC EST, ITI- | NERARIVM, QVO
RATISBO- | nam profectus eft Illuftriffi- | mus Hefforum
Prin- | ceps D. Philippus. || Autore | IO. LORICHIO HADA-
MARIO. || MARPVRGI | M. D. XLI. ||

In 8°, 12 Bll, Sign. A 2—B 3 und Seitencustt. Text kleine Cursiv, 24 Zz.
— In Versen. Bl 1 v leer; 2 r poet. Zuschr. ad Margretham D. Draconitae
uxorem, 3 v Anfang der Reisebeschreibung. Schluss 12 r 7 || FINIS. | Pridie Idus
Aprilis. || und Egenolffs Druckerzeichen Nr. 67 A, v leer. — In Marburg, Bibl.
VIII C 256.

Goedeke II 92, 20 2.

138 a. Dialogus, das ist, ein | freundtlich Gespꝛech Zweyer perfo- | nen,
Da von, Ob es Göttlichem, | Natürlichen, Keyserlichem, vnd Geyst-
lichem | Rechte gemeffe ober entgegen sei, mehꝛ bann | eyn Eeweib
ʒugleich ʒuhaben. Vnnd wo | yemant ʒu bifer ʒeit solchs fürnehme, |
ob er als eyn vnchꝛiſt ʒuuer- | werffen vnd ʒuuerdam- | men sei, oder nit. ||

In 4°, 96 Bll, Sign. Alj—Zllj Aa—Aaiij und Seitencustt. Aus [*Egenolffs Officin in Marburg*]. Text die Schwab. aus Nr. 114, 30 Zz. — Dialog zwischen Parrasius und Eucharius; 1 v leer, Anfang des Gesprächs 2 r, Schluss 96 r 21 und ‖ Geschriben auff Sontag Leta= ‖ re. Anno M.D.XLI. Durch ‖ Hulberichum Neobulum. ‖ v leer. — In Marburg, Bibl. XVIII d B 977.

Ist die bekannte Apologie der Doppelehe Philipps von Hessen, *Hirsch, Mill. II 795; Baumgarten, Nachrr v. merkwürd. Büchern V S 503—508; Bibl. Vaticana, ll. stamp. II (tedeschi) Nr. 1389; Briefwechsel Philipps mit Butzer, hrsg. v. Max Lenz*, an den im Index unter Lening und Neobulus angezeigten Stellen. Für den Verf. galt Butzer, der es aber nicht war, wenngleich er um den Dialog wusste und daran gebessert hat. Der intellectuelle Urheber war jedenfalls Philipp selbst, wobei er zur Ausarbeitung der Feder des Melsunger Pfarrers *Johann Lening* (vgl Nr. 144) sich bediente, wie Lenz mit höchster Wahrscheinlichkeit vermutbet. Den Druck hat Philipp schwerlich wo anders als in seiner Marburger Universitätsdruckerei besorgen lassen.

139.   Wider Hans | Worst. ‖ D. Martinus | Luther. ‖ Getrudt zů Marpurg. ‖ M. D. XLI. ‖

In 4°, 48 Bll, Sign. Alj—Mlij und Seitencustt. Druck aus [*Egenolffs Officin*]. Titelz. 1 2 sehr grosse, 3—5 mässig grosse Fract., Textschwab. aus Nr. 114, 31 Zn, auf 2 r 47 v grosse Fract.-Majuskeln. — Bl 1 v leer; Anfang 2 r (das grosse E aus Nr. 120) ‖ ES hat der vö Brun | schwig zů Wolffenbüttel ist | abermal ...: 45 r 24 ‖ Der LXIIII Psalm. ‖ ..., 47 v 8 die Verse ‖ LG bu arger Heynhe, | was hastu gethon, | ..., Schluss 48 r 19 | Amen. ‖ Rest der S und v leer. — In Marburg, Bibl. VIII B 453.

Nachdruck, *Lucius I 205; Kelchner, Lutherdr in Frankf. a. M. S 34 (Nr. 4);* vgl. *Koldewey, Heins von Wolfenb.* (Ver. f. Reform.-Gesch. II 1883) S 25 ff. Der Urdruck, Wittenb. b. Hans Lufft 4° 64 Bll, war am 4. April erschienen, Corp. Ref. IV 149, vgl. de Wette V 342. Abgedr. in *Erl. Ausg. 26 S 19 ff*, neu hrsgg mit Einleit. von *Knaake* in den Neudrr dtscher Litteraturww des 16. & 17. Jhs Nr. 28 Halle 1880, wo aber unser (auch im Wolfenbüttel befindlicher) Marb. Dr. fehlt. Eine latein. Uebers. der Bgg G—Z der Urausgabe, von Antonius Corvinus, erschien unter dem Titel Antithesis verae et falsae ecclesiae ... 1541 ohne Ort 8° 4 Bgg, s. *Knaake* a. O. S V, vgl. Gesner-Simler 49 l. 37. Vielleicht ist auch dieser Dr., der mir nicht vorgelegen hat, ein Marburger.

140.   ORATIO | CONSOLATORIA | de Refurrectione mortuorum, | in FVNERE | HELII E | OBANI HESSI, RE | GIS Poetarum, Mar | purgi dicta. ‖

Verfasser *Johannes Draconites*, Uebersetzer *Joh. Stigelius*. — In 8°, 14 Bll, Sign. a 2 — b 5 und Seitencustt. Ohne Impr.; Textschrift mittelgr. Antiqua, 24 Zn und Clmtt, auf 2 r 5 r Initialen. — Bl 1 v leer; 2 r Zuschr. von Stigelius an Drach, dat. 4 v Ratisb. 15. Mai 1541. Bl 5 r Anfang der Rede, Marpurgi dicta 1540, Schluss 18 v 24 | Dixi. ||, 14 r leer, v 2 Distichen aus Psalm 142 von Eoban. Der Dr. ist vielleicht ein Marb. von Egenolff, wahrscheinlicher jedoch ein *Regensburger von Hans Khol*, der auch eine beim Regensburger Gespräch 1541 von Draconites gehaltene Predigt über den 117. Psalm gedruckt hat, Strobel, N. Beitrr I 1, 59; Hirsch, Mill. III 642. — In Königsberg, Ce 1069. Die deutsche Ausg. der Trostpredigt, Strassburg bei Wendel Rihel 1541 4°, s. in Maltzahns Bücherschatz I 253, und bei Krause II 260, vgl. auch Strobel, N. Beitrr IV 1. 56. Eine Marburger von 1540, Strieder III 204, scheint es nicht zu geben.

140 a. IN EVAN- | GELIA DOMINICA- | LIA, POSTILLA, QVA FACILI DIS- | positione, omnium Euangeliorum tex | tus, ad locos communes disposîtus est, | qui & finguli ad Methodi ferè for | mam explicati funt, quò textus | & facilius feruari poffit, & | pulchriori ordine | explicari. || *Auth. M. Erafmo Sarcerio An- | næmontano.* || MARPVRGI, IN OFFICINA | Chriftiani Egenolphi. ||

In 8°, 420 Bll, Sign. A 2 — Z 5 a — z 5 A a — G g 5 (F f nur 4 Bll), Seitencustt, Foliirung 3—418. Textschr. kleine Cursiv, 26 Z. und Clmtt, unter den vielen Initialen mehrere aus einem ziemlich rohen mittelgr. Alphab. mit Kindern in dunkel diagon. schraff. Viereck. — Bl 1 v leer; 2 r Zuschr. Henrico VIII Angl. & Franc. Regi ..., dat. 4 r Sigenae Tengror. s. d., 4 v Farrago Evangelior., 5 v Anfang der Postille, Schluss 418 v 24 und

Finitæ funt hæ Exegefes in Euangelia Dñicalia Mar- | purgi IX. Calendis Iulij. Anno M. D. XLI. ||

Bll 419/420 ganz leer. — In Danzig, XX B.o 643. — Vgl. Nr. 185.

War schon 1538 erschienen, Engelhardt in Ztschr. für hist. Theol. 1850 S 75; mit Zuschr. an Wilhelm von Nassau Frankfurt 1538 8° bei v. d. Hardt II 215; deutsch in 2 Theilen Leipzig 1541 8° bei Walch IV 1029.

141. ⚜ ANATOMIA | MVNDINI, AD VETVSTIS- | SIMORVM, ERVNDEMQVE [*o*] ALI- | quot manu fcriptorum, codicum fidem | collata, iuftoçğ fuo ordini reftituta. | Per Ioannem Dryandrum | Medicum profeffo- | rem Marpur- | genfem. || Adiectæ funt, quarumcunçğ partium corpo- | ris, ad uiuum expreffæ figuræ. || *Adfunt & fcholia non indocta, quæ prolixorum com- | mentariorum uice effe poffunt.* || [*Druckerzeichen Nr. 67 A*] || MARPVRGI, IN OFFICINA | *Chriftiani Egenolphi.* ||

In 4°, 72 Bll, Sign. A 2 — S 3, Blattcustt und auf Bl 4 der meisten Bgg auch ein Seitencust., von Bl 5 an Foliirung 1—67. Typen Antiqua, Text 39 Z. und Clmtt, viele Initialen. — Von den (einschliessl. einer Wiederh.) 48 anatom. Abbildgg sind 21 dieselben wie in Nr. 81, von den übrigen haben 5 ein aus

GB gebildetes Monogr.¹). — Bl 1 v leer; 2 r Znschr. Dryanders Hieronymo Glan-
berger, U.J.D., dat. 8 v Marp. 2. Kal. Aug. 1540; 4 r die erste Abbildg, dann
Index und Textanfang, Schluss fol. 67 (Bl 71) r 17, v kurze Nachschr., Wieder-
holung des Druckerzeichens und ‖ M.D.XLI. ‖ Bl 72 leer. — In Marburg, Bibl.
XI b B 136 m.

> Lindenius renov. 573; Douglas, Bibliogr. anatom. 59; Stolle, Medizin.
> Gelahrth. 403 f.; Haller, Biblioth. anatom. I 175; Strieder III 240. Das
> achtzehn von den Abbildgg umgezeichnete Copien nach Jac. Berengario da
> Carpi seien, bemerkt Choulant a. O. 32 (vgl. Nr. 81). — Die Stöcke der
> meisten Abbildgg aus Nr. 81 141 sind wieder benutzt in Dryanders Der
> ganzen Arzenei ge- | meyner Inhalt, ... (Arzenei-Spiegel), Frankf. a. M. bei
> Egenolff März 1542 in Fol., und später.

141a. [NICOLAI ASCLEPII Barbati Oratio in privilegiorum ab
Imperatoria Maieftate Academiæ Marpurgenfi impetratorum
promulgatione habita 20. Aug. 1541. Item Gratiarum actio
per REINH. LORICHIVM Hadamarium. Impreffum Marpurgi
anno MDXLI.]

So in den Marburger Beitrr z. Gelehrsamk. St. IV S 130—158.

142. INDEX DI | GESTORVM SEV | pandectarum, in partes,
libros, | ac titulos Iuris, grauitati | Ciuilis difciplinæ re | fpon-
dens. ‖ CATALOGVS ITEM LEGIS- | latorum, ad obferuandam
iuris | mutationem deferuiens. ‖ PER D. IOAN. OLDEN- |
dorpium. ‖ MARPVRGI IN OFFICINA | Chriftiani Egenolphi. |
ANNO M. D. XLI. ‖

In 8°, 36 Bll, Sign. A 2 — E 3 und Seitencustt. Text Cursiv, 26 Zz und
Clmtt. — Bl 1 v leer; 2 r Oldendorpius auditoribus suis (Initiale), ohne Dat.;
Textanfang 5 r, Schluss 33 r 14, Tituli institutionum bis 36 r 13 und 4 Zz Errata.
Rest der 8 und v leer. — In Königsberg, D a 13 a III 8° (3).

143. Warhafftiger, beftenbiger, | vnnd gegründter Gegenbericht,
vnd | verantwoitung, des Durchleuchtigen, Hochge- | bornen Fürften,
vnd Herrn, Herrn Philipfen, | Landtgrauen zů Heffen, ... | ... So
der | Römifchen Keyferlichen Maieftat, auff yetzigem | Reichftag zů
Regenfpurg, wider eynen trud den | Hertzog Heinrich von Braun-
fchweig, vnder ey- | nem Titel, eynes fürtragens, Supplication vnd |
erbietens, Welches er für der Römifchen Keyfer | lichē Maieftat, ver-

---

1) Ob dieser Formschneider derselbe ist wie der in Nr. 81, Passavant IV
299, muss dahingestellt bleiben, unmöglich ist es nicht. Uebrigens kann das
Monogr. auch CB gelesen werden. Gewiss aber haben an Dryanders Tafeln
überhaupt mehrere Hände gearbeitet.

ſchiener weil zů Regenſpurg, | wider die Chůr vnd Fürſten, Sachſen
vnnd | Heſſen, gethon zuhaben, vermeynlich für | gibt, Vngeachtet,
des Keyſerlichen | zwiſchen dem Landtgrafen zů | Heſſen, vnnd jme
gebottenen | ſtill vnd fridſtandts, hat | außgehn laſſen, vber- | reycht,
vnd zůge- | ſtellt wor- | den iſt. | ꝛ ||

In 4°, 8 Bll, Sign. Aij—Biij und Seitencustt. [Aus Egenolffs Officin in
Marburg 1541.], Textschwab. aus Nr. 114, 29 Za. — Bl 1 v leer: Anfang 2 r,
Schluss 8 r 7 und Philipps Unterschr., Rest der 8 und v leer. — In Berlin, 81
1602 Nr. 2.

Hortleder I 4, 34. Vgl. Rommel, Philipp I 456.

143 a. WJr Philips von Gots gnaden Landtgraue zů Heſſen, ... | ...
Entbieten allen vnnd yeden vnſern Statthaltern, Ober- | amptmennern,
Lantuôgten, ...
... Caſſel, Montags nach Diony- | ſij. Anno ꝛc. XLI. ||

Erlass Philipps von Hessen gegen die dienstlosen Knechte und die Strassen-
räuberei. — Placat in Fol. min., 28 Za, [aus Egenolffs Officin in Marburg.]
Z 1 Titelfract., sonst Textschwab. aus Nr. 114, das grosse W steht vor der
Columne. — In Marburg, Archiv.

Kleinschmid I 222 C. Vgl. hier Nr. 128a 134.

144. Expoſtulation vnd ſtraffſchrifft Sata | ne des Fürſten biſer welt,
mit hertzog | Heintzen von Braunſchweig, ſeinem geſchworen [so] |
diener vnd lieben getrewen, das er ſich vnpil- | licher weiſſe, in der
perſon eyns Diep- | henders wider den Landtgrauen, | nicht one
mercklich nachteyl ſeins | Reichs, mit vngeſchicktem | liegen eingelaſſen |
habe. || Getruckt in VTOPIA ||

Verfasser Johann Lening. — In 4°, 12 Bll, Sign. aij—ciij und Seitencustt.
Ohne Impr., aber von Christian Egenolff und wahrscheinlich aus seiner Mar-
burger Officin. Textschwab. aus Nr. 114, 31 Zz. — Bl 1 v leer; 2 r || WJr
Satanas, vö vnsern selbst | gnaden, eyn vnüberwindtlicher Herr biser | welt, ... dat.
11 v 8 ... in vnserm hellischen schloss Stau= | senburg, in der Karrwochen vor der fass-
nacht. Anno ꝛc. gij. || Dann noch Zetteleinlage und Postscripta, Schluss 12 r 41
... Amen. || v leer. — In Berlin, 81 1602 Nr. 6 (beigebunden noch ein andrer
Dr. derselben Schrift).

Johann Lening war Carthäuser und dann 1525—65 Pfarrer zu Melsungen,
vgl. Koldewey, Heinz v. Wolfenb. 22 ff, die bei de Wette VI 682 unter
Melsingen angezeigten Stellen, Strieder IV 25 Anm. Unser obiger Dr. ist
von den bei Koldewey Anm. 86 aufgeführten drei Wolfenb. Exx verschieden.

144 a. [REINHARDVS LORICHIVS Hadamarius, Argumenta in
omnes Livii orationes, quae feparatim editae funt, quibus
accefferunt orationes omnes quae extant apud Crifpum Sa-

luftium, Q. Curtium, C. Caefarem, Corn. Tacitum, & Herodianum
Marpurgi ap. Egenolphum 1541.]
So *Gesner-Simler 599 l. 30.*

145.   GERMANI | CARVM HISTO• | RIARVM ILLVSTRA- | tio
nunc primum excufa. ‖ AVTORVM NOMINA | uerfa pagella
indicabit. ‖ CVM GRATIA ET PRI• | uilegio Imperiali. ‖ MAR-
PVRGI IN | *officina Chriftiani Egenolphi.* ‖

In 8°, 88 Bll, Sign. A 2 — L 5, Seitencustt und Foliirung 2—78, worin aber
die Zahlen 26—35 zweimal vorkommen. Vorwort mittelgr. Antiqua, Text kleine
Cursiv, 26 Zs und Clmtt. Unter verschiednen Initialen auf 2 r grosses weisses I,
das von dem aufrecht auf den Hinterbeinen stehenden gekrönten Hessischen
Wappenlöwen mit den Vorderpranken gehalten wird, in diagon. schraff. Viereck
h. 39 mm; 12 v grosses T mit einem auf Knien und Händen liegenden nackten
Manne aus dem Alphab. in Nr. 105. — Bl 1 v Verzeichn. der Autoren dieser
Sammlung, 2 r Vorw. des Hrsgbrs *Gerhard Geldenhauer,* dat. 8 r Marp. Kal.
Novemb. 1541; 8 v Textanfang, Schluss fol. 77 v, dann drei Classica adversus
Turcas, 78 (Bl 88) r 15 einige Errata und ‖ MARPVRGI | An. 1542. ‖ v leer. —
In Marburg, Bibl. VII c C 546 d.

Vgl. zu dieser Samml.: *Werken uitg. d. h. histor. Genootschap te Utrecht,
N. R. Nr. 28 1878 (B. J. L. de Geer),* worin Geldenhauers Vorw. und die
Schrift des Bomelius, Bellum Trajectinum, wieder abgedruckt sind. Ueber
Geldenhauers eignen histor. Beitrag dazu s. hier Nr. 160.

146.   DE HONO• | RANDIS MAGISTRATI• | bus Commentarius,
in quo Pfalmus | XX. Exaudiat te Domi• | nus &c. enarratur. |
AVTORE ANDREA HYPERIO. ‖ EIVSDEM | IN PSALMVM
XII. SALVVM | *me fac Domine &c. In quo oratur,* | *ut Do-
minus extirpatis* [so] *omnibus erro* | *ribus, fynceram doctrinam
ubiqj* | *promoueat,* PARA• | PHRASIS. ‖ MARPVRGI. ‖

In 8°, 152 Bll, nämlich Vorstoss 8 Bll mit Sign. 2—5, und Text 144 Bll
mit Sign. A—S 5 und Foliirung 1—143, durchweg Seitencustt. Aus *Egenolffs
Officin.* Typen Cursiv (24—27 Zs) und Antiqua, Mrgg, auf Textfol. 1 r das
grosse S aus Nr. 131. — Bl 1 v leer; 2 r Zuschr. an Io. Fallvelus Sperlecanus
Eccl. Formosell. Praep., dat. 4 r Kal. Octbr. 1541, Anfang des Comment. fol. 1,
Schluss 143 v 7 ‖ FINIS. ‖, Rest der S und 144 (Bl 152) leer. — Dann folgt,
mit diesem Dr. nur durch obigen Haupttitel verbunden, sonst selbstständig mit
eignem Blatttitel, eigner Sign. und Foliirung:

     ✸ IN PSAL• | MVM XII. SALVVM | ME FAC DOMINE &c.
IN QVO | oratur, ut Dominus, extirpatis [so] | omnibus erroribus,
fynceram | doctrinam ubiqj promoueat, | PARAPHRASIS. ‖
AVTORE ANDREA | HYPERIO. ‖ MARPVRGI EXCVSVM
IN | *Officina Chriftiani Egenolphi.* | *Menfe Ianuario. Anno.* |
M. D. XLII. ‖

44 Bll, Sign. a2—f5 (e 4 Bll), Seitencustt und Foliirung 8—44. Typen wie oben, 26 Zz, auf 8 v dasselbe 8, auf 4 r grosses als N auf die Seite gelegtes Z mit schwimmenden Enten, aus dem Alphab. in Nr. 105. — Bl 1 v leer; 2 r Zuschr. an Io. Ferrarius, dat. 3 v Nvbr. 1541; 4 r Argument, Anfang der Paraphr. fol. 8 v, Schluss 44 v 26 || FINIS. || — In Berlin, Bn 5650.

Gesner-Simler 37 l. 33; *Wagnitz, homilet. Abhandlgg u. Critiken I Nr. X S 161 ff*, wo ein sorgfältig gearbeitetes kritisches Verz. der theol. Schriften von Hyperius überhaupt sich befindet. Strieder VI 307 311 kannte nur die Paraphr. Ps. XII in dieser Ausg., den Comment. in Ps. XX nur in einer spätern, Marb. 1578 8°.

147. IOHANNIS | FERRARII MONTA- | NI COMMENTARIVS, OMNIBVS | qui in iure, foroq̃ iudiciario uerfan | tur, oppidò utilis, & rerum quo- | tidianarum plenus. || DE | Appellationibus, & earum uera ratione. | Supplicandi ufu. | Reſtitutione aduerfus rem iudicatam. | Exceptionib. quę fentencijs objiciuntur. | Impedimentis executionum. | Recufationibus Iudicum. || Cum gratia & priuile- | gio Imperiali. || MARPVRGI | Heſſorum. ||

In 8°, 228 Bll, und xwar: Vorstoss 12 Bll mit Sign. aij—biij; Text 216 Bll, Sign. A—Z5 Aa—Dd5, Foliirung 1—205, Seitencustt. [Aus *Egenolffs Officin*]. Textschr. kleine Cursiv, 26 Zz und Clmtt, Mrgg, fol. 1 das grosse N aus Nr. 107, fol. 161 r das grosse 8 aus Nr. 131. — Bl 1v leer; 2r Zuschr. Io. Halieo J. U. D. &c., dat. 7 v Marp. 16. Kal. Dcbr. 1541, dann Index capitum. — Textanfang fol. 1, Schluss 205 v, Index rerum, Bl 227 v 24

Marpurgi, Anno | M.D.XLII. ||

Bl 228 leer. — In Berlin, Fk 8996.

Fehlt bei Strieder. Nach Gesner 416 r auch Lugd. ap. Gryphium eod. an. 8°, vgl. Maittaire II 2, 576.

148. 𝕭Ｒſer Ｐhilipſen, vonn Gottes | gnabenn, Ｌanbgrauen ɀú [so] Ｈeſſenn, | ... | ... Ｂnberthonen, vnnb lieben getrewen, von | ber Ｒitterſchafft. Ｇo wir in gemeyn auß vnſern Ｆür- | ſtenthumben, vnb Ｇｚaueſchafften, Ｏctaua Ｊanua- | rij, gehn Ｍelſungen, ɀú vns beſchｒieben vnb er- | foｒbert haben, eyneｒ gemeynen ſtewｚ, vnber | theniglich bewilligten anlage, ver- | faſſung vnb oｒbnung. || [Wappen Nr. 47] || Ｆür die Ｒitter- ſchafft. ||

In 4°, 4 Bll, Sign. Ａ̃lj Ａ̃llj und Seitencustt, [aus *Egenolffs Officin in Marburg* 1542], Textschwab. aus Nr. 114, 31 Zz. — Bl 1v leer; Anfang 2 r, Schluss 4 r 27, v leer. — In Marburg, Archiv.

Vgl. *Kleinschmid II 245 § 8 ff*.

148a. 𝕬Ｂſf ben achten tag bes monats Ｊanuarij Ａnno ꝛc. ｆlij. Ｈat ber Ｄurch- | leuchtig, Ｈochgeboｒne Ｆürſt, vñ herꝛ, herꝛ Ｐbilips, Ｌant-

6

graue ʒů Heſſen, ... | ... ſeiner F. G. Lantſaſſen vom Adel ... | ... an
den Spyß beſchꝛieben, Vnd ... | ... gehn Melſungen, gefoꝛdert, ... | ...
... am Dienſtage nach Trium Regum, Anno Domini, Milleſimo
quin· | genteſimo, quadrageſimo fecundo. | ...

Erlaſſ, die Erhebung der Türkenſteuer in Heſſen betreffend. — Placat in
hoch Fol., 35 Zʒ, [aus *Egenolffs Officin in Marburg*], Z 1 Titelfract., ſonſt
Textſchwab. aus Nr. 114, am Anfange vor der Columne groſſes Fract.-A. —
In Marburg, Arch.

Kleinſchmid II 251.

148 b. Philips, von Gots gnaden, Landgraue ʒů Heſſen, ... | ... ||
Lieben getrewen, Wir geben euch ʒuerkennen, Das alhie ʒů Caſſel
auff | dem Landtage, ...
... Datum off Mit· | wochen nach Anthonij. Anno ꝛc. vierʒig
vnd ʒwey. ||

Erlaſſ, die Erhebung der Türkenſteuer in Heſſen betreffend. — Placat in
hoch Fol., 2 und 33 Zʒ. [aus *Egenolffs Officin in Marburg*], Z 1 3 Titelfract.,
die übrigen Textſchwab. aus Nr. 114, vor der Columne ſehr groſſes einfaches
Fractur-L. — In Marburg, Archiv. — Vgl. Nr. 162.

149. Oꝛdenung durch den durchleuchtigen, Hochgeboꝛnen Fürſten vnd |
herꝛn, herꝛn Philipſen, Landtgrauen ʒů Heſſen, ... be· | dacht am
dinſtag noch [ſo] Innocauit, Anno ꝛc. 1542. Wie es mit den Sti· |
pendiaten, ſo ghen Marpurg zum ſtudio geſandt, | gehalten werden ſoll. ||

Placat in Fol., [aus *Egenolffs Officin in Marburg*]. Auſſer dem Kopftitel
56 Zʒ und Unterſchr.; Titelʒ. 1, Textʒ. 1 und Lemm. Z 14 groſſe Fractur, ſonſt
Textſchwab. aus Nr. 114, am Textanfange (vor der Columne) groſſes Fractur-C.
— In Marburg, Archiv.

Kleinſchmid I 124 f.

150. Antwoꝛt, Bericht [ſo] vnd | Beweiß, Auff die frage, | Ob es beſſer
ſei, nach gewiſſen, be· | ſchꝛiebenen, vnnd ſonſt bewerten bꝛeuchlichen |
Rechten, Geſetzen, Oꝛdnungen vnd Gewon | heyten. Oder nach eygner
Vernunfft, | Sinn, Witz, Gůtbedunden, vnd ſelbſt | gefaſter pillitheyt,
ʒu Regierē ʒu Vꝛ· | teylen, Regiment, Recht, Gleich· | heyt, Gehoꝛſam,
Fribe vnnd | Eynigkleyt ʒuerhalten. || Dariñ auch von dem Her·
tommen | der Herlichkeyt vnd nutzen der ſelbigen Recht | gehandelt
würdt. Hiebeuoꝛ nit mehꝛ im | Truck außgangen. Durch Jacob |
Lerſenern, der Rechten | Licentiaten. || Getruckt ʒů Marpurg. ||

In 4°, 20 Bll, Sign. Aij—Eiij und Seitencuſtt. Textſchwab. aus Nr. 114,
31 Zʒ, Mrₓgg, auf 3 v groſſes Fractur-B. — Bl 1v leer; 2r Zuſchr. an den
Marb. Rath, dat. Caſſel a. d. Lain 16. März 1542. Textanfang 3 v, Schluſſ
20 r 22, 3 Correcturen, und

Getrudt ʒů Marpurg, burch | Chꝛiſtian Egenolff. Anno Dñi |
M. D. XLII ||

v leer. — In Wolfenbüttel, 36. 17 Jur. 4°.
Lucius II 59; Strieder VII 504.

151. VERBUM DNI MANET IN ÆTERNVM. || Des Durchleüch-
tigen, | Hochgeboꝛnen Fürſten vnd Herꝛn, herꝛn | Philipſen, Lantgrauen
ʒů Heſſen, ... | ... Vierte warhaffti | ge verantwoꝛtunge, aller der
bing, ſo ſeinen F. G. von Her | ʒog Heinrichen, ... ʒů Bꝛaunſchwig, |
böglich vnd felſchlich, ʒůgelegt woꝛben ſein, Es betreffe ben offgehalten |
Secretarien, ober anders. Daneben beſtenbige aſſertion vnb erwei- |
ſung, ber binge, bie ſein F. G. ʒuuerantwoꝛtung jrer F. G. Eere, |
Herʒog Heinrichen wiberumb fürgeworffen hat, | mit anbern ʒůfeſligen
bingen, ... | ... || [*Wappen Nr. 47*] || M.D.XLII. ||

In 4°, 78 Bll. Sign. Aij—Ttllj und Seitencuſtt. Textschwab. ans Nr. 114,
31 Zz. — Bl 1v der Kranz mit VERBVM | DOMINI ... wie in Nr. 110, darunter
der 109. Psalm; Textanfang 2r (grosses Fractur-V), Schluss 72v, dat. 4. Febr.
1542, dann noch eine Verschreibung Heinrichs von Braunschw., 77r—77v4
Errata, darunter Wiederh. des Kranzes mit Spruch wie auf 1v, und

Getrudt ʒů Marpurg im jar | M.D.XLII. vnd vollenbet an |
Sanct Gertruben tag. ||

[in *Egenolffs Officin*], Rest der 8 leer, so wohl auch das fehlende Bl 78. —
In Marburg, Arch. IX B 4122.
Hortleder I 4, 35. — Vgl. Lauze I 466; Häberlin, Allg. Welthist. XII
367, auch 285.

152. APHTHO- | NII SOPHISTAE PROGY- | mnaſmata, Partim
à Rodolpho | *Agricola, partim à Ioanne Maria Catanæo latini* |
tate quondam donata: Iam recens longè terſius edi | *ta, ſimul*
ac Scholijs luculentis, nouiſq̃ complurib. | *Exemplis illustrata,*
Per Reinhardum Lo- | *richium Hadamarium.* || AD RHETO-
RICES CANDI- | *datos Tetrastichon, Eiuſdem.* || Tradita biſ-
ſeptem præludia Rhetoris, arte | Quám dedit Aphthonius uix
potiore, leges. | Quæ tibi ſi fuerint ſtudio bene culta feraci, |
Rhetorica fieri clarus in arte queas. || [*Druckerzeichen Nr. 67A*] ||
Cum gratia & Priuilegio Imperiali. | MARPVRGI, *In officina*
Chri- | *ſtiani Egenolphi.* ||

In 8°, 224 Bll. Sign. *2 *3 A—Z5 Aa—Ee5 (Dd hat 4 Bll). Seitencuſtt,
von Bl 5—223 Foliirung 1—219. Text kleine Curaiv, 26 Zz, und mittelgr.
Antiqua, Clmtt, einige Initialen. — Bl 1v leer; 2r Reinh. Lorichs Zuschr. Senatui
Populoque August., dat. 4r Hadamar. prid. Kal. Janr. 1542, Index, Textanfang
fol. 1r, Schluss 219v16 || FINIS. || MARPVRGI, *Anno* M.D.XLII. | *Menſe*
Martio. | und ein Druckfehler. Letztes Bl (224) r *Druckerzeichen Nr. 67B,*
v leer. — In Weilburg, H. B. g. 604 (A, 25).

Cat. der Bibl. d. Kgl. Gymn. zu Weilburg. Progr. 1877/78 S 14 Nr. 8.
— Erste Ausgabe, Strieder VIII 98 und IX 415 kannte nur spätere. Seine
Ausg. von 1546 druckte Egenolff in Frankfurt, Bibl. Vaticana II. stamp. I
(lat.) Nr. 2496.

153.   Der Prophet | Joel, gepredigt vnd auß- | gelegt, Durch M. Johan
Robu- | phonta, Pfarrherrn zu | Marpurg. || Jeremie xxvj. | So beffert
nun ewer wefen vnd wan- | del, vnd gehorchet der ftim des Herrens, |
So wirdt er auch fich rewen laffen, des | vbels, das er wider euch
geredt hat. || Marpurg. ||

In 8°, 160 Bll, und zwar: Vorstoss 8 Bll mit Sign. a 2—a 6; Text 152 Bll
mit Sign. A—Tv und Foliirung ij—clj, wobei in den Bogen C—G der Vorstoss
mitgezählt ist; Seitencustt. Textschwab. aus Nr. 114, 23 Zz und Clmtt., auf
6 r 9 r grosses Fractur-D. — Bl 1 v leer; 2 r Zuschr. an Elisabeth von Braunschweig, 6 r Vorrede, 8 v Inhalt, 9 r Anfang der Auslegung, fol. clj r Schluss,
Errata, und ebd. v 13
        Getruckt zu Marpurg, | Bei Chriftian Egenolph. | Anno Dñi
M.D.XLII. | Menfe Maio. ||
letztes Bl (160) leer. — In München, Exeg. 219 Nr. 2.
    v. d. Hardt I 428. Eine in Gesneri Epit. 1555 fol. 108 v l. 21, vgl.
Gesner-Simler 410 l. 55, aufgeführte Ausg. Marpurgi 1536 habe ich nicht
gesehen, zweifle auch an ihrer Existenz.

153a.   VOn Gots gnaden, Wir Johans Friderich Hertzog zu Sachfen,
... | ... | Vnd von den felben gnaden, Wir Philips Landtgraue zu
Heffen ... | Fügen dir Heinrichen, ... zuwiffen, ...
    ... Datum Eifennach, ... | ... Den dreitzehenden des Monats Julij.
Anno Domini Funfftzehenhundert, viertzig zwey. ||

Absagebrief an Heinrich von Braunschweig. — Placat in Fol. obl., 40 Zz,
[aus *Egenolffs Officin in Marburg*], Z 1 3 Titelfract., sonst die Textschwab.
aus Nr. 114, zu Anfang vor der Columne das grosse Fractur-B aus Nr. 116
(eingeklebt). — In Marburg, Bibl. in VIII B 443 m.
    Hortleder I 4, 36. Vgl. Lauze I 484; Rommel, Philipp I 461; Haber-
lin, Allg. Welthist. XII 368.

154.   Perdis mendaces, fanguinarios, & fraudu- | lentos abomi-
naris Domine. || Bifach, Warumb [so] von | Gottes gnaden wir Johans
Friderich | Hertzog zu Sachfen, ... | ... | ... | ... Vnd Philips Landtgraue
zu Hef- | fen, ... In namen ge- | meyner verftendtnus, Die Stet
Goslar, vnd | Braunschweigt vor dem graufamen ge- | walt, Heinrichs,
der fich nennet den | Jüngern Hertzogen zu Braun- | fchweig vnnd
Lüneburg, | befchirmen, fchützen, | vmb retten | müffen. | ❦ ||

In 4°, 26 Bll, Sign. aij—fiilj und Seitencustt. [Aus *Egenolffs Officin in
Marburg*], Typen dessen gewöhnliche Titelfract. und Textschwab., 31 Zz. —

Bl 1v leer; Anfang 2r (grosses Fract.-B aus Nr. 116), Schluss 25r0 ... Datum
Mon- | tags nach Margarethe. Anno. x. XLII. ‖ Rest der S, v, und Bl 26 leer.
— In Marburg, Arch. IX B 4133.

　　Hortleder I 4, 38. Vgl. Lauze I 484; Häberlin, Allg. Welthist. XII 368.

155. Antwort, des Durch- | leuchtigen hochgebornen Fürsten vnd | Herrn,
herrn Philipsen Landtgrauen zů Heffen, ... | ... | ... den personen, so
sich anmaffen | das Kayserliche Cammergericht zube- | fitzen, auff eyn
vnformlich vnge- | schickt manbat, gegeben. ‖ [*Wappen Nr. 49*]

　　In 4°, 6 Bll, Sign. Aij—Aiiij und Seitencustt. [*Aus Egenolffs Officin in
Marburg*], Textschwab. aus Nr. 114, 31 Zz. — Bl 1v leer; 2r Anfang (grosses
Fract.-B aus Nr. 150), Schluss 5v21 ... Datum ... | ... in vnferm feldtleger zů
Holtzmin, am Doner- | ftag nach Jacobi, Anno x. vierzig zwey. ‖ Rest der S und
Bl 6 leer. — In Marburg, Arch. IX B 4139.

　　Hortleder I 7, 20; Luth. Schrr von Walch XVII S 1745. Andrer Dr.
Thesaur. Weigel. 95. Vgl. Häberlin, Allg. Welthist. XII 370.

156. ☛ RHETO- | RICA PLENA AC RE- | FERTA EXEMPLIS
QVÆ SVC- | cinctarum declamationum loco effe | poffunt, Iam
rurfum cafti- | gatius ædita. ‖ AVTORE M. ERASMO SAR- | .
cerio Annæmontano. ‖ [*Druckerzeichen Nr. 67A*] ‖ MARPVRGI
ex officina | Chrift. Egen. ‖

　　Neuer Druck von Nr. 115, Inhalt gleichlautend, typogr. Form und Einrichtung ebenso, nur andre Initialen. — In Berlin, Xb 793.
　　Die 1. Ausg. s. Nr. 87.

157. Das Chriftlich Seelen | Gärtlin. ‖ DEr Chriftlich | Glawb, in
Got | tes Wort gegründet. | D. Ioannes Draconites. ‖ Hab. II. |
Der Gerecht wird feines Glaubens leben. ‖ Marpurg. Chr. Egenolff. ‖

　　In 8°, 36 Bll, Sign. Aij—Giiij (4 Bll), Blattcustt. (fehlen 5—7) und auf den
Bll ohne Sign. auch Seitencustt. (fehlt 6r). *Titelbordure Nr. 38.* Der Inhalt
des Büchleins ist eine Begründung der Sätze des Glaubens durch Sprüche aus
der Schrift, nach Art eines Katechismus in Frage und Antwort gestellt. Unter
den Typen eine in Egenolffs Marb. Drr nur ganz seltne grosse starke Textschwab., 18v hat 20 Zz. — Bl 1v leer; 2r Zuschr. an den Rath zu Bremen,
dat. 3v Marb. am Christtage 1542; 4r/v der ganze Text des Glaubens, 5r An-
fang der Katechisation ‖ I. | Jch Glewbe an Gott. ‖ Wo ift difer Artickel in der
Schrifft | gegründet? ‖ Exodi am XX. | JCh bin der HERRE dein | Got, ... Schluss
35v 4 und

　　　　　Zů Marpurg bei Chri- | ftian Egenolph. ‖
Rest der S und Bl 36 leer. — In München, Exeg. 1179.

　　*v. d. Hardt I 428; Strieder III 204; Strobel, N. Beitrr IV 1, 76;
Beck, Erbauungslitt. I 191.*

158.   HYMNVS | PASCHALIS CHRI- | ſti reſurgentis, H. Eobano
Heſſo au | tore, nuper inuentus, & æditus | in Schola Marpur-
genſi. ‖ EPISTOLA DE VE- | RA NOBILITATE AD REVE. |
& illuſt. Philippum Abbatem Fuldenſem. ‖ SYLVA SACRARVM
ELE | giarum uniuerſam Chriſti uitam | complexa.   Nicol.
Aſclepio | Barbato autore. ‖ ODAE DAVIDICI PSALTE- | rij
tres, paſſionem Chriſti & uicto- | riam continentis. ‖ Excuſum
Martispurgi. ‖

In 8°, 64 Bll, Sign. A 2 — H 5 und Seitencuſtt. Textſchr. kleine Cursiv,
26 Zz und Clmtt mit Antiquavrss, Initialen von verschiedner Art und Grösse,
auf 51 r das I mit dem Löwen aus Nr. 145. — Bl 1v leer; 2 r Zuschr. Philippo
Schencken ex Sweynsburg und die Gedichte von Asclepius, 52 v zwei Elegien
Eobans Jo. Megabaccho und Lectori, dann 54 r sein Hymnus paschalis, Schluss
63 v 7 ‖ FINIS ‖ und
MARPVRGI, IN OFFICINA | Chriſtiani Egenolphi. | ANNO
M.D.XLII. ‖
Bl 64 fehlt, ist aber gewiss leer. — In Marburg, Bibl. XIX c C 2084.
Krause II 243 f. und *I 193 Anm. 1*; *Bibl. Vaticana II. stamp. I (lat.)
Nr. 215.*

159.   [IO. DRACONITES, Leichpredigt über Hiob 19. auf den
Tod Gerhardi Noviomagi.   Marpurg 1542 4°]
So bei *Strobel, N. Beitrr IV 1, 76*, vgl, J. B. Ritter, evangel. Denkm. v.
Frankf. 234 Anm.   *Strieder III 204* hat: *aus I Cor. XV 20*, vgl. *Gesner-
Simler 361 l. 23.*

160.   [GERARDI GELDENHAVRII NOVIOMAGI Catalogus Epi-
ſcoporum Ultrajectinorum.   Marpurgi 1542 8°]
So bei *Strieder IV 360*, woraus auf einen Einzeldruck zu schliessen ist,
den es aber schwerlich giebt, Strieder kennt die Schrift auch wohl nur aus
den von ihm angeführten Abdrr bei Barland und Scriver. Erschienen ist sie
wirklich in Marburg 1542, aber in der von Geldenhauer hrsg. Samml. Nr. 145,
wie schon bei *Gesner-Simler 236 l. 62* richtig angezeigt ist; sie steht darin
auf Bl 28—39 mit Kopftitel *Historia et Catalogus Episcoporum Vltraiectinorum,
è germanico latinus factus Ger. Noviomago interprete.*   Doch auch diese
Samml. kann Strieder, wiewohl er sie erwähnt, nicht selbst gesehen haben;
denn er hat, abgesehen von seinem ungenauen oder gemachten Titel (German.
histor. *collectanea*), nicht angemerkt, dass der Catalogus darin enthalten ist,
während er doch die vorhin genannten Geschichtswerke, die ihn wieder abgedruckt haben, verzeichnet.   Alle Anfragen nach einem Einzeldruck des Catalogus
sind erfolglos geblieben.

161.   QVADRANTIS | VSVS ET EXPLICATIO | BREVIS. | Per
Ioannem Dryandrum Medicum, | Profeſſorem Marpurgenſem. ‖
[*Wappen Nr. 49*]

In 4°, 8 Bll, Sign. Aij — B 3 und Seitencustt. [Aus *Egenolffs Officin*].
Textschrr mittelgr. Antiqua und kleine Cursiv, 33 und 36 Zs. 2 Initialen, auf
4 v der Zodiacus aus Nr. 66 63, 5 v noch eine astronom. Figur. — Bl 1 v Zuschr.
Simoni Bing, dat. Marp. 14. Kal. Sptbr. 1541; Textanfang 2 r, Schluss 8 r 30,
Corriganda 2 Zs, und

Impreffum Marpurgi, Anno M.D.XLII. ||

v leer. — In Marburg, Bibl. XIII B.

Graesse, Trésor II 437; Lucius IV 97. — Vgl. hier Nr. 132 231.

162. Für die Stett vnd Ge- | richte. || WRfer Philipfen, von Gottes |
gnaden, Landtgrauen zů Heffenn, | ... | ... Vnderthanen, vnd lieben
getrew- | en, von den Stetten vnd Lantfchafft. So wir in | gemeyn
auß vnfern Fürftenthumb, vnnd Graue- | fchafften, Prima Januarij,
gehn Caffel, der | hilff halben, wider den Türden, zů vns be- | fchrieben
vnd erfordert haben, eyner ge- | meynen ftewer, vnderthheniglich be- |
willigten anlage, verfaffung | vnnd ordnung. || [*Wappen Nr. 45 B*]

In 4°, 6 Bll, Sign. aij—aiiij und Seitencustt. [*Marburg, aus Egenolffs
Officin 1542*]. Textschwab. aus Nr. 114, 31 Zs, auf 2 r grosses K mit einem
geflügelten nackten Knaben auf einem Arabeskenfläche in diagon. schraff,
Viereck h. 40 mm. — Bl 1 v leer; Anfang 2 r, Schluss 6 r 13 und *Wappen Nr. 47*,
v leer. — In Marburg, Arch. IX B 4254.

Ist die in einigen Punkten veränderte Ordnung der Türkensteuer vom
12. Juli 1532, vgl. hier Nr. 103 Bl 2 r — 4 v 5, *Kleinschmid II 245—248.*
Der Druck ist wahrscheinlich von 1542. Vgl. Nr. 148—148 b.

163. HELII EOBANI | HESSI, POETAE EXCELLENTISS. ET |
Amicorum ipfius, Epiftolarum familiarium Libri XII. || *Quibus
non modo Vita illius, fed & aliarum rerum defcriptiones pul- |
cherr. fcituQ; digniß. continentur.* || Ad Lectorem. | *Heßi Poetæ
fi quis effigiem cupis, | Veræq; uitæ cernere aliquam imaginem. |
Has illius licet legas epistolas, | Quietis, & fecretiorum inter-
pretes. | Nam nullius ita faciem Apelles pinxerit, | Aut ora
fpeculum obuerfa fic certo refert, | Vt certa mentis est imago,
oratio.* || [*Druckerzeichen Nr. 67 A*] || Marpurgi, Hefforum. | Chri-
ftianus Egenolphus excudebat. ||

Herausgeber *Johannes Draconites.* — In Fol., 158 Bll, und zwar: Titel und
Vorst. 8 Bll, Sign. *2—*5; Text 150 Bll, Sign. A—Ziiij a—biiij (alle Lagen
Ternionen), Blatt- und auf den signaturlosen Bll auch Seitencustt., Paginirung
1—299. Textschrr über mittelgr. Antiqua und Cursiv, 40,41 Zs und Clmtt. Viele
Initialen, darunter grosse mit Bildern in weissem Quadrat h. 34 mm, aus dem
bei *Butsch II Taf. 46* abgebildeten Alphab., die übrigen kleine mit zierlichem
weissem Ornament in schwarzem Viereck &c. — Bl 1 v leer; 2 r poet. Zuschr. des
Hragbrs an Jo. Rudelius, 3 r Epiced. Eobano Hesso von Jac. Micyllus, 8 r Epitaph.
für Eoban von Janus Cornarius, 8 v Verzeichn. der Brieffteller und Empfänger.

Pag. 1 ⅏ HELII EOBANI | HESSI, ITEM AMICORVM IPSIVS | quorundam,
Epiſtolarum Familiarium Liber I. ⁋ ... pag. 299 Z 27 ⁋ LIBRI DVODECIMI ET
VL- | timi finis. ⁋

MARPVRGI, Apud Chriſtianum Egenol- | phum Hada-
marium, ANNO 1543. | Menſe Martio. || ⸱⸱⸱ ⸱⸱⸱ ⸱⸱⸱⸱⸱⸱⸱ H ⸱⸱
Reſt der 8 leer, v *Druckerzeichen Nr. 67A*. — In Marburg, Bibl. XVI A 29.

*Gesner-Simler 270 l. 53; Hirsch, Mill. IV 846; Strobel, N. Beitrr
III 2 S 71—96; Clement, Bibl. cur. VIII 63; Krause II 263 f.* In
Freytags Adpar. litt. III 36 ist 1545 als Druckjahr ungegeben und ausdrücklich so: *MDXLV. (1545)* geschrieben, wonach man ein Versehen für
ausgeschlossen halten müßte, wenn Freytag die Ausgabe von 1543 nicht
ganz unerwähnt gelassen hätte. Will im Nürnb. Gel. Lex. II 106 hat 1543,
Suppl. II 83 aber wohl nur nach Freytag 1545. In Eberts Bibliogr. Lex.
Nr. 6740 ist 1545 erwiesenermassen ein Druckfehler, denn das von ihm
benutzte Ex. der Königl. Biblioth. in Dresden hat, nach eingezogener Erkundigung, 1543. Weder Strobel in seiner ausführlichen Anzeige, noch
Krause, Strieder und andre Bibliographen, wissen etwas von einer Ausgabe
von 1545.

164. ⅏ DE RE- | CTIS MEDICINAE STVDI- | is amplectendis,
Oratio habita Groni- | bergæ *Heſſorum, Coram celebri Vni-
uerſitatis | Marpurgen. Scholæ, eò ad tempus transla- | ta. Per
IANVM CORNARI | VM *Medicum Phiſicum, & | publicum
Profeſſorem*. || [*Druckerzeichen Nr. 67A*] || MARPVRGI *Heſſorum*. ||
In 8°, 16 Bll, Sign. A 2—B 5 und Blattcustt, auf den 3 letzten Bll jedes
Bogens auch Seitencustt. Text mittelgr. Antiqua, 25 Zs und Clmtt, Mrgg,
2 Initialen. — Bl 1v Zuschr. D. Iusto Studæo, Anfang der Oratio 2 r, Schluss
15 r 16, eine Correctur, und

Chr. Egenolphus excudebat. | Menſe Martio. M. D. XLIII. ||
v und Bl 16 leer. — In Wernigerode, M o 152.

*Lindenius renov. 503; Strieder II 309; Bibl. Vaticana U. stamp. I
(lat.) Nr. 1439.*

165.   Was im namen des | Heiligen Euangeli vnſers Herrenn | Jeſu
Chriſti, ietzund zů Boñ jm Stifft Cöllen, | gelehret vnnd geprediget
würdt. || Das der dienſt der ſelbigen predigen | vnd lehre zů Boñ
ordenlich fürgenommen iſt, vnd | geübt wirdt, alſo das die Chriſten
des ein | gůt gefallen, vnd kein beſchwerden | billich haben ſollen. ||
Das die Chriſten auß ſolchem dienſt | vberal ſich kannes argen, oder
vnrathß zů beſoren, | ſonder aller gnaden vnd ſegen Gottes, zů | zeit-
licher vnd ewiger wolfart, ge- | wißlich zuerwarten haben. || Jeſaie 5. |
Wehe denen die böſes gůt, vnd gůtes böſes heyſſen, Die | fünſternüß
zum liecht, vnd liecht zur fünſternüß machen. || Johan. 8. | Iſt Got

euwer Batter, warumb lennel ihr dan mein red nicht. || Durch Martinum Bucerum jeßundt dienen- | de dem H. Euangelio Chrlſti zu Boñ. ||

In 4°, 78 Bll., Sign. a 2—hllij A—Llij (h ein Tern.) und Seitencustt. Textschr. mittelgr. Schwab. mit ganz kurzen Commastrichen, 31/32 Zz., Mrgg und Register am Schlusse mit kleinerer alter Schwab.; Titelz. 1 und 35 r 1 sehr grosse, sonst in Titel und Lemm. noch eine weniger grosse Fract., auf 2 r 35 r sehr grosses B und D in verzierter Canzleifract. — Bl 1 v leer; 2 r Vorw., 4 v || Der erste teyl ..., dessen Schluss 34 r 20, Rest der S und v leer. Dann 35 r mit der neuen Sign. A || Das ander theil ..., 67 v || Der britte theyl, ... Schluss 77 r 20 | *Scriptum Bonnæ X. Martij, Anno* M.D.XLIII. ||, dann Index und 78 r 37

Getrudt zu Marpurg, bey Her | man Baſtian. ||

v leer. — In Cassel, H. eccl. Ref. 4° 46.

Ist die 1. Ausg. von Butzers erster Vertheidigung seiner reformatorischen Lehrthätigkeit in Bonn, *Baum, Capito und Butzer Nr. 65* (44 Bll?), *Varrentrapp, Hermann von Wied 153.* Der Druck war am 1. April (Quasimodogen.) fertig, vgl. den vorne in den Notizen zu Bastian angeführten Brief Butzers an den Rath von Cöln. Im nächsten Jahre erschien folgender Neudruck: Das Euangellonn | nun zu Bonn im erß Stifft Cöllen, | gelehret vnd gepredigel würdt. || Das diese Lehre vnd Predige, Wie recht | vnd ordenlich angestellet seye vnnb | geübet werde. || Das barauß tleinn vnrath, sonder Gottes | gnad vnd segen zu erwarten seye. || Durch Martinum Bucerum. || Jesaie. 5. | ... | ... || Johan. 8. | ... || Samt dem Brtheyl der verordneten von | der Cleriſey zu Cöllen, auff die Schrifft Mar- | tini Buceri zu Bonn außgangen. [so] || In 4°, Sign. alj—hllij A—Rlij, Bl 34 v wie im ersten Dr. leer; am Schlusse || Gebrudt zu Bonn bey Laurens von der Mülen. | Anno. M.D.XL.JJJJ. || Dann folgt mit neuer Sign. das Urtheil der Cölner Universität und Cleriſey. Vgl. Varrentrapp a. O. 154, fehlt bei Baum. In Frankfurt a. M., th. k. IV 43.

166. Philips, von Gots gnaden, Landtgraue zu Hessen, | ... || Lieber getrewer, Wir geben bir gnediger meynung zuerkennen, | Das der von Braunschweig, ... | ... wider vns vnd vnsere verwandten stehet, ...
... Datum Cassel, den Zwölfften | tag Aprilis, Anno ꝛc. 43. ||

Ausschreiben Philipps von Hessen an seine Lehnsleute, sich gerüstet zu Hause zu halten. — In Fol. obl., ½ Bogen, 2 und 11 Zz. [aus *Egenolffs Officin in Marburg*], Z 1 und 3 grosse Fract., sonst die Textschwab. aus Nr. 114, das grosse L ist aus Nr. 127 und steht vor der Columne. — In Marburg, Archiv.

167. COSMO- | GRAPHIAE INTRO- | DVCTIO: CVM QVIBVS- DAM | Geometriæ ac Aftronomiæ | principijs, ad eam rem | neceffarijs. || MARPVRGI. ||

In 8°, 30 Bll., Sign. *2 *3 (4 Bll) A—C6 (C 10 Bll) und Seitencustt. Text kleine Cursiv, 27 Zz, auf 2 r 5 r Initialen. — Bl 1 v leer; 2 r des Hrsgbrs *Jo. Dryander* Zuschr. Vuolffg. Siboto Hesso, dat. 4 r 13 Marp. Kal. Maij 1543, 4 v leer. Textanfang 5 r, Schluss 30 r 5 und

EXCVSVM MARPVRGI | Per Andream Colbium, | Anno
à Virgineo | partu | M. D. XLIII. ||
Rest der 8 und v leer. — In Marburg. Bibl. XIII d C 124.
Dryander bezieht sich in seiner Vorrede auf eine in Ingolstadt von
Petrus Apianus gedruckte Ausg. dieser Schrift; der mir vorliegende Ingol-
städter Dr. in 8° (vgl. Panzer VII 128 Nr. 22) mit Hschnn, hat auf dem Titel
EXCVSVM INGOLSTADII. | M.D.XXIX., auf Bl 31 v aber Ingolstadij, Anno |
M.D.XXXII. Aber auch diese Ingolst. Ausg. ist wohl nur die *Cosmographiae
introductio* von *Mart. Waldsee-Müller* oder *Hylacomylus* (ohne die vier
Reisen des Amerigo Vespucci), die zuerst Deodatas 1507 in 4° erschien,
Brunet II 316 ff.

168. $\mathfrak{Philips}$, von $\mathfrak{Gots}$ gnaben, $\mathfrak{Landtgraue}$ | $\mathfrak{zu}$ $\mathfrak{Hessen}$, ... | ... ||
$\mathfrak{Lieben}$ $\mathfrak{getrewen}$, $\mathfrak{Wir}$ $\mathfrak{lönnen}$ $\mathfrak{euch}$ $\mathfrak{gnebiger}$ $\mathfrak{güter}$ | $\mathfrak{meynung}$ $\mathfrak{nicht}$
$\mathfrak{verhalten}$, ...
... $\mathfrak{Datum}$ $\mathfrak{Cassel}$ $\mathfrak{am}$ 24. $\mathfrak{tag}$ $\mathfrak{Mai}$, $\mathfrak{Anno}$ 1543. ||
Ausschreiben Philipps von Hessen wider geringhaltige Münze. — In Fol.,
2 Bll, aber nur Bl 1, das r die Sign. A und einen Cust. hat, bedruckt, zusammen
3 und 72 Z; Bl 2 ganz leer. Drucker [*Andreas Kolbe*], Textschwab. aus Nr.
114, am Textanfange, vor der Columne, ziemlich grosses Fractur-L. — In
Berlin, G p 16. 306.
Kleinschmid I 126.

169.   SPHAERAE | SIVE GLOBI ASTRI· | FERI EXPLICATIO
ET VSVS, | per Ioan. Dryandrum, | Medicum. || [*Holzschnitt*]
Neue Bearbeitung von Nr. 114. — In 8°, 48 Bll, Sign. A 2 — F 5 und
Seitencustt. Text kleine Cursiv, 27 Z, auf 3 v das grosse S aus Nr. 131. Das
Meteoroscopion auf dem Titel, und die 4 astronom. Figg sammt dem Zodiacus
im Text, sind alle aus Nr. 83 66. — Bl 1 v Epigr., 2 r Zuschr. D. Io. Megobacho,
dat. Marp. Kal. Maij 1543, Textanfang 3 v, Schluss 48 r 13 und
IMPRESSVM MARPVRGI PER | Andream Kolbium, Ca-
lend. | Iunij, Anno &c. XLIII. ||
Rest der 8 und v leer. — In Marburg, Bibl. XIII d C 124.

170.   CYLINDRI | VSVS ET CANONES, | PER IOAN. DRY-
ANDRVM, | D. Medicinæ, & Profeffo· | rem Marpurgen· | fem. ||
[*Wappen Nr. 46 B*]
In 8°, 16 Bll, Sign. A 2 — B 5 und Seitencustt. Text kleine Cursiv, 26 Z
und Clmtt, auf 2 r 5 v Initialen. — Bl 1 v leer; 2 r Zuschr. an Heinr. Broch,
Coloniens. civium Moderat. prim., dat. 5 r Marp. Kal. Junij 1543. — Bl 5 v
Textanfang, 10 v und daneben auf einem eingefügten Bl in 4° Abbildg des
Cylinders: DRYANDER. REPARAVIT. AN: 1537 ... $\mathfrak{was}$ $\mathfrak{braucht}$ $\mathfrak{disser}$ $\mathfrak{Cy}$ | $\mathfrak{linder}$
$\mathfrak{oder}$ $\mathfrak{Sonnwer}$ | $\mathfrak{innhalte}$, $\mathfrak{lorßer}$ $\mathfrak{be}$- | $\mathfrak{richt}$ ... Schluss 15 r 14 und
IMPRESSVM MARPVRGI PER | Andream Kolbium, Ca-
lend. | Iunij, Anno &c. XLIII. ||

15 v ❙ Correctura. ❙ ..., 13 Zs, Rest der 8 und Bl 16 leer. — In Darmstadt,
P 4617;500.

171. Außzůg aus vnſer von Gotts gnaden Philipſen ❘ Landtgrauen zů
Heſſen, ... ozdnung, ❘ für alle Wirt vnd gafthalter, vnſerer Fürſten-
thumb, Graue- ❘ ſchafften, Lande, vnd gepiete. ❙
   Placat in hoch Fol., gedr. [Marburg bei Andreas Kolbe]. Kopftitel und
46 Zs, Titels. 1, Textz. 1, und 2 Lemm. grosse Fractur, sonst die Textschwab.
aus Nr. 114, am Textanfange (vor der Columne) grosses Fractur-D. Datirt
Cassel 3. Juni 1543. — In Marburg, Archiv.
   Kleinschmid I 132.

172. Ozdenung von Gots gnaden, ❘ Vnſer Philipſen Landtgrauen zů
Heſſen, ... ❘ ... ❘ ... Jnn ettlichen Notwendigen, zů erhaltung ❘ Chriſt-
licher Zůcht vnd Erbarkeyt, Auch gů- ❘ ter Pollicei, dienlichen Puncten ❘
vnd articuln. ❙ VERBVM DOMINI MANET IN ❘ ÆTERNVM. ❙
   [Wappen Nr. 48]
   In Fol., 6 Bll, Sign. Alj—Alllj und Seitencustt. Drucker [Andreas Kolbe].
Textschwab. aus Nr. 114, 3 r hat 41 Zz. — Bl 1 v leer; Anfang 2 r, Schlussdat.
6 r 20;21 Cassel 3. Juni 1543 und
            Getruckt zů Marpurg. ❘ im jar M.D.XLIII. ❙
Rest der 8 und v leer. — In Giessen, ℒ 10,860.
   Kleinschmid I 127—131.

173. IOBVS, ❘ PATIEN- ❘ TIAE SPECTACV- ❘ LVM, IN CO-
MOEDIAM ET ❘ Actum Comicum nuper ❘ redactus à Ioanne ❘
Lorichio Ha- ❘ damario. ❙ DII COEPTA SECVNDENT. ❙ MAR-
PVRGI. ❙
   In 8°, 40 Bll, Sign. A 2 — E 5, Seitencustt, Foliirung 2—39. Text kleine
Curaiv, 26 Zz und Clmtt, 3 v das grosse B aus Nr. 131, 9 r grosses H mit zwei
sich raufenden Knaben in schwarzem Viereck. — Alles in Versen. Bl 1 v leer; 2 r
ad Io. Lorichium, Ingolst. Gymn. Prof., ex fratre suo nepotem, Reinh. Lorichii
Ode Sapphica ..., dat. Marp. 9. Kal. Aug. 1543; 3 v Comoediae dedicatio ad Io.
Lorichium, Arcis Hadam. praef., avum suum ..., 7 r ❘ IOBI COMOEDIAE ❘ AR-
GVMENTVM. ❙ ..., 7 v 7 ❘ PERSONAE. ❙ ..., 8 r ❘ PROLOGVS. ❙ ..., 9 r ❘ ACTVS ❘
PRIMVS. ❙ ..., 38 v 26 ❙ FINIS. ❙, 39 r ❘ CONCLVSIO ❘ COMOEDIAE. ❙ ..., v 8
     MARPVRGI CHRI- ❘ STIANVS ÆGENOLPHVS ❘ excude-
bat, Menſe ❘ Auguſto, Anno ❘ 1543. ❙
Rest der 8 und Bl 40 leer. — In Marburg, Archiv.
   Originaldruck, Gesner 434 v; c. d. Hardt I 452; Hirsch, Mill. III 740;
Rotermund b. Jöcher; Goedeke II 137, 20. Das Impr. Marpurgi 1547 in
Sinners Catal. der Berner Bibl. II 983 beruht, nach eingezogener Erkundigung,
auf einem Druckfehler. Hingegen befindet sich ein Abdruck des Stückes

nach unsrer Marb. Ausg. von 1543 in der Samml. *Dramata sacra è Vet.*
Test. desumpta, Basileae ap. Oporinum 1547 8° 2 voll, II 50—107.
Goedeke hat diesen Abdruck nicht angeführt, weil er (II 132 B) die Samml.
nur aus Ebert 6397 kannte, wiewohl sie in Berlin und München sich befindet.
Beschrieben ist sie von H. Holstein in Zeitschr. f. dtsche Philol. XX 1888 S 99.

174.   [*Kopfleiste*] ‖ IN DIOSCORIDAE ‖ ANAZARBEI DE RE
MEDICA ‖ LIBROS, A VIRGILIO MARCELLO ‖ uerfos, Scholia
noua, Ioanne ‖ Lonicero autore. ‖ CVM RERVM ET VOCABV-
LORVM, ‖ quœ hifce Scholijs infunt, Indice. ‖ [*Druckerzeichen*
Nr. 67 A] ‖ MARPVRGI CHRISTIANVS ‖ Ægenolphus excu-
debat. ‖

In Fol., 98 Bll, und zwar: Titel und Vorst. 10 Bll mit Sign. α2—α4 β β2;
Text 88 Bll mit Sign. A—P3, mit Ausnahme von P alles Ternionen, Foliirung
1—87, Seitencustt. Textschr. kleine Cursiv, 53 Zs, Clmtt, Mrgg, verschiedne
Initialen. — Bl 1v leer; 2r Zuschr. des Lonicerus Christ. Egenolpho Typographo
Francofordiensi, dat. Marp. 1543, dann Indices; Anfang der Scholien TextfoL 1,
Schluss fol. 87r, dann 87v zwei Errata und

EXCVSVM MARPVRGI PER ‖ CHRISTIANVM AEGE-
NOLPHVM, MEN- ‖ fe Augufto, Anno Millefimo quin- ‖ gente-
fimo quadragefi- ‖ mortertio. ‖

Rest der S und letztes Bl (98) leer. — In Cassel, Hist. nat. veget. Fol. 36.

Gesner 434r; *Lindenius renoc. 627; Strieder VIII 83; Rotermund b.
Jöcher Nr. 24; Bibl. Vaticana, ll. stamp. I (lat.) Nr. 13.*

175.   Sonnawern allerhandt ‖ künstlich zumachen, An die Maurn vnd ‖
Wende. Auff eyn ebne vnd gleichen plaß. ‖ An die seitten eyns vier-
ecketen vnd würffelechten ‖ floß, Truncus genant. ‖ Compaſs zů der
Sonnen gerecht zube- ‖ reytten. Auffs new vberfehen vnd gebeffert,
durch ‖ D. Ioan. Dryander Medicum Marpurgenfem. ‖ Anno Dñi.
M.D.XLIII. ‖ [*Holzschnitt*]

In 4°, 12 Bll, Sign. α2—c3 und Seitencustt. Textschwab. aus Nr. 114,
auf 3r sind 33 Zs. Im Text 7 astronom. Figg und eine Wiederh. der auf dem
Titel stehenden Abbildg eines Quadranten, alle aus der unten bezeichneten
1. Ausg. — Bl 1v Zuschr. an Johan Kreuttern, dat. Cassel S. Margaretentag
1543, Textanfang 2r, Schluss 11v, 12r der Kranz mit VERBVM ‖ DOMINI ...
aus Nr. 110 und

Getrudt zů Marpurg, Durch ‖ Christianum Egenolphum, im jar,
als man ‖ zalt nach der geburt Christi, Vnfers ‖ Seligmachers
M.D.XLIII. ‖ Den erften tag des Herbft- ‖ monats. ‖

Darunter *Druckerzeichen Nr. 67A.* — In Marburg, Bibl. XIII d B 131 n.

Die 1. Ausg. war Frankf. b. Egenolff 1536 4° 12 Bll, ohne die Zuschr.
an Kreutter, erschienen (Grässe, Tresor II 437). Strieder hat beide Ausgg
nicht gekannt. — VgL hier Nr. 182.

176.   PSAL- | TERIVM. | IOANNE DRACONITE | Interprete ||
In 8°, 140 Bll mit Sign. A 2—S 5 (R 4 Bll), Seitencustt und Foliirung
2—140. [Aus *Egenolffs Officin in Marburg*], der Titel steht in der *Bordure
Nr. 39*, Textschr. mittelgr. Antiqua, 24 Zz und Clmtt, einige Initialen in der
Manier der Bordure. — Die Uebersetzung ist in 3 Bücher von je 50 Psalmen
getheilt. Bl 1v || ODE DICOLOS DISTROPHOS. | ... an Philipp von Hessen
(kleine Cursiv), Anfang des Psalters 2r, Schluss 140r 11 und 7 Correcturen,
v leer. Ohne alle Datirung. Dann folgt:

COMMEN- | TARIVS. | IN | PSALTERIVM: | & Pfalmo-
rum ufus. | *Cum Indice.* | D. IOAN- | NES DRA- | CONITES. ||
Pfalmo 102. | Mandetur hoc literis ac pofteris: ut Do- | minum
laudet populus creandus. || MARPVRGI. | 1543. ||

In 8°, 160 Bll, und zwar: Titel und Vorstoss 8 Bll, Sign. °2—°5; Text
152 Bll mit Sign. a2—t5, Seitencustt und Foliirung 2—147. Titelz. 1 2 4
7—9 13 sind roth, die Jahreszahl fehlt auf einem der mir bekannten andern
Exx. Vorstoss Antiqua, der Comment. kleine Cursiv, 26 Zz und Clmtt, verschiedne aus andern Drr Egenolffs bekannte Initialen, darunter auch das P mit
Delphin aus Nr. 121. — Bl 1v leer; 2r || ODE | MONOCOLOS: | AD | PA-
TRIAM. | ... 3r || OMNIVM | VSVS | PSALMORVM. || und das *Bild Nr. 8*,
3v—8v Inhalt der Psalmen, Bl 9r der in 3 Bücher getheilte Commentar,
jedes Buch mit eignem Seitentitel, der des ersten heisst || IN TOMVM | PSAL-
TERII | PRIMVM. | DOCTOR IOANNES | DRACONITES. | Die nur in der
Buchzahl verschiednen beiden andern Titel stehen auf 56r und 95r, auf ihren
Rückseiten 3 Oden ad Io. Megobacchum & Sim. Bingum, Sebast. Aetingerum,
Guil. Rincum. Schluss 146v, dann 147r eine Ode von Io. Pedionaeus Rhetus
an Landgr. Philipp pro Psalterio à Draconita recognito, ferner Index und 2
Correcturen, Bl 159 v 17

MARPVRGI IMPRESSVM | in officina Chriftiani | Ege-
nolphi. | ANNO. XLIII. ||

Bl 160 leer. — In Cassel, Interpr. sacri 8° 246.

Die bibliogr. Angaben über diesen Psalter mit Commentar sind ziemlich
verworren. *Psalterium et psalmorum usus Marp. 1540*, bei Strobel N. Beitrr
IV 1, 75, vgl. v. d. Hardt III 300 (verdr. *opus*), habe ich nicht gesehen, wenn
nicht etwa der Dr. Nr. 123, der den Usus aber nicht enthält, darunter zu
verstehen ist, was ich für wahrscheinlich halte. Den vorliegenden Comment.
von 1543 mit dem Usus hat *v. d. Hardt I 447* wie oben; dann aber ohne
den Usus auch III 333 unter dem Titel *In Tomum Psalterii prim., secund.
& tert. Comment. Jo. Draconitis Marp. 1543*, was offenbar nur eine Zu-
sammenziehung der drei Theiltitel ist, die 3 Theile sind möglicherweise auch
erst einzeln und dann zusammen unter dem obigen Haupttitel ausgegeben
worden. Bei Gesner 412v findet man *Psalterium ex hebraeo versum cum
scholiis seorsim adjunctis Marp. 1543*, und auch Draudius Bibl. class. 90,
Strobel 76 und Strieder III 204 haben diesen Titel aufgeführt, den ich
indess nur für einen von Gesner gemachten Collectivtitel halte, mit dem
nichts andres als der vorliegende Druck gemeint ist; unter den mehreren
mir bekannt gewordnen Exx befand sich keins mit diesem Titel. Wahr-

scheinlich reducirt sich das alles auf die 1. Ausg. der Psalmenübersetzung von 1540 Nr. 123, auf deren obige 2. Ausg., und auf den Commentar mit dem Usus und dem Druckdat. 1543 wie er hier vorliegt.

177. PARACLE- | SIS, ID EST, ADHOR | TATIO AD SACRA-
TISSIMAE | Theologiæ ſtudium in Marpur- | genſi Academia
celeberrima | iampridem habita, Per D. | THEOBALDVM |
Thamerum, Theolo- | giæ Profeſſo- | rem. ‖ Matthæi 9. | Ro-
gate Dominum meſſis, ut extru- | dat operarios in meſſem
ſuam. ‖ 2. Eſdr. 2. | Venite igitur ut ædificemus murum |
Hieruſalem, ne ſimus ultra | opprobrium. ‖ 1. Cor. 9. | Sic
currite, ut comprehendatis. ‖

In 8°, 24 Bll, Sign. A 2—C 5 und Seitencustt. Drucker [Andreas Kolbe].
Text kleine Cursiv, 26 Zz und Clmtt, 2 r das I mit dem Löwen aus Nr. 145.
— Bl 1 v leer; Anfang der Exhortatio 2 r, Schluss 24 v 10 | Amen.‖, darunter
der von zwei schwebenden Engeln getragene Schild aus Nr. 120, aber mit
anders gesetzter Inschrift ‖ V. D. M. I. E. | MARPVRGI. | 1543. ‖. — In Mar-
burg, Bibl. VIII C 948.
Das Jahr 1545 bei Strieder XVI 154 ist wohl nur ein aus Tilemann 71
aufgenommener Druckfehler.

178. RESPON | SIO AD IMPIAM | DELATIONEM PAR-
OCHO | rum Colonienſium, De communica | tione Sacra-
menti, corporis & | ſanguinis Chriſti ſub utra- | que ſpecie. ‖
Ad Senatum Colonienſem. ‖ Per D. Ioannem Oldendorpium. ‖
Anno M. D. XLIII. ‖

In 8°, 24 Bll, Sign. A 2—C 5, Seitencustt und Paginirung 3—47, Bl 1 v
und 24 v leer. Ohne Impr.; Oldendorps Zuschr. an den Cölner Senat hat zwar
pag. 11 die Unterschr. ‖ Ex Marpurgo Heſsorum, in- | ſigni Academia claro. ‖,
aber der Druck ist kein Marburger, sondern von Oldendorps gewöhnlichem
Buchdrucker, Joh. Gymnicus in Cöln. — In Bremen, XIII. 1. c. 24.
v. d. Hardt III 331; C. Krafft in Theol. Arbeiten II 67; Varrentrapp,
Herm. v. Wied 161 Anm. 3; vgl. auch Harder, in Ztschr. f. Hamb. Gesch.
IV 459 Anm. 2.

179. NOCTVR- | NALIS INSTRVMEN- | TI, PER QVOD HO-
RAE NOCTVR | næ addiſcuntur, COMPOSITIO & | VSVS,
ex uarijs autoribus, in gra- | tiam Aſtronomiæ ſtudio- | ſorum,
congeſti. ‖ PER IO. DRYANDRVM. ‖ MARPVRGI | Anno
1543. ‖

In 8°, 8 Bll, Sign. A 2—A 5 und Seitencustt. Drucker [Andreas Kolbe in
Marburg]. Textschrift kleine Cursiv, 27 Zz, auf 2 r 3 r Initialen, im Text 4
Abbildgg astronom. Instrumente (4 r der Zodiacus aus Nr. 66 83). — Bl 1 v leer;

2 r Zuschr. an Io. Seyler, dat. Marp. 6. Kal. Maij 1543; Textanfang 3 r, Schluss
8 r 28 | Finis. ‖ v leer. — In Leipzig, Astr. 8° 4.

Vgl. hier Nr. 103 a.

180. Recufation ſchꝛifft der | Durchleuchtigſten, durchleuchtigen, | Hoch-
gebornen, Fürſten, vnd Herrn, Herrn Johans | Friderichs Herɉogen ɉů
Sachſen, ... | ... Vnd Herrn | Philipſen Lantgrauen ɉů Heſſen, ... | ...
Auch von wegen anderer Fürſten, vnd | Stenb, jren Chůr vñ Fürſt-
lichen gnaben ɉůgewant, | vnd der waren Chꝛiſtlichen religion halber,
anɦen⸗ | gig, gegen vnd wider die perſonen, ſo yɉo das | Keyſerlich
Cammergericht ɉubeſiɉen | ſich anmaſſen, geſtelt vnd | auɉgangen. ‖
[Zwei Wappen Nr. 464] ‖ M.D.XLIII. ‖

In 4°, 12 Bll, Sign. a 2 — c 3 und Seitencustt. Drucker [Andreas Kolbe in
Marburg], Textschwab. aus Nr. 114, 31 Zs. — Bl 1v leer; Anfang 2 r (grosses
Fractur-B), Schluss 11 v 15, kleiner Druckerstock, Rest der 8 und Bl 12 leer.
— In Marburg, Bibl. VIII B 442.

Hortleder I 7, 21; Luthers Schrr v. Walch XVII S 67—81.

181. RECVSATIO IL- | LVSTRISSIMORVM PRINCIPVM, |
ET DOMINORVM. DOMINI IOHANNISFREDERICI, [so] | Ducis
Saxoniæ, ... | ... Et Domini Philippi Lantgrauij Heffiæ, |
... Etiam nomine | aliorum Principum, & Ordinum, qui uerœ |
& Chriftianæ Religionis fœdere, ipfis | funt coniuncti, aduerfum
Per- | fonas, quę Camerœ Imperialis | Iudicium fibi arrogant. |
Vt latinè eft reddita, | euulgata. ‖ [die Wappen Nr. 464] ‖
M.D.XLIII· ‖ Prouerb. 24. | Refpicere perfonam in iudicio non
eft bonum. ‖

Latein. Ausg. von Nr. 180. In 4°, 8 Bll, Sign. A 2 — B 3 und Seitencustt.
Drucker [Andreas Kolbe in Marburg]. Textschr. mittelgr. Antiqua, 34 Zs; —
Anfang 1 v (Init.), Schluss 8 r 16, darunter der Kranz mit VERBVM | DOMINI ...
aus Nr. 110, v leer. — In Marburg, Bibl. VIII B 459.

182. [IOANNIS DRYANDRI de horologiorum folarium varia
compofitione liber, excuf. Marpurgi apud Egenolphum 1543 8°]

So bei Gesner-Simler 362 l. 18; Strieder III 241. — Wohl nur Uebers.,
wenn nicht bloss von Gesner latein. angeführter Titel von Nr. 175.

183. [IOANNIS LONICERI Oratio funebris in obitum Jo. Ficini,
Cancell., Marpurgi 1543 4°]

So bei Strieder VIII 83, vgl. Gesner-Simler 392 l. 53.

184. METHODVS | SCRIPTVRAE DIVINAE, | Ad nuda Dida-
ctici generis præcepta : In | Theologorum ufum, fanctam fcri-
pturam | certa ratione tractandi fynceré : ingenti la- | bore
atq; diligentia per uniuerfam Scri- | pturam & SS. Patres
ordinata, proli- | xorum commentariorum ac Po- | ftillationum
uice, non tam | inter libros quàm thefau | ros reponenda. ||
M. Eraf. Sarcerio Annæmontano Autore. || *[Druckerzeichen Nr.*
67A] || MARPVRGI, *In officina* | *Chr. Egenolphi.* ||
   TOMVS SE- | CVNDVS METHO- | DI, IN PRAECIPVOS
SCRI- | pturæ diuinæ locos, in quo quinqua- | ginta noui loci
methodicè tra- | ctantur, qui in primo | Tomo non ha- | bentur. |
• || AVTORE ERASMO SARCERIO | .Annæmontano. || *[Drucker-*
zeichen Nr 67A] || MARPVRGI, *apud* | *Chr. Egenolphum.* ||

In 8°. *Theil I:* 372 Bll, nämlich: Titel & Vorst. 8 Bll, Sign. *a2—a5;*
Text 364 Bll, Sign. *a—z5* A—Z3 (4 Bll) und Foliirung 1—363. *Theil II:*
208 Bll, Sign. AA2—ZZ5 *aa—cc5* und Foliirung 2—205 106 (verdr. für 206).
In beiden Theilen Seitencustt; Textschrift Cursiv und Antiqua, 27 Zz und Clmtt,
keine Initialen. — *Theil I:* Bl 1v leer; 2r Zuschr. des Verf. an Heinrich VIII
von England, dat. 7v Sigenae Tengror. Kal. Sptbr. 1539, dann 1 Bl Index,
Textanfang fol. 1, Schluss 363v15 || FINIS PRIMI TOMI | locorum communium. |
Rest der S und letztes Bl (372) leer. *Theil II:* Bl 1v leer; 2r Index, 3r7
Textanfang; Schluss fol. 206v18 || FINIS SECVNDI | adeoqi ultimi Tomi ...
und 2 Errata im 1. Theil; 207r Wiederh. des Druckerzeichens vom Titel, darunter
    MARPVRGI IN | OFFICINA CHRI- | ftiani Egenolphi |
An. 1544. | Menfe Ianuario. ||
Bl 207v und 208 leer. — In Fulda, 1 e C 220.

Soll mit Zuschr. an Heinrich VIII von England zuerst Basel 1528
erschienen sein, Engelhardt in Ztschr. f. histor. Theol. 1850 S 74. Die erste
mit einem II. Th. vermehrte Ausg. ist die Frankfurter von 1540; ihre beiden
Theile haben den gemeinsamen Haupttitel v. d. Hardt I 397 f., und am
Schlusse des II. das Impr. (grosses Druckerzeichen) FRANCOFORTI, *Apud* |
Chriftianum Egenolphum | *Menfe Ianuario.* | 1540. || Th. 1 (8 und 368 Bll,
letztes leer) hat 2r—7v die Zuschr. an Heinr. VIII, dat. wie oben, worin
am Schlusse auf die Vermehrung durch den 2. Theil Bezug genommen, auch
eine Uebers. der Methodus ins Englische erwähnt wird; Th. II hat 216 Bll,
das letzte gleichfalls leer. Unsre obige Marb. Ausg. von 1544 wird die
zweite aus zwei Theilen bestehende sein.

185.   IN EVAN- | GELIA DOMINICA- | LIA, POSTILLA, QVA
FACILI DIS- | pofitione, omnium Euangeliorum tex- | tus, ad
locos ... [wie Nr. 140a] ... || *Auth. M. Erafmo Sarcerio An-* | *næ-*
montano. || MARPVRGI, IN OFFICINA | Chriftiani Egenolphi. ||

In 8°, 416 Bll, Sign. A2—Z5 a—s5 Aa—Ff5, Seitencustt und Foliirung
3—415. Textschr. kleine Cursiv, 26 Zz und Clmtt, Initialen. — Bl 1v leer;
Inhalt wie in Nr. 140a, Schluss 415v 11 und

FINITAE SVNT HAE | Exegefes in Euangelia Domi- |
nicalia Marpurgi V. Ca- | lendis Iunij. Anno | M.D.XLIIII. ||
Bl 416 leer. — In Fulda.

186. COMMEN- | TARIVS | IN | DANIELEM | EX EBRAEO |
uerfum. | Cum Oratione | & Indice. || DOCTOR IOANNES |
DRACONITES. || הסר וְשִׁטְטוּ רַבִּים || וְחִרְבָּה הָרָעַח. ||
MARPVRGI. ||

In 8°. Der ganze Dr. enthält 208 Bll. Davon kommen 52 auf Vorstoss,
Uebers. und Oratio, nämlich: Titel und Vorst. 8 Bll mit Sign. a2—a5, Uebers.
36 Bll mit Sign. b2—f3, Orat. 8 Bll mit Sign. β—β5. Der in 2 Theile
getheilte Commentar hat 140 Bll, davon hat Th. I 64 mit Sign. A2—H5 und
Fol. 2—61; Th. II 76 mit A2—K3 und Fol. 14 7 16 9 und dann richtig
weiter bis 76. Endlich Index über beide Theile des Comment., 16 nicht fol.
Bll mit Sign. L—M5. Durchweg Seitencustt. Ausser dem Haupttitel, dessen
Zz 1 2 4 9 10 13 roth sind, haben die Uebers. und jeder Theil des Comment.
eigne Blatttitel, Vorst. und Uebers. enthalten die Bilder Nr. 9. Drucker
[Andreas Kolbe], Typen Antiqua und kleine Cursiv, 24—26 Zz und Clmtt,
Mrgg. Unter den Initialen steht auf 2r das S aus Nr. 131, auf 5r das O, auf
10r ein A aus dem Alphab. in Nr. 105. — Bl 1v leer; 2r Zuschr. an Gustav
von Schweden (Verse), 5r die Zehn Gebote, 5v Petri Lotichii II. Elegia de
fructu Danielis, 8v Bild Nr. 9A1 (wiederholt 27r) und Cust. DANIEL zum
Titel der Uebers. || DANIEL. || IOANNE DRACONITE | INTERPRETE. || ...
[6 griech. Zz] ... || Am Schlusse 44r Cust. ORA-, aber v leer, 45r die Oratio
(Kopftitel), am Ende 52 v Cust. COM- zum Commentar, der Titel des I. Th.
Bl 53, am Ende fol. 62—64r griech. Gedicht || ΙΑΚΩΒΟΣ | Ο ΚΡΕΛΛΙΟΣ |
ΠΡΟΣ ΤΟΥΣ ΕΝΤΥΓ- | χάνοντας. || fol. 64 (Bl 116) v leer; der Titel des
II. Th. Bl 117, Ende Bl 192r 20 und

MARPVRGI, | Prima Augufti. Anno | M. D. XLIIII. ||

v leer; dann Index über beide Theile des Comment., Schluss 208r, v leer. —
In Cassel, Interpr. 8° 90.

Gesner-Simler 361 l. 4; Walch IV 555; Strobel, N. Beitrr IV 1, 77;
Strieder III 204.

187. Philips, von Gots gnaben, Landtgraue zů Hessen, | ... || Lieber
andechtiger vnd getrewer, Nach dem vff Jüngst gehalte- | nem Reichs-
tage zů Speier, ...

... Datum Caffel, den 20. Octobris, Anno ꝛc. 44. ||

Erlass Philipps von Hessen, die Türkensteuer betreffend. — Placat in hoch
Fol., 2 und 29 Zz. Drucker [Andreas Kolbe in Marburg]. Textschwab. aus
Nr. 114, Z 1 3 grosse Fract., vor der Columne das sehr grosse magre L aus
Nr. 127. — In Marburg, Archiv.

7

188.   Oꝛdenung, vnſer, Von Gottŝ | gnaben, Philipſen, Landgrauen
ȷů Heſſen, ... | ... Wie, vnd welcher geſtalt, auch burch wen, | bie
Offenſiuen hilff, wiber ben Türden, ſo vff iůngſt ȷů Speier ge- |
haltenem Reichŝtag, ber Römiſchen Reyierlichen Maieſtat, | ... Durch
Churfürſten, Fürſten, | vnd Stenbe beŝ Heyligen Reichŝ, bewiligt.
Inn vnſern | Obern vnd Ribern Fürſtenthumben, auch Graffſchaff- | ten,
Deŝ Reichŝ abſchieb gemeß, verjamlet, einge | nommen, vnd biß vff
ferner verſchaff- | nuŝ, verwart werben ſoll. || [Wappen Nr. 48] ||
Marpurg. ||

In Fol., 14 Bll. Sign. Alj—Av B—Blilj und Seitencustt. Textschwab. aus
Nr. 114, 2v hat 44 Zz., Mrgg, auf 2r grosses Fractur-B. — Bl 1v leer; 2r
Textanfang, Schluss 13r 4 und

Getrudt ȷů Marpurg burch | Anbꝛeam Rolben, Im jar |
M. D. XLIIII. ||

Rest der S, v, und Bl 14 leer. — In Giessen, I 19,860.

Kleinschmid II 252—264.

189.   [Catechismus major D. MART. LVTH. per pias quæſtiones
pro Chriſtiana juventute breviter & ordine explicatus. Autore
IOHANNE SPANGENBERGIO ... Unà cum Novis præfationibus
ad verbi miniſtros. Marpurgi 1544 8°]

So bei *v. d. Hardt II 259.*

190.   POSTILLA | LATINA, PRO CHRI | STIANA IVVEN-
TVTE PER | Quæſtiones explicata. || A DIE SANCTO PA- |
ſchæ uſq̈ Aduentus Domini | Dominicam, || AVTORE IO.
SPANGEBERGIO, | *Apud Northufanos Ecclefiafte.* || E Ger-
manico uerfa per REINHAR- | DVM *Hadamarium.* || MAR-
PVRGI IN OFFICI- | *na Chriſtiani Egenolphi.* ||

In 8°. Das mir vorliegende Ex. ist unvollständig, es hat nur 209 Bll mit
Foliirung 3—210, Sign. a3—z5 aa—dd2 und Seitencustt, enthaltend die Aus-
legung der Evangelien vom Ostertage, der das 1. Bl fehlt, bis zum 15. n. Trin.
Typen im Schrifttext und in den Fragen Antiqua, Auslegung Cursiv. — In
Marburg, Arch. XI B 1402.

Ist der 2. Theil der in Gesprächsform abgefassten Hauspostille Spangen-
bergs, die zuerst deutsch mit Vorrede Luthers Wittenb. 1542—44 in 4 Theilen
8° erschien und viele Auflagen erlebte, Leuckfeld, Joh. Spangenberg 1720
§ 27; Herzogs Realencykl. XIV 468; v. d. Hardt I 428 461; Walch IV 1032;
Luthers Vorwort dazu Erl. Ausg. 63, 309 ff. Eine latein. Uebers. von Reinh.
Lorich kam Frankfurt 1544 8° heraus, v. d. Hardt I 465, der vorliegende
Theil gehört wahrscheinlich zu demselben Druck und nur der Druckort ist
verändert.

191. DE VTILITA- | TE DISPVTATIONIS | ORATIO. || DO-CTOR IOANNES | DRACONITES. || Πραξ̃. III. | ΔΙΕΛΕΓΕΤΟ
ἐν τῇ συναγωγῇ τοῖς ἰουδαίοις καὶ | τοῖς σεβομένοις, καὶ ἐν τῇ
ἀγορᾷ κατὰ πᾶσαν | ἡμέραν πρὸς τοὺς παρατυγχάνοντας. ||
MARPVRGI. | M. D. XLIIII. ||

In 4°, 6 Bll, Sign. C (steht auf dem Titel) C2 A3 C4 und Seitencustt.
Drucker [*Andreas Kolbe*], Text mittelgr. Antiqua, 32—34 Za, Mrgg, 2 Initialen
mit weissen Blattranken in schwarzem weiss punct. Viereck. — Bl 1 v leer;
Anfang der Oratio 2 r, Schluss 4 r 12; dann noch 4 v ad Hess. Principis filium
Guilielmum Elegia Petri Lotitij [so] Secundi, Schluss 5 v 34 | Quod fieri per te
possit ut omne Vale. ‖ Bl 6 leer. — In Giessen, W 50,470.

Gehalten haben wird Draconites diese von Strieder und Strobel nicht
erwähnte Rede während seines Rectorats II. Sem. 1544. Die Elegie des
Petr. Lotichius II. ist abgedr. in dessen Poemata omnia ed. Petr. Burmannus,
Amstel. 1754 I 164—169, nach dem zu einer neuen Ausg. vorbereiteten
Ms. Lotichs, wo bemerkt war, dass sie mit einer 1544 herausgekommenen
Oratio des Draconites verbunden gewesen sei. Der vorliegende Druck muss,
nach seiner Sign. C und besonders nach dem signirten Titel zu urtheilen,
zu einem mir nicht bekannten Sammeldrucke gehören.

192. Erflerunge der | Newen Landtaffeln der | gantzen Germanië oder
Teutſch lan | deß, vnnd außlegung des Inſtru- | ments der Sonnen,
nach allen | ſeinen Scheiben vnd Cir- | cteln, Sampt deſſelbi | gen
gebrauch vnnd | nutzbarleyt, || Durch Sebaſtian | Münſter. ||

In 8°, 20 Bll, Sign. alj—cilj und Seitencustt. Text kleine Schwab., 29 Za,
die Namen der Landschaften &c. 15 v — 18 r kleine Cursiv. — Bl 1 v ‖ Jn die
Jnſtrumenta zů- | gehörung. ‖ ..., 2 r Textanfang, 19 r 28 ‖ Ende ‖ und v

Getrudt zů Marpurg | durch Chriſtian Egenolph im | jar
M. D. XLIIII. ||

Bl 20, gewiss leer, fehlt. — In Marburg, Bibl. XIII o C 86 bl.
*Bibl. Vaticana, R. stamp. II (tedeschi) Nr. 2585 (Teutschlan | ... Cir- |
cklen, ... nutzbarkeit,).*

193. Vnmenſchliche, vnd biß | daher vnerhorte, Henrichß der ſich
nen- | net den Jüngern vonn Braunſchweig. | übelthaten, Durch
welche er ſich, als Gottes, gemeynes | nutzes, vnd vatterlands, ſchäd-
licher feind, des | Fürſtlichen, vnd alles erbarn ſtands, | namens,
vnd weſens | entſatzt hat. || Tit. Qui ſint rebelles. | Nicht die Br-
thevl, ſonder die laſter machen die übelthäter | ſtraffwirdig. ... | ... | ... ||
Iudic. I. | Wie ich gethon hab, alſo hat mir | Gott wider vergolten. ||
M. D. XLIIII. ||

In 4°, 150 Bll, Sign. Aij—Ziij a—p (2 Bll) und Seitencustt. Drucker [*Andreas
Kolbe in Marburg*]. Textschwab. aus Nr. 114, 30 Za, Mrgg kleinere, auf 2 r das

7*

groſſe Fractur-C aus Nr. 120. — Bl 1 v leer; Anfang 2 r, Schluſs 149 r 25 ‖ Gott alleyn ble ehr. ‖ v leer, so auch wohl das fehlende Bl 150. — In Marburg, Bibl. VIII B 452 o.

Ein andrer Dr. aus derselben Officin, wovon mir nur der 1. Bg. vorliegt, hat den Titel ‖ Vnmenſchliche, ... gemeines nu= | ßes, vnnd vatterlanbts, ..., des fürſt= | lichen, ..., namens, | vnd weſens entſaßt hat. ‖ ... Der Spruch Iudic. I. ist in Nr. 193 mit Titelfract., hier mit kleiner Schwab. gesetzt. Die Jahreszahl wie oben. In Marburg, Arch. IX B 4156.

193a. [Von Gottes gena- | dē unſer Hermans Ertzbiſchoffs | zu Cöln uñ Churfürſtē &c. einfaltigs bedencken, | warauff ein Chriſtliche, inn dem wort Gottes ge | grünte Reformation, ... (*wie Nr. 195*) ... anzurichtenn ſeye. | ... | Anno M.D.XLIIII. ‖ (*Kol.*) Gedruckt zu Mar- | purg durch Anthoni | um Tirolt, im Iarr | (M. D. XLIIII.)]

So in *Bibl. Vaticana ll. stamp. II (tedeschi) Nr. 1465.* Vgl. hier Nr. 195.

194. DIALECTI· | CA MVLTIS AC VARI· | is exemplis illu- ſtrata, unà cum facili- | ma Syllogiſmorum, expoſitoriorum, | enthymematum exemplorum, | inductionum, & ſoritum | dif- poſitione. | AVTORE M. ERASMO | *Sarcerio Annæmontano.* ‖ [*Druckerzeichen Nr. 67 A*] ‖ MARPVRGI *in officina Chri- | ſtiani Egenolphi.* ‖

Neudruck von Nr. 73 107, Nr. 107 an Format Umfang und typogr. Ein- richtung ganz ähnlich, aber durchweg andrer Satz. Bl 55 v 26 | FINIS. ‖, 56 r nur Wiederh. des Druckerz. vom Titel und ‖ MARPVRGI, *Anno.* M.D.XLV. ‖ v leer. — In Königsberg, Gotth. 6518.

195. Von Gottes gena- | dē vnſer Hermans Ertzbiſchoffs | zu Cöln, vñ Churfürſtē ec. einfaltigs bedenden, | warauff ein Chriſtliche, inn dem wort Gottes ge | grünte Reformation, an Lehr brauch der Heiligen Sacramen- | ten vnd Ceremonien, Seelſorge, vnd anderem Kirchen dienſt, | biß auff eines freyen, Chriſtlichenn, Gemeinen, oder Na- | tionals Concilij, oder des Reichs Teutſcher Nation | Stende, im Heiligen Geiſt verſamlet, verbeſ- | ſerung, bei denen ſo vnſerer Seel- ſorge be | folhenn, anzurichtenn ſehe. ‖ [*Wappen Nr. 50; daneben links:*] ‖ Hieremi | VI, | Alſo ſpri- | cht d' Her | re, Tret | tet auf die | weg ... | ... (*13 Zn*) ... | euwere | ſeelen, ‖ [*rechts:*] ‖ Actorum | XX. | So habt | nū acht auf | euch ſelbs, | ... (*13 Zn*) ... | Blūt er- | worbenn | hatt, ‖ [*unter dem Wappen:*] ‖ Anno M. D, XLV. ‖

In 4°, 228 Bll. und zwar: Vorſtoss 6 Bll. Sign. ij°—°4; Text 222 Bll, Sign. A—Zз a—zlij Aa—Zt2 (At nur 2 Bll), keine Cuſtt, aber Foliirung I—CCXXII. Titelſchrift zum Theil roth; Text eine mittelgr. breite Schwab., der von

Egenolph gebrauchten (Nr. 114) ähnlich, 30 Zz; Inhalt, letzte Seite, Mrgg und Clmtt kleine alte; auf 2 r 7 r grosse Fractur-Majuskeln. — Bl 1 v leer; 2 r—5 r Vorw. des Erzbischofs Hermann ... dat. Busschofen; 5 v Register, 6 v in Linieneinfassung 16 Wappen. Textanfang fol. jr ‖ Von der Lehre. ‖ ... CCXXII r ‖ Beschluß. ‖ und 38 Zz, v (sehr grosse Fract.)

Gedrudt zů Mar- | purg durch Anthoni | um Tirolt, im Jar ‖ M· D· XLV. ‖

In Marburg, Bibl. XIX e B 1394 k.

Nachdruck der zu Bonn bei Laur. v. d. Müllen 1543 in Fol. erschienenen (und Nvbr. 1544 wieder gedr.) deutschen Originalausg., Strobels Neue Beitrr V 291, und damit übereinstimmend bis auf die Tafel mit den 16 Wappen, die der Urdruck nicht hat. Der Haupturheber des Buches ist *Martin Butzer* unter Mitbetheiligung Melanchthons und andrer, s. Baum, Capito und Butzer 530—35. — Vgl. Varrentrapp, Herm. v. Wied 178.

Ob diese Ausg. ein von Nr. 193a verschiedner Druck, oder ob sie derselbe Druck nur mit Veränderung der Jahreszahl 1544 in 1545 ist, vermag ich nicht zu entscheiden, weil ich Nr. 193a nur aus dem ebenda angeführten Catalog kenne. Dass aber das Jahr 1544 wirklich auf dem im Vatican befindlichen Ex. steht und nicht etwa ein Schreib- oder Druckfehler im Catalog ist, hatte dessen Verfasser, Hr Stevenson in Rom, die Gefälligkeit, mir auf meine Anfrage ausdrücklich zu bestätigen. Also giebt es zwei, wenigstens durch ihr Jahr von einander verschiedne Ausgg dieses Tiroltischen Nachdrucks. Sonst stimmen Titel und Impr. beider Ausgg völlig mit einander überein; denn die kleinen Abweichungen der Titelcopie in Bibl. Vaticana Nr. 1465 von unserm vorliegenden Drucke (Cöln uñ ... be- | folhenn ... Anthoni- | um) sind, nach Hrn Stevensons Mittheilung, nur Druckfehler. Die Blattzahl ist dieselbe, auch die Wappen auf 6 v sind darin. Mithin ist es wahrscheinlich, dass beide Ausgg derselbe Druck, nur mit verändertem Jahre seien.

196. LOCI [IVRIS] | COMMVN[ES TAN-] | DEM EX M[ENDIS ET] | barbarie utilit[er reftituti in] | gratiam St[udioforum.] ‖ ADDITA S[VNT PRAE-] | fumptionum f[ere omnium ex-] | empla, quæ [in foro fre-] | quentan[tur.] ‖ CVM EPISTOLA | D. IOANNIS OL- | dendorpij nuncupatoria. ‖ MARPVRGI ANNO, | M. D. XLV. ‖ ¹)

In 8°, 234 Bll, Sign. A 2—Z 5 a—f 5 (10 Bll), Seitencustt, und, mit B beginnend, Fol. 9—221, verdr. für 232. Titel zum Theil roth; Text kleine Cursiv, 26 Zz und Clmtt, einige Initialen. — Bl 1 v leer; 2 r Zuschr. Petro Zassio, dat. 4 v Marp. Kal. Janr. 1545. Textanfang 5 r, Schluss 232 r 7 und

MARPVRGI | CHRISTIANVS EGE- | nolphus excudebat. | ANNO M. D. XLV. ‖

Dann noch Errata bis 234 r 15, Rest der 8 und v leer. — In Berlin, Fk 1772.

---

1) Die hier eingeklammerten Wörter und Worttheile sind im Berl. Ex. weggerissen.

Vgl. *Stintzing I 336 Nr. 12.* — Strieder X 183 hat nur eine Ausgabe Lugduni eod. an. 8°, die wahrscheinlich ein Nachdr. der vorliegenden ist.

196a. [De nuptiis | illuſtriſſimi principis | ac domini, domini Gvolfgangi, | Comitis Palatini, ... | ... & Generoſiſſimę Dominae Annae, | filiae ... Philippi, Land- | grauij Hassiae, ... | ... | ... | ...' epithalamium. | Authore | Ioanne Richio | Annouerenſi. || Marpvrgi anno XLV. | IIII Martij. || 4° 6 Bll]

So in *Bibl. Vaticana ll. stamp. I (lat.) Nr. 2352.* Fehlt bei Strieder.

197. Philips, von Gots gnaben, Landtgraue zů Heſſen, ... | ... || Wir haben euch vergangens vier vnd vierzigſten jars ſchreiben laſſen, | daß vns nit mit geringer beſchwerung anlange, daß vnſere pffgerichten vnd außgangne Stipenbialen Crdnung, von euch auch anberne§• | lichen vnſern Stetten gar wenig gehalten, ... Datum Caſſel ben XIIII. Martij. Anno ꝛc. XLV. ||

Ausschreiben Philipps von Hessen, bessere Einhaltung der Stipendialen-Ordnung betreffend. — Placat in Fol. obl., 2 und 28 Zz, Druoker [*Andreas Kolbe in Marburg*], Textschwab. aus Nr. 114, Z 1 3 Titelfract., vor der Columne das grosse Fractur-B aus Nr. 155. — In Marburg, Archiv.
Kleinschmid I 143.

198. VERBVM DOMINI MANET IN | ÆTERNVM. || Vnnſer, Philipſen, Vonn | Gotts gnaden, Landtgrauen zů Heſſen, | ... | ... Crdenung des wollen lauffs, wie wir die | ſelbig crdenung nach gelegenheyt, vnſers Fürſten• | tumbs vnnd Lande, in etlichen puncten ercle• | ret, geenbert, vnnb gebeſſert, haben. || [*Wappen Nr. 48*]

In Fol., 4 Bll, Sign. Aij Aiij und Seitencustt. Textschwab. aus Nr. 114, 44 Zz. — Bl 1 v leer; Anfang 2 r, Schluss 3 v 30 ... Geben zů Caſſel ... | ... am zwölfften tag Ju | nij, ... | im M.D.XLB. ¶ Rest der 8 leer. Bl 4 fehlt und enthält vielleicht ein Impr., aber auch ohne das ist der Druck als ein Marburger von *Andreas Kolbe* leicht zu bestimmen. — In Giessen, X 19,860.
Kleinschmid I 144—146.

199. SORTIVM | VERGILIANARVM | SANCTISS. SENTENTIAE EX | quattuor illuſtriſs. & Romanæ linguæ | obſeruantiſs. poetis. Horatio Lyrico & | Satyrico, Seneca Tragico, Comico Plau | to, & Ouidio Elegiaco, totam philoſo• | phiam moralem abſoluentes ſele• | ctæ. Quibus quo pueri ſorti• | untur rectius, eò inſtitu | untur caſtius. || Epiſtola ludicra in Sortes Vergilianas, ſi- | ue ludo Chartaceum Aulæ Heſſicæ de ue- | ra optimi Principis inſtitutione. Ad illu- | ſtriſs. Principem D. Gulielmum D. Phi- |

lippi Helforum Landtgrauij, Comitis | Cattorum, Zigenhaniæ, Deciorum & | Niddæ filia, natu maiorem.   Nicolao | Afclepio Barbato Autore. || Cum gratia & priuilegio principis | ad Quinquennium. ||

In 8°, 28 Bll, Sign. A 2 — D 3, Seitencustt, Foliirung 3—27. Textschrr mittelgr. Antiqua und kleine Cursiv, 24—26 Zx und Clmtt, auf 2 r Initiale. — Bl 1 v leer; 2 r die Sententiae, 20 r die Sortes, Schluss 27 v und 28 r ganz oben Marpurgi Andreas Kolbius Hey- | denfis excudebat, undecimo die | Menfis Iulij. Anno Domi• | ni Millefimo, quingentefi- | mo quadragefimo | quinto. || Rest der 8 und v leer. — In Schleusingen, S. 680. *Cat. der Bibl. d. Kgl. Henneberg. Gymn. zu Schleusingen III 12 (Progr. 1890).* Von Strieder nicht gekannt.

200. Von der Tauffe | des Juden Gerfon | Mit weib vnd kindern | zů Marpurg | in Chriftum | getaufft. | 1545. || Doctor Joannes | Draconites. || Lu. xix. | Heutte ift difem haufe heil widerfaren: fintemal er | auch Abrahams Son ift. ||

In 4°, 12 Bll, Sign. Alj—Clij und Seitencustt. Drucker [*Andreas Kolbe*]. Zuschr. die Schwab. aus Nr. 114, Text kleine alte, 39 Zx, auf 2 r grosses D. — Bl 1 v leer; 2 r Zuschr. an Elisab. Hilbrantin, dat. 2 v Marb. 20. April 1545. Anfang der Predigt über Matth. 28 auf 3 r, Schluss und Taufe 12 r, darunter 2 Zx aus Ps. 90, letzte | re das wert vnser henbe, Bei vns. || 12 v leer. — In Frankfurt a. M., Ref. Luth. 110 (Nr. 12).

Lucius I 88; Strobel, N. Beitrr IV 1, 77; Strieder III 205.

201. Eyn merckliche | Predigt des heylgen | Bischoffs Auguftini | an die Richter. || Mit eyner Chriftlichen vermanunge | auß Göttlichen fchrifften von dē | Gemeynen Sprichworte: | Das Recht hab eyne | Wächfene Na | fen. || Weife mich zů erft den man | Das recht ich dir dann weifen kan | Mancher Richter thůt eynen eyd | Solt er jn halten es were jm leyd. ||

In 8°, 82 Bll, Sign. Alj—Dv und Seitencustt. Titelz. 1 sehr grosse, 2 kleinere Fract., Textschwab. aus Nr. 114, 24 Zx, Mrgg. — Bl 1 v leer; 2 r | Dem erbarn vnd für- | nemen Herman Baftian Dialen | vnd Burger zů Marpurg x. | wünschet Juftus Alber | tt von Boldmar- | fen Pfarher | zů Glaben | bach. || Rab vnnd frib | ...; Bl 24 r die Predigt Augustins, Schluss 81 v 7 | Amen. | ¶ ||

Getrudt zů Marpurg | durch Anbream Kolben, | im jar als man zalt nach | Chrifti geburt. | M. D. XLV. ||

Bl 82, gewiss leer, fehlt. Auf 23 v kleines Medaillon mit dem Kopfe des Kaisers Gallienus. — In Marburg, Arch. XVI B 5.

202. [IOANNIS OLDENDORPII Topicorum legalium, h. e. locorum feu notarum, ex quibus argumenta et rationes legitime probandi fumuntur: Infractionum item aduerfus uiciofas argumentationes, exactiffima traditio. Marpurgi 1545 8°]

Erste Ausg., *Strieder* X 124; *Stintzing* I 331 Nr. 5. Die zweite von 1551 s. hier Nr. 234.

203. WArhafftige er- | zelung der Geschicht, was sich | Hertzog Henrich von Braunschweigs vnd | seiner anhangenden gesellschafft halben, di- | ses gegenwertigen Jars zugetragen, dar- | aus zusehen vnd zuspüren ist, wie Gott der | Almechtige vornemlich, inn diser sach gewal | tet, vnd Hertzog Henrichen von Braun- | schweig vnd seinem kriegsuold jr hertz | vnd gemüt genommen, vnd dem | Landtgraffen vnd seinen | mituerwandten sieg | gegeben hat. || ANNO MILLESIMO | Quingentesimo, Quadra- | gesimo quinto. ||

In 4°, 20 Bll, Sign. aij—eiij und Seitencustt. Textschwab. aus Nr. 114, 2 r hat 25 Zz, ebenda grosses Fractur-E aus Nr. 120. — Bl 1 v leer; Anfang 2 r. Schluss 19 v 12 || Actum im jar des Herren taufent | fünffhundert, viertzig fünff. ||
Getruckt zu Marpurg | durch Andres Kolben. ||
Bl 20, wahrscheinlich leer, fehlt. — In Darmstadt, M 8286/146.
Hortleder I 4, 51 nach einem Dr. Wittenberg bei Nickel Schirlentz. Ein dritter Dr. in Thesaur. Weigel. 776, in 4° 14 Bll. Vgl. v. d. Hardt I 496.

204. Von des weibes | Samen: | Vber der Tauffe | des Jüden Jsac | vom geschlecht Leui, | vnd seines Sones Jacob | zu Marpurg | geprediget: | 1546. || Doctor Joannes | Draconites. || 1. Theff. 2. | Die Jüden gefallen Gott nicht, vnd sind allen menschen | wider: sie erfüllen jre sünd allewege: denn der zorn ist schon | endlich vber sie kommen. ||

In 4°, 12 Bll, Sign. Aiij—Ciij und Seitencustt. Drucker [*Andreas Kolbe in Marburg*], Textschwab. aus Nr. 114, 32 Zz, Zuschr. kleine alte, auf 2 r das grosse Fractur-D aus Nr. 210. — Bl 1 v Zuschr. an Hans Crafft von Vestenberg, dat. Marb. 8. Janr 1546; Anfang der Predigt 2 r, Schluss 11 v 21 || Dancket Gott vnd | bettet. || 12 r noch die Namen und Pathen der Getauften, v leer. — In Giessen, W 9040.
Auch in *Gottes Verheissungen &c.* (vgl. Nr. 224) II aufgenommen, Strobel, N. Beitrr IV 1, 89; Strieder III 206, die aber beide diesen Einzeldr. nicht gekannt haben. Joannes Isaac alias Ytzig ex tribu Leui, recens baptizatus, ist im II. Sem. 1546 an der Marburger Universität immatriculirt worden.

205. ORATIO | DE PIA MORTE: | DOCTORIS MARTINI | Lutheri. || DOCTOR IOANNES | DRACONITES. || PSAL. 116 | Mors fanctorum coram do- | mino preciofa eft. ||

In 8°, 12 Bll, Sign. A 2—B 3 und Seitencustt. Text kleine Cursiv, 26 Zz, auf 2 r grosses D (Knabe auf einem Drachen). — Bl 1 v leer; 2 r die Oratio, Marpurgi dicta 11. Mart. 1546, 10 r 4 Ode dicolos distrophos, quem Luthero canebat Isenaci Io. Draconites ... 1535; 10 v 14 Adam. Lindemannus Io. Draconitae avunculo suo, dat. 11 v Viteb. 7. Mart. 1546. Bl 12 r

MARPVRGI, ANDREAS | Colbius excudebat. Anno Dñi. | M. D. XLVI. || [kleines Bild] || FIAT TVA | VOLVNTAS. || v leer. Das kleine Bild, Christus am Oelberge vorstellend, ist aus der alten Rhodischen Bordure Nr. 28, s. daselbst. — In Strassburg, . Es Luther.

Lucius I 87; Strobel, N. Beitrr IV 1, 78; Strieder III 205.

206. IOANNIS | OLDENDORPII IVRIS- | consulti, de duplici uerborum & | rerum significatione: de uera | item interpretandi & con | sultandi ratione, | paratitla. || EIVSDEM OPERA, RE- | stitutum est ab erratis calcographo- | rum, Lexicon iuris ciuilis, per | D. *Francifcum Iammetium Textorem* | *ex pandectis Iustiniani prin-* | *cipis concinnatum.* || *Eme, Lege, Iudica.* || *Marpurgi.* M. D. XLVI. ||

In 8°, 172 Bll, Sign. A 2—Y 3 (4 Bll) und Seitencustt. Text kleine Cursiv, 26 Zz, einige Initialen mit kleinen weissen Blattranken in schwarzem weiss punct. Viereck, die Titelzz 1 2 8 14 und zum Theil 10 sind roth. — Bl 1 v Index, 2 r Zuschr. Waltero Halieo, 4 v Oldendorps Schrift, 22 v das Lexicon des Jamet, Schluss 172 r 11 und

MARPVRGI, ANDREAS | Colibius excudebat, 1. die Aprilis. | Anno M. D. XLVI. ||

v leer. — In Cassel, Jur. c. syst. 8° 19 Nr. 2.   ⸓⸗⸗⸗⸗⸗

Strieder X 134.

207. Unser von Gotts ge- | naben Moritzen Hertzogen zů Sa- | chssen; ... | ... warhafftiger bericht, welcher | gestalt sich Hertzog Heinrichs von Braunschwigt | vnd seines Sones Hertzog Carln Ergebunge, in | dem nechstvorschinen fünffonbvierzigsten jar zu- | getragen, wider die vnwarhafftigen Leute, wel- | che zů vnserm vnd anderer vnglimpffe einen an- | dern selbst ertichten, vnerfintlichen vnd vn- | warhafftigen bericht, aufsbreiten. || [Wappen Nr. 52]

In 4°, 18 Bll, Sign. Alj—Dilj und Seitencustt. Textschwab. aus Nr. 114, 30 Zz. — Bl 1 v leer; Anfang 2 r (grosses B aus Nr. 155), 12 v dat. Leipzig 5. April 1546, folgen Briefe, Schluss 18 r 6 und

Gedruckt zů Marpurg | bei Andres Kolben. || M. D. XLVI. ||

Rest der 8 und v leer. — In Marburg, Bibl. VIII B 452 o.

Hortleder I 4, 52 nach einem Dr. von Valentin Bapst in Leipzig, vgl. v. d. Hardt 1 495; Lauze II 72; Häberlins Allg. Welthist. XII 628.

208. Von Gotts gnaden Un- | ſer Philippſen Landtgrafen zů Heſſen, |
... | ... Gründtlicher warhafftiger bericht: wie vnd | mit was liſt, vnd
betrůg: ettliche Hertzog Henrichs von | Brunſchwig, damaln geweßne
anhenger, die entpörung, | vnd kriegßhandlung im verſchinen Fünff-
vnddviertzigſten | jar, fürgenommen vnd angefangen, Wie ſich auch
ſolcher | Krieg, vnd empörung, hernacher geendet: vnd Hertzog | Hen-
rich vnd ſein Sone ſich an Vns ergeben. || Deßgleichen vnſere war-
hafftige, vnd be | ſtenbige ableynung, gegen, vnd wider ettlicher vn-
war- | hafftiger leute, erdichte vnd vnwarhafftige reden, ſchme- | heliebet,
vnd ohne namen hin vnd wider außgebreytte Fa | mos Libell. ||
[*Wappen Nr. 51*]

In 4°, 64 Bll, Sign. Aij—Lilj und Seitencustt. Textschwab. ans Nr. 114,
30 Zz, auf 2 r grosses W aus Nr. 155. — Bl 1 v leer; 2 r | BZr ſeinbt Glaub- |
hafftig bericht, ... dat. 34 v Marb. 21. Mai 1546. Dann 85 r || Articul der Seque-
ſtration | vom Keyſer vbergeben. || ..., der letzte dat. 63 v 24 Freitag 5. März
1546, und Z 27

Gedruckt zů Marpurg | bei Andres Kolben. ||

Bl 64 leer. — In Darmstadt, M 8286 155.

Vgl. Lauze II 76; Häberlins Allg. Welthist. XII 629.

209. Eyn ſchreiben, So der | Churfürſt zu Sachſſen ꝛc. Vnd | der
Landtgraff zu Heſſen, ꝛt. | An die Keyſerlichen Maieſtat, Zů jrer |
Chůr, vnd Fürſtlichen gnaden, vn- | ſchuld jungſt gethon haben. ||
An. M. D. XLVI. || [*zwei Wappen Nr. 54*] || Gedruckt zu Marburg. ||

In 4°, 4 Bll, Sign. Aij Aiij und Seitencustt. Drucker ungenannt; Textschr.
kaum mittelgr. spitzige saubere Schwab., 32 Zz. — Bl 1 v leer; Anfang des
Schreibens 2 r (sehr grosses Fractur-A), dat. 4 v 1 Ichtershausen Sontag n.
Visit. Mariae 1546, und 5 Zz Unterschrr und Adresse, Rest der 8 leer. Ungeachtet seines Impr. sieht der Dr. nicht wie ein Marburger, sondern eher wie
ein Leipziger aus, die Textschwab. hat Kolbe sonst nicht gebraucht, die
Titelwappen sind von anderm Schnitt. — In Marburg, Bibl. VIII B 208 c.

Thesaur. Weigel. 2416. Hortleder II 3 in Cap. 11.

209a. Der Durchleuchtigſt, | vnd Durchleuchtigen Hochgebornen | Fürſten
vnd herrn, herrn, Johans Friderichen, Hertzo- | gen zů Sachſſen, ... |
... | ... | ... Vnd Herrn Philippſen Landtgrafen zů | Heſſen, ... | ...
Warhafftiger bericht vñ Summari auß- | fürung, Warumb jnen zu
vnſchulden auffgelegt wir- | det, das ſie Römiſcher Key. Mai. vn-
gehorſame Fürſten | ſein ſollen, Das ſie auch leyns ſträfflichen vn-
gehorſams | beziegen mögen werden, anders, dann das ſie von vn- | ſerm
waren heyligen Chriſtlichen glauben, vnd von | Gottes wort, vnd der
reynen lere des heyligen Euange- | lij, nit können abſtehen, Noch die-
ſelb dem Römiſchen | Antichriſt dem Bapſt, vnd ſeinem partheiſchen |

Trientiſchen Concilio zurichten vnderwerffen. || [zwei Wappen Nr. 45 A, darzwiſchen und darunter:] || M. D. | XLVI· || Fugite | Idolatriam. | Qui negauerit me coràm hominibus, negabo & ego eum coràm patre meo | qui in cœlis est. Oportet Deo magis obedire quàm hominibus. ||

In 4°, 28 Bll, Sign. Alj—Gtlj und Seitencuſtt. Text die Schwab. aus Nr. 114, 31 Za. — Bl 1 v leer; 2 r || Gyn Chriſt, iſt für Gott ..., Anfang der Schriftſtücke 2 v, Schluſs 28 r 28 und

Gedruckt zu Marpurg bei Andres | Kolben, Vnd vollendet am vierdten tag | Auguſti. Anno. M. D. XLVI. ||

v leer. — In Marburg, Bibl. VIII B 256 d (aus Ludw. Rosenthals Antiquar. in München).

Hortleder II 3, 11.

210. Berlegung der Zwölff | Vſachen, mit welchen Chalpar | Schwenck-feld vermeynt zuerweiſen, Das der | Heylig Geyſt, Chriſti leib nit In vnd Auß | der Jungffrawen Marie leib er- | ſchaffen habe. || Durch | Sebaſtianum Coccyum || Mit eyner Chriſtlichen vorred | Johannis Brentij. || M. D. XLVL ||

In 4°, 84 Bll, Sign. Alj—Ellj und Seitencuſtt. Textschwab. aus Nr. 114, · 32 Za, Mrgg, auf 2 r 3 r 11 v grosse Fractur-Majuskeln G, E und D. — Bl 1 v leer; 2 r Brentzens Vorw., 3 r Zuschr. des Verf. an Joh. Harscher zu Dinckelsbühl ..., dat. 11 r Hall in Schwaben 30. Aug. 1545, Anfang der Widerlegung 11 v, Schluſs 84 r 6 und

Getruckt zu Marpurg durch | Andres Colben, im jar als man | zalt nach Chriſti geburt. | M. D. XLVI ||

Darunter der Kranz mit VERBVM | DOMINI ... wie in Nr. 110, v leer. — In Giessen, W 25,400.

v. d. Hardt III 354; Hirsch, Mill. I 898; Fortges. Samml. 1730, 914; Lucius I 64.

210 a. Der Durchleuchtigſt | vnd Durchleuchtigen Hochgebornen | Fürſten vnd Herren, Herrn Johans Friderichen Her- | tzogen zu Sachſſen, ... | ... | ... Vnd Herrn | Philipſen, Landtgrauen zu Heſſen, ... | ... Beſtendige vnd warhafftige, ver- | antwortung, auch inn Rechten ge-gründete widerlegung. Warumb | die vermeynte vrſachen derwegen Karl, ſo ſich des namens den | fünfften, Römiſchen Keyſer nennet, Ihre Chur vnd F. G. vor vnge- | horſame Chur und Fürſten, zu-uerleumen vnderſtanden. In facto | vnd in der that nicht war, Sondern auff jre Chur vnd F. G. mit lau | term Vngrunde, ertichtet, Das auch derſelbe genante Keyſer, jre | Chur vnd F. G. vngefordert vnd vngehört, auch vnüberweißt vnd | vnerlandt, als ſeiner Frandſordiſchen verbriefften, verſigelten vn | geſchwornen Obligation, auch dem ſelbſt

bewilligten Landtfrie- | ben, vnd allen natürlichen vnd beschribenen
Rechten offentlich vnd | Notorie zuwiber, trefftiglich nicht hat in die
Acht ertleren, noch jre | Chur vnd F. G. vor Echtiger erkennen mögen,
Das auch dieselbe | vermeynte Acht, nichtig vnd vnbündig, Vnd
meniglich so sich der- | selben teylbar machen, daburch zu Recht sträff-
lichen vnd Landt- | fribbrüchigen gewalt vnd freuel üben, vnd jrer
Chur vnd F. G. vn- | berthanen, vnd lebens vertwanten, die darauff
jrer Chur vnd F. G. | abfellig zuwerden sich vnderstünben, als boch
berselben sey- | ner so ehren vnd pflichtuergeffen sein wirdet, wiber jre |
Enbe pflicht vnd ehre handeln, vnd solche alle sich | in die peen ber
Recht vnd des Landt- | frieden vertwirden thelen. ‖ M. D. XLVI. ‖

In 4°, 30 Bll. Sign. Aij—Gliij und Seitencustt. Ohne Impr. [*Marburg bei
Andreas Kolbe*]. Textschwab. aus Nr. 114, 32 Zz, auf 2 r das grosse B aus
Nr. 155. — Bl 1 v Sprüche aus Psalm 26 und Esaia 37, 2 r Textanfang, dat.
im Feldlager vor Ingolstadt 2. Sptbr. 1546; 28 r ‖ Des Bapstes vnd Rey | serlicher
Maiestat Bündtnis ... (grosses A aus Nr. 117), Schluss 30 r 27 ‖ Actum vnd be-
schlossen zu Rom, den xxvj. | Brachmonats. Anno. x. xlvj. Die oblaut. ‖ v leer. —
In Darmstadt, M 1036/15.

v. d. Hardt I 502. Vgl. *Hortleder II 3, 30. Lause II 165.*

211.   DE NVPTIIS GENE | ROSI COMITIS VVALDECENSIS
VOL- | RADI, ET ANASTASIAE COMITIS SCHVVARZ- |
burgenfis Henrici filiæ Carmen, | Res geftas quorundam
Comitum Vual- | decenfium complectens. ‖ PSALMVS XXXI
PARAPHRASTICE REDDI- | *tus, & infcriptus reuerendifiimo
Epifcopo Monafterienfi Franci-* | *feo, quòd is contra hoftes
Verbi diuini, & huius caufa fuos quoq* | *uti eo uice feu pre-
cationis feu confolationis hoc tempore poßit.* ‖ Autore Ioanne
Richio Annoueriaceno. ‖ [*zwei Wappen Nr. 53*]

In 4°, 20 Bll. Sign. A 2—E 3 und Seitencustt. Gedruckt [*Marburg bei
Andreas Kolbe*], Textschr. kleine Cursiv, 32 Zz und Clmtt, auf 2 r das grosse I
mit dem Löwen aus Egenolff Nr. 145, 3 r grosses M in roh schraff. Linienviereck,
6 r T mit einem nach r. kriechenden ganz nackten Manne aus dem Alphab. in
Nr. 105. — Bl 1 v zwei Epigrr von Casp. Rhodolphus und Jo. Lud. Rhullius,
2 r Gedicht an Just. Hamer, 3 r Epist. des Verf., dat. 5 v Marp. 22. Sptbr. 1546.
6 r Anfang des Gedichts de nuptiis, 16 r der Psalm mit Zuschr., Schluss 20 r 30
und Errata, v leer. — In Dresden, Hist. Rhen. sup. 340, 8.

Gesner-Simler 410 l. 7; Strieder XII 4.

212.   EXHORTATIO | AD GERMANIAM, VT BELLVM A | PA-
PISTIS IMPIE CONCITATVM ARMIS EX- | tinguat, unà cum
aliis quibufdam, in quibus gra- | uifsimi huius belli, quo tota
Germania | iam ardet, caufsa exprimitur. ‖ AVTORE NICOLAO |

RHODINGO. || PRAETEREA ADIECTAE | SVNT PRECATI-
ONES ALIQVOT | ad Deum, huic turbulento rerum ſtatui |
non malè conuenientes. || Item | ORATIO DANIELIS CARMINE
RED= | dita à doctiſsimo iuuene I. Sc. || ACCESSIT EPICEDION
IN FVNERE ILLV= | ſtriſſimi Principis Alberti, Ducis Brun-
ſuicenſis, qui nu= | per apud Norlingiacum fato de= | functus
est. || ANNO | M. D. XLVIII. ||

In 4°, 20 Bll, Sign. A2—E3 und Seitencustt. Textschr. kleine Cursiv,
30 Z. und Clmtt, auf 2r Init. — Alles in Versen. Bl 1v leer; 2r Anfang der
Exhortatio, 4v 11 || AD CAROLVM CAESA= | REM EPISTOLA MONITORIA. ||
..., 6v 11 || ALIA EPISTOLA AD | CAROLVM CAESAREM, | ne Papæ con-
fidat. || ..., 7v 15 || AD PAPAM AN= | TICHRISTVM. || ... Dann folgen 9r
Epigrr, unter deren Verfasser Io. Schimmelpfenning, Nicol. Cellus und P. M.
genannt sind, 17v 13 Rhodings Epicedion, Schluss 20r 11 || FINIS. ||

MARPVRGI | EXCVDEBAT ANDREAS | COLBIVS, |
ANNO | M. D. XLVI. | In die S. Nicolai. ||

Rest der S und v leer. Auch auf dem Titel hat ursprünglich M. D. XLVI.
gestanden, die letzte II. ist zwar auch mit Typen, aber nur mit der Hand
angedruckt. Sicher ist der Dr. von 1546, die Verwundung des jungen Albrecht
von Braunschweig, woran er bald darauf starb, geschah im Treffen bei Giengen
Octbr. 1546. Vgl. auch Bünting u. Letzner, Braunschw.-Lüneb. Chron., Braunschweig 1722 S 567. — In Berlin, X c 13,010.

Gesner-Simler 524 l. 12; Strieder XI 329 (beide haben 1546). Eine Ex-
hort. ad Germ. 1549 bei Tilemann 145, beruht wohl nur auf einem Irrthume.

213. Eyn ſchöne außbün= | dige Ehetafel, auß Heydniſcher |
vnd Göttlicher ſchrifft in die teutſche ſprach (zu vn= | derthenigem gehorſam,
vnnd gefallen, auff das | Chriſtliche beilager, vnd löbliche heymfart,
des | Edlen Wolgebornen Herrn Wolraths, Graffen | vnd Herrn zu
Waldeck. Vnd des Edlen Wol= | gebornen Frewleins Anaſtaſiae
Gebo= | re von Schwartzburg ſeiner Gna= | den vertraute) geendert, |
Jungen Eheleuten | ſehr dienlich. || [zwei Wappen Nr. 53]

Verfasser *Albertus Draco.* — In 4°, 86 Bll, Sign. Aiij—Jiij und Seitencustt.
Textschwab. aus Nr. 114, 30 Zz, auf 2r grosses Fractur-G. — Bl 1v Wieder-
holung der Titelwappen und 5 latein. Distichen, 2r Vorw. des Verf., worin er
sagt, dass er die Schrift aus Plutarch und andern Heiden, und aus der H. Schrift
übersetzt und zusammengetragen habe, dat. Rudolst. 1546; Bl 5r || Erſtlich Plu=
tarchi Chero= | nei LI. Hochzeitlehr in Gleich= | nuſſen beſchriben, ... 22r folgen
Sprüche und Exempel der Heiden, 27v der H. Schrift Gebote und Verbote.
Bl 34v latein. Gedicht von Nic. Asclepius, 36r 26

MARPVRGI, ANDREAS COLIBIVS | excudebat. Anno.
M. D. XLVI. ||

v noch eine Wiederh. der Titelwappen. — In Wolfenbüttel, 202. 18. Quodl.

Gesner-Simler 17 l. 2; Hirsch, Mill. III 842.

214.   Außlegung vnd | gebrauch des Astronomi- | schen Auffrings, ettwan durch Jo- | han Eychman genant Dryander, Do | ctorem Medicum herfür bracht, | nun mehr inn teutsche | sprache, gestellet. ‖ : S : [*Wappen Nr. 55*] : D : W ‖

In 8°, 8 Bll, Sign. Aij—Av und Seitencustt. Textschrr die Schwab. aus Nr. 114 und kleine, 23 und 30 Zs. — Bl 1 v leer; 2 r Zuschr. an Junker Symon de Wendt Trosten zu Vornhalten, Schluss der Schrift 8 r 21 und

Getruckt ʒů Marpurg | durch Andres Kolben, | Im jar 1546. ‖ v leer. — In Marburg, Archiv.

215.   [10. DRACONITES, Ofterpredigt.   Marpurg 1546 4°]

So bei *Strobel, N. Beitrr IV 1 78; Strieder III 205.*

216.   [IOANNIS RICHII Carmen propemticum D. Francifco à Stiten in Livoniam abeunti, excuf. Marpurgi 1546 4°]

So bei *Gesner-Simler 410 l. 15; Strieder XII 6.*

217.   Eine Trostpredigt | Von der Christenheit: | Vber der Leiche: | Eulalia von der Marthen: | M. Capels Gemahel. | 14. Februarij. | 1547. ‖ Item: | Das die nicht verlorn seien, die von | den Widder= christen, des Sacraments hal= | ben, nicht begraben werden. ‖ DOCTOR IOANNES | DRACONITES. ‖ 1. Cor. 15. | Es wird gesett ein natürlicher, schwacher, ver- | weselicher leib: vnd wird aufferstehen, ein geist= | licher, herrlicher, vnsterblicher leib. ‖ Gedruckt ʒů Marpurg. ‖

In 4°, 12 Bll, Sign. Aij—Chj und Seitencustt. Textschwab. aus Nr. 114, 30 Zs, einige Initialen. — Bl 1 v *Bildniss des Draconites Nr. 10*, 2 r Vorrede, 3 r 20 der Text Lucae VIII und Anfang der Predigt, 11 r 12 Schlusswort an einen guten Freund, 12 r 31

Gedruckt ʒů Marpurg bei Andres Kolben, | den ersten tag Martij. M. D. XLvij. ‖

v leer. — In Königsberg, Ce 440. Weder von Strobel noch von Strieder gekannt.

218.   Vnser Philipsen von | Gottes genaden Landgrauen ʒů Hef- | sen, ... Warhafftiger, gegründter | vnnd beständiger bericht, auff die vn- billiche, vnwarhafftige, | grundtlose, gedichte ding, welch durch einen außgangnen Truck | vnder dem Namen einer Vrgicht vnnd belandtnüß Hansen | Edars genant, Geinhausers, vnd Wilhelm Weinbrenners. ꝛc. | Vns vnd etlichen vnsern Stattholter vnd Räthen, auch son- | der per- sonen, inn Franckfurt, Wider Gott, alle warheit, | ehr, recht, vnd billigkeit, vermeintlich ʒůgelegt, vnd | auffgetragen wöllen werden. |

✳ || Darbey auch Warhaffte vnd gegrün- | te Entſchuldigung
Rudolffen Schenden Statthalters | zů Caſſel, Auch anderer ettlichen
Landtgräuiſchen | Räth, gegen die ſolche obgemeldte. ꝛc. || Außgangen
den Erſten May. | M. D. XLVII ||

In 4°, 6 Bll, Sign. Aij—B und Seitencuſtt. Textſchrift eine von Kolbe ſonſt
nicht gebrauchte Fract., 31 Zz. — Bl 1 v leer; Anfang 2 r, auf 4 r vor Schencks
Entſchuldigung ein Druckerſtock, Schluſs 6 r 15 und

Gedruckt zů Marpurg, | Bei Andreas Kolben, zum | Kleeblat. | ❦ ||
v leer. — In Königsberg, O d 104 4° (35).

Vgl. Lauze II 214 ff.

219. Warhaffte vnd ge- | gründte Entſchuldigung Rudol- | fen
Schenden Statthalters zů | Caſſel, Auch anderer etlichen Landt-
greuiſchen | Räth, gegen die Vermeynte Richtige vnd vn- | erfindtliche
bezichtigung, ſo vff das bloß vnd | erdrungen bekentnus vnd vßſage
Hanſen | Eckhars von Gelnhauſen, Vnd Wil- | helm Weinbrenners
zů Franckfurt, | Jnen Statthalter vnd Räthen, | Wider Gott, Ehr
vnd Recht | hat vffgelegt werden | wöllen. || Außgangen den Erſten |
Maij. Jm jar da man zalt, | M. D. XLVII. ||

In 4°, 4 Bll, Sign. Aij Aiij und Seitencuſtt. Textſchwab. aus Nr. 114,
30 Zz. — Bl 1 v leer; Anfang 2 r, Schluſs 4 r 18 und

Gedruckt zů Marpurg, | Bei Andres Kolben, zum | Kleeblatt. ||
darunter kleiner Druckerſtock, v leer. — In Berlin, 1547. 16.

220. Ordnung Vnſer von | Gots gnaden Philipſen, Landtgra- | fen
zů Heſſen, ... | ... Wie, Wann, vnd durch Wen, die | gewilligte
Stewer, diſes Sieben vnnd | viertzigſten jars erlegt vnd ein- | bracht
werden ſoll. || [Wappen Nr. 56] || M. D. XLVII. ||

In 4°, 8 Bll, Sign. Aij—Biiij und Seitencuſtt. Textſchwab. aus Nr. 114,
2 v hat 26 Zz. — Bl 1 v leer; Anfang 2 r, Schluſs 7 v, dat. Caſsel 9. Juni 1547
und Z 30

Gedruckt zů Marpurg bei Andres Kolben, | vff S. Veits tag,
Jm jar, M. D. xlvij. ||

Bl 8 leer. — In Marburg, Archiv.

Kleinſchmid II 264—268.

221. DE FIDE, QVAE PER DILECTIONEM | OPERATVR,
DISPVTATIO PRIMA CONTRA EOS, QVI | Secundam Tabu-
lam a Prima ſicut cœlum a terra ſeparent. ||

Placat in Fol., Druck von [*Andreas Kolbe 1547*], Textſchrift mittelgr.
Antiqua, Kopftitel 8 Zz und 28 Theſen, Unterſchr. || *Theobaldus Thamerus.* | —
In Caſsel, Theol. Dogm. Pol. 4° 266 Nr. 87.

Thamer liess dieſe 28 Theſen am Sonntag vor Simon Judae (23. Octbr)
1547 öffentlich anſchlagen, Strieder XVI 183.

222.   AN, ET QVA | TENVS CHRISTIANIS | fit fugiendum,
Duo Tractatus, | Theobaldo Thamero | authore. || *Prouerb.* **28.** |
Fugit impius nemine perfequen‹ | te : luftus autem quafi Leo
con‹ | fidens abfq‹ terrore erit. || *Pfal.* **92.** | Iuftus ut palma
florebit, ficut ce‹ | drus Libani multiplicabitur. || *Iere.* **51.** |
*Fugite de medio Babylonis, ut fal‹ | uet unufquifqs animam
fuam.* ||

In 8°, 68 Bll, Sign. A 2 — I 3 (I 4 Bll) Seitencustt und Foliirung 2—68.
Text kleine Cursiv, 26 Zz und Clmtt, auf 2 r 39 v zwei Initt. — Bl 1 v leer;
2 r der erste, 39 v der zweite Tractat, Schluss 68 r 22 | *Amen.* || und
MARPVRGI, ANDREAS COLI‹ | *bius excudebat. Anno*
M. D. XLVII. ||

v leer. — In Marburg, Bibl. VIII C 048.

Gesner-Simler 646 l. 3, Strieder XVI 155 hat nur Mogunt. 1562.

223.   𝕰𝔶n fĉhönes | vaſt tröſtliĉh newes lied | Inn Ĉhriſtliĉhem Ĉreuƶ
vnd trüb | faln, durĉh vil heplfame vermanun | gen, ſprüĉh vnd bei‹
ſpilen ꝛc. Altes | vnnd Newes Teſtaments, Vmb | reĉhte gebull vnd
gnedige erlö‹ | fung, mit belentnis der fün‹ | den, Inn Klage vnd
bitt‹ | weiß herplĉhen ge‹ | fungen. || Im Thon, Wie man finget
den | Bergrepen von S. Joaĉhims tal, | Iĉh will epn newes fingen. ꝛc. |
Oder, | In des Hiltebranbts Thon. || *Getruckt zů Marpurg durch
Andres | Kolben. Anno* 1547. ||

In 8°, 8 Bll, Sign. Alj—Av und Seitencustt. Textschr. Schwab., alle Seiten
bedrckt. *Wackernagel, Kirchenl.* I 761 Nr. 497 (Hiltebrants); *Ranke, Marb.
Gesangb.* 119 *ff,* vgl. 450. — In Berlin, Hymn. 4631.

224.   Von Dem Schoneſten | Vnter Allen Menſĉhen : | IESV
CHRISTO : | AX DIE ĈHRIEIER | zů Marpurg. || DOCTOR
IOANNES | DRACONITES. || PSALM. XLV. | Du biſt der
Sĉhoneſt vnter den menſĉhen Kindern : | hold felig find deine lippen :
Darůmb fegenet diĉh Gott ewigliĉh. ||

In Fol., 16 Bll, Sign. lj Alj—Alllj B—Bllj Ĉ—Ĉlllj und Seitencustt. Textschwab. aus Nr. 114, 44 Zz und Clmtt mit Titelfract., auf 2 r das grosse 8 aus
Nr. 131, auf 3 r grosses D (Knabe auf einem Drachen). — Bl 1 v *Bildniss
Nr. 10,* 2 r || Allen Chriſten zů Marpurg : | ... || (kleine Schwab.), dat. 2 v Marb.
25. Octbr 1547. Anfang der Predigt 3 r, Schluss 15 v 28 und
Getrudt zů Marpurg bei Anbres | Kolben, Zum Kleeblatt. Im
jar, | M. D. XLVIII. ||

Bl 16, gewiss leer, fehlt. — In Berlin, E 2002 Nr. 8.

In der typogr. Form ähnlich den in Lübeck von Richolff und Balborn
gedruckten und 1549/50 unter dem Titel *Gottes Verheissungen* ... *Figuren*

Gesichte &c. zu einer grossen Samml. vereinigten Predigten von Draconites, worin diese im 2. Th. sich befindet, Strobel N. Beitrr IV 1 S 82 ff; ebd. S 70 sein Abschiedsbrief an die Christen zu Marburg vom 25. Octbr. 1547.

225. 𝔚𝔍𝔯 𝔡𝔢𝔰 𝔡𝔲𝔯𝔠𝔥𝔩𝔢𝔲𝔠𝔥𝔱𝔦𝔤𝔢𝔫 𝔥𝔬𝔠𝔥𝔤𝔢𝔟𝔬𝔯𝔫𝔢𝔫 Fürſten | vnd herrn, herrn Philipſen Landtgrauen zů Heſſen, ... | ... veroꝛdnete | vnd heymgelaßne Stattbalter, Cantzler, vnd Råthe allhie zů Caſ- | ſel, Ent- pieten allen vnd yeben ſeiner F. G. Amptleuten, ...
... Geben ... | ... Zu Gaſſell am erſten tag Septembꝛis, Anno ꝛc. Dierßig acht. ||

Erlass der Råthe zu Cassel, die Erhaltung nachbarlichen Friedens zwischen Hessen und Braunschweig betreffend. — Placat in hoch Fol., 46 Zz, Drucker [*Andreas Kolbe in Marburg*], Textschwab. aus Nr. 114, Z 1 Titelfract. und das grosse Fractur-𝔚 aus Nr. 155. — In Marburg, Archiv.

226. PRAESIDENTE DOCTORE | IANO CORNARIO, MEDICO PHYSICO HIPPOCRATICO, SPE- | ctabiles uiri Philoſophiæ ac Linguarum Proſeſſores, Volcui- | nus Vigelius Veteranus, & Theodoricus Gluntius Dorſte- | nius, & Iacobus Crellius Miſneñ. ad ſubſcripta Themata, pro licentia Do- | ctoratus in Medicina, & inſignijs Doctoralibus accipiendis pu- | blicè reſpondebunt. ||

Placat in Fol., Drucker [*Andreas Kolbe*], Textschr. mittelgr. Antiqua, 15 Thesen, unter der letzen || Marpurgi, loco & hora deputatis, Menſis Aprilis | Die XX. Anno Chriſti, M.D.XLIX. || — In Cassel, Med. opp. 4° 17 Nr. 37.

227. IN D· PAV | LI AD ROMANOS | EPISTOLAM | Exegema. | *In quo partium diſpoſitio | clarißimè oſtenditur.* || AVTHORE | ANDREA HYPERIO. || Eme & lege Lector candide, | inuenies quædam à nullis | adhuc animaduerſa. || *Marpurgi excuſum.* | 1549. ||

In 8°, 132 Bll, Sign. A 2—R 3 (R 4 Bll), Seitencustt und Foliirung 2—130. Schrifttext Antiqua, Auslegung &c. kleine Cursiv, 26 Zz und Clmtt. Auf 2 r grosses C mit HYMEN. in diagon. schraff. Viereck, auf 6 v das P mit Delphin aus Nr. 121. — Bl 1 v leer; 2 r Hyperius Lectori, dat. 4 r Marp. Kal. Maij 1548. Anfang der Exegese 4 v, Schluss 130 v und Errata; dann 131 r ganz oben
MARPVRGI ANDREAS COLI· | bius excudebat, impenſis honeſti uiri Petri | Brubachij Typographi Francofor· | tani. *Anno à Chriſto nato,* | M. D. XLIX. ||
Rest der S, v, und Bl 132 leer. — In Marburg, Bibl. XIX b C 516af.

Gesner-Simler 37 l. 41 (1548); *Wagnitz, homilet. Abhandlgg u. Critiken I S 148*; fehlt bei Strieder.

227a.   [GENEROSO, | ILLVSTRI ET INCLYTO DOMI· | no, D.
Vuolfrado Comiti in Vualdeck, Poſt na· | tum & baptiſatum
filium Franciſcum, hoc gra· | tulatorium ac Natalitium carmen
exhibuerunt | Henricus & Franciſcus Happelius, Vltima | Aprilis,
Anno M. D. XLIX. | Authore Ioachimo Happelio Bidencapio. ||
(*Christus am Kreuze mit den Schächern. Am Schluſſe:*) Marpurgi
Andreas Colbius excudebat in die | Sancti Viti Martyris, Anno
à Chri· | ſto nato. M. D. XLIX. || In 4°, 14 Bll]
Nach einer hs. Aufzeichnung von *Wilh. Orecelius.*

228.   Eyn ge | ſangbüchlyn | von den aller beſten lie | dern außerleſen,
von ey | ner fromen Gotsſörch | tigen perſonen zůſamen | geordiniret,
auß allen | geſangbüchern ſo zů bi· | ſer zeit getrudt, mit di | ſen
noch nie getrudt. || Zů Marpurg M. D. xlix. ||

In 8°, 58 Bll, Sign. Atj—Gvj, Seitencuſtt, von Bl 2—56 Foliirung II—LVI.
Titelbordure Nr. 23 B; Bl 1 v leer, 58 r 26

     Andres Kolb zu Marpurg truckts, den | 18. tag Iulij. Anno.
     M. D. XLIX. ||

v leer. —

     Von dieſem erſten Heſſiſchen Geſangbuche ſind nur 2 Exx bekannt, das
hier benutzte iſt in Bremen, XII. 7. c. 260, das andre in Wien. Eine nähere
bibliogr. Beſchreibung würde hier überflüſſig ſein; denn *Ernst Ranke* hat den
Druck mit hiſtor.-krit. Erläutergg unter dem Titel *Marburger Gesangbuch vom
1549 mit verwandten Liederdrucken, Marburg 1862 8°* neu herausgegeben, und
zwar mit der Abſicht, nicht nur den Text genau, ſondern auch die äuſsre
Geſtalt dem Originaldrucke möglichſt ähnlich wieder zu geben. Obgleich nun
die Ausführung nicht ſo lobenswerth iſt wie die Abſicht, denn der Neudruck
leidet an diplomat. Ungenauigkeiten, und die typographiſche Form hätte ohne
groſse Schwierigkeit der des Urdrucks näher gebracht werden können; ſo
bleibt dennoch Rankes Arbeit verdienſtvoll und des Dankes werth, ſchon
darum, weil uns das vergeſsen geweſene Buch durch ſie wieder in Erinnerung
gebracht worden iſt. Zu vergleichen iſt die muſterhaft genaue Beſchreibung
des Urdrucks, und die ſorgfältige Collation des Rankeſchen Neodrucks damit,
von *Wackernagel, Kirchenlied I 430 Nr. 94.*

229.   PRAESIDENTE | VOLCVINO VIGELIO DOCTORE | *Me-
dico, ad ſubſcripta Themata reſpondebit M. Bartholomæus
Meyer. | Anno Dñi.* 1549. ||

Placat in Fol., ½ Bg. Drucker [*Andreas Kolbe*], Textschr. mittelgr. An-
tiqua, 9 Theſen, darunter || Vltima Nouemb. horæ VII. | in Collegio Lani. | —
In Caſsel, Opp. med. 4° 17 Nr. 60.

     Strieder XVI 322.

230. Die aller beſten | Zwey lieder, das erſt Lu= | ce am roj. vom
armen Lazaro vnd dem | Reichen man, In des Dieterichs von | Bern
thon, Oder, Eyn landt das | heyßt Agrippian, &c̄ || Das Ander |
Lobt Gott jr frommen Chriſten, In brüder | Beiten thon. Wie der
heylig Martinus | Luther, durch Gott, das Euangelium | inn Teutſch
landt hat bracht. Mit | eyner warnung an die verfolger | des hey-
ligen Euangelij. || [*Vignette*]

In 8°, 4 Bll, Sign. AIj AIIj und Seitencuſtt. Unter der Titelſchr. l. ein
Weinſtock, r. oben ein Wind blaſender Kopf in Wolken, ohne Randlinien.
Textſchr. kleine Schwab., 4 r 26 (noch kleiner)

Getruckt zů Marpurg zum Kleeblatt vn= | der der Schůlen, bei
Andres Kolben, | im jar do man zelet nach der geburt | Chriſti,
Tauſent, Fünffhundert, | vierßig vnnd neun. ||

v leer. *Wackernagel, Kirchenl. I 761 Nr. 498* (thon. | Bte); *Ranke, Marb.
Gesangb. 135.* — In Berlin, Hymn. 1412.

231. BREVIS | ET EXQVISITA, | Quadrantis inſtrumenti Geo= |
metrici, & Horarij, | explicatio. || Iam denuo recognita, & à
mēdis purgata, | per D. IOANNEM DRYANDRVM, | *Medicum
ac Mathematicum, Profeſſorem | Marpurgenſem.* || [*Druckerzeichen
Nr. 68*] || Marpurgi An. Colbius excudebat. | Anno Domini,
M.D.L. ||

In 8°, 16 Bll, Sign. Aij—Bv und Seitencuſtt. Text mittelgr. Antiqua,
24 Zz, einige Initialen aus verſchiednen Alphabeten. Im Text der Zodiacus
und eine aſtronom. Figur, beide aus Nr. 66 161, und 3 Bildchen von Höhen-
meſſung mit dem Quadranten. — Bl 1 v Zuſchr. Dryanders Lectori (Cursiv),
dat. Ex Muſeo meo ædium Cogeliticarum 24. Dcbr. 1549. Textanfang 2 r,
Schluſs 15 v 11 und

Marpurgi Andreas Colbius impreſſit, | Calendis Ianuarij,
Anno | M.D.L. | ⸿ ||

Rest der 8 und wohl auch das fehlende Bl 16 leer. — In Marburg, Bibl.
XIII d C 124.

Neudruck von Nr. 161, worin aber die 3 Meſſungsbildchen noch nicht
vorkommen.

232. PRAESIDENTE | IOANNE DRYANDRO MEDICO OR-
DINA= | rio, Profeſſore Marpurgenſi. Ad ſubſcripta Themata
pu= | blicè reſpondebit M. Bartholomæus Meyer. ||

Placat, ¹/₄ Bg. kl. Fol. Drucker [*Andreas Kolbe*], Textſchr. mittelgr.
Antiqua. Kopftitel, 12 Theſen in 38 Zz, und || XV. die Martij, In Collegio
Lani. | mane hora Septima. | Marp. 1550. ¶ Links daneben ſteht ¶ *Diſputatio
Ordinaria.* ¶ — In Caſſel, Med. opp. 4° 17 Nr. 23.

Strieder III 241.

8*

232a. [ELEGIA | IN SACRO | NVPTIALI ORNATISSIMI IV- | VENIS | HEINRYCHI BICCII, & caſtiſsimæ uir- | ginis CATHA- | RINAE, Iacobi Cellarij, | Conſulis Herbornenſis fIliæ: In gra- | tiam Sponſi & Sponſæ, ac utri- | uſque parentum | ſcripta | A | IOANNE ALTO. || CANDIDO LECTORI S. | [drei Distichen] || (am Schluſse:) | Excuſa Marburgi, Quarto die Iulij, Anno Chriſti. 1550 || 4° 8 Bll]

Nach einer hs. Aufzeichnung von Wilh. Crecelius.

233. Eyn ſchon new | lieb, von dem heiligen Eh- | ſtandt, in Benßen- awers, oder Hil- | tebrands thon, Durch Joannem | Rauffungen von der Lich | tenaw. Im jar. | M. D. L. || 1. Theſſalo. 4. | Vnuſquiſqȝ ueſtrûm ſciat ſuum uas poßi- | dere cum ſanctificatione et honore &c. ||

In 8°, 4 Bll, Sign. Aij Aiij und Seitencustt. Textschr. kleine Schwab., Bl 1 v leer, 4 r 21 (grösser)

Gebzudt zů Marpurg zum | Rleeblat. Anno | M. D. L. ||

[bei Andreas Kolbe], v leer. Wackernagel, Kirchenl. I 762 Nr. 499 (Rlee: blatt.); Ranke, Marb. Gesangb. 137—143 vgl. 451. — In Berlin, Hymn. 6301.

234. TOPICO- | RVM LEGALIVM, | hoc est, | Locorum, ſeu notarum, ex quibus ar | gumēta & rationes legitimè proban- | di ſumuntur: Infractionum item ad- | uerſus uicioſas argu- mentationes, | exactiſſima traditio. | PER D. IOANNEM | Ol- dendorpium. || En habes hic, Candide lector, ueram artem, nō fo | lum inueniendi, ſed etiā iudicandi, quid in omni- | bus humanorum negociorum quæſtionibus et con | trouerſijs rectè definiri, quidue uitari oporteat. | Vnde tandem intelliges id, quod Vlpianus uerbis | Celſi: Ius (ait) est ars boni & æqui, hoc est, | Collectio præceptorum ex bono & æquo | deſcendentium. Fruere hiſce Dei | donis ad utilitatem proximi. | Et uale rectè. || Cum gratia & priuilegio Cæſareo. ||

In 8°, 256 Bll, Sign. A 2—Z 5 a—i 5, Bluttcustt und Foliirung 2—240. Textschrr mittelgr. Antiqua und kleine Cursiv, 23—26 Zz und Clmtt, auf 2 r das I mit einem Meermanne (Nr. 34), 4 r das grosse C mit HYMEN. aus Nr. 227. — Bl 1 v leer; 2r Præfatio, 4 r Textanfang, 240 v Schluss, dann noch 3 Indices, 255 v || SENECA. || und 13 Verse, Z 17

EXCVSVM MARPVRGI PER | Chriſtianum Egenolphum, & An- | dream Colibium. 6. Cal. Aug. | Anno. M. D. LI. ||

Bl 256, wahrscheinlich leer, fehlt. — In Darmstadt, Y 2817/20.

Katal. d. Bibl. d. Reichsger. von K. Schulz I 23; Strieder X 124; Stintzing I 331 Nr. 5. — Schon 1545, hier Nr. 202.

235. Vier nützliche | vnd Chriftliche Prebige | ober ben fpruch von des | Weibes famen, Genefis 3. gepxebi- | get vnd gefchxiben, burch Cun- | rabum Dorplatium, Pre- | biger zů Allendorff an | ber Lumbba. || Item Sechs fragftůd | ber Chriftlichen Lehx, an | eynen gůten Freunbt. || S. D. C. [so] | Qui fibi uiuit, uiuens mortuus eft. || Gebxudt zů Marpurg bei Anbxes | Rolben zum Rleeblat, Im jar | M.D.LI. ||

In 8°, 48 Bll, Sign. Aij—Fv und Blattcustt. Textschwab. aus Nr. 114, 23/24 Zs, einige Initialen. — Bl 1 v leer; 2r Zuschr. an Frau Aemilia zu Nassau, Anfang der Predigten 3r, Schluss 44 v und ein Druckerstock (durch eine kleine Säule getrennt, r. zwei Personen bei der Erndte, l. ein unter Garben sitzendes Weib, auch in Nr. 269). Dann 45r Zuschr. an Gevatter Henrich, v die sechs Fragstücke, Schluss 47 v 14 | Amen. || Rest der 8 und Bl 48 leer. — In München, Exeg. 1179, Beiband 1.

236. [HENRICI ORTHII Thefes ex Phyfica. Marpurgi 1551]
So bei *Strieder X 180.*

237. LIBERTAS || Senbfchxifften ber König- | lichenn Maieftat zů Francfreich, rc. An bie | Chur vnd Fürften, Stenbe vnd Stett des Hey- | ligen Römifchen Reichs Teutfcher Nation, bar- | inn fie fich jrer yeßigen Rriegsrüftung | halben vffs türßeft erclert. || HENRICVS SECVNDVS FRANCORVM REX, | VINDEX LIBERTATIS GERMANIAE | ET PRINCIPVM CAPTIVORVM. || [*Wappen Nr. 57*] || ANNO 1552 ||

In Fol., 6 Bll, Sign. a2—a4 und Blattcustt. Drucker [*Andreas Kolbe in Marburg*]. Textschwab. aus Nr. 114, 2 r hat 39 Zs, nach Alsätzen Sptt, auf 2 r das grosse Fractur-V aus Nr. 151. Ueber der Titelschr. in der Mitte ein Hut zwischen zwei mit der Spitze aufwärts gerichteten Dolchen, das Wort LIBERTAS steht auf einem Spruchbande. — Bl 1 v leer; Anfang der Proclamation 2 r, Schluss 5 r 9 ... Geben inn ... | ... Fontenneplo, ben Dritten Februarij, ... 1552. | ... ||
Henry || *Delaubefpine* ||, die beiden Unterschrr Facsimile in Holzschnitt. Bl 5 v und 6 leer. — In Marburg, Bibl. XVIII d A 788.
Hortleder II 5, 3.

238. IN REDITVM | ILLVSTRISSIMI PRINCIPIS | ac Domini, Domini Philippi, Landtgrauij Heffiae, | Comitis in Catzenelnbogen &c. Marpur- | genfis fcholæ gratulatoria accla- | matio, per | NICOLAVM RODINGVM. || [*Wappen Nr. 56*] || ANNO M. D. LII. | Decimo Septembris. ||

In 4°, 4 Bll, Sign. Aij Aiij und Blattcustt. Drucker [*Andreas Kolbe*], Text mittelgr. Antiqua, 30 Zs. — Bl 1 v Anfang || (Initiale) VT capit ob reducem mater noua gau | dia natum, | ... Schluss 4 r 26 und || LAVS DEO. || v leer. — In Cassel, Phil. Magn. 4° 4 Nr. 2.
Strieder XI 329.

239.   ENCHIRI· | DION EXCEPTIONVM | FORENSIVM, QVI-
BVS REI | conuenti legitimè defendi poſſunt, | aduerſus iniquas
actorum | perſecutiones. || QVAEDAM ITEM PRO· | gymna-
ſmata, totum ordinem iudicia· | rium populariter explicantia,
ſe· | cundum Cæſaream con· | ſtitutionem Au· | guſtanam. ||
PER D. IOANNEM | Oldendorpium. || Non tam rerum adqui-
ſitio, quàm ea· | rum quæ adquiſitae ſunt, utilis de· | ſenſio
ſæpè deſiderantur. || *Cum gratia & priuilegio Imperiali.* ||

In 8°, 216 Bll, Sign. A 2—Z 5 a—d 5, Blattcuſtt und Foliirung 2—205.
Text kleine Curſiv, 26 Zz und Clmtt, auf 2 r 4 r 185 r Initialen. — Bl 1 v leer;
2 r Lectori, 4 r Anfang des Enchirid., Schluss 184 r, v leer; 185 r die Pro-
gymnasmata, Bl 200 v dieselben Verse aus Seneca wie in Nr. 234, 207 r Indices,
215 v 9

MARPVRGI EXCVDEBANT | Andreas Colbius, & Chri- |
ſtianus Egenolphus. | *Anno.* M. D. LII. ||

Bl 216, wahrscheinlich leer, fehlt. — In Berlin, H d 1700.

Zweite Ausg., *Katal. d. Bibl. d. Reichsger.* von *K. Schulz I 266*, vgl.
Stintzing I 334 Nr. 9. Strieder X 125 Nr. 10 hat diesen Einzeldruck nicht
gekannt; hingegen habe ich den ebd. zu Nr. 10 angeführten Dr. *Sylloge s.
enchiridion actionum forensium ... Marp. 1552* nicht gesehen, falls ein
andrer als der vorliegende damit gemeint sein sollte.

240.   IN EXPEDITIO· | NEM BELLICAM ILLVSTRISS. | Prin-
cipis ac Domini, Domini Guilielmi, | Landtgrauij Haſſiœ, Comitis
in | Catzenelnpogen &c̄. Elegia. || [*Wappen Nr. 51*] || ANNO
M. D. LII. ||

In 4°, 4 Bll, Sign. Aij Aiij und Blattcuſtt.   Drucker [*Andreas Kolbe*], Text
mittelgr. Antiqua, 30 Zz. — Bl 1 v leer; Anfang 2 r, Kopftitel 5 Zz und || VADE
bonis auibus Princeps Generoſo | Vilhelme | ..., Schluss 4 r 18 und || FINIS. |
Rest der S und v leer. — In Cassel, Hass. Wilh. IV. 4° 1 Nr. 2.

241.   𝔚ℜſer 𝔓ℎilipſn [*so*] von | 𝔊ots gnaben 𝔏andtgrauen 𝔷ů | 𝔥eſſen
... | ... erclerung vber etlich | punct des 𝔥ombergiſchen ab· | ſcheids
welcher von wegen der | 𝔖teüer des gebrents am | britten tag 𝔉e-
bruarij | gegeben iſt. | ANNO DOMINI | 1553. || [*Wappen Nr. 48*]

In Fol., 4 Bll, Sign. 𝔅 𝔅ij, auf 2 r v Cuſtt.   Drucker [*Andreas Kolbe in
Marburg*]; Textschrift (44 Zz) eine andre Schwab. als seine bisherige aus Nr.
114, gleichfalls mittelgr., aber von älterem charactervollerem Ductus und mehr
gerundeten magreren Formen, wodurch sie etwas grösser erscheint. Kolbe hat
sie in allen seinen folgenden deutschen Drr gebraucht. — Bl 1 v leer; Anfang
2 r, Schluss 3 v 21 | vnd welsie, geben | wöllen. || Rest der S und Bl 4 leer.
Gehört wahrscheinlich zu einem Sammeldruck, dessen Theile auch einzeln ausgegeben worden sind. — In Marburg, Bibl. XVIII d A 788.

Kleinschmid I 674—676. — Vgl. hier Nr. 286.

242.   DE FORMANDIS | CONCIONI· | BVS SACRIS, SEV DE | INTERPRETATIONE | fcripturarum populari. | LIBRI II. | AVTHORE ANDREA | HYPERIO. || [*Druckerzeichen Nr. 68*] || *Marpurgi And. Colbius excudebat*, | Anno M. D. LIII. ||

In 8°, 136 Bll, Sign. A2—R5, Blattcustt, Foliirung 2—135. Text mittelgr. Antiqua, 23 Zz und Clmtt, auf 3r grosses D (Knabe auf einem Drachen, Nr. 117). — Bl 1v leer; 2r Lectori, dat. Marp. 10. Kal. Octbr. 1552, Textanfang 3r, Schluss 135v4, Errata, und 136r9

MARPVRGI IMPRESSVM |· & finitum decimoquinto die Martij. | Anno Millefimo, Quingentefimo | Quinquagefimo tertio. ||

Rest der 8 und v leer. — In Wolfenbüttel, 982 Th.

Erster Druck, Gesner-Simler 37 l. 38; Strieder VI 307; Thesaur. Weigel. 3199. Die erweiterte 2. Marb. Ausg. von 1562 s. hier Nr. 304.

243.   EPITHALAMION | IN NVPTIAS | DOCTISSIMI VIRI MI-CHAE· | LIS HEROLDI ESCHVICENSIS, | artium ingenuarum Magiftri, & Ca· | tharinæ Molftedt, virginis | honeftiffimæ. || [*Holzschnitt*] || MARPVRGI XVII. MAII. | Ioannes Rhenanus excudebat. | Anno M. D. LIII. ||

In 4°, 4 Bll, Sign. A2 A3 und Blattcustt. *Titelbild Nr. 13*, Kolbische Typen, Textschr. mittelgr. Antiqua, 30 Zz, auf 2r Initiale P. — Bl 1v Epigr. an Mich. Herold, Anfang des Epithal. 2r, Kopftitel 3 Zz und || Plerides musæ terrǫǫ poliqı uoluptas | ..., Schluss 4r20, Chronodist. mit 1553 und || Τέλος || v leer. *Strieder b. Justi 161.* — In Cassel, Hass. Hist. lit. 4° 35 Nr. 18.

244.   IN NVPTIAS | CLARISSIMI VIRI DOMINI | Friderici Nordeci, Doctoris Iuris, Illuftriffimiqı | Hefforum principis à con-filijs, Atqı hone· | ftiffimæ uirginis Agnetis à Côln, | Carmen hoc gratulatorium lu· | debat ex tempore. 20. | Maij Henricus | Orthius. || [*Holzschnitt*] || Marp. 24. Maij. Anno 1253. [so] ||

In 4°, 4 Bll, Sign. A2 A3 und Blattcustt. *Titelbild Nr. 11*; Text kleine Cursiv, 34 Zz, auf 2r grosses sehr rohes M (auch in Nr. 211 &c.). — Bl 1v Epigr. ad Frid. Nordecum, 2r das Carm. grat., Kopftitel 4 Zz und Anfang | MENSIS MAIVS ERAT, FVN | debat gramina campis, | ... Schluss 4v22 und

MARPVRGI ANDREAS | Colbius excudebat. ||

Rest der 8 leer. — In Cassel, Hass. Hist. lit. 4° 35 Nr. 35.

Strieder X 180.

245.   EPITHALAMION | ORNATISSIMO | VIRO MAG. IOANNI BVCHIO, | GIESSENSI, IVNIORVM HESSIAE | Principum pædagogo. Et honeftiffimæ | uirgini Elifabethæ Schachteæ. | Scriptum à Nicolao | Rodingo. | ANNO M. D. LIII. | die 19. Menfis Iunij. || [*Holzschnitt*]

In 4°, 8 Bll, Sign. A 2 — B 3 und Blattcustt. Drucker [*Andreas Kolbe*].
Titelbild Nr. 12, Text mittelgr. Antiqua, 30 Zz, auf 2 r 3 r Initialen. — Bl 1 v
leer; 2 r Zuschr. an Buch, 3 r das Epithalam.. Kopftitel 6 Zz und ‖ Hic ubi
Pierijs iacet urbs habitata Ca- | mœnis, | ..., Schluss 8 r 20 und ‖ FINIS ‖, Rest
der S und v leer. — In Cassel, Hass. Hist. Lit. 4° 35 Nr. 5.
Strieder XI 330.

246. ADSERTIO- | NES EX IVRE ET AE- | quitate, de his
rebus, fine quibus neqꜩ iu | dicia rectè conftitui, neqꜩ pu- | blica
tranquillitas reti | neri poteft. ‖ CONFVTATIO ITEM ER- | roris
perniciofi, quo petitur hæreditas | ex beneficiarijs ditionibus |
publici iuris. ‖ AD SERENISSIMOS | Principes noftros, Ca-
rolum V. | Auguftum, Et, Ferdinandum | Cæfarem, Fratres
opti- | mos maximos. ‖ PER D. IOANNEM | Oldendorpium. ‖

In 8°, 100 Bll, Sign. A 2 — N 3 (4 Bll), Blattcustt und Foliirung 2—87, die
13 letzten Bll nicht foliirt. Textschr. mittelgr. Antiqua, 23 Zz und Clmtt, auf
2 r 5 r 70 r Initialen. — Bl 1 v leer; 2 r Epist. nuncup. an Karl V. und Ferdi-
nand, Anfang der Assertio 5 r, Schluss 69 r, v leer; dann 70 r: ‖ RESPONSVM
IVRIS | ... D. LVDO- | uici à Gozadinis, Bononienfis. ‖ ... Schluss 87 v 21 ‖ FINIS. ‖,
Index, 99 v ‖ SENECA. ‖, die 13 Verse aus Nr. 234, und
MARPVRGI ANDREAS | Colbius excudebat, Calendis Iulij. |
Anno M. D. LIII. ‖
Bl 100 leer. — In Berlin, F 1 1423.
Erste Ausg., *Gesner-Simler 401 l. 29*; *Katal. d. Bibl. d. Reichsger.* von
K. Schuls II 89; *Stintsing I 329—331.*

247. CARMEN GRATVLATORIVM | IN ACTVM | QVO ... |
D. ANDREAS HYPERIVS, | Sacræ Theologiæ Profeffor ... in
inclyta | Marpurgenfi Schola, infignibus Doctorali- | bus exor-
natus eft. 17. Augufti, | *Anno* M. D. LIII. | Conferente ... | ... D.
THILEMAN- | NO SCHNABELIO, ... | ... ‖ ITEM. | ALIVD IN
HONOREM ... | ... Ioannis Grauij Nordlingenfis, | & Chriftophori
Lerfeneri Marpurgenfis, | qui eodem actu, alter Doctor, alter
uero | Licentiatus utriufqꜩ Iuris, promoti ac | declarati funt, à
... | D. IOANNE OLDENDORPIO | ... | ... | ... ‖ Per M. Henricum
Orthium | Calernium. ‖

In 4°, 4 Bll, Sign. Aij Aiij und Blattcustt. Textschr. Antiqua, 30 Zz;
2 r grosse Init., 3 v kleinere. — Bl 1 v leer, Anfang 2 r, Schluss 4 r 22 und
MARPVRGI, XVII. DIE AVGVSTI, | *per Andream Colbium,*
Anno M. D. LIII. ‖
v leer. — In Marburg, Bibl. VIII B 331 d b, Pers. Hass. vol. XI.
Strieder X 180.

248. EPITHALAMIVM. | QVOD IN NVPTIAS PII AC | ERV-
DITI VIRI, MAGISTRI NATHA· | naelis Vegetij gregem Ec-
clefiaſticum | apud Kirtorphenſes uerbo Dei | *paſcentis, atqʒ
honeſtæ Virginis ELI·* | SABETHÆ *filiæ Leucocephali,* | *ciuis
Amœnoburgenſis.* | *ludebat.* | M. Henricus Orthius. | 30. Octobris ||
[*Wappen Nr. 51*] || Marpurgi excudebat Ioannes Rhenanus |
Melofungius Añ. 1553 ||

In 4°, 4 Bll, Sign. Aij Aiij, auf 2 v ein Blattcuatt. Kolbische Typen, Textschrift kleine Cursiv, 34 Zz, Initiale O. — Bl 1 v leer; Anfang 2 r, (ohne Kopf-
titel) || OCTObri fol terdecies emerſerat undis, | ... Schluss 4 v 17 und || Anno
M. D. L. III. || Rest der 8 leer. — In Cassel, Hass. Hist. Lit. 4° 35 Nr. 51.
Strieder X 180 und bei Justi 160.

249. [ANDREAE HYPERII Annotationes in X. libr. Ethicorum
Ariſtotelis. Marpurgi 1553.]
So bei *Strieder VI 312.*

250. [IOANNIS DRYANRI Libellus de peſte. Marpurgi 1553 8°]
Strieder III 241; vgl. *Gesner-Simler 362 l. 42,* und hier Nr. 252.

251. Abſchꝛifft vnd verwilligung eyner Erſamen Zunfft | der Schū-
macher ʒū Marpurg, vff S. Jacobs tag beſchloſſen, | im jar als man
ʒalt nach Chꝛiſti geburt. M. D. XL. || ... ...
... Getrudt ʒū Marpurg im jar 1553. ||

Placat, ½ Bogen in Fol., 3 und 53 Zz, v leer. Drucker [*Andreas Kolbe*],
Textschwab. aus Nr. 241. — In Berlin, G p 16. 306.

252. Von dem vꝗi· | gen Sterben oder | Peſtilenʒ. || D. Jo. Eych-
mans genant Dꝛyan· | der, Cꝛdinarij ʒū Marpurg, | bebendens. ||
Sampt D. Luthers, vnd D. Jodoci | Wilichij ʒwcyen Būchlin von |
dem Sterben. || Alle vom newem ʒūgericht, vnd getrudt ʒū | Marpurg
burch Anbꝛes Colben, | Anno M. D. LIIII. || 1554. ||

In 8°, 24 Bll, Sign. Aij—C 5 und Blattcuatt. Textschriften in der Wid-
mung und 20 r — 24 r die Schwab. aus Nr. 241, 22 Zz, im übrigen Text kleine
Schwab., 32 Zz, Clmtt, einige Initialen. — Bl 1v leer; 2 r Widm. an Iohan
Nordeck, dat. 3 v Marp. trium Regum 1554, Bl 4 r Dryanders Bedenken, 9 r die
Schrift von Willichius, 17 r || Wie man das Sterben | oder Peſtilenʒ fliben möge,
forꝑer | auß ʒfg auß D. Martini Lu· | ther būchlein, Cb das | Sterben ʒufll· | ben
ſeꝗ. || ...(hier Nr. 7); 22 v 7 noch eine Lehre aus Willichius, Schluss 24 r 14 und
    Getrudt ʒū Marpurg bei | Anbꝛes Kolben, im jar, | M. D. LIIII. ||
v leer. — In Worms.
    Vgl. Nr. 250.

253.   AVTHORE CHRISTO. ‖ Præſidente Io. Dryandro, ordi- |
NARIO PROFESSORE MEDICO MARPVRGENSI. RESPON-
DEN- | te ucrò doctiſsimo Medicinæ candidato, Mag. Adamo
Lonicero, | pro recipiendis inſignibus Doctoralibus, ſubſcripta
Themata | in publica diſputatione excutienda proponentur. ‖

Placat in Fol., Drucker [*Andreas Kolbe*], Textſchr. mittelgr. Antiqua;
Quaestio, Concl. I—VIII, Append. I II, darunter ‖ *Marpurgi, in Collegij Lani*
auditorio magno, hora conſueta, | *Die (7.) Menſis (April.) Anno ſalutis* 1554. ‖,
7. und *April.* eingeschrieben. — In Cassel, Med. opp 4° 17 Nr. 38.

Strieder III 241.

254.   𝔚𝔍𝔯 𝔓𝔥𝔦𝔩𝔦𝔭𝔰 𝔳𝔬𝔫 𝔊𝔬𝔱𝔱𝔢𝔰 𝔤𝔫𝔞𝔡𝔢𝔫 𝔏𝔞𝔫𝔡𝔱𝔤𝔯𝔞𝔲𝔢 𝔷ů 𝔥𝔢𝔰𝔰𝔢𝔫, ...
𝔚𝔦𝔢 𝔴𝔬𝔩 𝔴𝔦𝔯 𝔈𝔥𝔢𝔟𝔯𝔲𝔠𝔥, 𝔥𝔲𝔯𝔢𝔯𝔢𝔦, 𝔍𝔲𝔫𝔤𝔣𝔯𝔞𝔴𝔰𝔠𝔥𝔴𝔢𝔠𝔥𝔢𝔫, 𝔳𝔫𝔡 𝔳𝔫𝔢𝔥𝔢- | 𝔩𝔦𝔠𝔥
𝔟𝔢𝔦𝔩𝔞𝔤𝔢𝔯, 𝔥ö𝔠𝔥𝔩𝔦𝔠𝔥, 𝔳𝔫𝔡 𝔟𝔢𝔦 𝔤𝔢𝔟𝔯𝔞𝔴𝔢𝔱𝔢𝔫 𝔭𝔢𝔢𝔫𝔢𝔫 𝔦𝔫𝔫 𝔳𝔫𝔰𝔢𝔯𝔫 𝔳𝔬𝔯 𝔞𝔲𝔰-
𝔤𝔞𝔫𝔤𝔢𝔫𝔢𝔫 𝔒𝔯𝔡𝔫𝔲𝔫𝔤𝔢𝔫 𝔳𝔢𝔯𝔟𝔬𝔱𝔱𝔢𝔫. ... ...
... 𝔊𝔢𝔟𝔢𝔫 𝔷ů 𝔈𝔞𝔰𝔰𝔢𝔩 𝔞𝔪 25. 𝔱𝔞𝔤 𝔐𝔞𝔦𝔧. 𝔄𝔫𝔫𝔬 1554. ‖

Erlass Philipps von Hessen wider Ehebruch und Unzucht. — Placat in hoch
Fol., 3 und 54 Zs, Drucker [*Andreas Kolbe*]. Z 1 grosse Fract., sonst die Text-
schwab. aus Nr. 241, am Anfange mässig grosses Fractur-𝔚. — In Marburg,
Archiv.

Kleinschmid I 157.

254 a.   𝔚𝔍𝔯 𝔓𝔥𝔦𝔩𝔦𝔭𝔰 𝔳𝔬𝔫 𝔊𝔬𝔱𝔱𝔢𝔰 𝔤𝔫𝔞𝔡𝔢𝔫 𝔏𝔞𝔫𝔡𝔱𝔤𝔯𝔞𝔲𝔢 𝔷ů | 𝔥𝔢𝔰𝔰𝔢𝔫, ... |
𝔈𝔫𝔱𝔟𝔦𝔢𝔱𝔢𝔫 𝔢𝔲𝔠𝔥 𝔅𝔲𝔯𝔤𝔢𝔯𝔪𝔢𝔶𝔰𝔱𝔢𝔯𝔫, 𝔓𝔣𝔞𝔯𝔯𝔥𝔢𝔯𝔫, 𝔈𝔞𝔰𝔱𝔢𝔫𝔪𝔢𝔶𝔰𝔱𝔢𝔯𝔫, 𝔳𝔫𝔡 | 𝔊𝔢-
𝔪𝔢𝔶𝔫, ...
[*hs*] *Caſſell* | *am 9 Julij Ao &c. 54.* ‖

Zur Stipendiaten-Ordnung der Universität Marburg. — Placat in Fol., 29
gedr. Zs, Drucker [*Andreas Kolbe in Marburg*]. Z 1 Titelfract., sonst die
Schwab. aus Nr. 241, am Anfange grosses Fractur-𝔚. Mit eigenhänd. Unterschr.
Philips L s Heſſen m̃ *ß* und *p. ed. Alexander Pflug.* — In Marburg, Archiv.

255.   AVTHORE CHRISTO. | PRAESIDENTE IOAN- | NE
DRYANDRO, PROFESSORE ORDINA- | rio, medico Doctore,
pro recipiendis (ex duabus diſputationibus | ordinarijs) inſigni-
bus Doctoralibus, reſpondebit Zacharias | Belinus Curienſis,
Primamq̷ 29. die Septēb. abſoluet. ‖ *Quæſtio.* | VTrum Venæ-
fectio in Pleureſi, ac reliquis internis inflam- | mationibus
in oppoſito latere facta, damnanda ſit? ‖

Placat, 'ſ Bogen in Fol., Drucker [*Andreas Kolbe*], Text mittelgr. Antiqua,
9 Thesen. Unten ‖ Diſputabuntur hæc 29. die Septemb. hora 7. | in Collegio
Lani Anno 1554. | MARPVRGI. ‖ — In Cassel, Med. opp 4° 18 Nr. 32.

Strieder III 241.

256. AVTHORE CHRISTO. | PRAESIDENTE IOAN• | NE DRYANDRO, PROFESSORE ORDINA• | rio, medico Doctore, pro recipiendis infignibus Doctoralibus, | Secundo Refpondebit | ZACHARIAS BELINVS CVRIENSIS, | fexto die Octobris. || De fugienda ac fuganda pefte Difputatio. ||

Placat, ¹/₂ Bogen in Fol., Drucker [*Andreas Kolbe*], Textschr. mittelgr. Antiqua. Quaestio und 9 Conclusiones, darunter ‖ MARPVRGI M. D. LIIII. ‖ — In Cassel, Med. opp. 4° 18 Nr. 85.

Strieder III 242.

257. POSITIONES MEDICAE | PVBLICE DISCVTIENDAE, PRAESIDENTE | IOANNE DRYANDRO MEDICO ORDINA | RIO, RESPONDENTE MAGISTRO ADA | MO LONICERO, MEDICI• | NAE STVDIOSO. ||

Placat, ¹/₂ Bogen in Fol., Drucker [*Andreas Kolbe*], Textschr. mittelgr. Antiqua; 6 Positiones und ‖ In collegio Lani 18 die Octobris. quę | Lucæ Euangeliftæ medico fan• | cto, eft dedicata, hora | octaua. ‖ — In Cassel, Med. opp. 4° 17 Nr. 15.

Strieder III 241.

258. PROBATIO DE• | FENSIONIS EX IVRE ET AEQVI• | tate pleniffima, pro illuftriffimo Principe & do• | mino, domino Landtgrauio Heffiæ, ... | ... | ... || ADVERSVS INPERTINENTIA | Naffauienfium aduocatorum refponfa, & er | roneas allegationes, de petitione hæ• | reditatis alaudiali. || APVD AMPLISSIMOS, ILLVS• | triffimorum Electorum atq̃ Principum le• | gatos tranfigendi arbitros, | edita Francofurti. || Anno 1554. ||

In 4°, 54 Bll, Sign. A 2—N 4, Blattcustt, Foliirung 2—54. Ohne Impr., aber wenngleich *edita Francofurti*, doch so gut wie gewiss *Marburg bei Andreas Kolbe*, der den Druck wahrscheinlich für Egenolff in Frankfurt (vgl. Nr. 260) gemacht hat. Alle Typen (besonders die Textschwab. aus Nr. 241 in einigen deutschen Stellen) stimmt den Initialen und dem ganzen typograph. Habitus, weisen auf Kolbe hin. Text mittelgr. Antiqua, auf 4 v sind 29 Zs, unter den Initialen auf 2 r das grosse I mit dem Hess. Löwen aus Nr. 145, das in Egenolffs Frankfurter Officin, wenn überhaupt jemals, so doch schwerlich noch 1554 im Gebrauch gewesen ist. — Bl 1 v leer; Anfang 2 r, Schluss 54 r 21 | trectabitur. ‖ v leer. — In Marburg, Bibl. VIII B 464 m.

Wenck, Hess. Landesgesch. I 637 Anm. c.

259. Philips von Gots gnaden Landtgraue | zů Heffen, ... || L3eben getrewen, Wir wöllen euch gnediger meynüg | nicht pergen, ...

... Datum (hs: *Rodenberg an der Fulda am 24 Julij Anno 1555*.)

Ausschreiben Philipps von Hessen an die Räthe, Verhandlungen mit Nassau betreffend. — In Fol., 1 Bg, aber nur 8 1 bedruckt, die 3 anderen leer. Drucker [*Andreas Kolbe in Marburg*], Textschwab. aus Nr. 241, 2 und 31 Za, das L am Anfange steht vor der Columne. — In Marburg, Archiv (mit hss Aenderungen).

260.   CHASPA• | RI RHODOLPHI DIALECTICA, | Ad præ-fcriptum Organi Ariftotelici, | Ex Interpretibus Græcis conge• | fta, copiofiusủ} multò, quàm | hactenus, tractata. || ACCESSE-RVNT ENIM TA• | *bulæ de Prædicabilibus ac Prædicamentis: De | Propofitionibus, ex qua fcilicet animæ parte | nafcantur: De Aequipollentia, ... | ... De 36. modis Syllogifticis & | afyllo-giftis: ... | De refolutione Syllogifmorum: Et aliæ quædā | Argumentandi formæ, ... | ... ||* Adceffit poftremò Epitome Dia-lectices, | pro pueris pædagogicis. || Omnia recens ab autore recognita. || *Cum Gratia & Priuilegio Cæfareo ac Regio. || Marp. Andreas Colbius excudebat Impenfis | hæredum Chr. Egenolphi. | M. D. LV. ||*

In 8°, 174 Bll, und zwar: Titel und Vorst. 8 Bll, Sign. *2—*5; Text 166 Bll, Sign. A—X 5 (X 6 Bll), Blattcustt und auf den 3 letzten Bll jedes Bogens auch Seitencustt, Foliirung 1—166. Text kleine Cursiv, 27 Za und Clmtt, einige Initialen. — Bl 1 v leer; 2 r Zuschr. Gualthero Halieo ..., dat. Francof. Id. Dcbr. 1549; 3 v Index, 7 v Epigrr von Reinh. Lorich, Lonicerus und Rho-dolphus. Anfang des Compend. fol. 1, Schluss 166 r 8, Errata (zweispaltig), 166 v 24 ‖ AN. M. D. LV. ‖ — In Cassel, Log. 8° 200.

Vgl. Prantl in Allg. Dtsche Biogr. Unter den vielen Ausgg dieser Schr. soll es noch eine Marburg 1586 12° geben, Lipenii Bibl. real. philos. 833 a.

261.   EPITHALAMI• | ON IN NVPTIIS ORNATISSI• | mi & doctiffimi uiri Ioannis Grauij, I. Do• | ctoris confultiffimi. Et honeftiffimæ uir• | ginis Barbaræ, Theobaldi Billicani I. | V. Doctoris piè defuncti filiæ. || Scriptum à | GEORGIO NI-GRINO | Battenburgenfi. || [*Holzschnitt*]

In 4°, 12 Bll, Sign. A 2—C 3 und Blattcustt. *Titelbild Nr. 13*, Textschr. mittelgr. Antiqua, 32 Za. — Bl 1 v leer; 2 r Anfang, Kopftitel 6 Za und ‖ ESt nemus iliceum, quod relligiofa uetuftas | ..., 12 v 25 ‖ *Téλoς.* ‖

Marpurgi Andreas Colbius Ty• | pis mandauit, Kalend. Octob. | *Anno Chrifti* M. D. LV. ||

In Cassel, Hass. Hist. lit. 4° 35 Nr. 13.

Strieder X 82.

262.   Als der Durchleuchtige | Hochgeborne Fürst vnd Herr, herr | Philips Landtgraue zü Hessen, | ... ...

... Geſchehen ʒů Caſſel am erſten tag des Monats Octobris, | Anno Domini Funfftʒehenhundert Funfftʒig vnd fünfften. ||

Abſchied der Heſſ. Ritterſchaft, betreffend die zu der Naſſauiſchen Sache bewilligte Geldhülfe. — In Fol., 1 Bg. bedruckt 2 Ss und auf der 3. noch 29 Zs. Drucker [*Andreas Kolbe in Marburg*], Textſchwab. aus Nr. 241, am Anfange grosses Fractur-A. — In Marburg, Archiv. *A, L: VIII . ч 750 . 3*

263. EX SACRIS LI- | teris conſcriptum Epithala | MION, in nuptijs uenerabilis uiri, M. Mathu- | ſalem Arnoldi, in Eccleſia Marpurgana Verbi | miniſtri, & honeſtiſſimæ uirginis Catharinæ | Orthiæ, Iacobi Orthij filiæ. || In Gratiam Sponſi, ſponſæçɥ fratris, doctiſſimi | uiri, M. Henrici Orthij, Reuerendiſſimi | domini Adami Vegetij, Cattorum | Eccleſiarum Epiſcopi, generi. || AVTHORE GEORGIO | Nigrino Battenburgenſi. || MARPVRGI XVI. DIE | Decembris, Anno 1555. ||

In 4°, 16 Bll, Sign. A 2—D 3 und Blattcustt. Text mittelgr. Antiqua, 30 Zs, auf 2 r das grosse C mit HYMEN. aus Nr. 227, auf 15 r kleineres C. — Bl 1 v leer; 2 r das Epithal. (ohne Kopftitel) || CARmine dum tenui tædas | decanto iugales, | ... 15 r || IN EASDEM NV- | PTIAS ODE, TRICOLOS | Tetra- ſtrophos, Ludouici Milichij | Homburgenſis. | ... Schluss 16 r 19 || Τέλος. ||

Marpurgi Andreas Colbius Ty- | pis mandauit, Idus De- cemb. | *Anno Chriſti* M. D. LV. ||

v leer. — In Cassel, Hass. Hist. lit. 4° 35 Nr. 1.

Strieder X 82.

264. E Vangelion | Nicodemi, Auß | dem Latein in die Teutſch | ſpꝛaach verandert. Jnn | welchem vil hübſcher puncten, die die | andern Euangeliſten nit ſetzen, be- | griffen werden (doch jnen nicht | ʒuwidder) faſt nützlich | ʒuleſen. || [*Holtzchnitt*] || M. D. LV. ||

In 8°, 48 Bll, Sign. Aij—Fv und Blattcustt. Auf dem Titel das kleine Bild Nr. 15; Textſchwab. aus Nr. 241, 24 Zs. — Bl 1 v leer; Textanfang (Fractur-E) 2 r, Schluss 47 r 15, und (Z 1 2 kleine Schwab.)

Ʒů Marpurg Trudts Andꝛes Kolb, | ʒum Kleeblatt, Jm jar, | M. D. LV. ||

v und wahrſcheinlich auch Bl 48 leer. — In Marburg, Bibl. XIX b C 536 d m.

Es giebt auch Exx desselben Drucken, woran nur das Impr. verändert ist und lautet (Textſchwab.) || Getrudt ʒů Marpurg, durch An- | dꝛeam Kolben vonn Heyb. Jm | jar bo man ʒalet, Tau- | ſent, Fünffhundert | Funfftʒtʒ fünff. || In Marburg, Arch. XI B 1505. — Vgl. Nr. 300 a.

265. Eyn Schöner | Geyſtlicher vnd Chꝛiſt- | licher newer Verdreyen, Von dem | Jüngſten tage, vnd ewigem Leben, | Auff die Melodei vnnd

weiſe, | Hertzlich thut mich erfrewen, | Durch | Johan Walthern, Jnn |
hetziger betrübten zeit, jme vnd | allen Chriſten zu troſt | gemacht. ||
Gedruckt zů Marpurg, bei | Andres Kolben, im jar, | M. D. LV. ||

In 8°, 8 Bll, Sign. atj—av und Blattcustt. Textschrift die Schwab. aus
Nr. 241; Bl 1 v bedruckt, 6 v || Des Tichters | Zůgabe. || und 2 Strophen, 8 r 9
|| ERDE. ||, darunter auf einer Platte l. ein Würfel, r. ein Büschel Eichenlaub,
Rest der 8 und v leer. *Wackernagel, Bibliogr. 269 Nr. 699; Ranke, Marb.
Gesangb. 161—175 vgl. 453.* — In München, Liturg. 741 Nr. 4.

266. Eyn new lied | von dem Leiden Chri= | ſti in eyner newen |
melobei. || Noch eyns vom Leiden. | Im thon, | Chriſte qui lux es
& dies: || [*Holzschnitt*]

In 8°, 8 Bll, Sign. A 2 — A 5 und Blattcustt. *Titelbild Nr. 14*, Textschr.
die Schwab. aus Nr. 241. Bl 1 v leer, 8 r 19

Getruckt zů Marpurg zum Kleeblatt. | Anno M. D. LV. ||

v leer. *Wackernagel, Bibliogr. 275 Nr. 715; Ranke, Marb. Gesangb. 193—207*
vgl. *459.* — In Darmstadt, E 4494.

267. Schöner geyſt | licher Lieder Zwey. | Das Erſt eyn banckſagung
wen man | des morgens vffſteht. | Das Ander, Die Schönen Wort |
Chriſti. In der Melobei: | Chriſte, der du biſt tag | vnd liecht, ꝛc. ||
[*Holzschnitte*]

In 8°, 8 Bll, Sign. ij iij 4 v und Blattcustt (fehlt Bl 7). Unter der Titelschrift l. eine brennende Lampe mit einer Klammer, daneben Beil und Strick;
r. der Hahn aus Nr. 128. Textschr. die Schwab. aus Nr. 241, Bl 1 v leer, 8 r 10

Gedruckt zu Marpurg | im jar M. D. LV. ||

[durch *Andreas Kolbe*], Rest der 8 und v leer. *Wackernagel, Kirchenl. I 769
Nr. 516; Ranke, Marb. Gesangb. 145—159 vgl. 452 f.* — In Berlin, Hymn. 4125.

268. Fünff außerle | ſene Geyſtliche lieder, vor= | hin eyns teyls im
truck nie außgan= | gen, mit ſchönen melobeien. || [*Holzschnitt*]

In 8°, 8 Bll, Sign. Aij—Av und Blattcustt. *Titelbild Nr. 16*; Textschrift
die Schwab. aus Nr. 241, Bl 1 v leer, 8 r 18

Gedruckt zu Marpurg | im jar M. D. LV. ||

[durch *Andreas Kolbe*], v leer. *Wackernagel, Kirchenl. I 769 Nr. 515; Ranke,
Marb. Gesangb. 177—191 vgl. 454 f.* — In Berlin, Hymn. 6371.

269. CARMEN | ELEGIACVM GEOR= | GII NIGRINI BATTEN= |
burgenſis. De captiui= | tate Cereris. || Qui ſapit, ipſe ſua con-
tentus ſorte, quieſcit: | Inter diuitias ſemper auarus eget. ||
[*Druckerstock aus Nr. 235*]

In 4°, 8 Bll, Sign. A 2—B 2, Blattcustt und auf 4 r auch ein Seitencust. Textschr. mittelgr. Antiqua, 32 Zz, auf 2 r Init. F. — Bl 1 v Widm. an Io. von Mandesloh; 2 r ¶ CAPTIVITAS CERERIS. ¶ FVLVA Molorehæi [so] Titan per figna Leonis | ..., 7 r 17 ‖ Finis. ¶, 7 v ¶ Ne uacaret omninò haec pagella, adiecimus | Epigramma de quodam auaro | fomniente thefaurum | ... und

Marpurgi Andreas Typhœus | excudebat, apud Trifolium. | *Anno* M. D. LV. ‖

Bl 8, gewiss leer, fehlt. — In Cassel, Poet. lat. 4° 77 Nr. 7.

Gesner-Simler 230 l. 11; Strieder X 82.

270. Nach dem off onfer Philipfen von Got | tes gnaben Lanbtgrauen zů Heffen, ... | ... gefinnen onb erfoxbern, onferer | bepber ... Heffen zů o̊zt | allhieher befchziebenem Lanbtage gefchidten ... | ... fich in onfern hochobligenben fachen als bie getretwen onbertha- | nen, ... erzeygt. So haben wir ... | ... jnen zů gnaben bas Foxftgelt, fo fie vom Gloffter holz geben, | gemilbtert. ... ...

Hessische Holzordnung. — In Fol., 1 Bg, aber nur Bl 1 r ganz und v mit 15 Zz bedruckt, Bl 2 leer. Drucker [*Andreas Kolbe*], ohne Datirung, aber nicht vor 1553, weil mit der Textschwab. aus Nr. 241 gesetzt, Z 1 und Lemm. Titelfractur, am Anfange mässig grosses Fractur-N. — In Marburg, Archiv, mit hs. Dat. 1555.

Kleinschmid I 469.

271. Wir Philips von Gots gnaben Lanbtgraue zů Heffen, ... | ... | ... ‖ WIr Ferbinañb von Gottes gnaben Römifcher König, ...
... Geben zů Caffel onter onferm hierauff getrudten Secret, Am (5.) tag bes Monats (*Martij*) Jm jar 1556. ‖

Philipps von Hessen Publication eines Erlasses des Königs Ferdinand gegen gartendes Kriegsvolk, vom 25. Septb. 1555. — Placat auf 2 aneinander geklebten Foliobogen, 3 103 und 3 Zz. Drucker [*Andreas Kolbe in Marburg*], Textschwab. aus Nr. 241, das W zu Anfang von Ferdinands Erlass steht vor der Columne, Tag und Monat im Schlussdatum sind eingeschrieben. — In Marburg, Archiv.

272. EPITHALAMI- | ON DE NVPTIIS ORNATISSI- | MI VIRI DOMINI GEORGII NIGRINI | Battenburgenfis, apud Homburgenfes Verbi di- | uini præconis Vigilantiffuni, & Caftiffimœ Vir- | ginis Vualpurgœ honefti uiri Henrici | Bacci ciuis Lichenfis, filiœ. ‖ Scriptum | à LVDOVICO MI- | LICHIO. ‖ Anno M. D. LVI. | Die decimo, Menfis Augufti. ‖

In 4°, 8 Bll, Sign. A 2—B 3 und Blattcustt. Drucker [*Andreas Kolbe in Marburg*]. Textschr. mittelgr. Antiqua, 30 Zz, 2 r Init. Q. — Bl 1 v leer; Anfang 2 r, Kopftitel 7 Zz und ¶ QVa uidet aurorœ bigus orbs incly- | ta Martis, | ...

Schluss 8 v 16 ‖ PLAVDITE. ‖ Rest der 8 leer. — In Cassel, Hass. Hist. lit. 4°
35 Nr. 34.

Lud. Milichius war Theologe und hat, nachdem er 2 Jahre auf der
Schule in Waldeck gewesen war, hier in Marburg studirt, wo er im 1. Sem.
1551 als Ludov. Melichius Homburg. inscribirt worden ist, 1566 war
er Pfarrer zu Homberg a. d. Ohm, Roterm. b. Jöcher IV 1734. Bekannt
ist er durch seinen Zauberteufel, Frankf. 1563 8°, und Schrapteufel, o. O.
1567 4°, beide noch mehrmals aufgelegt, vgl. Goedeke II 481 Nr. 9; auch
im Theatrum Diabolorum Frankf. 1575 Fol., Bl 175—206 und 319—356.

273. Eynfeltige bekantniß | vnd vnuerfelschter Euangelischer Be | richt,
der waren Chriftlichen, Apofto- | lifchen vnnd alt Catholifchen mutter |
Kirchen, Welcher geftalt man das hey | lige Nachtmal vnfers herrn
Jefu Chri | fti außteplen vnd entpfahen folle, | Auß dreien Euange-
liften, Paulo | vnd der h. Vättern Schrifften | zufammen getragen,
vnnd | in zwey teyl verfaffet, | Durch PETRVM LO, | von Eluer-
uelb abgezogen. ‖ Luc. cap. 22. | Simon Simon, fihe, der Sathanas
hat | ewer begert, das er euch möcht reitern, wie | den weytzen. Jch
aber hab für dich gebet- | ten, das dein glaub nicht auffhöre. Vnnd |
wann du der mal eyns bich bekereft, fo | fterde beine brüder. ‖ *Iudicet*
Ecclefia & omnes pij. ‖

In 4°, 152 Bll, Sign. aaij—ddij A—B3 a—i3 und Blattcustt. Titelschr.
zum Theil roth, Textschwab. aus Nr. 241, 32 Zz. — Bl 1 v Epigr. von Franc.
Bavarus Ryneraeus, 2 r Zuschr. des Verf. an Philipp, Johann und Franz, Grafen
zu Waldeck, dat. 16 v Mengeringkhusen 31. Juli 1556 und Unterschr., darunter
der Kranz mit VERBVM | DOMINI ... wie in Nr. 110. Dann 17 r Zuschr. an
die Christen zu Elberfeld und Textanfang, 150 v Schluss, 151 r noch 2 Verse
aus Ps. 141 (verdr. 151) und zahlreiche Errata, 151 v 39

Getrudt ju Marpurg, im jar | M. D. LVI. | vff Hymelfart Marie. |
bei Andreas Colben. ‖

Bl 152 leer. — In Marburg, Archiv.

Ausführliche Beschreibung dieses Dr. bei *Bouterwek, die Reformat. im*
Wupperthale ... in der Zeitschr. d. Bergischen Geschichtsvereins IV 1867
S 311 (in Titelz. 18 ntt; hinter brüder keine Zeilenabtheilung; im Impr. ju).
Vgl. auch *Wilh. Crecelius* in der Allg. Dtschen Biogr. XIX 23.

274.   SELECTVM | LATINAE GRAMMATI- | CES COMPEN-
DIVM, EX OPTIMIS | eius profeffionis authoribus, præcipuè
ue | rò ex iufto opere grammatico D. Philip | pi Melanchthonis,
in ufum pædagogij | Marpurgenfis aptè fic concinnatum, | atqs
in formulas quæftionum reda- | ctum, ut alijs quoqs fcholis
me- | diocribus ubicunqs locorum | ufui effe queat. ‖ PROSODIA
PAVLO VBE- | *rius in puerorum gratiam tractata est: addito*
in fi- | ne Petri Mofellani figurarum libello. Omnia | uigilan-

tiore cura recognita, & à mendis | plurimis paßim uindicata. ||
Marpurgi Andreas Colbius | Heydenfis excudebat. ||

In 8°, 228 Bll, Sign. A 2 — Z 5 Aa — Ff3 (4 Bll), Blattcuatt und Foliirung
4 — 227. Typen Antiqua und Cursiv, 27 Zz und Clmtt, einige Initialen. —
Bl 1 v leer; 2 r Epigr. und 2 v Vorw. des Bearbeiters *Petrus Nigidius*, dat.
3 v 21 Recogn. Marp. Kal. Aug. 1556. Textanfang 4 r, Schluss 227 v 19 und
MARPVRGI ANDREAS COLI- | *bius impreßit, in die*
S. Barbaræ. | *Anno* M.D.LVI. ||
Bl 228 leer. — In Darmstadt.

Strieder X 78.

275. Warhaftig | Hiſtoria vnd beſchreibung eyner Landt- | ſchafft der
Wilden, Nacketen, Grimmigen Menſchfreſſer | Leuthen, in der Rewen-
welt America gelegen, vor vnd nach | Chriſti geburt im Land zů Heſſen
vnbekant, biß off diſe ij. | nechſt vergangene jar, Da ſie Hans Staben
von Hom- | berg auß Heſſen durch ſein eygne erfarung erkant, | vnd
netzo durch den truck an tag gibt. || Dedicirt dem Durchleuchtigen
Hochgebornen herrn, | H. Philipſen Landtgraff zů Heſſen, ... | ...
ſeinem G. H. || Mit eyner vorrede L. Joh. Drynandri, genant Eych-
man, | *Ordinarij Profeſſoris Medici zů Marpurgk.* || Jnhalt des
Büchlins volget nach den Vorreden. || [*Holzschnitt*] || Getruckt zů
Marpurg, im jar M.D.LVII. ||

In 4, 90 Bll, Sign. A 2 — B 3 a — viiij (6 Bll) mit Blatt- und einigen Seitencustt. Die 1. Titelz., sehr grosse Fractur mit einigen Schreiberzügen (das e
steht über dem g), ist in einen Block geschnitten und, wie auch Titelz 2 und
12—14, roth. *Titelbild und 54 Textbilder Nr. 17,* ausserdem eine Karte des
Theils von America oder Braſilien, wo Staden gewesen war, in gross 4°; Text
und Titelz. 3—11 die Schwab. aus Nr. 241, 31 Zz, Lemm. oder Anfangszeilen
mit der grossen Fract. der 2. Titelz.; auf 9 r das grosse I mit dem Hessischen
Löwen aus Nr. 145, auf 64 v grosses L mit zwei nackten Amoretten. — Bl 1 v
leer; dann zwei Zuschrr: 2 r des Verf. Hans Staden an Philipp von Hessen
dat. Wolffhagen 20. Juni 1556, 3 r des Hrsgbrs Jo. Dryander an Philipp von
Nassau dat. 7 v Marb. am Tage Thomae 1556, 8 r Inhalt, 8 v das erste Bild,
ein grosses Kriegsschiff mit Ueberschr. || Was hilfft der wechter in der ſtatt, | Dem
gewaltigen ſchiff im meer ſein fart, | So ſie Gott beyde nicht bewart. || Bl 9 r An-
fang der Erzählung Stadens von seinen beiden Reisen und seiner Gefangen-
schafft, 63 v 18 || Ende des erſten Büchlins. ||, darunter der Kranz mit VERBVM |
DOMINI ... aus Nr. 110; 64 r Seitentitel || Warhafftiger kurzer be | richt, handel
vnd ſitten der Tuppin Jn- | bas, derer gefangner ich geweſen bin, ... mit einem
Bilde, zwei dieser Wilden vorstellend. Schluss 89 v 9, 2 Errata und

Zů Marpurg im Kleeblatt, bei | Andres Kolben, off Faſtnacht.
1557. ||
Bl 90 leer. — In Königsberg, O d 72 4°.

Urdruck, vgl. Nr. 281.

276.   EPITHALAMI· | ON IN NVPTIALEM DIEM | Doctiſſimi
uiri Magiſtri Hartmanni Runccelij | Fridbergenſis, & honeſtiſſimæ
uirginis Annœ, | præclari uiri Ioannis Rodthandt, | Ciuis
Marpurgenſis filiœ, | ſcriptum à | LVDOVICO MILICHIO. |(
[*Wappen Nr. 58*]

In 4°, 6 Bll, Sign. A 2—A 4 und Blattcustt, auf 5r auch ein Saitencust.;
Textschr. mittelgr. Antiqua, 30 Zz, auf 2r das C mit HYMEN. aus Nr. 277. —
Bl 1 v | AD SPONSVM. |..., 2r das Epithalam., ohne Kopftitel | CVm natura
parens rerum fi· | diſſima legum | ..., Schluss 5 v 27 und
      MARPVRGI AND. COLIBIVS | impreßit in die S. Dorotheæ.
      1557. ||
Bl 6 leer. — In Cassel, Hass. Hist. lit. 4° 35 Nr. 39.

277.   ΓΑΜΩΔΙΑ· || IN AVSPICIIS | CONNVBIALIBVS LITERIS,
ET | uitæ integritate præſtantifs. Iuuenis M. HART· | MANNI
RVNCCELII FRIED· | BERGENSIS, & eius ſponſæ ANNAE |
uirginis modeſtiſſimœ, honeſti & induſtrij | uiri, IOHAN.
Rodthandt | Ciuis Marpurgenſis filiœ, | condita à | MATTHIA |
CASTRITIO DARM· | ſtatino. 6. Idus Februarij. | Anno
Chriſti. || M. D. LVII. ||

In 4°, 10 Bll, Sign. A 2—B 4 und Blattcustt, auf 4r auch ein Saitencust.
Drucker [*Andreas Kolbe*]. Text mittelgr. Antiqua, 30 Zz, 2r Init. Q. — Bl 1v
Lectori, 2r Anfang des Hochzeitsgedichts, ohne Kopftitel | QVid tua Castriti
Latoia Siftra qui· | efcunt? | ..., Schluss 9 v, 10 r ZOILO·, 7 Distichen, und
| M.C.D. || FINIS. || Rest der 8 und v leer. — In Cassel, Hass. Hist. lit. 4°
35 Nr. 40.
      Eine juristische Schrift des sonst unbekannten Matth. Castritius, ad
Mafueri practicam forensem, Lugd. 1577 8°, s. in Lipenii Bibl. jurid. 1757
II 187; vgl. auch Adelung b. Jöcher II 183.

278.   Gerichts Ordnung, ſo | der Durchleuchtig, Hochgeborn, Fürſt |
vnd herr, Herr Wilhelm, weilant Landtgraff zů Heſſen, | ... | ... auff-
gericht vnd geordnet, | Anno M.CCCC.XCVII. || [*Wappen Nr. 43 a B*] |(
Zů Marpurg bei Andres Colben. ||

In 4°, 24 Bll, Sign. A 2—F 3, Blattcustt und Foliirung II—XXIIII. Textschwab. aus Nr. 241, 30 Zz. — Bl 1v leer; Textanfang 2r (grosses Fractur-J),
Schluss 23 r 16, darunter | GSZB. |, Inhalt, 24 r 20
      Getruckt zů Marpurg bei Andres Kolben, | den zwölfften
      tag des Brachmonats, | im jar M. D. LVII. ||
Rest der 8 und v leer. — In Marburg, Bibl VIII B 742 e.
      Walther 1246. — Kleinschmid I 15—28.

279. SENTENTIAE | OMNIVM FERE PATRVM, | tam recen-
tiorum, quàm antiquiorum, | de primarijs Auguſtanæ Con-
feſſio- | nis articulis, in primis uero de | ſola fide iuſtificante. ||
Autore & collectore | HERMANNO HAMELMANNO. || *Cum
Præfatione Philippi Melanthonis,* | *& Matthiæ Flacij Illyrici.* ||
Hieronymus ad Furiam. | Poſt Sanctas Scripturas Doctorum |
hominum tractatus lege. || MARPVRGI, ANDREAS | *Colbius
impreßit.* ||

In 8°, 64 Bll. Sign. A 2—H 5, Blattcustt und Foliirung 3—63. Text kleine
Curſiv, 26 Zs, 2 r — 4 r ziemlich grosse, Mrgg ganz kleine Antiqua; auf 11 v
das grosse I mit dem Löwen aus Nr. 145. — Bl 1v leer; 2 r Verzeichn. der
allegirten Patres, 3 r Vorw. von Melanchthon und 4 v von Flacius Illyr., beide
D. Bernhardo Com. Lippiensi, 7 r Zuschr. des Verf. Bernhardo ac Herm. Simoni,
Comit. in Lippia. Textanfang 11 v, Schluss 63 v 25 || Calendis Augusti, Anno
1557. || Bl 64 leer. — In Marburg, Bibl. XIX c C 739.
        *J. G. Leuckfeld, Hist. Hamelmanni 161 Nr. 17; Hamelmanni Opp.
        geneal. ed. Wasserbach c 2 v Nr. 17; Rauschenbusch, Hamelmanns Leben
        147 Nr. 13.*

280. Kirchen Oꝛdnung | Wie es mit der Reynen Lehꝛ des Euan- |
gelij, Adminiſtration der heyligen Sacrament, Anneh- | mung, ver-
hörung, vnd beſtetigung der Pꝛieſter, Oꝛdent- | lichen Ceremonien in
den Kirchen, Biſitation vnd | Synobis, in der Herꝛſchafft Walded
gehal- | ten werden ſoll.   Anno Domini 1556. | Menſe Martio
auffgericht. || [*Wappen Nr. 60*] || Paulus 1. Corinth. 14. | Πάντα
εὐσχημόνως καὶ κατὰ τάξιν γινέσθω. ||

In 4°, 70 Bll, Sign. A 2 — A 4 (in C verdruckt, C 2 steht auf dem letzten
statt auf dem 2. Bl) und Blattcustt. Textschwab. aus Nr. 241, 29 Zs, auf 13 v
Init. D mit der Mutter Maria aus Rhodes grossem Alphab. in Nr. 18. — Bl 1 v
leer; 2 r || Jr Phillps der El- | ter, Wolrabt, Jo- | hann vnd Samuel, | Geuettern,
Bräder, Batter | vnd Sohn, Grauen ʒů Wal- | dec, &c. ... dat. 4 r 6 Waldeck
31. März 1556. Anfang 4 v || Von der Warhafftigen | Chꝛiſtilchen lehꝛe. || ... Das
Vater unser und die Einsetzungsworte des Abendmahls 21 r — 22 v mit Musik-
noten, die in den Block geschnitten sind. Schluss 69 r 6 || Actum Cörbach,
Dienſtags nach Lætare, | Anno ... | ... M. D. LVI. || PRAESEN- | TIBVS. || und 17
Unterschriften, 69 v 8
        Getruckt ʒů Marpurg | bei Andꝛes Colben 21. Augusti. | Anno
        Dñi M. D. LVII. ||
Rest der 8 leer, so auch wohl Bl 70, welches dem mir vorliegenden Ex. fehlt.
— In Darmstadt, W 5768/5.
        Richter, Kirchenordngg II 169—177.

280 a. [EPITHALAMION | IN NVPTIAS ET ERVDITIONE ET |
morum integritate Conſpicui uiri Dñi Georgij Alti, | & pudi-

ciſſimae uirginis Agnetis, M. Gerlaci Gual‑ | theri apud Bide-
capenſes Verbi Diuini Mini‑ | ſtri, filiæ. Conſcriptum à |
LVDOVICO MI‑ | LICHIO. || [*Vignette: Ein Hut zwischen zwei*
Dolchen, darunter Spruchband mit LIBERTAS, *anscheinend wie auf*
Nr. 237] || MARPVRGI IMPRESSVM | Per And. Colbio,
penultima Auguſti. | Anno Dñi M. D. LVII. || 4° 4 Bll]

Nach einer hs. Aufzeichnung von *Wilh. Orecelius.*

281.   Warhaftige‑ be‑ | ſchreibung eyner Landſchafft der wilden |
nadeten, grimmigen menſchenfreſſer leuthen, in der newen | welt
America gelegen. Vor vnd nach Chriſti geburt im land | zū Heſſen
vnbekant, biß vff diſe zwey negſt vergangene jar, | Da ſie Hans
Staden von Homberg auß Heſſen durch ſein | eygne erfarung erkant,
vnd ytzt durch den truck an tag gibt. | Vnd zum andern mal fleiſſig
corrigirt vnd gebeſſert. || Dedicirt dem Durchleuchtigen hochgebornen
fürſten | H. Philipſen Landtgraue zū Heſſen ... | ... ſeinem G. H. ||
Mit eyner vorrede D. Ioh. Dryandri, genant Eychman, |
Ordinarij Profeſſoris Medici zū Marpurg. || Inhalt des büch‑
lins volget nach den vorreden. || [*Holzschnitt*]

Zweite Originalauflage von Nr. 275, an Format, Umfang, Typen und
typogr. Einrichtung ganz wie der Urdruck beschaffen, aber nicht bloss Titelausg. sondern neuer Schriftsatz (letzte Sign. v4). Titelx. 1 gleichfalls in einen
Block geschnitten, aber weniger gross und mit mehr Schreiberzügen, ausser
dieser auch Z 2 9—11 und das Lemma auf 3 r roth. Auf dem Titel und im
Text dieselben *Bilder Nr. 17,* aber noch eins mehr, das am Ende des 1. Buches
Bl 63 v an Stelle des Kranzes mit dem Spruche eingesetzt ist, doch nicht zu
den andern gehört. Am Textanfange 9 r das grosse I mit dem Hessischen
Löwen, zu Anfang des 2. Buches 64 v aber nur eine grosse Fracturmajuskel.
Schluss 89 v 9, keine Errata, und

    Getruckt zū Marpurg im | Heſſen land, bei Andres Colben, |
Vff Mariæ Geburts tag, | Anno M. D. LVII. ||

Rest der 8 leer, Bl 90 fehlt, wird aber auch leer sein. — In Darmstadt,
O 3052/1.

    Strieder III 242 kannte nur den nicht sehr seltnen (auch in Breslau
Stadtbibl., Göttingen, Karlsruhe, befindlichen) Urdruck von Fastnacht, nicht
aber diese anscheinend seltnere, auch von Caesar (s. weiter unten) nicht
erwähnte zweite Auflage von Mariae Geburtstag. Ausser diesen beiden
Originalausgg giebt es noch zwei alte Nachdrucke, oder zwei Auflagen eines
Nachdrucks, von Weigand Han in Frankfurt a. M., beide ohne Druckjahr,
der erste aber wahrscheinlich sehr bald nach Erscheinen des Urdrucks gemacht, der andre eine zweite Aufl. des ersten. Der Titel des muthmasslich
früheren (in Tübingen F. o. XXVIII 9) lautet mit kleinen Satzabweichungen
wie der von Nr. 275: Warhaftig Hiſtoria | vnnd beſchreibung einer Landtſchafft |

der Wilden, ... Menschfres- | ser Leuthen, in der Newen welt America gelegen, vor vnd | nach Christi ... zu ... nechst ver- | gangene ... auß Hessen | durch sein eygne ... vnd jetzund | durch ... tag | gibt. || Dedicirt ... Herrn, | H. Philipsen ... Catzen- | elnbogen ... ... In 4°, 84 Bll, 84 r || Gedruckt zu Franckfurdt am Mayn, | durch Weygandt Han, in der | Schnurgassen zum | Krug. || (Bandornament h. 35 mm), Bl 1 v 64 v 84 v leer. Bilder enthält der Nachdr. gleichfalls, aber es sind nicht zum Text gemachte Zeichnungen, sondern nur in der Eile des Nachdruckens aus Volksbüchern &c. zusammengeraffte und ohne alle Beziehung auf den Inhalt eingesetzte alte Holzstöcke. Nach diesem Nachdr. hat Dr *Karl Klüpfel*, der ihn für den einzigen alten Druck gehalten und nicht einmal bei Strieder oder Ternaux Voyages &c. III nachgesehen hat, seine Ausg. in der *Bibl. des Litt. Ver. in Stuttg. XLVII 1859* hergestellt, vgl. dazu die Berichtigungen *J. Caesars* im Serapeum XX 1859 S 246—249. Der zweite Nachdr. (Marb. Bibl. VI c B 194 a) hat im Titel folgende kleine Abweichungen vom ersten: Warhafftige ... Newen Welt ... eygene ... Herrn, H. | Philipsen ... Catzeneln- | bogen ... ..., in Z 1 des Impr. fehlt hinter Mayn das Comma, das darunter stehende Bandornament ist anders, h. 58 mm. Sonst ist er jenem ganz ähnlich, Format, Umfang, leere Seiten &c. sind ebenso, im Text decken sich alle Seiten und die meisten Zeilen, die Bilder sind dieselben. Aber er ist eine wirkliche neue Auflage, der ganze Schriftsatz ist neu, und dass er der spätere Druck sei darf man auch daraus schliessen, dass die Holzstöcke der Bilder merklich abgenutzt sind. — Zu den von Caesar a. O. angeführten Abdrücken von Stadens Reise in Sammlungen ist noch zu bemerken, dass sie auch in *Ander Theil des Weltbuchs der Schiffahrten, Frankf. a. M. bei Feyerabend 1567 Fol.* Bl F3—L5 sich befindet. Der Auszug in *Winckelmanns Americ. Neuen Welt Beschreibg* enthält nur 32 von den alten Kolbischen Original-Holzstöcken. Eine engl. Uebers., *transl. by A. Tootal annot. by Rich. F. Burton*, erschien in *Hakluyt Society 51 Lond. 1874.*

282. *ΓΑΜΗΛΙΟΝ* | IN SACRO NVPTIALI ORNA- | TISSIMI IVVENIS CHASPARI LEVSLERI, | *& castißimæ Virginis* AEMILIAE IBACCHIN, | *in gratiam sponsi & sponsæ, & utriusq; parentum* | *atq; cognatorum, compositum.* || Autore | IOANNE ALTO MONA- | CHOECO. || [*Holzschnitt*] || *Marburgi Anno Domini* 1557 29. *die Nouembris.* ||

In 4°, 8 Bll, Sign. a2—b3 und Blattcustt. Drucker [*Andreas Kolbe*], *Titelbild Nr. 13*, Text mittelgr. Antiqua, 30 Zz, Mrgg, auf 1 v das C mit HYMEN. aus Nr. 227. — Bl 1 v || HYMENAEVS | candido lectori. || ..., 2 v das Gamelion, Kopftitel 5 Zz und || TEmpore quo calidis apponitur ig- | nibus anser, | ... Schluss 8 r 28 und || Τέλος. || v leer. — In Cassel, Hass. Hist. lit. 4° 85 Nr. 26.

283. IN NVPTIAS | ORNATISSIMI IVVENIS IO- | hannis Cornmanni Homalopurgensis, Et ca- | stissimæ uirginis Cristinæ

Beilſteniæ | Alsfeldanæ, || CARMEN | Iohannis Brunneri Hel-
uetij. | *Die* 20. *Decemb. Anno* 1557. || [*Holzschnitt*]

In 4°, 8 Bll, Sign. A2—B3 und Blattcustt. Drucker [*Andreas Kolbe*].
Titelbild Nr. 13, Textschr. mittelgr. Antiqua, 30 Za, 2r grosses T mit musi-
cirenden Knaben. — Bl 1v Epigr. Doctis lectoribus, 2r Anfang des Hochzeits-
gedichts, (ohne Kopftitel) ‖ TEMPVS ERAT, ROSEO | quo Sol furgebat Eoo: | ...
Schluss 8v 26 und ‖ FINIS. ‖ — In Cassel, Hass. Hist. lit. 4° 35 Nr. 23.

284.   QVERELA MV- | SARVM DE INGRATITVDI- | ne Ger-
maniæ, & artium contemptu, ſcripta || AD ILLVSTRIS- | SIMVM
ET GENEROSISSIMVM | PRINCIPEM, AC DOMINVM, | Do-
minum GVLIELMVM Land- | grauium Haſſiœ, Comitem in
Catz- | enelpogen &c̄. Dominum ſuum | Clementiſſimum. ||
A Georgio Nigrino Battenburgenſi. || [*Hass. Wappen Nr. 45 B*]

In 4°, 16 Bll, Sign. A2—D3 und Blattcustt. Text mittelgr. Antiqua,
30 Za, Mrgg. — In Versen. Bl 1v leer; 2r Zuschr., 3v Anfang der Querela,
Kopftitel 2 Za und ‖ MVSA faue cœptis, & tu dux Phœbe fororum, | ... Schluss
16 r 20

FINIS. | MARPVRGI ANDREAS COLI- | bius.   *Anno*
.   M. D. LVII. ‖

Rest der 8 und v leer. — In Giessen, E 12,113.

Strieder X 83.

285.   EPITHALA- | MION DE NVPTIIS DOCTISSI- | mi uiri
M. Theophili Vegetij, Reuerendi uiri D. | Adami Vegetij Pri-
marij in Haſſia Superinten- | dentis, filij. Et honeſtiſſimæ
uirginis Mariœ, | uiri ornatiſſimi luſti Widerholdi ciuis Hom |
bergenſis filiæ, ſcriptum in Sponſi & | eius parentis ampliſſimi
gratiam. || Authore | GEORGIO NIGRINO || Battenburgenſi. ||
[*Holzschnitt*] || MARBVRGI IMPRESSVM | 25. die Aprilis.
Anno 1558. ||

In 4°, 8 Bll, Sign. A2—B3 und Blattcustt, auf 4r auch ein Seitencust.
Drucker [*Andreas Kolbe*], *Titelbild Nr. 18*, Text mittelgr. Antiqua, 30 Za, auf
2r das grosse C mit HYMEN. aus Nr. 227. — Bl 1v leer; Anfang 2r, Kopf-
titel 2 Za und ‖ CARMINE QVI LAETO | ſponfalia gaudia dicunt, | ... Schluss
8 r 26 und ‖ FINIS. ‖ v leer. — In Cassel, Hass. Hist. lit. 4° 35 Nr. 51.

Strieder X 83.

286.   Abſchiedt, | Auff geholtenem Landtag | zů Hombergt in Heſſen
den dritten Tag | Februarij, Anno 1553. belangen- | de die Steubr
von Ge- | brand. || [*Wappen Nr. 61*] || ꝗꝉ Gedruckt zů Marpurg. ꝛ ||

In FoL, 10 bedr. Bll mit Sign. Aij—Aiiij B—Biiij und Seitencustt, beiden
Ternionen fehlt das letzte (leere) Bl. Drucker [*Andreas Kolbe*], Textschwab.
aus Nr. 241, Bl 3 v hat 38 Zz, Mrgg, schnörkelhafte Fracturmajuskeln als
Initialen. — Bl 1 v leer; 2r beginnt der Homberger Abschied, auf Br Erklärung
etlicher Punkte dieses Abschieds, dann Ausschreiben und Zettel vom 30. April,
26. Mai und 19. Juli 1553, 20. Mai 1555, 26. März 1557, 1. Mai 1558. — In
Giessen, X 19,860.

Kleinschmid I Anhang 669—680. Zwei mir noch vorliegende andre
Marburger Drucke (Marb. Archiv X A 2094; Darmstadt, Z 1654/200) sind
spätre Neudrucke. — Vgl. hier Nr. 241.

287. ORATIO FV | NEBRIS IN OBITVM | clariſſimi uiri Doctoris
IOANNIS | FERRARII Iurisconſulti, Mar- | purgenſis Scholæ
profeſſoris & | procancellarij, Habita Anno | Chriſti 1558. die
Iunij 30. | Per | IOANNEM LO- | NICERVM. || [*Holzschnitt*]

In 8°, 12 Bll, Sign. A 2 — B 3 und Blattcustt. Auf dem Titel das kleine
Bild Nr. 15, Textschr. kleine Cursiv, 26 Zz. — Bl 1 v leer; 2r Anfang der
Oratio (Initiale), Schluss 11 v, 12 r griech. Epigr., 6 und 12 Zz, darunter

> *Marpurgi Andreas Colibius impreßit,* | *Anno* 1558. *die*
> **23.** *Iulij.* ||

v leer. — In Cassel, Hass. Hist. lit. 8° 3 Nr. 2.

Tilemann 91; Strieder VIII 84.

287a. PERIOCHAE, | Dodecaſtichæ Summam ſingu- | LORVM
CAPITVM, ACTORVM | Apoſtolicorum à Luca Euangeliſta
conſcripto- | rum, mira breuitate, uerα multæ eruditionis |
receſſu continentes. Per NICO- | LAVM ASCLEPIVM | Bar-
batum LL. D. || ADIICIVNTVR IN FINE SINGVLO- | rum
Apoſtolorum nomina, patria, artifi- | cium, Vitæ mortisǫ̃ genus. ||
MOX ORDO EPISTOLARVM PAVLI, | *ut habentur in Canone,*
& quo ordine & | quibus è locis miſſæ. || *Adiectis ad finem*
cuiuſǫ̃ capitis ſcho- | lijs, ad explicationem abſtruſiorum |
locorum neceſſarijs & frugiferis. || MARPVRGI ANDREAS |
Colbius excudebat, Menſe | *Auguſto, Anno* 1558. ||

In 4°, 22 Bll, Sign. A 2 — E iiij, Blatt- und auf den signaturlosen Bll auch
Seitencustt. Zuschrift und die Periochae mittelgr. Antiqua, Scholien Cursiv,
30 und 34 Zz, auf 5 v grosses Θ mit 2 nackten Knaben, auf 2 r kleineres P. —
Bl 1 v leer; 2r Zuschr. Christophoro, Jo. Hubaldo, & Abrahae à Schleinitz
fratribus, und Christophoro, Jano, & Joanni à Thubenheym item fratibus, dat.
4 v 13 Marp. 28. Aug. 1558; dann Dodecast. ad lect., und ein Gedicht ad Cbph.
a Tubenheim patrem. Anfang der Periochae 5 v 9, Schluss 22 r 27 | FINIS. |
v leer. — In Cassel.

Strieder I 188.

287b.   Unſer Philipſen von Gottes gnaben Landtgrauen ʒu Heſſen,
... | ... ferner Oꝛdnung, die alle jar jedes oꝛts vnſere Beampte
Viermal vnder b' Gloden offentlich | verleſen, ... || WAn eyn Fewꝛ
in eynem hauſe, es ſei inn Stetten, Dörffern oder | Fleden angehet,
... ... gebei= | ſert, ſo ſie es befolhen hetten, ſtraffen. ||

Placat in hoch Fol., 5 und 63 Zz, Drucker [*Andreas Kolbe in Marburg*].
Z 1 6 Titelfruct., das übrige die Textschwab. aus Nr. 241, am Anfange der
Ordnung grosses Fractur-W. Ohne Datirung, aber am 28. Sptbr. 1558 veröffent-
licht, *Kleinschmid I 174—176.* — In Marburg, Archiv.

288.   EPITHALA· | MION IN NVPTIIS ORNA· | TISSIMI IV-
VENIS M. IOANNIS NIGIDII, | & caſtiſsimę uirginis Anaſtaſiæ
Clariſsimi uiri D. | Nicolai Aſclepij Barbati LL. Doctoris & in |
ſchola Marpurgenſi Profeſſoris, filiæ. || Scriptum ; à | LVDOVICO
MILICHIO. || [*Holzschnitt*] || Marpurgi die decimo Octobris, |
Anno D. M. LVIII. ||

In 4°, 8 Bll, Sign. A 2 A iij B B 2 B 3 und Blattcustt (fehlt Bl 3, Bl 4r
hat einen Seitencust.). Drucker [*Andreas Kolbe*], *Titelbild Nr. 18*, Textschr.
mittelgr. Antiqua, 30 Zz. — Bl 1 v Herm. Schroederus in Zoilum, 2 r Anfang des
Epithal., Kopftitel 4 Zz und ¶ TEmpore quo ftillans in torcularibus vua | ...,
5 r 10 || DE CASTI MATRIMONII CAVSIS, ... Senarij nonnulli, ..., 7 v 25
¶ ELEGI EPITHALAMICI ... (kleine Cursiv), 8 r 35 | ... FINIS. ¶ v leer. — In
Cassel, Hass. Hist. lit. 4° 35 Nr. 33.

289.   ORATIO FV | NEBRIS IN OBITVM | Reuerendi & pij
uiri M. Adami Ve· | getij, in ſchola Marpurgenſi Sacrofan· |
ctæ Theologiæ Profeſſoris fideliſſi· | mi, & Infpectoris Ecclefi-
arum | Heſſiæ vigilantiſſimi, à M. | Bartholomæo Meye· | ro
habita. | Vnà cum Epicedijs quibuſdam. || [*Holzschnitt*]

In 8°, 20 Bll, Sign. A 2—C 3 und Blattcustt. Kleines *Titelbild Nr. 16*,
Textschr. kleine Cursiv, 26 Zz, auf 3 r Initiale. — Bl 1 v Zuschr. an Io. Pistorius,
dat. Marp. 10. Decbr. 1558; Anfang der Oratio 3 r, Schluss 15 r, v griech.
Epitaph. von Rodolphus, 16 r Epiced. Ad. Cratoni, 18 r 12 ein zweites de morte
Io. Vuildneri, pastoris in Michelbach, beide auct. Rodingo; 19 v griech. Epitaph.
für Ad. Krafft von Jo. Lonicerus, Z 18 || 1558. ||
     Marpurgi Andreas Colbius excudebat. ||
Bl 20, wahrscheinlich leer, fehlt. — In Cassel, Hass. Hist. lit. 8° 3 Nr. 4.
Strieder IX 18.

290.   POEMA DE | CONCILIO DEORVM IN | QVO DISSERVNT
DE CAVSSA | cur pauci homines fenefcant. || ADIECTA

SVNT ‖ ODE SAPPHICA IN ADVENTVM | CLARISSIMI VIRI
D. PHILIPPI | MELANCHTHONIS. ‖ EPICEDION IN OBITVM
ILLV· | ſtriſsimæ Principis Dominæ Eliſabethæ | natæ Lant-
grauiæ & Ducis Sa· | xoniæ coniugis. ‖ DECLAMATIO CON-
TRA IMMODE· | ratum ueſtitum in ſchola Marpurgenſi olim
recitata. ‖ LVDOVICO MILICHIO | AVTORE. ‖ MARPVRGI
IMPRESSVM PER | Andream Colbium, Anno | M. D. LVIII. ‖

In 4°, 82 Bll, Sign. A 2—H 8 und Blattcustt. Text mittelgr. Antiqua,
30 Zz, verschiedne Initialen, auf 2 r 24 v das grosse C und P aus Nr. 227. —
Bl 1 v ‖ IN OBTRECTATORES | IOANNES KLEYNSCHMIT | Caffellanus. ‖ ...,
2 r ‖ CONCILIVM DEO⸗ | RVM ... | ... ‖ CVM COELI SPACIVM | curru luftraffet
Apollo | ... Enthält auch einige Stücke von Io. Alt und noch eins von Kleyn-
schmit; 24 v die Oratio contra immoderat. vestitum hab. 1556, 32 r 11 | DIXI. ‖
Rest der S und v leer. — In Cassel, Poet. lat. 4° 77 Nr. 8.

Gesner-Simler 462 l. 38.

291.   De Epiſtola | S. PAVLI AD HE- | BRAEOS, DECLAMA- |
TIO IOANNIS GAR- | NERII, in celeberrima | Academia
Marpur- | genſi habita. ‖

In 8°, 16 Bll, Sign. A 2—B 5, Blattcustt, Paginirung 3—30. Vielleicht
Marburg bei Andreas Kolbe, Text kleine Antiqua, 30 Zz und Clmtt. — Bl 1 v
leer; Anfang pag. 3, Schluss pag. 30 Z 28 ... Amen. Marpurgi 2. No- | uembr.
1559. ‖ Bl 16 leer. — In Cassel, Interpr. 8° 224 Nr. 7.

Strieder IV 295.

292.   Reformation, Geſetz vnd | Statuten, vnſer Philipſen von Gottes |
gnaden Landtgrauen zů Heſſen, Gra- | uen zů Catzenelnbogen, ꝛc.
So wir von | allerley handtierungen vnſern Für- | ſtenthumen,
Landen vnd Leuten | zu nutz, gebeien vnd wolfart, | geordnet haben. ‖
[Wappen Nr. 47]

In 4°, 32 Bll, Sign. A 2—H 3 und Blattcustt. Titelz. 1 sehr grosse, die
übrigen mässig grosse Titelfract., Text die Schwab. aus Nr. 241, 31 Zz. Auf
2 r 16 r 24 r v Fractur-Majuskeln, 13 v ein D mit kleinem Ornament auf weiss
punct. Grunde. — Bl 1 v leer; 2 r ‖ Adiuua nos deus falutaris noster. ‖ , Kopftitel und Anfang; 13 v *Ordnung des Fleischs, Brots &c.,* dat. 15 v 18. Juli 1527;
16 r *Ordnung von allerlei Gebrechenheit und Unordnungen,* 24 r *von allerlei
Hantierungen,* Schluss 32 r 21 und

Gedruckt in Marpurg, zum | Kleeblatt, vff S. Catharinen tag, |
Anno Dñi, M. D. LIX. ‖

v leer. — In Marburg, Archiv.

Lucius II 146. Enthält Nr. 12 und Nr. 59.

293.   *ΕΙΣ ΩΔΗΝ | ΔΑΒΙΔΙΚΗΝ ρί. | σχόλια, διὰ τοῦ Ιωάννου τοῦ | Λεοντορίκοις. || (Druckerzeichen Nr. 68] || Μαρπυργόϑι, παρ' Ανδρείᾳ τῷ | Κολβίῳ. 1559. ||*

In 8°, 24 Bll, Sign. α2—γ5 und Blattcustt, 22 Zz. — Bl 1v leer; 2r ‖ ΩΔΙΪ ΜΟΝΟΚΩΛΟΣ ΑΣΚΛΗΠΙΑ΄: | δεια, πρὸς σπουδαίαν νεότητα Αρεπυργι: | κὴν, ..., 2v15 ‖ ΩΔΙΪ ΣΑΠΦΙΚΗ, ΠΑΡΑ: | καλοῦσα νεότητα εἰς ὀλιγώρησιν | τοῦ σατανᾶ ἐκ τοῦδε τοῦ | ψαλμοῦ ρι΄. ‖ ..., 8v14 ‖ ΛΑΒΙΔΟΥ ΩΔΗ ρι΄. ‖ ... Bl 17v Bild Nr. 19, 18r ‖ ΩΔΙΙ המעליח‎ τουτέςι | ἀναβαϑμῶν ρδ΄. ‖ ..., 20v ‖ ΕΙΣ ΤΟΥ | ΊΩΑΝΝΟΥ ΤΟΫ ΣΙΔΗΡΑΝΔΡΟΥ, | ἄλλως δὲ Φεφάριον, ... Ἐπιτάφιον ..., 21r16 ‖ ΤΟΥ ΑΥΤΟΥ ΑΔΑ: | μψ τῷ Φουλδίϊ _ Ἐπιτάφιον. ‖ ..., 22r ‖ ΤΟΥ ΑΥΤΟΥ | Ἰωάννῃ τῷ Οὐιλδενήρῳ, Μι: | χαλοφρόιτῷ παρόχῳ | Ἐπιτάφιον. ‖ ... darunter Druckerstock, 22v ‖ ΔΕΗΣΙΣ | ΚΥΡΙΑΚΗ. ‖ ..., Schluss 23r21 | καὶ μόνῳ ϑεῷ. ἀμήν. ‖ v und Bl 24 leer. — In Cassel, Interpr. 8° 59 Nr. 3.

Tilemann 90; Strieder VIII 84.

293a.   [Henrici | Cornelii Agrip- | pæ Liber Quartus | de occulta Phi- | losophia, seu de Ceri- | monijs Ma- | gicis. | Cui accesserunt, Elementa Magi- | ca Petri de Abano, Philosophi. | — Marpurgi Anno Domini. | 1559. ‖ 8°]

Bibl. Vaticana II. stamp. I (lat.) Nr. 1095.

293b.   Wider die Lestermeuler, so | den heyligen namen Gottes vnnüt süren. ‖ [Holzschnitt]

In 4°, 4 Bll, Sign. A2 A3 und Blattcustt. *Titelbild Nr. 19a*, Titell. 1 sehr grosse, 2 und 1v1 3r1 mittelgr. Titelfract., Text die Schwab. aus Nr. 241, 3v hat 30 Zz. — Bl 1v ‖ Jewol wir Teutschen vnd | der Euangelium vnnd der heyligen | Schrifft erfarung sonderlich rhümen, | ... Schluss 4r25 | Amen. ‖ Gedruckt zu Marpurg, im jar | M. D. LIX. ‖

[von *Andreas Kolbe*], v leer. — In Marburg, Bibl. XIXcB945r (aus Ludw. Rosenthals Antiquariat in München 49430).

294.   ΓΑΜΗΛΙΟΝ | IN SACRO NVPTIALI ET | eruditione & uirtute uiri præstantissimi | Domini Magistri Ludouici Mylichij, | Et honestissimæ uirginis Barbaræ | Herfsfeldæ ciuis Caffellanæ, | Scriptum ‖ à GEORGIO ALTO. ‖ [Holzschnitt] ‖ MARPVRGI, NONIS FE- | bruarij, Anno M. D. LX. ‖

In 4°, 6 Bll, Sign. A2—A4, Blattcustt und auf 5r auch ein Seitencust. Drucker [*Andreas Kolbe*], *Titelbild Nr. 18*, Textschr. mittelgr. Antiqua, 30 Zz, auf 2r das grosse H aus Nr. 173. — Bl 1v leer; 2r das Epithal., 6r5 Ode Sapphica von Joh. Kleynschmit und Z 27 dat. Marp. 5. Febr. 1560, v leer. — In Cassel, Hass. Hist. lit. 4° 35 Nr. 52.

295.   Oꝛdenung | Vnſer Philipſen von Gots gnaden Landt | grauen
jů Heſſen, ... | ... Wie wir wöllen, | Das es hinfürter in vnſerer
Vniuerſitet jů Marpurg | mit den Geyſtlichen Lehen vnnd Stipendien, |
Auch mit Præſentation, Vnderhaltung | vnd Inſtitution der Stipen-
diaten | gehalten werden ſoll. || [*Wappen Nr. 61*] || M. D. LX. ||

In Fol., 10 Bll, Sign. Aij—Bllj (A Tern.) und Blattcustt. Textschwab. aus
Nr. 241, 2 v hat 39 Zz. — Bl 1 v leer; Anfang 2 r (grosses Fractur-B aus Nr.
150), Schluss 10 r 9 ... Geſchehen jů Marpurgt den fünpehenden [so] Je- | bruarij,
Anno &c̄. LX. ⫶, dann die Unterschrr und

Gedꝛuckt jů Marpurgt | Zum Kleeblatt. ||

also bei *Andreas Kolbe*, v leer. — In Marburg, Arch. XIII A 158.

Vermehrte Stipendiaten-Ordnung, *Kleinschmid I 179—185*.

295 a.   [Apoteck für den | gemeynen Mann, der die | Artzte zu-
erſůchen am gůt nicht ver- | mag, oder ſunſt in der not all-
wegen | nit erreychen kan. Fleiſſig Corri- | gieret, und mit vil
gůten | ſtůcken gemehret. || Der Herr ... [*Holzschnitt, Erschaffung
der Welt*] || Marpurg M. D. LX. || [*Kol.*] Getruckt zů Marpurg
zum | Kleeblat den 25 tag Maij | Anno M. D. LX. || 8°]

So in *Bibl. Vaticana U. stamp. II (tedeschi) Nr. 1588.*

296.   ILLVSTRIBVS | ET GENEROSIS PRINCIPIBVS | ET
DOMINIS, D. LVDOVICO BAVA- | riæ Duci, & Rheni Comiti
Palatino, &c̄. | & D. Eliſabethæ, Heſſorum Landtgra- | uiæ,
Comiti Cattorum, Ziegenhaniæ, | Deciorum & Niddanorum, &c̄. |
Epithalamion Sacrum. || D. NICOLAO ASCLEPIO | Barbato
Autore. || [*Wappen Nr. 62*] || AD LECTOREM. | *Si nihil in
noſtro frugis fit carmine Lector, | Exiguam uanam eſt oppo-
ſuiſſe moram.* | ... [*noch 2 Diſtichen*] ... ||

In 4°, 6 Bll, Sign. A2—A4 und Blattcustt. Drucker [*Andreas Kolbe*].
Text mittelgr. Antiqua, 30 Zz, Mrgg, auf 2 r das grosse S aus Nr. 131. —
Bl 1 v leer; 2 r Anfang des Epithal. || SVMME PARENS RE- | rū, soboles
æterna parentis, | ..., Schluss 5 v 10 und || AMEN. || *Actum Marpurgi in die
S. Kiliani, | Octauo Iulij M. D. LX.* || Rest der S und Bl 6 leer. — In Cassel,
Phil. Magn. 4° 4 Nr. 3.

Strieder I 188.

297.   IN NVPTIIS | ILLVSTRISSIMI PRINCIPIS AC | Domini,
Domini Friderici Ducis Bauariæ, Comi- | tis Palatini Rheni,
& Sacri Imperij Romani Electoris filij ſere- | niſimi Ludo-
uici, &c. Et Illuſtriſimi Principis ac Domini, Do- | mini

Philippi Landtgrauij Haßiæ, ... | ... *filiæ illustrißimæ dominæ* |
Elifabetæ, Carmen gratulatorium, in ho- | *norem dignißimi*
Sponfi, &c. | *Scriptum* | *à M. Petro Wellio Wefalienß.* ||
[*Wappen Nr. 47*]
In 4°, 8 Bll, Sign. A 2—B 8 und Blattcustt. Drucker [*Andreas Kolbe*].
Text mittelgr. Antiqua, 30 Zz. — Bl 1 v Anfang, ohne Kopftitel ¶ [Initiale]
MAXIME CONIVGII DIGNANS | accumbere menfis | ..., Schluss 8 v 13 und
¶ FINIS ¶ Rest der 8 leer. — In Cassel, Phil. Magn. 4° 4 Nr. 4.

297a. [ANDREAS HYPERIVS, Ad verba Pauli 1. Cor. 15. de
his qui baptizantur pro mortuis, paulo aliter quam hactenus
à nonnullis expofita. Marpurgi 1560 4°]
So *Tilemann 62*, vgl. dazu Wagnitz, Homilet. Abhndlgg u. Kritiken I 168 f.

298. [HELII EOBANI HESSI Pfalmorum flores. Marpurgi
1560 8°]
So bei *Strieder III 408* (1680 Druckfehler für 1560, vgl. *IV 542*), der
diesen Dr. indess eben so wenig selbst gesehen hat wie ich.

298a. Philips von Gots gnaden Landt- | graue zů Hessen, ... ||
L3eben getrewen, Nach dem hin vnd | wider in vnserm Fürften-
thumben, Graffchafften, Lan | den vnd Gebieten, ...
... Datum Marpurgf am ... | Anno Domini zc. 60. ||
Ausschreiben Philipps von Hessen gegen das Zerreissen von Gütern. — In
Fol., ¹/₂ Bogen, beide Ss bedruckt, S 1 hat 2 und 39 Zz und einen Cust. Drucker
[*Andreas Kolbe*]. Z 1 3 Titelfract., sonst die Textschwab. aus Nr. 241, am
Anfange grosses Fractur-L. — In Marburg, Archiv.
Kleinschmid I 190 f.

299. FVNEBRIS | ORATIO IN M. CHASPA- | ri Rodolphi obi-
tum habita ac recitata | in Collegio Lani, Anno CHRI- | STI
1561. pridie Calen- | das Septembres, per | IOANNEM |
LONICE- | RVM. || [*Holzschnitt*]
In 8°, 16 Bll, Sign. A 2—B 5 und Blattcustt. Kleines *Titelbild Nr. 20*,
Textschr. kleine Cursiv, 28 Zz, auf 2 r 12 r Initialen. — Bl 1 v leer; Anfang
der Oratio 2 r, Schluss 11 v 21 und Epitaph., 2 griech. Verse; 12 r Epiced. in
Rodolphi obitum auct. Phil. Lonicero, Schluss 16 r 23 und
Marpurgi Andreas Colbius excufsit. ||
v leer. — In Cassel, Hass. Hist. lit. 8° 8 Nr. 8.
Strieder VIII 85.

300. ELEGIA DE | NVPTIALI SACRO, VIRI ET | eruditione
& uirtute præftantiffimi Domini | Heyderichi Krugij, dicafterij
Marpurgenfis | Affefforis: Et castiffimæ uirginis Elifabe• | thæ
Lerfenerœ, Clariffimi uiri Domini | Heynrichi Lerfeneri, Illu-
ftriffimi | Principis Hefforum Cancella• | rij filiæ. Scripta ||
à Georgio Alto. || [*Holzschnitt*]

In 4°, 10 Bll, Sign. A2—B4 und Blattcustt. *Titelbild Nr. 12*, Textschrift
mittelgr. Antiqua, 30 Zz, auf 2r das grosse H aus Nr. 173. — Bl 1v leer;
2r Anfang der Elegie (ohne Kopftitel) || HVc ades VRANIE, ter= | restris ori-
ginis expers, | ..., 6v Ecloga (Palemon & Fauntus), 9r 17 noch ein Gedicht an
Krug, Schluss 10r 9 ¶ FINIS. ¶

> Marpurgi Calend. Septemb. | Anno M. D. LXI. ||

[bei *Andreas Kolbe*], Rest der S und v leer. — In Cassel, Hass. Hist. lit. 4°
35 Nr. 24.

300 a. [E]Bangelion | Nicobemi, Auß | bem Latein in bie Teutſch |
ſpraach beranbert. Jnn | welchem bil hübſcher puncten, bie bie | anbern
Euangeliſten nit ſetzen, be• | griffen werben (boch jnen nit zu• | wiber)
faſt nützlich | zuleſen. || [*Holzschnitt*]

Neudruck von Nr. 264, ganze typogr. Einrichtung ebenso (Sign. des 2. Bl
A2), Seiten und Zeilen decken sich; nur auf dem Titel das *Bild Nr. 19*, das
E auf 2r in schwarzem Viereck mit weissen Ranken und Punkten. Bl 47r 15
(Z 1 2 kleine Schwab.)

> Zů Marpurg Trudts Anbres Kolb, | zum Kleeblatt, Jm jar, |
> M. D. LXI. ||

v und Bl 48 leer. — In Berlin, Luth. 9507.

301. IN CHRISTI IESV DOMINI NOSTRI NOMINE, | *hæc medica
propofita Gulielmus Gratarolus Medicus, laudabilem inclytæ
huius Academiæ Marpurgenfis legem ac mo | rem feruaturus,
publica difputatione pro uirili fuftentanda offert: ut qui alijs
rationibus cum nondum fatis no• | uerunt, amplius agnofcant,
& (fi dignus fuerit) amore Chriftiano profequantur.* ||

Placat in Fol., ½ Bogen, [aus *Andreas Kolbes* Officin], Textschr. mittelgr.
Antiqua, 25 Thesen, darunter || *Difputabuntur in fchola Iurif confultorum, die
Sabbati proximo, hora | matutina, quae erit dies* (hs: 9) *menfis Maij.* M.D.LXII. ||
— In Cassel, Med. opp 4° 17 Nr. 72.

Strieder V 64.

302. EPITHALAMION | IN NVPTIAS EGREGII AC HONE• |
fti iuuenis Valentini Gruneri Pettervueilenfis, & ca• | ftiffimæ
Virginis Adelheidtæ Clauthiæ, inte• | gerrimi quondam uiri

Bernhardi Clauthij | ciuis Caffellani filiæ. Authore || PETRO
PAGANO P. L. | & poëfeos profeffore publico. || (Holzschnitt) ||
IN ETYMA NOMINVM | utriufqʒ fponfi Epigramma. || Quàm
bene fors iunzit cum NOBILITATE VIRENTEM | ... | ... |
Seruat & intactam NOBILIS illa fidem. ||

In 4°, 8 Bll, Sign. A 2—B3 und Blattcustt. Drucker (Andreas Kolbe),
auf dem Titel Bild Nr. 21, Text mittelgr. Antiqua, 30 Zz, auf 2 r 6 v Initialen.
— Bl 1 v Wappen Nr. 63, 2 r das Epithal. von Paganus || TEMPVS erat nitidi
plus | quam uenerabile Veris || ..., 6 v ein zweites von Eobanus Brugensis, Schluss
7 v 19 und || Marpurgi undecimo die Maij. | Anno M.D.LXII. || Rest der S und
Bl 8 leer. — In Cassel, Hass. Hist. lit. 4° 35 Nr. 14.
  Strieder X 216.

303.   Wir Philips von Gots gnaden Landtgraue zu Heſſen ... ... ||
W3Jewol wir hiebeuoz im Vierzigſten vnd Drei vnd vierzigſten
Jar, ...
  ... | Datum Caſſel am zwölfften tag Junij, Anno Domini
M. D. LXII. ||

Philipps von Hessen Erlass gegen die Sonntagstänze und Kirmessen. —
Placat in Fol., 4 und 47 Zz. Drucker [Andreas Kolbe], Textschwab. aus Nr.
241, am Anfange kleines mageres Fractur-W. — In Marburg, Archiv.
  Kleinschmid I 192 f.

304.   DE FORMANDIS | CONCIONI- | BVS SACRIS, SEV DE |
INTERPRETATIONE | Scripturarum populari. | LIBRI II. ||
ANDREA HYPE- | RIO AVTHORE. || Marpurgi Andreas
Colibius excudit, | Anno M. D. LXII. ||

In 8°, 292 Bll, nämlich: Titel und Vorst. 8 Bll, Sign. *ij—*v; Text 284 Bll,
Sign. A — Z 5 a — n 3, Blattcustt, Foliirung 2—283. Text mittelgr. Antiqua,
23 Zz und Clmtt. Auf Textfol. 1 r 80 v zwei grosse Bilderinitialen, die erste
(D, Knabe auf einem Drachen, vgl. Nr. 117) sehr schlecht und kaum erkennbar. — Bl 1 v leer; 2 r Zuschr. Burgrauio, Consulibus, Senatoribus Reip. Frid-
bergensis ..., dat. 8 v 6 4. Nonar. Sptbr. 1562. Textanfang fol. 1, Schluss 283 r
und ebd. v Errata; auf dem letzten Bl steht nur r in der Mitte
      MARPVRGI EX OFFICINA | Andreæ Colibii, Anno falu-
tis | humanæ. M. D, LXII, | Menfe Septembri, | ♣ ||
v leer. — In Marburg, Bibl. XIX e C 1940 c.
  Ist die sehr vermehrte 2. Marb. Originalaufl. von Nr. 242, Walch IV
967, nach der diese vortreffliche Lehrbuch der Homiletik, mit Anmerkgg und
der Oratio Wig. Orthii Nr. 320, von Henr. Balth. Wagnits, Andr. Hyperii de
formandis concionibus sacris libri II, Halae 1781 8°, neu hrsg. worden ist,
vgl. dazu Wagnits, homilet. Abhandlgg u. Kritiken I 153—156. Ferner s.
Froriep, Bibl. d. theol. Litt. I 158—171; Joh. Wilh. Schmid, Anl. z. popul.

Kanzelvortr. III 270; C. G. Schmidt, Gesch. d. Predigt v. Luther bis Spener 54 ff; Mangold, in Dtsche Zeitschr. f. christl. Wissensch. 1854 S 253; Steinmeyer, Beitrr z. pract. Theol. I 12 ff.; Krauss, Lehrb. d. Homiletik 87 u. a.

305. EPITHALAMION | IN NVPTIAS | EXCELLENTIS VIRI MAGISTRI | Victorini Schonfeldt Budiſſenſis Luſatij, Ma | thematum in Schola Marpurgenſi Pro- | feſſoris publici, Et caſtiſſimæ Virginis | Kunigundis, Præſtantiſſimi uiri do | mini Ioannis Nordeci, Princi- | pis Haſſiæ Conſiliarij &c. | ſiliæ Compoſitum, | per | Petrum Paganum Poëtam L. & Poë- | ſeos Profeſſorem publicum. ‖ *In Concordantiam natalis utriuſqı* | *Sponſi Epigramma.* ‖ ... [drei *Distichen*] ... ‖ ANNO. | M.D.LXII. ‖
   In 4°, 8 Bll, Sign. A 2—B 3 und Blattcustt.   Drucker [*Andreas Kolbe*], Text mittelgr. Antiqua, 30 Za, Mrgg, auf 2 r Init. **F.** — Bl 1 v drei Chronodistichen. 2 r Anfang des Epithal. (ohne Kopftitel) ‖ **FOrtè** ſub autumni ſudantia tempo- | ra morbia, | ..., Schluss 8 r 17 ‖ AMEN. ‖
        Marpurgi impreſſum in die S. Galli. | Anno M. D. LXII. ‖
   Rest der S und v leer. — In Cassel, Hass. Hist. Lit. 4° 35 Nr. 46.
        Strieder X 217.

306.   CARMEN NV- | PTIALE IN GRATIAM ET HO- | *norem ſponſi, doctiſſimi uiri* M. Victorini *Schönfeldt Bu | diſſenſis, Artis Medicæ & Matheſeos profeſſoris publici, in in- | clyta Academia Marpurgenſi. Et ſponſæ caſtiſſimæ uirginis* | Kungundis, *Clariſſimi & prudentiſſimi uiri, Domini* | Ioannis Nordecij *Caſſellani, Illuſtriſſimi Principis | Heſſorum conſiliarij digniſſimi ſiliæ.* ‖ Authore Georgio Nigrino. | Battenburgenſi. ‖ [*Holzschnitt*] ‖ Die decimo nono Octobris, | Anno M. D. LXII. ‖
   In 4°, 20 Bll, Sign. A 2—E 3 und Blattcustt. *Titelbild Nr. 13*; Text mittelgr. Antiqua, 30 Za, einige Mrgg, auf 2 r Init. **E.** — Bl 1 v ad Lectorem, 2 r Anfang des Epithalam., Kopftitel 2 Zz und ‖ EST Hombergiaco fons uena in ru | re perennis, | ..., Schluss 19 v, 2 griech. Verse, ein Chronotetrast. und Z 23
        Marpurgi impreſſum 17. Octobris | Anno M. D. LXII. ‖
   [von *Andreas Kolbe*]; Bl 20, gewiss leer, fehlt. — In Cassel, Hass. Hist. lit. 4° 35 Nr. 47.
        Strieder X 83.

307.   ELEGIA | IN NVPTIAS ORNATISSIMI | iuuenis Henrici Nepotiani, Reuerendi uiri Dn. | Albani Nepotiani Euangelij miniſtri Zigenha- | nienſis Eccleſiæ filij, Et honeſtiſſimæ uirgi- | nis Eliſabethæ Gualterinæ dictæ Drey- | ſenſis, Compoſita à | Ioanne Magero Hombergenſi. | *Secunda die Nouembris. Anno 1562.* ‖ [*Holzschnitt*]

In 4°, 6 Bll, Sign. A 2 — A 5. *Titelbild Nr. 18*, Textschr. Antiqua, 32 Za. — Bl 1 v Ad Lectorem , 2 r Anfang der Elegie, Schluss 6 v 15 ▯ FINIS. ▮ und
  Marpurgi impreſſum in die Simonis & Iudæ , | Anno
M. D. LXII. ‖
(von *Andreas Kolbe*), Rest der 8 leer. — In Marburg, Bibl. VIII B 331 db,
Pers. Hass. vol. XVII.

308. **W̃Jr Philips von Gottes gnaben Landtgraue zů Heſſen, ... | ...
Bekennen hieran für ons, onſer Erben, oñ Nach- | kommen offentlich,
jegen meniglich, ...**
    ... Geben zů Mar- | purg am tag Luciæ Anno Domini
  Tauſent Fünffhundert Sechtzig zwey. ‖ Philips L. z. Heſſen. ꝛc. ſſzt. |
  P. Ct. | R. Schefferus Cancellarius. | P Ct. | Alexander Pflüger,
  ſſzt. | C. Harſad, P. Ct. ‖

Heſſische Bergfreiheit vom 18. Dcbr. 1562. — Placat in Fol. maj., 79 Za
und die Unterschrr, v leer. Drucker [*Andreas Kolbe*], Z 1 grösste, Z 2 weniger
grosse Titelfract., sonst die Textschwab. aus Nr. 241, das grosse Fractur-**B**
(Nr. 150) steht vor der Columne. — In Göttingen, Ius Germ. statut. (Hass.
Elect.) 643.
    Bei *Kleinschmid I 194—196*.

309. EPITHALAMION | IN NVPTIAS HONESTI IVVENIS |
    Apollinis Cyriaci Homburgenſis & Caſtiſſimæ | uirginis Catha-
    rinæ Hamerin præſtantiſſi- | mi Q. uiri Iuſti Hameri I. V.
    Do- | cloris & Senatoris Marpur- | genſis filiæ: compoſitum. ‖
    Per Petrum Paganum Poetam L. | Publicum Poeſeos Profeſſorem. ‖
    [*Holzschnitt*]
    In 4°, 6 Bll, Sign. A2 A3 B ohne Custt. Drucker [*Andreas Kolbe, 1562*].
Auf dem Titel das *Bild Nr. 18*, Textschr. mittelgr. Antiqua. 30 Za. — Bl 1 v
Wappen Nr. 63; 2 r Anfang (grosse schlechte Init. D), Schluss 6 r 20 und
▮ FINIS. ▮ Rest der 8 und v leer. — In Cassel, Hass. Hist. lit. 4° 35 Nr. 12.
    Strieder X 217.

310. [WIGANDI ORTHII Theſes de conditione et lapſu hominis
    deque eiusdem per Chriſtum reſtitutione. Marpurgi 1562 4°]
    So bei *Gesner-Simler 684 I. 32; Strieder X 178.*

311. [PETRI PAGANI in nuptias Geo. Gravii ... et Eliſab.
    Neyhauſin ... Elegia; altera de laudibus conjugii Iuſti Vulteji;
    item Epithalamion in easdem nuptias M. Phil. Loniceri. Mar-
    purgi 1562 4°]
    Strieder X 217.

312.   ELEMENTA | CHRISTIA- | nœ religionis. || ANDREA
HYPERIO | autore, || Hebr. G. | *Fundamentum iacientes,
pœnitentiæ ab | operibus mortuis, fidei in Deum, baptifma-* |
*tum, doctrinæ, ac manuum impofitionis, & | refurrectionis
mortuorum, & | Iudicij æterni.* || Pfalm. 111. Prouerb. 1. |
Timor Domini initium est fcientiæ. || Marpurgi And. Colbius
excude- | bat, M. D. LXIII. ||

In 8°, 56 Bll, Sign. A2—G5, Blattcustt, Foliirung 2—56. Text kleine
Cursiv, 27 Za, Epist. nuncupat. und Lemm. mittelgr. Antiqua, Clmtt, beim Text
Mrgg, auf 2r 19r Initialen. — Bl 1v—2r 13 Bibelsprüche, 2r 14 die Epist.
nuncupat. Praeceptoribus & Paedagogis ... dat. 18v Kal. Febr. 1563, 19r Anfang der Elementa, Dialog *Paedagogus & Puer*, Schlus 56r 22 und 6 Za Errata, v leer. — In Stuttgart, Theol.

*Feuerlein, Bibl. symb. II 1935; Walch I 531; Köcher, Catechet. Gesch.
d. reform. Kirche 177 ff; Langemack, Hist. catechet. II 390; Wagnits,
homilet. Abhandlgg u. Kritiken I 173.* — Vgl. hier Nr. 324.

313.   𝔚𝔦𝔯 𝔓𝔥𝔦𝔩𝔦𝔭𝔰 𝔳𝔬𝔫 𝔊𝔬𝔱𝔱𝔰 𝔤𝔫𝔞𝔟𝔢𝔫 𝔏𝔞𝔫𝔡𝔱𝔤𝔯𝔞𝔣𝔣 𝔷𝔲̈ 𝔥𝔢𝔰𝔰𝔢𝔫. 𝔊𝔯𝔞𝔣𝔣 |
𝔷𝔲̈ 𝔖𝔞𝔷𝔢𝔫𝔢𝔩𝔩𝔫𝔭𝔬𝔤𝔢𝔫, ...: 𝔉𝔲̈𝔤𝔢𝔫 𝔥𝔦𝔢𝔪𝔦𝔱 𝔞𝔩𝔩𝔢𝔫 𝔳𝔫𝔡 𝔶𝔢𝔟𝔢𝔫 𝔳𝔫𝔰𝔢𝔯𝔫 𝔳𝔫𝔡𝔢𝔯-
𝔱𝔥𝔞 | 𝔫𝔢𝔫 𝔷𝔲̈𝔴𝔦𝔰𝔰𝔢𝔫, ...
... | 𝔖𝔦𝔤𝔫𝔞𝔱𝔲𝔪 𝔚𝔢𝔦𝔰𝔰𝔢𝔫𝔰𝔱𝔢𝔦𝔫 𝔞𝔪 𝔯𝔦𝔧. 𝔖𝔢𝔭𝔱𝔢𝔪𝔟𝔯𝔦𝔰, 𝔄𝔫𝔫𝔬 𝔐.𝔇.𝔏𝔯𝔦𝔦𝔧.
𝔳𝔫𝔡𝔢𝔯 𝔳𝔫𝔰𝔢𝔯𝔪 𝔖𝔢𝔠𝔯𝔢𝔱. ||

Post-Ordnung. Placat auf 2 aneinander geklebten Bogen in hoch Fol.,
93 Za. Drucker [*Andreas Kolbe*]; Z 1 sehr grosse, 2 und Lemm. mittelgr.
Titelfract., Textschwab. aus Nr. 241, das grosse Fractur-𝔚 aus Nr. 150. — In
Darmstadt.

Kleinschmid II 633—636.

314.   EPITHALAMIVM | IN NVPTIAS | EXCELLENTIS E- |
RVDITIONE ET PIETATE VIRI | Dn. M. Vuigandi Orthij,
facrofanctæ Theologiæ ac | linguæ Hebrææ in celeberrima
Marpurgenfi Acade- | mia Profefforis publici: Ac caftiffimæ
Virginis Elifabe- | thæ, honefti q. viri Iufti Ebersbachij ciuis
Marpur- | genfis Filiæ: Pro fraterna amicitia | confcriptum ||
*Per Petrum Paganum Poëtam Laureatum, & Poëfeos | Pro-
fefforem Publicum.* || MARPVRGI | Ex Officina Andreæ Colbij.
11. Octob. Anno | M. D. LXIII. ||

In 4°, 10 Bll, Sign. A ij—B v und Blattcustt (fehlt Bl 9). Latein. Textscbr.
mittelgr. Antiqua, 30 Za, Mrgg, auf 2r das I mit dem Meermanne aus Nr. 34.
— Bl 1v ein Epigr., 2 Chronodistichen und Proverb. 19 v. 14, 2r || IN NO-
MINE TVO DVLCISSI-|ME IESV. || INfanas ulij laruas, & pronuba pofcant |...,
Schlus 8r 23 und ein Dist., 8v griech. Gedicht von Io. Obelius Buricenfis in

nupt. Orthii, 10 r 16 ein latein. Epigr. desselben, Schlus Z 29 | *Condere plectro.* FINIS. **[** v leer. — In Cassel, Hass. Hist. lit. 4° 85 Nr. 86.
Strieder X 217.

315. ꝟ3r Philips von | Gotts gnaden Landtgraue zů | Heſſen, ...| ... Fügen hiermit menig- | flichen zů wiſſen, Nach dem ſich .... Caſſel, den | zwey vnnd zwenhigſten tag des Monats Octobris Anno Domini Tauſent Fünffhundert | Sechhig drey. ||

Heſſische Bergfreiheit vom 22. Octbr. 1563. — Placat, ¹/₂ Bogen in Fol., 34 Z⸳, v leer. Drucker [*Andreas Kolbe in Marburg*], Typen wie in Nr. 306, am Anfange das übergrosse Fractur-ꝟ aus Rhode Nr. 40 59 (rechts etwas weggeschnitten). — In Göttingen, Ius Germ. statut. (Hass. Elect.) 623.
Kleinschmid I 197.

315 a. Ozdnung | Wie wir Philips von Got- | tes gnaden Landgraff zů Heſſen, ... | ... wöllen das | es hinfürter in allen Apothelen zů Caſſel vnd | Marpurg gehalten werden ſoll. || [*Wappen Nr. 47*]

In 4°, 16 Bll, Sign. Alj—Dtlj und Blattcustt. Textschrift die Schwab. aus Nr. 241, 2 v hat 33 Zs. — Bl 1 v leer; 2 r (krüppelhaftes Fractur-E) Anfang der Verordn., dat. 3 r 20 Cassel 9. März 1564; darunter Anfang der Apotheker-taxe, Schlus 16 r 20 und

Gedzudt zů Marpurg | bei Andreas Kolben im Jar | M.D.LXIIII. ||

v leer. — In Marburg, Archiv.
Kleinschmid I 203 ff; Bibl. Vaticana II. stamp. II (tedeschi) Nr. 762.

316. [PETRI PAGANI Carmen gratulatorium in honorem trium Candidatorum Jur. Nic. Vigelii, LL. Lic. Jur. Prof. Ord. M. Chunr. Matthaei, Rhetor. Prof. Ord. Hectoris à Jofs, Hefforum, doctoratus infignia ad 27. Apr. Anni 64. confecuti, promotore Joh. Oldendorpio. Marpurgi 1564 4°]
So bei *Strieder X 217.*

317. Fürſten Epiegel, | Nicht allein Fürſt- | mäſſigen, vnd allen Obzig- | leyten. Sondern auch allen eynhelen | Perſonen ſehz nühlich zu- | láſen. || Geſtellet durch den Ve- | ſten vnd Hochgelehzten (ſáliger ge- | dechtniß) Sebaſtianum Schenden, Weilandt | des durchleuchtigen Hochgebornen Fürſten vnd | Herzen, Herzn Henrich (Hochlöblicher gedechl- | niß) Herhogen zů Medelburgt, ꝛc. Raht vnd | Canhler, Vnd hhund zum Erſten vnd Neu- | wen an tag geben, wie es nach ſeinem | Sáligen Todt gefunden. | ∗ || Getrudt zů Marpurgt bey | Andreas Kolben zum Kleeblat im | jar M. D. LXIIII. ||

In 8°, 36 Bll, Sign. Aij—Ev (D 4 Bll) und Blattcustt (fehlen Bl 5 u. 13).
Titelz. 2 und 2 r l sehr grosse, Titelz. 1 3 7 16 und einige Zz inwendig weniger
grosse Titelfract., Text die Schwab. aus Nr. 241, 26 Zz, auf 2 r grosses Fract.-G.
— Bl 1 v leer; 2 r Zuschr. des Hragbrs *Io. Ulifex, Pfarherrn zu Treysa*, an
den Bruder des Verf. Rheinhart Schenck, Hess. Rath und Hauptm. von Ziegen-
hain, dat. 5 r Treysa 12. Nvbr. 1563. Der Fürstenspiegel, in gereimten Vers-
paaren, beginnt 6 v und schliesst 34 r 18 | Laß fie bir all befohlen fein. | Amen. ‖
Dann noch 34 v ein latein. Gedicht ad Guil. Ad. à Dormberg, Cervimontanae
arcis dominum, Schluss 35 v 24 und | *Excellentiæ tuæ fidelis cliens*. P.P.P.L. ‖
Bl 36 leer. — In Darmstadt, E 4492 (dem Bl 35 fehlt die rechte obere Ecke).
Vgl. *Gust. Frhr Schenk zu Schweinsberg* in der Zeitschr. Hessenland
1890 Nr. 13 S 186. Unbekannt war der Dr. indess nicht, denn wenigstens
ein zweites, wenngleich defectes Ex. (aus Weigels Antiquariat in Leipzig)
befindet sich im Marburger Archiv XVI B 640. — P.P.P.L. vgl. Nr. 320.

318.   [HENRICVS VIETOR, Difputatio (pro Gr. Dr.) de fabbathe
fanctificando. Marpurgi 1564 4°]

So bei *Strieder* XVI 302.

319.   Wie man fich für | der hefftigen vnd töblichen | feuche der
Peßilentz bewaren foll, Vnd fo | einer damit angegriffen, ober auch
mit anbern zufelliger | tranckheiten behafft, mit was Artznen dem zu-
helffen. | Benbe Reichen vnd Armen auß langer erfarung vnnd | den
fürtrefflichßen Ertzten zufammen getragen. | jetznnd [so] von neuwem
überfähen, vnd | gebeffert. ‖ Durch Burckharbum Mi- | thobium,
der Artznen Docio- | rem. ‖ *Hæc tria tabificam pellunt aduerbia
peftem, | Mox, longe, tarde, cede, recede, redi,* ‖ Getrudt zu
Marpurg | bei Anbreas Kolben im jar | M. D. LXIIII ‖

In 8°, 88 Bll, Sign. A2—Lv und Blattcustt. Auf dem Titel sind Z 1 2
10 15, auf 4 v 1 3, und auf 5 r 1 2 6 roth. Textschwab. aus Nr. 241, 26 Zz, auf
51 r eine anatom. Abbildg (nackter Mann). — Bl 1 v leer; 2 r Zuschr. von
Mithobius an Albrecht d. ä. von Brandenb., dat. 3 v 1. Decbr. 1549; 4 r latein.
Epigr., 4 v Gebet in Pestzeiten. Textanfang 5 r, Schluss 87 r 6, dann Register
(kleine Schwab.), 88 r 34 | Ende biefes büchs. ‖ v leer. — In Mainz.

Bibl. Vaticana, II. stamp. II (tedeschi) Nr. 810. — Frühere Ausg. Erfurt b. Gervasius Stürmer 1552 4°, s. Ploucquet, Init. Bibl. med. VI 384;
Haller, Bibl. med. pract. II 101; Grässe, Trésor. Bei *Strieder IX 70* kann
unter dem Titel *Praeservativ wider die Pest* nur dasselbe Buch gemeint sein.

320.   ORATIO | DE VITA AC OBI- | TV CLARISSIMI ... |
*Theologi, D. Doctoris Andreæ Hyperij, facrarum literarum in
fchola | Marpurgenfi ... profefforis ...* ‖ Habita 27. Februarij.
Anno 1564. ‖ A VVIGANDO ORTHIO THEOLOGIAE AC |
linguæ fanctæ profeffore publico. ‖ ADDITA SVNT QVAE-

DAM | bonorum doctorumq̃ | virorum, de eiuſ- | dem morte.
Epicedia. || Hyperij vmbra ad lectorem. | ... |drei Diſtichen| ... |
P. P. P. L. || EXPRESSVM MARPVRGI PER ANDREAM |
Colbium. M. D. LXIIII. ||

In 4°, 32 Bll, Sign. A 2—H 8 und Blattcuſtt. Textſchr. Antiqua, 30 Zs;
auf 2 r das groſse 8 aus Nr. 132. — Bl 1 v Zuschr. Io. Pinciero, Anfang der
Oratio 2 r, 14 r Gedichte von Roding, Paganus. Reinmann, Obelius, Rüter u. a.,
Schluss der ganzen Schrift 31 v 28 | Morte fuit, maior, quando redibit, erit. ||
. | Bl 32 (leer) fehlt. — In Marburg, Bibl. VIII B 331 d b, Pers. Hass. vol. XI.
Die Oratio (ohne die Epicedia) ist abgedruckt in *Andr. Hyperii de
formandis concionibus libri II ed. Henr. Balth. Wagnits, Halae 1781 8°
S 435—464.* Vgl. Steinmeyer, Beitrr z. pract. Theol. I 13. — P. P. P. L.:
Petrus Paganus Poeta Laureatus.

321. [PETRI PAGANI Carmen gratulatorium in gratiam Ioh.
Loniceri fen. Wig. Orthii et Henr. Vietoris, doctoratus inſignibus
inaugurati. Marpurgi 1564 4°]
So bei *Strieder X 217.*

321a. [Das Lied von | Dem Edlen Dan- | heuſer. | (*Darstellung
einer Kreishimmelskugel. Am Ende:*) Gedruckt zů | Marpurgk. |
M. D. LXIIII. || 8° 4 Bll]
So in *Bibl. Vaticana, U. stamp. II (tedeschi) Nr. 2799.*

321b. [Zwey Schöne | Neuwe Lieder. | Das Erste, | Frölich bin
ich auß hertzen | grundt. | Das Ander. | Keyn lieb noch leydt,
mag | mir nit widerfaren. | (*Druckerstock mit Carnevals-Gegen-
ständen. Am Ende:*) Gedruckt zů | Marpurgk. | 1564. || 8° 4 Bll]
So in *Bibl. Vaticana, U. stamp. II (tedeschi) Nr. 2801.*

321c. [Weltlicher Lie- | der drei, Zwo tageweiß, | in eyner
melodei: Es wonet lieb bei | liebe, vnd: Kundt ich von her- |
tzen singen &c. Das dritte, | Die Brennend Lieb. || (*Vignette mit
Eichhörnchen. Am Ende:*) Gedruckt zů Marpurg. || 8° 8 Bll, ohne
Jahr und Drucker.]
So in *Bibl. Vaticana, U. stamp. II (tedeschi) Nr. 2352.*

321d. [Der Graff von | Rom, wie er in der Hey- | denſchafft
gefangen ward. | Wie in | ſeine Fraw in eines Münchs | ge-
ſtalt, erlöſet vom | Pflůge || (*Vignette. Am Ende:*) Zů Marpurg. ||
8° 8 Bll, ohne Jahr und Drucker.]

So in *Bibl. Vaticana*, *Ul. stamp. II (tedeschi) Nr. 2765.* Wahrscheinlich
sind Nr. 321 c und 321 d gleichzeitig mit Nr. 321 a und 321 b, und gleichfalls
bei Andreas Kolbe gedruckt.

322.　ℜEformation | vnd Ordnung | Vnſer Philipſen vonn Gottes
gna- | den Landtgrauen zũ Heſſen, … | … | … ꝛc. Wie wir |
wöllen das es hinfúro mit Abmi- | niſtration vnd verwaltung vn- |
ſerer Bniuerſitet zũ Mar- | purg gehalten wer- | den ſoll. ||
[*Heſſ. Wappen Nr. 45 B*]

In 4°, 12 Bll, Sign. Aij—Clij und Blattcustt. Titelz. 1 sehr grosse, 2—11
und Lemm. weniger grosse Fract., Textschwab. aus Nr. 241, 30 Zz, Mrgg mit
Cursiv, auf 2 r das grosse B aus Nr. 116. — Bl 1 v leer; 2 r Anfang, Schluss
12 r dat. Cassel 14. Janr. 1564 und die Unterschrr, darunter Z 15

Gebrudt zũ Marpurg | rff *Iacobi*. Anno M. D. LXV. ||
[von *Andreas Kolbe*], v leer. — In Giessen, A 54,180.
Kleinschmid I 197—202.

323.　CHRISTO DVCE. || DE CHRISTO SVMMO SACERDOTE,
GERMINE | & Lapide è Zechar-ia & Ieſaia *Διάλεξις*, Præſide
Doct. Ioanne Lonicero | ad diem Nouembris decimum, Anni |
huius uertentis 1565. in | auditorio Theologico. | ad horam 7. ||

Placat, ¹/₈ Bogen in Fol., Drucker [*Andreas Kolbe*], Textschr. kleine Cursiv,
28 Thesen und ein griech. Distichon. — In Cassel, Theol. Dogm. Pol. 4° 266 Nr. 19.
Strieder VIII 85.

324.　ELEMENTA | CHRISTIA- | næ religionis. || ANDREA
HYPERIO | autore || … (*wie Nr. 312*) … || Marpurgi And. Col-
bius excu- | debat, M. D. LXV. ||

Neudruck von Nr. 312. Format, Blattzahl und ganze typograph. Einrich-
tung ebenso, aber andrer Satz, auch andre Initialen. Schluss 56 r 25 | AMEN. ||
Marpurgi impreſſum, 20. Noueb. 1565. ||
v leer. — In Marburg, Arch. XVI B 409.

325.　EPICEDION | IN OBITVM VIRTVTE ET | eruditione ex-
cellentis iuuenis Iohannis Helferi- | chi cognomento Moſpach
Vuormacienſis, | qui in medio ſtudiorum curſu imma- | tura
morte Vuormatiæ conſum- | ptus eſt, Anno 1564. | 5. Octobris. ||
AVTHORE PETRO PAGANO POETA | *L. Poeſeos & Hiſto-
riarum in inclyta Mar- | purgenſi Academia profeſſore | Pu-
blico.* || [*Wappenschild mit Adler*] || *Marpurgi Impreſſum per
Andream Colbium | Anno M D LXV.* ||

In 4°, 8 Bll, Sign. A 2 — B 3 und Blattcustt. Text mittelgr. Antiqua, 30 Zz,
Zuschr. und Mrgg kleine Cursiv. — Bl 1 v leer; 2 r Zuschr., 2 v das Epicedion,

Kopftitel 6 Za und ‖ (Init.) LVrida quid comptos oeſſas lacerare | capillos | ...
Schluss 7 v 13, noch 2 Epitaphien und 2 Chronodistichen, 8 r 29 | FINIS. ‖
v leer. — In Erfurt, Sammelbd Art. lib. q. 87.
Strieder X 218.

326.   EPITHALAMION | IN NVPTIAS | Clariſsimi uiri D. Her-
manni | Lerſneri I. V. D. eiuſdemque | facultatis in inclyta
Marpur- | genſi Academia Profeſsoris | ordinarii, Et caſtiſsimæ |
uirginis Eliſabethæ Raufcherin | præclari uiri VIrici Rau• |
ſcheri Francoſurtenſis | filiæ. ‖ *Compoſitum | à Petro Pagano
Poëta Laureato l'oëſeos ac Hiſto- | riarum Profeſſore ordi-
nario.* ‖ Marpurgi Impreſſum per Andream Col• | bium die
28. Ianuarij. Anno | M. D. LXVI. ‖

In 4°, 12 Bll, Sign. A2—C8 und Blattcustt. Textschrr mittelgr. Antiqua,
30 Za, und kleine Cursiv, Mrgg, auf 2 r¡v Initialen. — Bl 1 v leer; 2 r Zuschr.
an Heiderich Krug und Phil. Lersner, 2 v Anfang des Epithal., Kopftitel 5 Za
und ‖ REddiderat gelida turbatos peſte | lepores | .... Schluss 12 r 26, ein Chrono-
dist, und ‖ FINIS. ‖ v leer. — In Erfurt, Sammelbd Art. lib. q. 37.
Strieder X 218.

327.   EPITHALAMION | IN NVPTIAS | Illuſtriſsimi Principis ac
D. | D. GVILHELMI LANDTGRAVII HAS• | SIAE, COMITIS
IN CATZENELNBO• | GEN DIETZ ZIEGENHAIN ET | NIDDA
&c. ET ILLVSTRISSI• | MAE PRINCIPIS SABINAE, | ILLV-
STRISSIMI PRINCI• | PIS CHRISTOPHORI | DVCIS VVIR-
TEN• | BERGENSIS | FILIAE. ‖ Scriptum per | Petrum Pa-
ganum Poetam | Laureatum, poëſeos ac hiſtoriarum in incly• |
ta Marpurgenſi Academia Profeſſorem | ordinarium. ‖ IM-
PRESSVM MARPVRGI PER AN• | *dream Colbium* 11. *die
Februarij. Anno* | M. D. LXVI. ‖

In 4°, 22 Bll, Sign. A2—E5 (für D verdruckt C) und Blattcustt. Text
mittelgr. Antiqua, 30 Za, Mrgg, auf 2 r Init. V. — Bl 1 v leer; 2 r Zuschr. an
Christoph, Eberb. und Ludw. von Würtemberg, 3 v zwei Akrostichen, 4 r Anfang des Epithalam., Schluss 16 v und ein Chronodistichon. Dann noch 2 Gedichte auf dieselbe Vermählung, von Iustus Vulteius, beide griech. und latein.,
Ende 21 v 25 und ‖ FINIS. ‖ Bl 22 leer. — In Cassel, Hass. Wilh. IV 4° 1.
Strieder X 218.

328.   Vnſer, Philipſen, von Got• | tes gnaben, Lanbtgrauen zů Heſſen,
... | ... | ... Orbenung bes Wollen | tauffs, wie wir bie ſelbig Orbe-
nung nach | gelegenheit vnſerß Fürſtenthumbß | vnb Lanbe, in
etlichen Puncten | erfſeret, geenbert, vnb ge• | beſſert haben. ‖
[*Wappen Nr. 61*] ‖ ✿ M. D. LXVI. ✿ ‖

In Fol., 4 Bll., Sign. **Aij Aiij** und Seitencustt. Drucker [*Andreas Kolbe*]; Textschwab. aus Nr. 241, 2 r hat 43 Zs, Z 1 jeder Paragr. mit der mässig grossen Titelfract. der 2—9. Titels. — Bl 1 v leer; Anfang 2 r (das übergrosse Fractur-**B** aus Nr. 315), Schluss 4 r 19 und ∥ **Geben zu Marpurgt ... | ... Am achtzehenden | Martij nach Christi vnsers Erlö- | sers geburt, im | ✳ 1566. ✳ ∥** Rest der 8 und v leer. — In Darmstadt, K 2745/300.

Kleinschmid I 213—215.

---

329. IVSTI VVL- | TEII QVAESTIO- | NES DIALE- | cticæ. ∥
[*Druckerzeichen Nr. 68*]

In 8°, 64 Bll., Sign. †2—†5 A—G5 und Blattcustt. Textschrift kleine Cursiv, Bl 14 r hat 27 Zs, auf 2 r das grosse C aus Nr. 227. — Bl 1 v leer; 2 r Zuschr. an Georg von Hessen, dat. 8 r Marp. è paedagog. aedibus 4. Non. Julii 1565, v leer. Anfang 9 r ∥ DE ARTIBVS IN | Genere. ∥ ... (Initiale), Schluss 63 v und Z 17

    Marpurgi impreſſum per An- | dream Colibium, Anno | M. D. LXVI. | *₊* ∥

Bl 64 leer. — In München, Ph. Sp. 626, Beiband 2.

Strieder XVI 350 hat diese Ausg. von 1566 nicht, wohl aber eine *Marburg 1565* 8°, die ich nicht gesehen habe. Wahrscheinlich hat Strieder nur das Jahr der Zuschr. gemeint.

---

330.   [PETRI PAGANI Epicedion in obitum Annae Vendiae Arnſtadienſis, Mauricii (Thaureri) Medici & Principum Haſſiae à curis medicis ord. coniugis, quae obiit 25. Jul. Marpurgi 1566 4°]

So bei *Strieder X 218.*

---

331.   [PETRI PAGANI Carmen gratulator. in gratiam Jo. Fiſcheri, Lic. Mundenſis, et Eckhardi Ellenbergii, Catto-Homburg. Medic. Cand. Doctoralibus inſignibus ornati. Marpurgi 1566 4°]

So bei *Strieder X 218.*

---

332.   **Kirchen | Crdnung: | Wie sich die Pfarherrn | vnd Seelsorger in jrem beruff mit | leren vnd predigen, allerley Ceremonien vnd | guter Christlicher Disciplin vnnd | Kirchenzucht halten | sollen: | Für die Kirchen inn dem Fürsten- | thumb Hessen: | Aus der Aposteln, jrer Nachfolger vnd anderer | alten Christlicher reiner Lehrer schrifs- | ten gestellet. ∥ Gedruckt zu Marpurgt: | ✳ 1566. ✳ ∥**

In 4°, 220 Bll., und zwar: Vorstos 12 Bll., Sign. **AAtij BB—CCtij**; Text 208 Bll., Sign. **a—zitij A—Zttj Aa—Jftj**, Seitencustt und Foliirung I—CLXXXXVII, worin aber Bl 168 wieder als CLVIII, und so bis zum Ende weiter gezählt ist.

Die Titeln 1 2 9 10 14 und die Jahreszahl, ohne den Strich und die Blättchen, sind roth. Titelz. 1 sehr gross goth., sonst noch noch 2 grosse Fractt; Textschwab. aus Nr. 241, 30 Zz und Clmtt mit der kleinern Fract., die auch zu einigen Kirchengebeten, den Einsetzungsworten, Anfangszeilen, und nebst der grössern zu den Lemm. gebraucht ist; Mrgg kleine alte Schwab. und Cursiv, Foliirung und Paragraphirung am Rande Antiqua, auf 2 r kleine Antiqua-Init., sonst einige sehr grosse Majuskeln in Canzleifractur. — Bl 1 v leer; 2 r Druckprivileg und 2 v Verordn. Philipps von Hessen (Z 1 roth), beide dat. Cassel 21. Octbr 1566; 4 r Vorw. der Superintendenten an die Pfarrherrn, dat. 12 v Cassel Mittwoch n. Trin. 1565. Textfol. 1 Uebersicht der KO. ... in | vier theil gestellet, aber das vollständige Buch enthält nur drei Theile, nämlich: III v || Das Erste theil von | denen Dienern, welche im Kir- | chenampt von nöten sein. || ..., XXXVIII r || Das Ander teyl von | der Lehre der heyligen | Gemeyne Gottes. || ..., LVr || Das britte teyl von der | aufteylung der heyligen | Sacrament. || ..., CLXXXVII (Bl 219) v 1 || Ende des Dritten teils. ||, darunter der von zwei Engeln gehaltene Kranz mit VERBVM | DOMINI ..., von demselben Stocke gedruckt wie in Egenolff Nr. 110 116 &c., und

      Gedruckt zů Marpurg durch | Andres Kolben, vnd volendet | durch seine Erben: || Am XVI. tag des Wintermonats. | Im jar nach der geburt Jhesu | Christi, | ⚜ 1566. ⚜ ||

Letztes Bl (220) leer. — In Marburg, Bibl. VIII B 826.

Kleinschmid 1 223—334; Richter, Kirchenordngg II 289—297; Bibl. Vaticana, II. stamp. II (tedeschi) Nr. 1271; G. C. Draut im Hess. Hebopfer St. 47 S 589—599; *Walther 1430.* Der IV. Theil war, wie aus dem Vorw. der Superintendenten Bl 12 r f. hervorgeht, zur Zeit des Vorwortes und des Druckes noch nicht verfasst, sondern sollte erst in der 2. Ausgabe mit den drei andern Theilen zusammengedruckt werden.

Ornamente.

a. Bilder.

1. Titelbild und 9 Textbilder, h. 60—110 b. 62—78 mm. **A.** *Titelbild*:
Ein Mann in vornehmer Tracht mit Stab beschwört eine Schlange, an seinem
Munde steht Ich beschwere dich. **B.** *Textbilder*: 1) Kirche auf einem Felsen;
2) die Schlüssel Petri; 3) Christus vor einem Apfelbaum, um dessen Stamm
windet sich ein Band mit Werd | Lieb | Glaub; 4) Beichte; 5) Abendmahl;
6) Adam und Eva werden von Jehovah ehelich verbunden; 7) Petrus kniet vor
dem Leinentuch mit den Thieren, Apostelgesch. 10; 8) der Teufel als Vogel-
steller; 9) Ein Geistlicher vertheidigt von der Kanzel das Evangelium gegen
die auf Banderolen stehenden Einreden der unten sitzenden Päpstlichen. — Alle
sind nur verkleinerte Copien der Bilder in der vorne bezeichneten Nürnberger
Originalausg. von 1525, worin das Titelbild am Schlusse wiederholt ist.

Johann Loersfeld 1527: 5

2. Bilder der *Evangelisten und Epistolographen des N. T.*, im Ganzen 26,
wovon aber nur 13 verschiedene Darstellungen, die übrigen 13 Wiederholungen
sind. Alle in Randlinien ungefähr h. 112—115 b. 80 mm. — 1. *Matthaeus*
sitzt in einer Landschaft l. unter einem Baume an einem kleinen Pult worauf
ein Buch liegt, das er mit der r. Hand hält, während er mit der l. die Feder
ins Dintenfass taucht. Vor ihm, in der Höhe seines Kopfes, kniet der Engel
in Wolken, mit dem Zeigefinger der l. Hand auf das Buch herunterweisend. —
2. *Marcus* r. an einem Tische mit Buch und Schreibgeräth, die Feder in der
r. Hand, den Blick etwas nach r. aufwärts gerichtet. Vor dem Tische l. steht
sein Löwe, ganz l. ein grosser Baum, dahinter ein Bergschloss. — 3. *Lucas*
sitzt an der l. Seite eines Gemaches schreibend (mit der l. Hand), zu seinen
Füssen r. vom Sessel liegt der Stier. Durch eine der beiden Fensteröffnungen
sieht man ein Schloss. — 4. *Johannes* sitzt in einer Landschaft r. unter einem
Baume, auf den Knien ein Buch, vor ihm sein Adler. Der Blick des Johannes,
der mit der r. Hand die Feder in ein Dintenfass taucht, ist erhoben zu der
oben l. in Wolken ihm erscheinenden Mutter Maria als Himmelskönigin. Im
Hintergrunde unter Maria ein Bergschloss, womit allem Anscheine nach das
Marburger gemeint sein soll. Schon 1528 als einzelnes Bild von demselben
Stock gedruckt in Nr. 13. — (5. Wiederh. von 3). — 6. *Paulus* sitzt r. unter
einem Gewölbe am Tische mit Buch und Dintenfass, neben ihm liegen am
Boden zwei Schwerter. Vor ihm steht der Bote mit Stab und im Mantel mit
Kapuze, einen Brief von Paulus in Empfang nehmend. Hinter dem Boten Theil
eines Schlosses. — 7. *Paulus* steht l. in einer Landschaft, neben ihm am Boden

ein Schwert, vor ihm und zu seiner Rechten die vier Sendboten mit Briefen, einer weist nach r. hin, ganz r. ein Baum, hinten Berge. — 8. *Paulus* steht r., das Schwert in der r. Hand, mit der l. bedeutet er die beiden vor ihm stehenden Boten, von denen der vordere den Brief in der Hand hat, während beide nach l. hin zeigen. Hinten l. ein Schloss und Berge. — 9. *Paulus*, grosse Figur, steht l. auf ein langes Schwert gestützt und weist mit der r. Hand dem abziehenden, mit Lanze, Schwert und Tasche ausgerüsteten Boten die Richtung an. Im Hintergrund Landschaft mit einem Hause. — 10. *Paulus* steht in etwas gebeugter Haltung l. vor einem Baumstamme, in der r. Hand das Schwert, in der l. den Brief oder eine Brieftasche, wonach der mit einem Stabe von r. herankommende Bote die Hand ausstreckt. — (11. Wiederh. von 9; — 12. Wiederh. von 8; — 13. Wiederh. von 10; — 14. zweite Wiederh. von 9; — 15. zweite Wiederh. von 10; — 16. dritte Wiederh. von 9; — 17. dritte Wiederh. von 10; — 18. vierte Wiederh. von 9). — 19. *Petrus* in einem wie vom Winde bewegten Mantel, in der r. Hand den Schlüssel, übergiebt dem von l. in bäurischer Tracht herantretenden und an die Kappe greifenden Boten den Brief. Im Mittelgrunde ein zweiter Bote mit Lanze und Tasche abgehend, weiterhin noch ein dritter mit langem Stabe. Landschaft. — (20. Wiederh. von 19). — 21. *Johannes*, von r. kommend, in der l. Hand einen Kelch mit 2 Schlangen, übergiebt dem Sendboten, der in Wamms und kurzem Mantel vor ihm kniet und mit der r. Hand seinen Hut abnimmt, den Brief. Hinten Landschaft, in der Ecke l. oben Wolken. — (22. 23. Wiederholgg von 21). — 24. *Jacobus d. Ä.*, mit Pilgerstab und Tasche, steht l. in einer Landschaft; r. sieht man in verschiedenen Fernen drei Boten mit Lanzen oder Hellebarden abziehen. Im Hintergrunde schroffes zackiges Gebirge. — 25. Ein Apostel, mit dem hier nur *Judas Thaddaeus* gemeint sein kann, spricht, an der l. Bildseite stehend und die r. Hand erhebend, zu einer grossen Versammlung. Aber er hält in der l. Hand eine schräg auf den Boden gestützte Keule, obgleich eine solche (oder ein Walkerholz) eigentlich ein Attribut des jüngeren Jacobus ist, der von Tuchwalkern erschlagen wurde, da er noch lebte als man ihn vom Tempel hinab gestürzt hatte. Judas führt als Attribut ein Beil oder Winkelmaass (Wessely, Iconographie). — (26. Wiederh. von 4). Alle Evangelisten und Apostel haben grosse aus mehreren Strahlenringen bestehende Sonnenglorien um die Köpfe.

Keins der Bilder hat ein Monogr., und um festellen zu können ob oder wie weit sie Originale oder Copien sind, fehlen mir die Mittel zur Vergleichung. Dass sie durchweg von einem und demselben mittelmässigen Formschneider herstammen, lehrt der Augenschein, gewiss aber von einem andern als dem Meister der Bordure Nr. 28. Wer er gewesen sein könnte muss ich indess bessern Kunstkennern zu bestimmen überlassen — Brosamer wohl schwerlich, falls dieser die Borduren Nr. 28 und 29 wirklich gemacht haben sollte, was immerhin noch mehr Wahrscheinlichkeit für sich hat als eine ihm beigelegte Urheberschaft an diesen Bildern. Eher noch erinnern sie an manche Blätter mit dem Monogr. GL in den Wittenberger Bibeldrucken von Lufft und Mich. Lotter (u. a. denen A. T. 1525—28) und in Emsers N. T. von 1527, woran Gottfried Leigel thätig gewesen ist, vgl. Heller, Cranach 139; Schuchardt, Cranach III 116; Passavant IV 59; Bucher, Techn. Künste I 409.

Franciscus Rhode 1529: 18

3. Zwei neben einander stehende Titelbilder, jedes h. 85 b. 61/64 mm.
Im r. zwei Fürsten (Kaiser Karl und König Ferdinand) auf dem Throne, vorne
zwei kniende Ritter (Ulrich von Wirtemberg und Philipp von Hessen), seitlich
r. zwei Gewappnete. Im l. ein Kriegszug, vorne Reiter hinten Fussvolk mit
Hess. und Wirtemberg. Fahnen, im Mittelgrunde r. ein Schloss.

Franciscus Rhode 1534: 58

3a. Vignette, h. 78 b. 51 mm. Auf schwarzem Grunde ein starker
Dornbaum mit zwei Aesten, zwischen denen eine grosse offene Blume sich
befindet. Am Stamme unter der Blume eine Tafel mit eingeschnittener Inschrift
SICVT· LILIVM· INTER | ·SPINAS | SIC· AMICA MEA· | ·INTER FILIAS· ||,
am Fusse des Stammes eine grosse Schnecke. Ein Druckerzeichen ist diese
Vignette wohl nicht, wenigstens ist sie mir auf keinem andern Marb. Dr. von
Rhode wieder vorgekommen.

Franciscus Rhode 1529: 19a

4. Von schmalen Zierleisten umgeben, äussere Kanten h. 102 b. 73 mm.
Fusswaschung. In einem überwölbten Raume kniet vorne l. Christus, vor ihm
r. sitzt Petrus, den r. Fuss im Wasserbecken, mit den Händen eine Gebehrde des Abwehrens machend. Hinter Christus ein Jünger mit Wasserkanne,
die übrigen sitzen und stehen im Halbkreise. Von der Decke hängt ein zwei-
armiger Leuchter herab. Geringe, etwas veränderte und umgekehrte Copie
nach Dürer, *kleine Passion.*

Eucharius Cervicornus 1537: 74 85

5. *Bildniss des Erasmus*, Medaillon, Durchmesser 64 mm. Nur Büste,
der Kopf im Profil nach l. mit Barett und Pelzkragen. Horizont. schraff. Grund.
In den doppelten Randlinien Umschrift ERASMVS ☾ ROTERODAM ✶

Eucharius Cervicornus 1537: 78 79

6. Das schöne *Bildniss des Eobanus Hessus* von Hans Brosamer.
Passavant 34, in Linieneinfassung h. 130 b. 97 mm. Brustbild in stattlichem
Gewande mit faltigen Aermeln und Halskette, der etwas nach l. gewendete
Kopf mit breitem vollem Barte und Barett, die Hände vorne aufgelegt. Oben
in der r. Ecke Brosamers Monogr. Schnitt vortrefflich, einfach fest und klar.

Eucharius Cervicornus 1537: 79

Von demselben Originalschnitt gedruckt wie schon 1534 auf D4v von
DE VICTORIA VVIRTEMBER- | gensi: Ad ... Philippū | Hessorum ... | Prin-
cipē: gratulatoria Acclamatio Authore | Helio Eobano Heffo. || ... (Kol.) Er-
phurdia excudebat Melchiar Saxus Anno | M.D.XXIIII. Mense Septembri. ||
Ueber dem Bilde steht || Anno ætatis XLV. ||, darunter | Lustra nouem
numerans Eobanus tempora vitæ | Heffus adhuc firmo robore talis eram: ||
Den Titel dieses Druckes schmückt das gleichfalls meisterhafte Bildniss Philipps von Hessen, Passavant 82; Nagler, Monogrr III S 206.

7. A. Linienrand h. 85 b. 100 mm. Der Untergang der Aegypter im
Rothen Meer bei Verfolgung der Juden. Aber die Aegypter, an der l. Bildseite,

sind der Papst mit seinem Gefolge und einer Fahne mit den Schlüsseln Petri; im Vordergrunde ein Ritter, sonst Geistliche, einige im Untergange begriffen. An der r. Bildseite die davonziehenden Evangelischen, über ihnen die Wolke, im Vordergrunde ein Mann mit einem Sacke und ein Weib. Zwischen beiden Parteien steht Christus in ritterlicher Tracht mit kurzem Knierocke und hohen Stiefeln, das Gesicht den Evangelischen zugewendet, und mit einem Stabe und der erhobenen l. Hand den Wassern die Vernichtung der Päpstlichen gebietend.

Egenolffs Officin 1539: 109 111

B. Dieselbe Darstellung, aber etwas verändert, h. 90 b. 105 mm, und umgekehrt, die Päpstlichen kommen von r. und die Evangelischen ziehen nach l. Bei den Päpstlichen, neben der Fahne mit den Schlüsseln noch eine zweite mit einem auf einem Polster liegendem, anscheinend eine Vogelpfeife enthaltenden Gegenstande, und SQ (SPQR?), die Evangelischen haben eine Fahne mit VDMIÆ (Verbum domini &c.); im Vordergrunde noch ein zweites Weib mit einem Wickelkinde. Christus ist in einem bis auf die Füsse gehenden Priestergewande.

Dieselbe 1539: 112

Beide Bilder sind nur schlechte Copien nach dem, wahrscheinlich auf Cranach zurückgehenden, Titelbilde der schon 1538 bei Rhaw in Wittenberg erschienenen Drucke von Nr. 109 111.

8. Linienrand h. 50 b. 70 mm. In einer Halle sitzt r. David mit Krone und Halskette auf seinem Stuhle, die Harfe schlagend, im Hintergrunde l., vor zwei rundbogigen Fensteröffnungen, stehen drei Männer in Hofgewändern.

Egenolffs Officin 1538: 106 1543: 176

9. Fünfzehn Bilder. A) 2 grössere, h. 52 b. 72 mm: 1) Daniel in der Löwengrube (zweimal); 2) die drei Männer im feurigen Ofen, davor verbrennen die Feuerknechte, r. steht Nebukadnezar mit einem seiner Räthe; — B) 13 sehr kleine, h. 26 b. 27 mm: 1) Anbetung des Christkindes durch die h. drei Könige; 2) Verkündigung; 3) Belsazers Mahl; 4) Himmelfahrt Christi; 5) des Menschen Sohn vor dem Alten (Dan. 7, 13'14); 6) Maria im Kreise der Heiligen, über ihr der h. Geist (zweimal, vgl. Nr. 21); 7) Christus vor drei Männern; 8) Golgatha; 9) die Marien am Grabe; 10) Christus vertreibt die Tempelschänder; 11) Christi Versuchung; 12) Christus erweckt einen Todten; 13) Christus vor vier Männern.

Egenolffs Officin 1544: 186

10. Bildniss des *Johannes Draconites*, in Linienrand h. 90 b. 57 mm. Halbfigur fast ganz von vorne, in der Tracht der protestant. Theologen mit Barett, vor sich in beiden Händen ein geschlossenes kleines Buch, zu beiden Seiten seines Kopfes IO ... DRA. In der Ecke r. oben ein aus H und G gebildetes Monogr., ähnlich dem des Hans Baldung gen. Grien, an den hier aber sicher nicht gedacht werden kann; unter dem Monogr. 1546. Umschrift deutsch, hebräisch, latein. und griech.: DV HAST MICH ERLOST TREWER GOT. &c. ... Unbedeutendes Bild.

Andreas Kolbe 1547: 217 1548: 224

11. Linienrand h. 77 b. 58 mm. *Verkündigung.* An der r. Bildseite kniet mit gefalteten Händen die Jungfrau Maria unter einem Baldachin, über ihr der h. Geist als Taube; von l. tritt der Engel herein, einen scepterartigen Stab in beiden Händen vor sich haltend. Sehr schlecht geschnitten.

Andreas Kolbe 1553: 244

12. Linienrand h. 81 b. 57 mm. In einem Gemache thront r. Gott Vater mit Krone und Reichsapfel und segnet die vor ihm kniende Maria, der ein hinter ihr schwebender Engel die Krone aufgesetzt hat. Ganz schlecht geschnitten.

Andreas Kolbe 1553: 245 1561: 300

13. Linienrand h. 80 b. 78 mm. Unter einem Bogen, der durch die obere Randlinie abgeschnitten ist, sitzt r. Bathseba mit den Füssen in einem Wasserbecken, hinter ihr Frauen, neben diesen ein Hund. An der l. Seite David mit Krone und Harfe auf dem Söller seines Palastes, im Hintergrunde Gebäude. Unten l. auf einer Stufe das gewöhnlich dem Hans Brosamer beigelegte Monogr. *Nagler III Nr. 654,* darüber aber noch RS, vgl. die Borduren Nr. 28 29, darunter 1528. Sorgfältig geschnitten.

Johannes Rhenanus 1553: 243
Andreas Kolbe 1555: 261 1557: 282 283 1562: 306

14. Linienrand h. 48 b. 56 mm. *Christus am Oelberge,* nach l., vorne sitzen die drei Jünger schlafend, hinten kommt Judas mit den Kriegsknechten. Sehr gering.

Andreas Kolbe 1555: 266

15. Sehr kleines Bildchen, Linienrand h. 26 b. 27 mm. Christus mit Nicodemus im Gespräch, l. neben dem Heilande zwei Jünger. Gehört der Art und Grösse nach zu den kleinen Bildern Nr. 9 B.

Andreas Kolbe 1555: 264 1558: 287

16. Linienrand h. 47 b. 56 mm. An der r. Bildseite knien zwei Männer in vornehmer Tracht, denen l. oben Gott Vater in Wolken erscheint. Im Hintergrund eine Stadt am Wasser. Sehr gering.

Andreas Kolbe 1555: 268 1558: 289

17. Titelbild und 54 (in Nr. 281 55) Textbilder von verschiedner Grösse, die meisten von ganzer Breite und ungefähr zwei Dritteln Höhe der Columnen. In Wirklichkeit enthält der Text nur 49 (50) Darstellungen, denn 5 sind Wiederholungen, am Schlusse bei den Errata in Nr. 275 ist auch bemerkt ... Es seind fünff formen, welche verfert sein | vnd versehen durch das Formen reissen. Es sind Situationen und Darstellungen von Thätigkeiten, Gebräuchen und Geräthschaften — Krieg, Seefahrt, Fischfang, Tanz, Ceremonien, Menschenschlächterei und -fresserei &c. — der Brasilianischen Wilden, bei denen Hans Staden gefangen war. Im Titelbilde, b. 40 b. 106 mm, liegt r. in einer über einem Feuer angebrachten Hängematte ein nackter Mann und verzehrt einen Menschenfuss, darüber auf einem Spruchbande Seit fatil; l. braten menschliche Glieder auf einem Roste. Auf der Flagge des grossen Kriegsschiffes Bl 8 v steht D H und daneben noch ein Monogr. mit den von Kreisen eingeschlossenen Buchstaben A I I, womit der Zeichner und der Formschneider gemeint sein können. Der Schnitt ist ganz flüchtig und roh, aber doch nach ursprünglich recht guten Zeichnungen, worin die Körperverhältnisse, die Haltung und Bewegung der Figuren gut und richtig, die Gruppen und Handlungen voll natürlicher Lebendigkeit sind.

Andreas Kolbe 1557: 275 281

Von diesen Originalstöcken sind zweiunddreissig in einem Auszuge aus Stadens Reise, der in *Hans Iust Wynckelmann, Der American. Neuen Welt Beschreib., Oldenb. 1664 4° obl. p. 137—223* sich befindet, wieder verwendet. Nachbildungen in Kupfer in *de Brys und Merians Samml. Indischer Reisen*, s. *J. Caesar* im *Serapeum XX 1859 p. 248.*

18. Linienrand h. 61 b. 82 mm. Adam (r.) und Eva (l.) werden von Jehovah, der ihre Hände ineinanderlegt, ehelich verbunden. An jeder Seite ein Baumstamm, r. auf einem niedrigen Aste ein Vogel. Im Schnitt sehr roh, aber nach einer besseren Zeichnung.

Andreas Kolbe 1558: 285 288 1560: 294 1562: 307 309

19. Linienrand h. 53 b. 60 mm. Christus am Kreuze zwischen den beiden Schächern, oben in den Ecken l. Sonne r. Mond. Sehr gering.

Andreas Kolbe 1559: 293 1561: 300a

19a. Linienrand h. 128 b. 120 mm. Unten in der l. Ecke liegt ein Landsknecht mit Schwert, Schiessgewehr und hohem Hut mit Feder. In der Mitte des Bildes die Dreieinigkeit: Gott Vater mit dreifacher Krone, Strahlenglorie und langem Mantel, den Crucifixus vor sich haltend, darüber der h. Geist als Taube. Unter der Dreieinigkeit Christi Taufe (kleine Figuren); zu ihren Seiten l. Kelch mit Hostie; r. Christi Herz, Hände und Füsse mit den Wundenmalen, und darunter eine brennende Stadt. Oben in jeder Ecke ein betender Engel in Wolken, seitlich darunter noch zwei Wind blasende Engelsköpfe. Vom Munde des Landsknechts aus gehen Linien nach der Dreifaltigkeit, der Hostie und den Gliedmassen Christi mit den Wundenmalen hin. Nach einem guten Original schlecht und flüchtig geschnitten.

Andreas Kolbe 1559: 293b

20. Linienrand h. 47 b. 56 mm. Inneres einer Kirche; l. ein Prediger auf der Kanzel, davor sitzen 2 Frauen, im Hintergrunde der Altar, r. empfängt ein Mann das Abendmahl. Sehr geringes Bildchen.

Andreas Kolbe 1561: 299

21. Linienrand h. 47 b. 57 mm. Maria im Kreise der Heiligen sitzend, über ihr der h. Geist als Taube (vgl. Nr. 9 B 6). Nach einer guten Zeichnung sehr roh geschnitten.

Andreas Kolbe 1562: 302

b. Titelborduren.

22. Aeussere Kanten h. 178 b. 118, Schriftfeld h. 75 b. 47 mm. Verkleinerte und veränderte Copie nach Nr. 25. Wie dort so auch hier in den Ecken die vier Evangelisten mit ihren Emblemen: oben r. Matthaeus l. Marcus, unten r. Lucas l. Johannes; dazwischen in den Seitenstücken oben r. Paulus und darunter Jacobus d. ä., oben l. Petrus und unter ihm Jacobus d. j. Unten in der Mitte Christus am Kreuze in der Engelglorie, aber die Mutter Maria mit dem Kinde fehlt. Oben nicht Christus, sondern, nach l. gewendet, Gott Vater mit Reichsapfel und grosser Sonnenglorie in Wolken. Im Schnitt viel härter und steifer als das Original. Aus 10 Stöcken zusammengesetzt.

Johann Loersfeld 1527: 1

23. A. In 8°, äussere Kanten h. 110 b. 80, Schriftfeld h. 50 b. 34 mm. Wandnische, an jeder Seite ein stark vorspringender Pfeiler, über dem Schriftfelde ein von 8 ovalen Oeffnungen durchbrochener Spitzgiebel, neben dem in jeder Ecke ein nackter Knabe mit einem Blätterzweige sitzt. Im Giebelfelde leerer Schild mit geschweiften Kanten, neben ihm zwei Kugeln. Pfeiler und Unterbau sind mit Arabeskenfüllungen ornamentirt, im zurücktretenden Mittelstücke des Unterbaues zwischen den Pfeilerfüssen zwei gegen einander kriechende kleine geflügelte Putten.

Johann Loersfeld 1527: 2 6

Schon 1526 auf dem Erfurter Enchiridion, und in demselben Jahre Erfurt bei Melchior Sachs, oben in dem kleinen Schilde dessen Monogr. M. S. Von demselben Schnitt wie vorliegend auch auf Der kleine | Catechismus fur | die gemeine Pfar= | herr vnd Pre= | diger. | Mart. Luther. | Wittemberg. ‖ o. J. [1529.] In 8°, 16 Bll, 16 r Gedrückt zu Erffurd | durch Conrad Tre= | fter. ‖ v leer.

B. Andrer Schnitt, äussere Kanten h. 122 b. 80, Schriftfeld h. 56 b. 83 mm. Im kleinen Schilde des Giebelfeldes ein undeutliches Monogr., das wie VG mit einem am G hängenden † oder T aussieht. Der ganze Schnitt ist dunkler als der von A.

Franciscus Rhode 1528: 14 15 1529: 29 31

Von demselben Schnitt B und mit demselben Monogr. im Schilde, nur von den seitlichen Begrenzungen des Schriftfeldes etwas weggeschnitten, um für die Schrift mehr Raum zu gewinnen.

Andreas Kolbe 1549: 228

24. In 8°. Nur oben Begrenzung durch eine Linie, sonst frei auslaufend. h. 185 b. oben 88, Schriftfeld h. 69 b. 42 mm. Wandnische; an jeder Seite eine auf viereckigem Untersatze vorspringende dünne Säule, die von einem ausserhalb der Säule stehenden nackten Knaben umfasst wird. Oben zwei in Blattornam. auslaufende Monstren mit l. männlichem r. weiblichem Kopfe und Oberkörper, eine in der Mitte zwischen ihnen stehende Blättervase haltend. Die Säulenuntersätze in der Fussleiste sind mit kleinen liegenden Löwen verziert, am zurücktretenden Mittelbau kleines Medaillon mit männl. Kopf nach l. Sonst noch Blattornamente.

Johann Loersfeld 1527: 8 7

Bei demselben Drucker schon in Erfurt sicher 1526/27. Aber nur ein
Nachschnitt nach Hans Lufft 1525 (Deuteronom. Mose cum Annotat. Mart.
Luther), während Luffts Bordüre wiederum nur Copie eines Baseler Originals
bei Johann Bebel 1523 ist. Noch ein späterer Nachschnitt in Linieneinfassung
Nürnberg bei Georg Wachter 1530.

25. In Fol., äussere Kanten h. 252 b. 163, Schriftfeld h. 110 b. 67 mm.
Unten in der Mitte Christus am Kreuze von der Engelglorie umgeben. In den
Ecken r. vom Kreuze Lucas mit dem Stier, l. Johannes mit dem Adler, und
über Johannes, auf einer Wolke sitzend, Maria mit dem Kinde. Oben in der
Mitte Christus nach l. gewendet in weitem Gewande mit ausgebreiteten Armen;
über ihm und nach l. sich herunterwindend ein Spruchband mit Inschrift:
·ITE IN ORBEM, VNIVERSVM· ·ET PREDICATE· EVANGELION·· ; neben
Christus r. Matthaeus mit dem Engel, l. Marcus mit dem Löwen. Alle vier
Evangelisten sitzen und schreiben. In der r. Seitenleiste, also zwischen Matthaeus
oben und Lucas unten, Paulus mit Schwert und Buch, unter ihm Jacobus major
mit Pilgerstab und Tasche, beide nach l.; in der l. Seitenleiste, zwischen Marcus
und Johannes, Petrus mit Buch und Schlüssel, unter ihm Jacobus minor mit
Keule, beide nach r.. Alle sind ganze Figuren, mit Ausnahme von Christus
oben, der nur bis zum Knie sichtbar ist. Die einzelnen Bilder sind seitlich
von Säulen oder Pfeilern begrenzt und durch Querleisten von einander getrennt.
Recht schöne und vortrefflich geschnittne Bordüre. — Vgl. Nr. 22.

Johann Loersfeld 1527/28: 8

Zuerst kenne ich diese Bord. auf Vthlegginge | ber Euangelien vnbe |
Epiſteln mpt dem Re= | giſter. || D. Marttnus Luther.||... (Kol.) Gebrüdet tho
Wittemberge bes | ſüenben bages September6 | Anno M. D. XXVj. || (Panzer
2987); für den ungenannten Wittenb. Drucker halte ich Hans Barth. Dann
auf Außlegüg ber | Euägelien von Oſtern | bis auffs Abuent, | geprebigt burch |
Marth. Luth. | ... (Kol.) Gebrudt zu Buittem= | berg, burch Hans Lufft, Im
Jar, | M. D. XXvij. || Der Schnitt der Bordüre ist bei Loersfeld derselbe wie
bei Lufft, und wenn mein Gedächtnis mich nicht täuscht, auch derselbe
wie bei Barth.

26. Aeussere Kanten h. 170 b. 121, Schriftfeld h. 78 b. 60 mm. In der
Fussleiste liegt schlafend, mit dem Kopfe nach l., ein betrunkener Barfüsser,
mit der r. Hand noch die Flasche festhaltend; dem l. Arm mit dem darauf
ruhenden Kopfe dient der Vordertheil des Bettelsackes als Unterlage. Der
Rückentheil des Sackes ist mit Fuchsschwänzen gefüllt, und wird von einer
Schaar nackter Jungen geplündert, die, zum Theil auf einander reitend, sich
mit den Fuchsschwänzen herumprügeln. Im Kopfstücke halten zwei geflügelte
Putten kniend einen Blattschild, worin der Kopf eines Capuziners, dem zwei
Fuchsschwänze wie ein grosser Schnauzbart an den Lippen haften, sich befindet.
Hübsche Bordüre, Zeichnung gut, Schnitt etwas derb und flüchtig, aber von
sichrer Hand.

Johann Loersfeld 1528: 9

Leider fehlt mir das Material zur weiteren Verfolgung der Geschichte
dieser Bordüre. Wahrscheinlich stammt sie aus Erfurt oder Wittenberg

ber, auch glaube ich eine Copie oder Nachbildung in 8° davon gesehen zu
haben. In der Manier erinnert sie an die mir zuerst 1524 vorgekommene
und von Schirlentz in Wittenberg 1526 auf einigen Lutherdrr gebrauchte
bekannte Bordure, in deren Fussleiste ein grosser gewappneter Mann schläft,
dem von Amoretten seine Waffenstücke weggenommen werden.

27. Aeussere Kanten h. 170 b. 120, das oben rundbogige Schriftfeld
h. 104 b. 62 mm. Seitlich r., nach l. hin schreitend, ein Bauernweib mit
Kopftuch, unter dem r. Arm ein Brod und in der Hand eine Feldflasche, auf
der l. Schulter ein Paar Rechen; l. ein Bauer, nach r. gewendet, mit seinem
Jungen auf den Schultern, in der l. Hand zwei Hühner, am r. Arm einen Kober,
im Gürtel ein Beil. Unten in der Mitte ein Schmuckgefäss mit Blättern und
Früchten, in jeder Ecke ein Phantasiedrache, den Kopf dem Gefässe zugewendet.
Oben in den Ecken zwei ähnliche Ungethüme mit Schlangenleibern, die auf
einen in der Mitte stehenden und mit der l. Hand sich die Augen zuhaltenden
nackten Knaben losschiessen. Diagon. schraff. Grund. Bekannte, in Motiven
und Manier an Lutherdrr Nr. 77 78 erinnernde sehr hübsche Bordure, aus Erfurt stammend, wo sie unter dem Impr. des Melchior Sachs 1526 (auch noch
1541) vorkommt. Facsimile nach einem andern, weniger guten Schnitt bei
Butsch I Taf. 96.

Franciscus Rhode 1528: 11　1533: 51

28. In Fol., Aussere Kanten h. 234 b. 152, Schriftfeld h. 49 b. 80 mm;
die Seitenleisten (b. 36 mm) gehen durch die ganze Bordurenhöhe, Kopf- und
Fussstück sind dazwischen eingesetzt. Im Kopfstücke (h. 93 mm), von Halbsäulen mit einem Rundbogen eingefasst, Christus am Kreuze zwischen den
beiden Schächern, über ihm Sonne und Mond, in einiger Entfernung vom
Kreuze Maria und Johannes, im Hintergrunde Jerusalem und Berge. Die
Seitenleisten bestehen jede aus 4 Stöcken, die aber zusammengeschnitten sind,
und jeder Stock enthält ein gleichfalls von Halbsäulen oder Pfeilern mit einem
Rundbogen eingefasstes kleines Bild. Nämlich, von oben nach unten, an der
l. Seite: Jehovah als Weltenschöpfer; Austreibung aus dem Paradiese; der auf-
erstandene Christus über dem Grabe, in der l. Hand das Labarum, vorne 2
schlafende Wächter; Weltgericht, Christus mit den Füssen auf der Weltkugel,
an seinem Haupte Lilie und Schwert, vorne knien Maria und Joseph, Todte
erheben sich aus ihren Gräbern. An der r. Seite: Verkündigung; Taufe Christi
im Jordan; Christus am Oelberge; die Mutter Maria betet das Kind an, hinter
ihr steht Joseph. Das Fussstück wird durch das grosse Hessische *Wappen
Nr. 41* gebildet. Oben in der r. Ecke der Kreuzigung, ausserhalb des Bogens,
ist ein Täfelchen mit dem aus H (am Querstrich ein Rhombus oder Haken)
und B gebildeten Monogr. *Nagler III Nr. 654; Passavant IV 32,* das Hans
Brosamer beigelegt zu werden pflegt, aber wohl noch nicht genügend untersucht
ist; unter dem Monogr. noch die sonst in Verbindung damit mir nicht bekannten Buchstaben RS, vgl. die Bord. Nr. 29, über dem Täfelchen l. steht
28 als abgekürzte Jahreszahl. Die Zeichnung der Figuren ist, von kleinen
wohl mehr dem Schnitte zur Last fallenden Fehlern abgesehen, recht gut, und
mag wirklich von Brosamer sein; die Buchstaben RS bedeuten vielleicht den
Formschneider, dessen Arbeit an dieser Bordure, wenngleich etwas steif und

11

trocken, so doch in einfacher klarer Manier und mit Sorgfalt und Sauberkeit ausgeführt ist.

Franciscus Rhode 1529: 18,

Das in der r. Seitenleiste befindliche 3. Stück von oben (Christus am Oelberge) hat in den Drr Nr. 54 und 205 als einzelnes Bildchen, von demselben Holzstocke gedruckt, Verwendung gefunden.

29. In 8°, äussere Kanten h. 125 b. 84, Schriftfeld h. 57 b. 37 mm. Seitlich in überwölbten Räumen l. die Geisselung Christi, r. die Dornenkrönung. Unten wird Christus, nur mit dem Lendentuche bekleidet, auf das am Boden liegende Kreuz gelegt: ein Mann an der l. Seite mit einem Hammer auf der Schulter hat ihn am l. Handgelenk ergriffen, im Hintergrunde hält einer die Nägel, an der r. Seite 3 Männer die ihn auf das Kreuz binden wollen, alle in ganzer Figur; hinter dem Manne mit dem Hammer ein Hund. Oben in der Mitte, von lobsingenden Propheten und Heiligen umgeben, Gott Vater, das vor ihm liegende Lamm segnend, in den Ecken r. Moses mit den Tafeln, l. David mit der Harfe, alles Halbfiguren. Unten r. vor dem Kreuze das Hans Brosamer beigelegte Monogr., darunter die Buchstaben H S, beides wie auf der Bordure Nr. 28, wo das R deutlicher ist. Ganz unten in der r. Ecke steht 1528, aber die 8 ist nur auf den früheren Drr erkennbar, später unklarer, endlich ist die ganze Zahl durch ein eingesetztes Holzstückchen beseitigt. — Diese schöne Bordure und Nr. 28 haben viel gleichartiges mit einander gemein, und wenn ihr Totaleindruck verschieden ist, so liegt das wohl mehr nur an der freieren, lebendigeren und kräftigeren Behandlung des Schnittes von Nr. 29.

Franciscus Rhode 1529: 21 22 28 1531: 36 38 1533: 49

Indem diese Bord. das Jahr 1528 trägt, der erste damit geschmückte hier beschriebene Rhodische Dr. aber erst vom 19. Juli 1529 ist, wo sie auch durchaus nicht mehr frisch aussieht, muss man annehmen, dass sie von Rhode oder einem Andern auf mir unbekannt gebliebenen Drr schon früher gebraucht worden ist. Wahrscheinlich stammt auch sie, wie das älteste Marburger Druckmaterial überhaupt, aus Erfurt her.

30. In 8°, äussere Kanten h. 123 b. 85, Schriftfeld h. 53 b. 42 mm. Oben r. Erschaffung Adams, dem Jehovah seinen Odem einbläst, und (ganz in der Ecke) Evas aus Adams Seite; in der Mitte, etwas nach l., der Sündenfall: Adam und Eva am Baume mit der Schlange, Adam hat den Apfel in der Hand; in der l. Ecke Austreibung aus dem Paradiese durch den Engel mit dem Schwerte. Unten r. beten Maria und Joseph das am Boden liegende und von einer grossen Strahlenglorie umgebene Kind an, l. Christus am Kreuze von Engelschaaren umgeben. Seitlich zwischen Kopf- und Fussleiste sitzen schreibend die vier Evangelisten mit ihren Emblemen: r. oben Matthaeus, darunter Lucas; l. Marcus, unter ihm Johannes.

Franciscus Rhode 1528: 13 1529: 17 30 1530: 33 1531: 39 1532: 43 1533: 48 1534: 55a.

Auch diese Bordure stammt von Melchior Sachs in Erfurt her, bei dem sie in demselben Schnitt auf | Unterricht | der Visitatorn an | die Pfarhern ģŭm | Rurfurſtenthum | ju Sachſſen. | ... mit Impr. 1528 su finden iſt. Derſelbe Dr. enthält auch mehrere Initialen aus dem von Rhode viel gebrauchten grossen und gleichartigen kleinen Bilderalphabet in Nr. 18.

31. In 8°. Aeussere Kanten h. 124 b. 81 mm. Aus 4 Stücken; die Kopf- und Fussleiste, jene h. 24 diese 32 mm, gehen durch die ganze Breite der Bord., die schmäleren Seitenstücke, b. 16 mm, sind zwischen jene eingesetzt. Unten l. ein Weib in einer Brunnenwanne, r. drei Weiber mit Ueberschr. χάριτες; seitlich l. und r. wieder die 8 Weiber; oben r. auf einem Throne Apollo, die Laute schlagend, neben ihm am Boden sein Bogen, vor ihm l. die 8 Weiber tanzend. Die Weiber sind immer ganz nackt mit langem aufgelöstem Haar, Apollo ist bekleidet und trägt einen Lorbeerkranz. Nach einer guten Zeichnung.

Malborow by Hans Luft 1529: 20

Diese Bordure steht auf folgendem Dr. von 1524: IOHAN· | DYTEN· BERGII THEO- | logi, contra temerarium Martini Lu- | teri de uotis monasticis iudicium, liber | primus: ... Er hat kein Impr., ist aber von Peter Quentel in Cöln, bei dem im nächsten Jahre auch beide Theile dieser Dietenbergerschen Schrift erschienen. Meiner Erinnerung nach kommt die Bordure noch auf anderen Cölner Drucken vor. Hier ist sie gewiss nur ein Nachschnitt.

32. In 8°. Acussere Kanten h. 125 b. 87, Schriftfeld h. 62 b. 43 mm. In den Ecken sitzen schreibend die Evangelisten mit ihren Emblemen, oben r. Matthaeus l. Marcus, unten r. Lucas (sein Stier sieht wie ein Esel aus) l. Johannes. Seitlich r. Paulus mit Schwert und Buch, l. Petrus mit Buch und sehr grossem Schlüssel, den er so in der l. Hand hält, als wenn er ihn zum Schlagen erheben wollte. Unten in der Mitte das Agnus Dei; oben Christus in halber Figur, den r. Arm erhoben, in der l. Hand den Reichsapfel. In Zeichnung und Schnitt sehr gering.

Franciscus Rhode 1533: 47 1534: 55

33. Aeussere Kanten h. 170 b. 118, Schriftfeld h. 77 b. 62 mm. Unten in der l. Ecke unter einem Baume sitzt ein König auf dem Throne, neben ihm r. stehen zwei Hofherren. Vor dem Könige, in einiger Entfernung, steht Christus in langem Gewande mit weiten Aermeln, mit den ausgebreiteten Armen nach entgegengesetzten Richtungen hinweisend; hinter ihm Apostel und Jünger. Im Hintergrunde Landschaft, die aufsteigend die Seitenstücke der Bordure bildet; darin r. ein Baum, hinter seinem Stamme ein liegender Hirsch, vor ihm ein Kaninchen, darüber noch ein zweiter kleinerer Baum. An der l. Seite gleichfalls ein Baum, davor stehend ein Hirsch nach r. und eine Hirschkuh nach l. gerichtet. Sonst noch an jeder Seite zwei Vögel. Oben in der Mitte grosse Sonne mit Inschrift . יְהוָה | ΘΕΌΣ. | DEVS |, l. ganz an der Bordurenkante der Mond (mit Sonnenstrahlen), ausserdem Sterne und Wolken. Die Schrifttafel hat oben über einem kleinen Gewimce, und unten, Arabeskenornamente als Aufsatz und Träger. Die Zeichnung ist recht gut, der Schnitt (Metallschnitt) etwas trocken und nüchtern.

Franciscus Rhode 1534: 60

11*

34. In Fol., äussere Kanten h. 250 b. 166, Schriftfeld h. 108 b. 86 mm.
Seitlich in überwölbten Abtheilungen r. ·MOSES· in Rittertracht, einen Degen
an der r. Seite, unter dem l. Arm ein Buch, um den Kopf eine Strahlenglorie;
l. ·IOSVA·, geharnischt mit einem Streithammer; beide ganze Figuren. Oben
in den Ecken r. Goliath und David, jener hat einen Schild worauf GOLIA
steht; l. wird David mit dem Haupte des Goliath von den aus dem Thore ihm
entgegenziehenden Weibern empfangen. Zwischen diesen beiden Bildern eine
künstlich verschlungene Banderole mit Inschrift: BENEDICTVS DOMINVS.
DEVS MEVS QVI. DOCET MANVS MEAS AD PLIVM. &. DIGITOS. MEOS
AD BELLVM. Unter dem Spruchbande kleiner Schild mit einer nackten
menschlichen Figur unter zwei gekreuzten Baumzweigen, von deren einem sie
etwas zu pflücken scheint, neben ihr FE. Wahrscheinlich soll die Figur Eva
vorstellen, und das Bildchen ist eine Marke des Rhodischen Druckhauses zum
Paradies. In der Fussleiste Hessisches Wappen mit 2 grossen Löwen als Schildhaltern, seitlich 2 Bogenöffnungen mit davor hängenden Perlenschnüren, die
ein kleines Ornament tragen. Ohne Künstlerzeichen, die Zeichnung recht gut,
der Schnitt mittelmässig.

Franciscus Rhode 1534: 59

35. Aeussere Kanten h. 152 b. 116, Schriftfeld h. 84 b. 71 mm. Oben
über dem geradlinig geschlossenen Schriftfelde ein flacher Rundbogen, der von
Wandpfeilern mit vorspringenden dünnen Säulen auf viereckigen Untersätzen
getragen wird, reich geschmückt mit Bildwerk, seitlich Thaten des Hercules
und Simson, unten das tragische Ende von Pyramus und Thisbe vorstellend.
In der obern l. Ecke auf dem Säulencapitäl sitzend, erwürgt Hercules als
geflügelter Knabe die Schlangen, in der Seitenleiste darunter erdrückt er den
Antaeus. In der Fussleiste liegt neben einem Brunnen Pyramus todt am Boden
und die vor ihm stehende Thisbe stürzt sich mit ausgebreiteten Armen ins
Schwert, beide ganz nackt, im Hintergrunde Landschaft mit einer Burg. Auf
dem Capitäl der r. Säule sitzt ein kleiner geflügelter Simson als Brecher der
Tempelsäulen, darunter zerreisst der grosse den Löwen. Oben in dem Bogen
ein geflügelter Engelskopf, zwischen Bogen und Schriftfeld Blattarabeske. Von
sehr tüchtiger Künstlerhand gezeichnet, ein Künstlerzeichen fehlt, Schnitt einfach, klar und kräftig.

Eucharius Cervicornus 1537: 81 84 85

36. Verkleinerte Nachschnitte der unter der Bezeichnung *Dionysius und
Aesculap* oder *Cleopatra und der Tempelräuber Dionysius* bekannten, von
Hans Holbein gezeichneten und von Lützelburger geschnittenen vortrefflichen Bordure in Fol., *Passavant 96*; *Woltmann, Holbein II 427,* zuerst *Basel
bei Frobenius Februar 1523.* Facsimile bei *Butsch I Taf. 53.*

A. In 8°, ohne Linieneinfassung, h. 125 b. 80, Schriftfeld h. 69 b. 39 mm.
Rechtseitige Copie, Dionysius und Aesculap stehen an der l. Seite, der König
mit dem Gefesselten an der r., Cleopatra liegt mit dem Kopfe nach r. Oben
über dem Gesimse Blattarabesken, die beiden Putten halten nicht die Täfelchen
herunter, sondern haben Blattranken in den Händen; in der Mitte ein Schild
mit dem Druckerzeichen Nr. 65 C. In der Ausführung gering.

Eucharius Cervicornus 1537: 86 87 89

Noch einen andern weit bessern rechtseitigen Nachschnitt von derselben Grösse hat Cervicornus in Cöln 1531 gebraucht. Oben keine Arabesken, die beiden Putten halten die Täfelchen herunter, in dem Schilde zwischen ihnen die drei Cölner Kronen.

B. In 4°, mit Linieneinfassung h. 152 b. 112, Schriftfeld h. 84 b. 66 mm. Umgekehrt: Dionysius und Aesculap sind r., Cleopatra liegt mit dem Kopfe nach l. Oben über dem Gesimse keine Blattarabesken, nur die zwei Putten die die Täfelchen herunterhalten, zwischen ihnen ein Gefäss mit Blättern. Ausführung mittelmässig.

Eucharius Cervicornus 1537: 82 1538: 99 100

Nach *Passavant* 96 c hatte Cervicornus schon 1528 eine verkleinerte Copie in Metallschnitt, also wohl eine vierte.

37. In 8°. Aeussere Kanten h. 124 b. 83, Schriftfeld h. 59 b. 40 mm. Oben r. Untergang der pharaonischen Reiter im rothen Meere, l. Einsammeln von Manna im Zeltlager der Ebräer. Seitlich r. empfängt Moses die Gesetztafeln, l. zerbricht er sie. Unten r. die eherne Schlange, l. Anbetung des goldenen Kalbes. Hübsche Bordure, sehr sauber geschnitten.

Eucharius Cervicornus 1537: 90

38. In 8°, äussere Kanten b. 123 b. 86, das oben und unten etwas gerollte Schriftfeld 54 mm im Quadrat. In der r. Seitenleiste Erschaffung der Eva aus Adams Seite. Oben sitzen am Baume der Erkenntniss l. Adam r. Eva, der die Schlange den Apfel hinreicht. In der l. Seitenleiste Vertreibung aus dem Paradiese durch den Engel mit dem flammenden Schwerte. Unten waldige Landschaft, darin r. Adam den Boden mit einer Hacke bearbeitend, l. Eva sitzend von Kindern umgeben, von denen sie eins hoch in die Höhe hält, während ein zweites an ihrer Brust saugt &c. Hübsche sauber geschnittene Bordure.

Egenolffs Officin 1542: 157

39. In 8°, äussere Kanten h. 128 b. 82, Schriftfeld h. 82 b. 50 mm. Nichts als roh aus dem Block herausgeschnittene weisse Blattarabesken und Ranken, auf schwarzem Grunde mit grossen weissen Punkten. Ganz werthlos.

Egenolffs Officin 1543: 176

Egenolff hatte auch in ähnlicher Manier behandelte Initialen, die Kolbe gleichfalls gebrauchte.

c. Wappen.

40. *Hessisches*, der Wappenschild mit gekröntem Landgrafenhelm, Helmdecken, und den beiden lyraförmig gebogenen Büffelhörnern, deren jedes sechs Blätterzweige und die Mundblättchen hat. In Linienrand von 65 mm im Quadrat.

Johann Loersfeld 1527: 1 4 1528: 9

41. *Hessisches*, h. 92 b. 80 mm. Der Schild mit gekröntem Landgrafenhelm, nach l. gerichtet; Helmdecken, auf dem Helm die Büffelhörner, jedes mit 6 Blätterzweigen und den 3 Mundblättchen. Steht als Fuesstück in der Bordure Nr. 28.

Franciscus Rhode 1528 : 18 ،

42. *Hessisches*, in Linienrand h. 140 b. 132 mm. Auf dem Wappenschilde der gekrönte Landgrafenhelm etwas nach r., mit Helmdecken und den Büffelhörnern, deren jedes 6 Blätterzweige und die 8 Mundblättchen hat, die Wappenlöwen nach r. In Kupfer gestochen.

Franciscus Rhode 1529 : 18 ،

43. der *Grafen von Isenburg*, h. 95 mm. Auf dem Schilde der Helm mit den Helmdecken und zwei grossen Flügeln als Helmzier.

Franciscus Rhode 1529 : 24

43a. *Hessisches*, h. 92 b. 81 mm. Der Schild mit bauchig geschweiften Kanten, unten rund; darüber der Landgrafenhelm mit Helmdecken und den Büffelhörnern, deren jedes sechs Blätterzweige und die Mundblättchen hat. Wappenlöwen und Helm nach l.

A. Oben und unten von einer Linie begränzt

Franciscus Rhode 1529 : 19a 1531 : 40a

B. Derselbe Stock, bloss ohne die beiden Linien

Andreas Kolbe 1557 : 278

44. *Hessisches*, in Linienrund h. 99 b. 60 mm. Wappenschild mit dem nach r. gewendeten Landgrafenhelm ohne Krone, mit Helmdecken und den Büffelhörnern, an jedem 5 Blätterzweige, keine Mundblättchen. Der an der Erde aufgestützte Schild wird von einem an der l. Bildseite stehenden völlig gebarnischten stattlichen Ritter gehalten. Gut gezeichnet und geschnitten.

Eucharius Cervicornus 1536 : 67 1537 : 74a 78 80 89 93 o. J. : 103

45. A. *Sächsisches* und *Hessisches*. Nur Wappenschilde, h. 48 b. 43 mm, die obere Kante geradlinig, unten rund.

Egenolffs Officin 1539 : 109 (Titel), 111 112

Andreas Kolbe 1546 : 209a

B. Das *Hessische* allein

Egenolffs Officin 1539 : 108 1542 : 162

Andreas Kolbe 1557 : 284 1565 : 322

46. A. *Sächsisches* und *Hessisches*. Nur Wappenschilde, h. 58 b. 42 mm, die obere Kante besteht aus zwei nach innen gehenden Curven, unten laufen die Schilde geschweift in eine Spitze aus.

Egenolffs Officin 1539 : 109 (Ende), 110 (Titel), 116 1543 : 180 181

B. Das *Hessische* allein

Dieselbe 1539 : 108 120 1543 : 170

47. *Hessisches*, h. 82 mm. Der Schild hat geschweifte Kanten und an den beiden oberen Ecken Rollen. Ueber dem Schilde der gekrönte Landgrafenhelm mit Helmdecken und den Büffelhörnern, deren jedes, ausser den Mundblättchen, vier Blätterzweige hat. Die Wappenlöwen nach r., der Helm von vorne.

Egenolffs Officin 1540: 124 125 126 1541: 185 186 1542: 148 151 162

Andreas Kolbe (derselbe Stock) 1559: 292 1560: 297 1564: 815a

48. *Hessisches*, ganz wie Nr. 47, nur grösser, h. 120 mm.

Egenolffs Officin 1541: 185 1543: 172

Andreas Kolbe 1544: 188 1545: 198 1553: 241

49. *Hessisches*, h. 95 mm. Der Schild mit geschweiften Kanten, darüber der gekrönte Landgrafenhelm mit den Helmdecken und den Büffelhörnern, deren jedes sechs Blätterzweige und die Mundblättchen hat. Helm und Wappenlöwen nach l. gewendet. Die ganze Form etwas breit und plump.

Egenolffs Officin 1538: 106 1542: 155 161

50. der *Grafen von Wied*. In Linienrand h. 87 b. 73 mm. Die Seiten des Schildes geschweift und unten in eine Spitze auslaufend; über dem Schilde der Helm mit den Helmdecken und der Helmzier, bestehend aus zwei Fahnen und einem oben mit einem Halbkreise von 7 Pfauenaugen geschmückten Kreuze. Schwarz und roth gedruckt.

Antonius Tirolt 1545: 195

51. *Hessisches*. Nur Wappenschild, an den Kanten geschweift und mit Blatt- und Rollwerk verziert, in den Feldern mit den Löwen und Sternen theilweise horizont. Schraffirung. Umgeben ist der Schild von einem oben und unten mit Quastenschnüren gebundenen Lorbeerkranze von 70 mm Durchmesser.

Andreas Kolbe 1546: 208 1552: 240

Johannes Rhenanus 1553: 248

52. *Sächsisches*. An den Kanten mit Rollwerk verzierter Wappenschild mit dem Rautenkranze. In einem oben und unten mit Bändern gebundenen Lorbeerkranze von 70 mm Durchmesser.

Andreas Kolbe 1546: 207

53. Zwei: L das *Waldeckische* mit dem achtspitzigen Stern, r. das *Schwarzburgische* mit dem gekrönten Löwen. Beide mit Helmdecken und Helmzier.

Andreas Kolbe 1546: 211 213

54. *Sächsisches* und *Hessisches*. Nur Wappenschilde, h. 50 b. 44 mm, die obere Kante geradlinig, unten ein wenig geschweift mit einer kleinen Spitze.

Marburg (Leipzig?) 1546: 209

55. *Simons de Wendt*, h. 64 mm. Im Wappenschilde drei Stechhelme, l. neben dem Schilde ein geharnischter Arm. Auf dem Schilde ein Helm mit Helmdecken und einem Pfauenwedel als Helmzier.

Andreas Kolbe 1546: 214

56. *Hessisches*, Nr. 51 ähnlich: nur Wappenschild in Lorbeerkranz mit Schnüren, Durchmesser gleichfalls 70 mm. Aber der Schild herzförmig, die beiden Sternfelder schwarz, auch sonst keine Schraffirung.

Andreas Kolbe 1547: 220   1552: 238

57. *Französisches*. Medaillon von 66 mm Durchmesser, darin gekrönter Schild mit den 3 Lilien von einer Ordenskette umgeben.

Andreas Kolbe 1552: 237

58. *Hessisches*, Nr. 51 ähnlich: herzförmiger Wappenschild in Lorbeerkranz mit Schnüren, Durchmesser 70 mm. Aber der Schild enthält nur einen grossen quergestreiften Hessischen Löwen.

Andreas Kolbe 1557: 276

59. *Hessisches*, bei Andreas Kolbe 1557, s. Nr. 43 a B.

60. *Waldeckisches*. Der Schild enthält einen grossen achtspitzigen Stern, auf dem Schilde ein gekrönter Helm mit Helmdecken und zwei Flügeln, deren jeder gleichfalls den Stern enthält. H. 80 b. 100 mm.

Andreas Kolbe 1557: 280

61. *Hessisches*, h. 107 mm. Wappenschild oben geradlinig, geschweifte Seiten, unten eine flache Spitze. Darüber der gekrönte Landgrafenhelm mit Helmdecken und den Büffelhörnern, deren jedes, ausser den Mundblättchen, fünf Blätterzweige hat. Ueber den oberen Theil der Helmdecken und zwischen den Hörnern hindurchgehend ein Spruchband mit Das wordt gottes blibt in emiglett. Im Schnitt gering und sehr grob.

Andreas Kolbe 1558: 286   1560: 295   1566: 328

62. *Bairisches* und *Hessisches*. Links das Bairische, 3 kleine Schilde, im l. der Löwe, im r. die Rauten, im dritten darüber angebrachten ein Reichsapfel. Rechts der Hess. Wappenschild Nr. 45 B.

Andreas Kolbe 1560: 296

63. In Rundlinien h. 124 b. 89 mm. Im Schilde unten 3 sechsspitzige Sterne, darüber eine Ceres mit drei Kornähren und einer Pflugschaar. Auf dem Schilde ein gekrönter Helm mit Helmdecken und einem Schwan mit grossen Flügeln. Wahrscheinlich Wappen des *Petrus Paganus*, auf den die Ceres und der Dichterschwan hindeuten.

Andreas Kolbe 1562: 302 309

d. Druckerzeichen.

64. A. Johann Loersfeld: In Linieneinfassung h. 83 b. 60 mm ein grosser Kirchenleuchter mit gewundener brennender Kerze, von der drei grosse Strahlenringe ausgehen; der Schaft des Leuchters wird von zwei aus Wolken reichenden Händen gehalten, die bis an den Ellenbogen sichtbaren Unterarme in weiten faltigen Aermeln. Neben dem Leuchterschaft hängt l. an einer Weinranke ein kleiner Schild mit l·L F [*Jo. Loersfeld fecit*] und einem Monogramm darunter. Ueber dem Leuchter ein Spitzbogen, in jeder Ecke ausserhalb des Bogens ein Engel. Umschrift um das Linienviereck: No accendunt lucernâ: & ponût | illâ fubter modiû: fed fuper candelabrû: & lucet | omnibus qui funt in domo. | Verbum Domini Lucerna et Lux. ||

1

Ob dies Bild ein wirkliches Druckerzeichen sein soll, oder nur eine Vignette, worin der Leuchter eine sinnbildliche Beziehung auf die neue Universität als Leuchte der Wissenschaft haben, oder auch eine Hausmarke sein könnte, ist schwer zu entscheiden, auch ziemlich gleichgültig. Ein zweites Mal kommt es auf den mir bekannten Drr von Loersfeld nicht vor, während Druckerzeichen sich sonst doch öfter zu wiederholen pflegen.

B. In Loersfelds Druck Nr. 8 befindet sich auf 7v eine Vignette: In Linienrand 65 mm im Quadrat. Unter einem Gewölbe, von dessen Bogen Blattfestons mit einem Gefässe herabhängen, stehen seitlich auf Fussgestellen, in vorgebeugter Haltung zwei (recht schlecht gezeichnete) Engel mit einem Schilde, worin, auf einem ihn diagonal durchtheilenden Balken, drei an die Seitenhälfte einer Federfahne erinnernde Gegenstände sich befinden. Unten zu beiden Seiten des Schildes steht G — K, davor am Boden :M·D·XXVII· Die Vignette steht zu Loersfeld in keiner Beziehung sondern ist das Druckerzeichen des *Gabriel Kantz in Altenburg oder Zwickau*.

65. Eucharius Cervicornus: Drei Lilien an einem hohen Stengel aus Dornengestrüpp hervorragend.

A. Darüber Spruchband mit Inschrift SICVT LILIVM INTER SPINAS.
64 65 66 67 68 70 74 74a

B. Ohne Spruchband, der Spruch steht unter dem Zeichen lateinisch, darüber ebräisch: 85 88

C. Ganz ohne Spruch: 73 75 77 89 90

66. Eucharius Cervicornus: Eine reich gekleidete weibliche Figur steht auf einer Kugel (Reichsapfel), in der r. Hand einen langen Stab, oben mit einer brennenden oder rauchenden Fackel, und einer daran hängenden Tafel worauf *OПFH* steht; zur l. Seite ihres Kopfes ein Spruchband mit *ΔIA-BOAH*. Neben ihr l. kniet, die Hände wie in einer Gebehrde des Schreckens erhoben, ein Mann, den sie bei den Haaren ergriffen hat, über dem Kopfe des Mannes steht *NEANIAΣ*.

A. Mit Beischriften: unten *Nullum aduerfus fycophantae morfum* | remedium., oben: *Αλλ' ουκ ενεςι ευκοφάντου δήγματος.*
81

B. Ohne die Beischriften: 82 83

67. Christian Egenolff: Brennender Altar mit einem Herzen in den Flammen. Der Altar ist auf Marburger Drucken immer rund, theils ganz ohne Schmuck, theils mit Blattgehängen und einem Thierschädel oder mit einer Quarte verziert. In mehreren Grössen.

A. Ohne Beischrift: 104 105 106 107 114 115 117 121 123 128 129 133 141 152 156 163 (in zwei Grössen) 164 174 175 184 194

B. Grösser und mit Umschrift COR HVMILIATVM. *Psal. 50.* | PIETAS AD OMNIA | VTILIS EST 1. *Timoth. 4.* | SACRIFICIVM DEO | : 152

Das bei Grotefend abgebildete grosse Signet mit der Opferung Isaacs ist mir auf Marburger Drucken nicht vorgekommen.

68. Andreas Kolbe: Zwei aus Wolken reichende gefaltete Hände halten sechs aufrecht stehende Rohrkolben und einen scepterartigen Stab, oben mit einem Spruchbande, worin IN TE DOMINE SPERAVI steht. Darüber der h. Geist als Taube in grossem Strahlennimbus.

231 242 293 329

Verzeichniss der Schriften.

Verzeichniss der Drucker und ihrer Drucke.

---

mit *Ort*: 172 [183] 186 [189] 191 [196a 202] (209?) [215 216 232a]
233 [236 249 250] 251 266 267 268 285 286 288 292 [293a] 293b
294 295 [295a 297a 298] 300 305 306 307 [310 311 316 318 321
321a 321b 321c 321d] 322 324 [330 331]

ohne Ort und Namen: 168 171 177 179 180 181 187 193 197 198 200
204 210a 211 221 225 226 229 232 237 238 240 241 245 253 254
254a 255 256 257 258 259 262 270 271 272 277 282 283 287b 291
296 297 298a 301 302 303 308 309 313 315 323 328

Kolbe und Erben
mit Ort und Namen: 332

— für Egenolffs Erben in Frankfurt a. M.
mit Ort und Namen: 260

— für Brubach in Frankfurt a. M.
mit Ort und Namen: 227

— & Egenolff s. Egenolff & Kolbe

Loersfeld, Johann
mit Ort und Namen: 1 4 6 7 8
mit Ort: 2 3 9
mit Namen: 5

Lufft, Hans, in Marburg
mit Ort und Namen: 20 27

Rhenanus, Johannes
mit Ort und Namen: 243 248

Rhode, Franciscus — (Rhodus, Zum Paradies, In Campo elysio)
mit Ort und Namen: 18 30 31 41 42 43 44 46 47 48 49 50 51 52 [53]
55 55a 59 60
mit Ort: 10 12 13 14 15 16 17 19a [19b] 21 22 23 23a 24 28 29 33
[33a] 34 35 [35a 35b] 36 37 38 39 [45? 50a?] 56 58
mit Namen: 54
ohne Ort und Namen: 11 19 [25] 26 32 40 40a [50a] 50a 57

Tirolt, Antonius
mit Ort und Namen: [193a] 195

Typhaeus, Andreas, s. Kolbe 269

.